中国航天
CZ-2F

一个民族有一些关注天空的人，他们才有希望；
一个民族只是关心脚下的事情，注定没有未来。

——［德］黑格尔

A nation of some concern to the sky，they have hope；
a nation is concerned about the foot of the things，
it is not the future.

把成功作为信仰

——航天工程质量管理

李　洪◎主　编

首都经济贸易大学出版社
Capital University of Economics and Business Press
·北京·

图书在版编目（CIP）数据

把成功作为信仰：航天工程质量管理 / 李洪主编. --北京：首都经济贸易大学出版社，2019.11

ISBN 978-7-5638-3003-9

Ⅰ. ①把…　Ⅱ. ①李…　Ⅲ. ①航天工程—质量管理—中国　Ⅳ. ①F426.5

中国版本图书馆CIP数据核字（2019）第213130号

把成功作为信仰——航天工程质量管理

李　洪　主编

项目统筹　杨玲

责任编辑　晓地

封面设计　砚祥志远·激光照排 TEL：010-65976003

出版发行　首都经济贸易大学出版社

地　　址　北京市朝阳区红庙（邮编 100026）

电　　话　（010）65976483　65065761　65071505（传真）

网　　址　http://www.sjmcb.com

E-mail　publish@cueb.edu.cn

经　　销　全国新华书店

照　　排　北京砚祥志远激光照排技术有限公司

印　　刷　北京玺诚印务有限公司

开　　本　710毫米×1000毫米　1/16

字　　数　431千字

印　　张　24.75

版　　次　2019年11月第1版　2019年11月第1次印刷

书　　号　ISBN 978-7-5638-3003-9

定　　价　75.00元

序　言
Preface

2003年10月15日，长征二号F火箭成功发射神舟五号飞船，实现载人航天飞行，成就了中华民族千年飞天之梦。2003年10月18日，中国工业经济联合会、中国企业联合会等10个全国性工业行业联合会（协会）集体在人民大会堂授予长征二号F火箭"中国第一世界名牌"金匾。中国工业经济联合会林宗棠会长在讲话中指出："长征二号F火箭是我国自主研制的，技术水平和质量达到了世界一流水平，是我国高科技的结晶。"十多年来，中国运载火箭技术研究院将成功作为信仰，通过不懈的努力和创新，为"中国第一世界名牌"增添了光辉，兑现了自己的承诺。

中国运载火箭技术研究院（简称航天一院）成立于1957年11月16日，研制了我国第一枚近程弹道导弹、第一枚中程弹道导弹、第一枚洲际战略导弹、第一枚运载火箭、第一枚载人运载火箭等，在诸多国际航天尖端技术领域取得突破，支撑了中国航天发射人造地球卫星、载人航天、"嫦娥"探月三个里程碑的跨越。航天事业具有极端的复杂性和风险性，航天一院的发展历史就是一部不断克服困难、挑战失败、取得成功的历史。

中国航天事业开创伊始，苏联撕毁协议撤走专家是对航天人的第一个考验，我们克服工业基础薄弱问题，用不到两年的时间就完成了"1059"的仿制，飞行试验获得圆满成功，同时开创了中国航天自力更生之路。虽然随后进行的我国自行研制的东风二号导弹首飞任务失利，但是，我们从管理上、从技术上初步总结了导弹的研制规律，确定了型号研制程序、试验要求和质量控制要求，为后续航天事业的发展奠定了基础。正是经历了这样从失败走向成功的艰难曲折的发展过程，我们敢于直面失败、意志得到磨炼，坚定了对成功的信仰；我们学会了从失败中吸取教训，在失败与成功的转换中探索规律，主动改造自己的世界观和方法论。

伟大的事业孕育伟大的精神，伟大的精神推动伟大的事业。航天一院是航天精神、“两弹一星”精神和载人航天精神的创造者和践行者之一。同时，航天一院人崇尚科学，践行钱学森同志“爱国、奉献、求真、创新”的科学精神，塑造了“永攀高峰，永保成功，永不停步，永创一流”的“四永精神”和“顽强、毅力、忍耐、坚定”的院魂，将“把成功作为每一名一院人的神圣信仰”等八条作为航天一院质量文化的核心理念，形成了具有鲜明时代特征和航天特色的企业文化。

把成功作为信仰不能仅停留在思想层面，必须要掌握科学的方法。经过近60年的发展历程，航天一院建立了一套行之有效的实现成功的方法。在钱学森创立的系统工程理论的框架下，我们提出了零缺陷系统工程的质量管控架构，以质量管理体系为基础，形成了型号项目产品质量保证和技术风险控制两大体系，也总结了单点失效故障模式分析、飞行时序动作分析、“四不到四到”、交集分析、不可检测分析与控制等一整套的质量控制方法。在质量问题“双五条”归零标准的基础上，提出了“眼睛向内”、“系统抓总”、“层层落实”、“回归基础”和“提升能力”新五条归零原则；提出了以“三个进行到底（将拧紧力矩进行到底、将测试覆盖性进行到底、将单点识别与控制工作进行到底）”为代表的型号技术风险和产品质量量化控制要求，开发了成套的量化质量控制文件。我们大力倡导零缺陷管理和“第一次就把事情做对”的理念，提出了系统工程工作标准的四个度，那就是“维度”、“深度”、“细度”和“力度”。维度就是要解决全面性和系统性问题；深度就是强调层层落实到底；细度就是要求把工作做细，找到做细工作的方法；力度就是要迅速形成有效的执行力。

任何航天活动的成功都是新的起点和新的考验，把成功作为信仰要求我们必须做好应对新挑战的准备。对于航天重大发射任务，成功就是100分，失败就是0分，没有中间值，必须把成功作为信仰，坚守对成功的信仰就是坚守质量，质量是政治、是生命、是效益。航天一院近60年的实践，为航天一院质量管理的发展形成了良好的积淀，“中国第一世界名牌”是航天一院质量管理的写照，也是航天一院航天质量管理实践的历史、逻辑、文化、经验、方法、目标的统一。

本书主要以航天一院的质量管理实践为基础，对航天一院的一些做法加以系统化梳理，从文化、管理体系和方法三个层面，阐述了“中国第一世界名牌”的铸造历程及其方法。

中国梦的实现离不开科技创新，发展航天事业是我国以科技创新实现强国梦的一个重要组成部分，关乎国家的竞争力和国际影响力。对“中国第一世界名牌”的铸造历程和发展的逻辑体系进行系统化研究，也是我们总结历史经验，为坚持中国科技自主创新，助力中国梦实现的一次有益探索。

CONTENTS 目录

中国航天品质

高品质的产品来自卓越的过程。中国航天的高品质不仅体现在任务的高成功率上，更体现在困境中奋进、在与问题的斗争中成长、在成功与失败的挑战中探索规律、不断发展完善的过程中。

1 中国第一世界名牌

- 中国航天从这里起步
- 在与问题的斗争中成长
- 建设把成功作为信仰的零缺陷质量文化
- 探索航天事业成功的质量规律

“品牌”一词来源于古斯堪的那维亚语brandr，指的是生产者燃烧印记到产品上。它以各种各样的形式已存在了几个世纪，最早可以追溯到古代的陶器和石器。但今天的品牌给企业和消费者带来的已经不止这些，现代品牌不仅是一种区别标志，而且是质量、技术、信誉、效益、信息的集合体，它还是一种文化，是集理论、技术、教育、科研于一体的内涵丰富的文化。

品牌代表着时代的精神、时代的追求，象征着科学技术的日新月异、文明社会的进步和发展，是民族工业在国际市场的竞争中立于不败之地的重要支柱。正如国务院前总理温家宝在海尔集团视察时指出的：“名牌不仅是一个企业经济实力和市场信誉的重要标志，拥有名牌多少，还是一个国家经济实力的象征，是一个民族整体素质的体现。世界未来的竞争就是知识产权的竞争，集中表现在一流的技术、一流的产品。我们要从实现国家昌盛和民族伟大复兴的战略高度出发，鼓励我国的优秀企业争创世界顶级品牌。”

中国的运载火箭以“长征”命名，不是一个巧合，它产生于中国运载火箭的创业时期。当时，我国在国际上面临着西方资本主义国家的经济技术封锁和中苏关系恶化的严峻形势，火箭研制工作遇到重重困难。航天一院从事火箭研制的科研人员，有感于毛泽东同志著名的《七律·长征》诗中表现出来的红军为实现革命目标，藐视一切困难、不惧任何艰难险阻的顽强斗志，勇往直前、不怕牺牲的崇高品质和大无畏精神，提出建议并经上级领导批准，将中国运载火箭命名为“长征”，寓意着中国的火箭事业一定会像红军长征一样，克服任何艰难险阻，到达胜利的彼岸。从此，“长征”成为中国运载火箭的品牌名称。

长征二号F运载火箭是我国长征系列运载火箭家族中的重要成员，2003年10月15日，航天员杨利伟搭乘长征二号F遥五火箭运载的神舟五号飞船首次进入太空，绕地球飞行24小时后安全返回，中华民族实现了千年飞天梦。2003年10月18日，中国工业经济联合会、中国企业联合会、中国煤炭工业协会、中国机械工业联合会、中国钢铁工业协会、中国石油和化学工业联合会、中国轻工业联合会、中国纺织工业协会、中国建筑材料工业协会、中国有色金属工业协会共10家全国性工业行业联合会（协会）齐聚在人民大会堂，授予长征二号F运载火箭“中国第一世界名牌”的称号和镌刻金匾，见图1–1。

图1-1 “中国第一世界名牌”金匾

中国航天事业的发展有三个里程碑，也是“长征”运载火箭实现中国航天跨越发展的标志，分别是：1970年4月24日，发射第一颗人造地球卫星；2003年10月15日，发射第一艘载人飞船；2007年10月24日发射第一颗探月卫星。

“中国第一世界名牌”是长征系列运载火箭事业发展的结晶，是中华民族的骄傲。它不仅展现了中国运载火箭一流技术和质量水平的品牌形象，标志着我国由航天大国步入航天强国，而且为我国航天事业的进一步发展、为我国创新型国家的建设提供了实践经验和思想资源。

1.1 中国航天从这里起步

长征系列运载火箭的品牌确立经历了艰苦卓绝的历程，是几代航天人艰苦奋斗的结果，是国家高度重视、举国支持的结果。这里通过历史上几次典型事件，回顾长征系列运载火箭从无到有、从小到大、从弱到强的发展历程。

1.1.1 集结在伟大的旗帜下

北京南苑地区，地处故宫的正南方，南中轴线的南端，曾经是元、明、清三代皇家狩猎的苑囿。1910年，清政府在此开办了我国第一个飞机修理厂（航天一院火箭总装厂的前身）。航天一院总部即坐落于此（图1-2），因此，南苑地区也被冠以“火箭之乡”的美誉。

航天一院隶属中国航天科技集团公司，是中国航天事业的发祥地、中国长征火箭和东风导弹的摇篮，是目前中国最大的运载火箭研制生产基地，至今已有57年的历史。

图1-2　航天一院总部

回首中国航天事业的创业历程，首先归功于以毛泽东同志为核心的中国共产党第一代中央领导集体，从国内外形势的战略高度出发，做出的英明决策。

1949年，新中国在战火中成立，还未来得及医治百年战争留下的创伤，就被迫参加抗美援朝战争。当时与美军作战的中国人民志愿军的装备十分落后，我军战士的大批伤亡，不是在与敌短兵相接的战斗中，而是由于美军猛烈的炮火。抗美援朝战争带给了中国极大的启示：先进的武器和尖端装备在战争中起着重要的作用，一个主权国家必须要使用最先进的军事科学技术来装备自己的军队。

当朝鲜战争还在进行的时候，毛泽东同志就以战略家的敏锐目光看到了这一点，他认为不管抗美援朝结果如何，中国都要搞国防工业和军工生产。1955年1月15日，毛泽东在中央书记处扩大会议上指出："我们比过去强，以后还要比现在强，我们不仅要有更多的飞机、大炮，还要有导弹、原子弹，在今天这个世界上，我们要不受别人欺辱就不能没有这个东西。"

1956年3月，国务院成立了科学规划委员会，由周恩来总理亲自挂帅，李富春、陈毅、聂荣臻负责具体的组织领导。规划委员会邀请钱学森、钱三强、竺可桢、李四光、王大珩、任新民等600多名专家参与修订了《1956—

1967年科学技术发展远景纲要（修正草案）》，重点强调要优先发展原子能、火箭、喷气发动机三大尖端技术。

1956年10月8日，中国第一个导弹技术研究机构——国防部第五研究院正式成立。在成立之初，聂荣臻元帅要求将“自力更生为主，力争外援和利用资本主义已有的科学成果”作为建院方针。经过谈判、协商，1957年10月15日，中国政府与苏联签订了《关于生产新式武器和军事技术装备以及在中国建立综合性原子能工业的协定》（简称《国防新技术协定》）。

1957年11月16日，国防部第五研究院一分院成立，即航天一院的前身。1964年改为第七机械工业部第一研究院，1982年改为航天工业部第一研究院，主要承担我国战略武器和运载火箭的研制工作。世界著名科学家、中国导弹之父钱学森博士是航天一院的第一任院长。

1958年8月，国防部第五研究院一分院从北京长辛店迁至南苑地区，科技精英们从全国各地涌来。这些人中有不少是国家科学界的精英、拔尖人才，有来自各军兵种、各大军区的优秀军政官员，还有从各高等院校调来的优秀教员，新来的大学生也都是从名牌大学选拔出来的尖子生。

然而，当这些怀着一腔热忱的报国青年来到北京南苑，迎接他们的却是一片秋风飒飒、满目荒凉。这里没有科学实验大楼、专家别墅和公寓、办公楼区、车间厂房，没有图书馆、职工宿舍楼……仅有两座四合院和办公楼以及几排兵营的厢房，还是当时北京市管的飞机修理厂调整出来的。

但是，因为事业的伟大，集结了伟大的人们，创造了伟大的精神。正是在这种白手起家的环境中，以钱学森、任新民、屠守锷、庄逢甘、姚桐斌、蔡金涛、梁守槃……为代表的中国航天创业者，挑起支撑中国现代国防的重担，在破落低矮、潮湿昏暗的泥屋里，开始了中国航天的创业史。

与此同时，在推土机、挖掘机轰鸣的交响声中，中国火箭大本营的建设开始破土动工，南苑工程基地腾起一片繁忙的建设热潮。那个挂在办公室墙上，承载着中国人希望的代号为“8102”工程的中国火箭基地的建设蓝图，开始一点一点地变为现实。

1.1.2 从第一枚导弹仿制到“两弹”任务完成

可以想象，在一个科学技术水平落后、工业基础薄弱的国家，白手起家发展导弹技术是何等的困难。根据《国防新技术协定》，1957年12月，苏联一个缩编的导弹营连同两枚P-2导弹和一套地面设备秘密抵达北京。P-2近程导弹是在德制V-2导弹的基础上加以改进，于1950年研制成功的地地近程导弹。钱学森、任新民、梁守槃等专家通过对其外形和技术指标的分析，确认P-2近程导弹是一种已经被淘汰的初级导弹型号。

针对这种情况，聂荣臻同志耐心地告诫大家，苏联给的东西虽然不是先进的，但却是我们没有的，应当好好学习。“要先学会走路，然后再跑步。仿制就像爬楼梯，爬完第一层，再爬第二层”。

然而，正当仿制工作全面铺开的关键时刻，苏联单方面撕毁了《国防新技术协定》，并陆续撤走了所有专家，中断了一切援助。对此，党中央发出号召：“尖端不能放松，更不能下马。”在党中央的英明领导下，中国第一代航天人团结拼搏、迎难而上。1960年9月10日，一枚经过拆装的苏制P-2导弹发射成功。1960年11月5日9时2分28秒，我国仿制的第一枚代号“1059”的导弹在酒泉导弹发射试验基地起飞，7分钟后弹头准确命中550千米外的目标区。

“1059”导弹的仿制成功，是中国导弹发展史上一个重要的里程碑，发明了古代火箭的中国，从此结束了没有现代导弹武器的历史。同时，它带动了我国导弹研制基地、发射基地的建设和人才的培养，为今后新型导弹的自行设计和生产开辟了道路。图1-3为在军事博物馆展出的一枚“1059”导弹，后来被命名为“东风一号”。

图1-3　东风一号导弹

1964年10月16日，我国成功爆炸第一颗原子弹后，西方一些记者嘲讽中国“有弹无枪”。其实，他们不知道，中国不仅早就有了“枪”，而且早已开始思考“枪弹”结合的问题了。1966年9月8日，载有“东风二号甲”导弹的专列出发，前往酒泉发射试验基地，执行“两弹”结合的发射任务。

导弹与原子弹的结合，目的是验证导弹核武器的战术技术性能。这种试验比原子弹试验更加困难，美国专家曾把它比喻为“魔鬼的选择”。正因为这种试验存在高度的危险性，美国和苏联的两弹结合都将试验地区选在国外，采用高空核爆炸的方法。而我国没有境外试验的条件，只能在本土进行，这就从技术和安全等方面给导弹和原子弹的研究人员提出了严峻的挑战。

周恩来总理专门提出了“严肃认真、周到细致、稳妥可靠、万无一失”的十六字工作指导方针，从此，这十六字方针成为航天工作者工作的座右铭，也是质量工作的基本方针。

两弹结合试验的准备工作基本就绪后，聂荣臻和钱学森同志向毛泽东主席做了汇报。毛泽东同志听完汇报后叮嘱说：“这次试验可能打胜仗，也可能打败仗，一定要认真、充分地做好准备，不要打无准备之仗。”

1966年10月27日，整个发射场区格外宁静，加注后的东风二号甲导弹竖立在发射台上。上午9时10秒，发射操作手按下发射电钮，旋即，东风二号甲导弹携带原子弹直冲天际。

当巨大的蘑菇云在大漠上空升腾盘旋的时候，指挥所喇叭里清楚地传出了弹头落区的报告：“导弹精确命中目标，原子弹弹头实现了核爆炸。”中国在本土进行导弹核武器试验成功的消息在国际上引起强烈反响，提高了中国的国际地位。从第一次核爆炸到导弹发射小型核弹头，美国用了13年，苏联用了6年，而中国仅用了2年。

1.1.3 发射第一颗人造地球卫星

人造卫星的发射是人类克服地球引力，扩大活动范围，开发利用外层空间的一个巨大进步。它不仅在科学上具有重大意义，在军事上具有重要价值，而且在对地观测、广播通信、气象预报等民用方面也有着更为广泛的用途。

1957年10月4日，苏联发射了世界上第一颗人造卫星。美国紧随其后，于1958年1月31日，将重量为8.2千克的“探险者一号”卫星送入太空。

1958年5月17日，中共八大二次会议前夕，党内外科学家们纷纷建议，希望党中央尽快决策，开展中国自己的航天技术研究工作，天上不能没有中国的卫星。

在党的八大二次会议上，毛泽东发出了“我们也要搞人造卫星”的号召，主持国家科技工作的聂荣臻元帅立即遵照周恩来总理的指示，召开了专门的会议，并组织有关专家拟订研制计划。

由于历史的原因，中国的第一颗人造卫星的发射计划延至1965年后才正式确定。历经各种波折以及“文化大革命”动乱带来的种种困难，在周总理的亲自过问下，1970年4月1日，经过改进完善的东方红一号卫星和装配一新的长征一号火箭终于出征，奔向了酒泉卫星发射试验基地。图1–4是整装待发的长征一号火箭。

图1–4 长征一号火箭

1970年4月24日，长征一号火箭喷吐着滚滚烈焰，直刺苍穹。中国第一颗人造卫星在酒泉卫星发射中心成功发射。此次成功，标志着中国成为继苏、美、法、日之后世界上第五个独立研制并发射人造地球卫星的国家。

1971年3月3日，长征一号火箭又把“实践一号”科学试验卫星送入轨道。同年10月，纽约联合国大厦升起了中华人民共和国的五星红旗，中国恢复了联合国常任理事国的合法席位。

虽然中国拥有了自己的运载火箭，但长征一号火箭的运载能力只有300千克，研制能够发射较大重量的返回式卫星的运载火箭很快被提上了议程。

1971年，我国第一颗返回式卫星立项，其运载火箭被命名为“长征二号”，低轨道运载能力为1 800千克。首枚长征二号火箭于1974年11月5日在酒泉卫星发射中心发射，但由于火箭控制系统俯仰通道速率陀螺输出导线有暗伤，在飞行环境下导线断开，造成火箭失稳自毁。这次失利，给整个研制队伍造成非常被动的局面，但他们顶住压力，采取了一系列地面改进措施。1975年11月26日，长征二号火箭第二次发射，成功地把返回式卫星送入预定轨道。

大家都知道，地球同步静止轨道有限，通信卫星发射得越早，轨道位置越有利。但要把通信卫星发送到距地面3.6万千米的地球同步静止轨道，首先要解决的问题，还是提高运载火箭的运载能力。

1975年2月，国家计划委员会和国防科学技术委员会联合向中共中央、中央军委提出了《关于发展我国通信卫星问题的报告》。3月31日，叶剑英主持的中央军委第八次常委会讨论通过了这一报告。卫星通信工程后来被命名为“331”工程。

1984年1月29日，首发长征三号火箭载着我国试验通信卫星东方红二号从西昌卫星发射中心发射，然而由于三级氢氧发动机二次点火4秒钟后突然熄火，没有把卫星送入预定轨道。在复杂的情况下，一院人迅速确定了故障原因并完成了改进，4月8日，长征三号火箭成功将试验通信卫星送入了地球同步静止轨道，标志着中国具备了高轨道卫星的发射能力。

1.1.4 运载火箭走向国际市场

1985年10月26日，第七颗返回式卫星成功地返回地面，我国政府对外宣布：中国自行研制的长征二号、长征三号火箭将投入国际市场，承揽国内外用户的卫星发射业务。

消息传出，国际商业卫星发射市场为之愕然。人们惊喜地看到，中国的航天技术在经过30年的悄然发展后，终于揭去了神秘的面纱，向世界伸出了友好合作的双手。

运载火箭发射具有极端的风险性，1986年，世界航天领域出现了“航天灾难年”：“挑战者”号航天飞机失事，大力神、德尔塔火箭发射卫星也相继受挫。随后，欧洲阿里安火箭发射又遭失败。国际上众多的卫星生产公司和经营商开始将目光投向中国。

1987年8月5日，长征二号丙火箭在发射第9颗返回式卫星时，成功地为法国马特拉公司搭载了两台微重力试验装置，这次发射是我国与国外客户进行的首次太空合作。紧接着，1989年1月，长城公司与香港亚洲卫星公司正式签署了用长征三号火箭发射“亚洲一号”通信卫星的合同。1990年4月7日，长征三号火箭将“亚洲一号”卫星准确地送入地球同步轨道，这是我国正式对外发射服务迈出的第一步。

但是，当时对外发射服务面临的首要问题依旧是运载火箭的运载能力，如果不发展大推力运载火箭并在较短的时间内投入使用，就不能满足商业发射的需要。1986年，航天一院提出研制“长二捆”的设想：以加长箭体的长征二号丙作芯级，捆绑4个各为75吨推力的液体助推火箭形成一种新型串并联式运载火箭，使近地轨道运载能力达到9吨以上。

经过深入研究、认真策划，航天一院在总体方案论证的基础上设计出草图，即向欧美各卫星公司宣传，引起了国际航天商业发射市场的普遍关注，美国休斯公司尤为热心，提出由“长二捆”（长征二号E）火箭发射休斯公司制造、澳大利亚澳普图斯公司经营的两颗通信卫星。1988年11月1日，双方正式签订了合同。

经过18个月的研制，一院人凭着顽强的拼搏精神和严谨务实的科学态度，解决了理论、设计、生产、试验等四个方面的问题，终于在1990年6月29日，比合同规定的时间提前一天，将第一枚长征二号E火箭矗立在发射台上，图1-5是矗立在发射塔架上的长征二号E火箭。1990年7月16日，火箭首飞试验获得圆满成功。1990年8月14日，在经历了首次发射“澳星”未能起飞的挫折之后，长征二号E火箭将一颗澳大利亚通信卫星送入预定轨道。此后，我国又用这种火箭成功地发射了两颗澳星和“亚洲二号”及“艾科斯达一号”通信卫星。

图1-5 长征二号E火箭

长征二号E火箭的研制成功是我国航天技术发展的又一个突破，它标志着我国的运载火箭技术迈上了一个新台阶。不过要想长期、稳固地占领国际市场，并赢得更多的发射订单，单靠长征二号E、长征三号、长征三号甲几种火箭远远不够。因此，几乎是在长征二号E研制工作起步的同时，一院就已经开始构想另一种大推力的“长征三号乙”火箭。

然而，向国际市场的进军是艰难的，每一步都要付出巨大的努力。1996年2月15日，长征三号乙火箭首飞发射708国际通信卫星时，刚起飞就发生了意外事故，星箭俱毁，成为我国自进入国际市场以来最惨痛的失败。同年8月18日，长征三号火箭又未能将“中星八号”卫星送入预定轨道。

两次失败，使长征火箭的声誉受到严重影响。在严峻的考验面前，一院背水一战，在一年多的时间里，变压力为动力，变被动为主动，整顿思想，整顿作风，狠抓质量管理，为恢复长征火箭的声誉卧薪尝胆，终于在1997年取得了长征三号甲和长征三号的两次成功发射。同年8月20日，曾经饮恨西昌的长征三号乙火箭将菲律宾的“马步海”通信卫星送入预定轨道。在后续的发射中，长征三号乙火箭不负众望，又分别将“亚太二号R”、“中卫一号”和“鑫诺一号”3颗通信卫星送入预定轨道。之后，长征系列运载火箭连续多年持续发射成功。

如今，我国的长征系列火箭年度发射数量已位列国际三甲，为我国成为航天大国奠定了坚实的基础。

1.1.5 载人航天与探月工程取得连续成功

中国人飞天的梦想古已有之，从发明家鲁班削竹制鸟到为飞天不惜献身的明朝的万户，从美丽的嫦娥奔月到翩翩起舞的敦煌飞天壁画，无不反映了中华民族的想象力和对宇宙世界的无限向往。“雄鸡一唱天下白，飞天一梦逾千年”，新中国成立后，炎黄子孙下定决心要在浩瀚的天宇上创造中国人的飞天之路。

我国提出载人航天工程始于20世纪60年代。1966年，中国科学院和七机部第八研究院分别提出了载人航天的设想。1970年7月14日，毛泽东主席圈阅了军委办事组呈送的国防科学技术委员会选拔航天员的报告，我国第一次载人航天工程正式立项，但由于当时国家的经济基础薄弱，工程只进行了5年。

1986年，邓小平同志倡导制定了《高技术研究发展计划纲要》（简称“863计划”），其中将大型运载火箭、天地往返运输系统、载人空间系统及应用列为面向21世纪国家航天事业发展的重要内容。

1992年9月21日，中共中央政治局常委会批准了中央专门委员会《关于开展我国载人飞船工程研制的请示》，并作为国家重点工程列入国家计划，被命名为“921工程”。从此，当时我国航天史上规模最大、系统组成最为复杂、可靠性和安全性要求最高的工程正式启动。

中国的火箭运载能力有多大，太空探索的舞台就有多大。921工程用的运载火箭是长征二号F，它是在长征二号E火箭的基础上，按照“高可靠、高安全、高质量”目标研制的新型运载火箭，也是当时我国所有运载火箭中起飞质量最大、长度最长、可靠性要求最高的火箭。

针对载人火箭这一特定的质量要求，一院从思想意识到工作标准进一步提升，从元器件、软件、工艺等基础抓起，按照可靠性工程的要求，开展火箭的可靠性设计、分析和试验等工作，精心研制、精心制造，使长征二号F火箭取得连续11次发射成功的纪录，见表1—1。图1-6是长征二号F火箭点火起飞。

表1-1　长征二号F火箭历次发射记录表

序号	时间	火箭型号	载荷	航天员
1	1999年11月20日	长征二号F遥一火箭	神舟一号飞船	无
2	2001年1月10日	长征二号F遥二火箭	神舟二号飞船	无
3	2002年3月25日	长征二号F遥三火箭	神舟三号飞船	无
4	2002年12月30日	长征二号F遥四火箭	神舟四号飞船	无
5	2003年10月15日	长征二号F遥五火箭	神舟五号飞船	杨利伟
6	2005年10月12日	长征二号F遥六火箭	神舟六号飞船	费俊龙、聂海胜
7	2008年9月25日	长征二号F遥七火箭	神舟七号飞船	翟志刚、刘伯明、景海鹏
8	2011年9月29日	长征二号F T1火箭	天宫一号目标飞行器	无
9	2011年11月1日	长征二号F遥八火箭	神舟八号飞船	无
10	2012年6月16日	长征二号F遥九火箭	神舟九号飞船	景海鹏、刘　旺、刘　洋
11	2013年6月11日	长征二号F遥十火箭	神舟十号飞船	聂海胜、张晓光、王亚平

图1-6 长征二号F火箭

月球及深空探测一直是人类探索未知世界和获得重大科学发现的标志性科学工程。月球是地球唯一的天然卫星，人类掌握航天技术之后，探测地外天体的首选目标就是月球。20世纪50年代末以来，苏联、美国、日本、欧空局都已发射航天器对月球进行了探测研究。美国还从1969年11月到1972年12月，发射6艘阿波罗载人飞船，把12名航天员送上月球，开展了多项科学试验。

2004年1月，中国正式启动以“嫦娥”命名的月球探测工程，嫦娥工程分“绕”“落”“回”三个发展阶段，都属于无人探测活动。

第一阶段“绕”。2007年10月24日，长征三号甲火箭成功发射第一个月球探测器嫦娥一号，进行环月飞行，对月球进行整体性的综合探测，使我国成为世界上第5个能够独立研制和发射探月航天器的国家；2010年10月1日，长征三号丙火箭成功将第二个月球探测器嫦娥二号送入预定奔月轨道，先期验证后续月球着陆任务的部分关键技术，深化月球科学探测，并迈出了深空探测重要的一步。

第二阶段“落”。2013年12月2日，长征三号乙火箭成功发射第三个月球探测器“嫦娥三号”，首次实现我国地外天体软着陆和月面巡视勘察，试验月球软着陆与月球车技术，实地勘测着陆区区域的地形地貌、地质构造、岩石成分与分布，为月球基地的选择提供了基础数据。

目前，嫦娥工程已顺利完成“绕”和“落”，正在准备第三阶段“回”。2014年10月24日，长征三号丙火箭成功发射嫦娥五号飞行试验返回器，计划在2017年左右发射携有返回舱的登月航天器，软着陆于月面后，自动采集关键性月球样品，盛装在返回舱内，并返回地球。

1.1.6 愿景在摇篮放飞

光阴荏苒，岁月如梭。如同历史长河中的一个瞬间，中国航天已经走过了半个多世纪的路程。航天一院从无到有，从小到大，从弱到强，发展成为我国最大的运载火箭研制、试验和生产基地。近20年来，运载火箭技术进入新的发展时期，先后成功研制出多种火箭，形成长征火箭的系列型谱，能发射近地轨道、太阳同步轨道、地球同步转移轨道卫星或其他航天器。实现了从常规推进剂到无污染推进剂和低温推进剂，从串联到捆绑，从一箭一星到一箭多星，从基础级到上面级，从发射卫星到载人飞船和月球探测器的技术跨越，奠定了中国航天事业发展的基础，使中国航天技术处于世界先进水平。运载火箭产品的可靠性、经济性、入轨精度和适应能力达到了国际一流水平，并在国际航天发射市场上占有了一席之地。特别是载人航天飞行试验的圆满成功，实现了中华民族的千年梦想，创造了中国人民在攀登世界航天科技高峰征程上的伟大壮举，成为世界上第三个独立掌握载人航天技术的国家。2007年6月1日，长征三号甲火箭发射“鑫诺三号”卫星圆满成功，完成了长征系列火箭第100次发射，标志着我国踏上从航天大国向航天强国迈进的新征程。2014年12月7日，长征系列火箭再次顺利发射，创造了成功发射第200次的纪录。

从长征系列运载火箭的发射纪录可以看到，长征系列运载火箭前50次发射用了28年，而第51次到第100次仅用了9年。从几年1发到1年几发，甚至1月内4发，中国航天的发展速度越来越快。2012年，中国火箭发射数量居世界第二，从发射能力方面进入航天大国的行列。

随着国内卫星发射需求的增加和国外发射服务市场的成功开拓，长征系列运载火箭迎来了产业化发展的良好契机。为了适应新形势、新任务的要求，在长征系列运载火箭的研制生产过程中，逐步优化了设计流程、制造流程、试验流程和发射流程。此外，围绕产业化发展“高质量、低成本、周期短”的目标，开展了型号地面产品通用化、系列化、组合化工作，取得了突破性成果。同时，大力推进长征系列运载火箭的可靠性增长工程，使产品的可靠性有了实质性提高。

随着长征系列火箭的快速发展，中国拥有了酒泉、西昌、太原三个航天发射场，而今正在建设适应未来发射需要的第四个发射场——海南文昌发射场。航天器测试发射水平迈入国际先进行列，并已形成鲜明的特色。为满足长征系列火箭更高、更远的需求，过去只能同时监控十几颗卫星的测控网，今天已经发展到可容纳应对几十个乃至上百个航天器的测控管理系统，并形成以西安卫星测控中心为中枢，以十多个固定台站、活动测控站和远望号测量船为骨干的现代化综合测控网络。

对于中国航天事业来说，实现跨越发展和领域扩展的基础与关键是运载技术的进步。要适应航天器未来发展、星座组网多星发射和轨道部署、国际商业发射市场竞争、月球及深空探测任务等的需求，一是要解决进入空间的问题，提升进入空间的能力，主要依靠长征五号、长征七号和长征十一号为代表的无毒、无污染、低成本、高性能的新一代运载火箭；二是要解决轨道转移的问题，提升发射任务适应性，主要依靠以远征系列上面级为代表的空间运输系统。

长征五号运载火箭是我国新一代运载火箭中芯级直径为5米的大型运载火箭，综合性能指标达到国际主流运载火箭水平，其基本型具备近地轨道25吨、地球同步转移轨道14吨的运载能力，将应用于探月三期工程、载人空间站工程等航天重大工程项目。

长征七号运载火箭是我国新一代运载火箭中芯级直径为3.35米的中型运载火箭，具备近地轨道13.5吨、700千米太阳同步轨道5.5吨的运载能力，主要应用于载人空间站工程中的货运飞船发射任务，在成熟以后还将发射神舟载人飞船，并兼顾卫星发射任务。

长征十一号运载火箭是我国新一代运载火箭中芯级直径为2米的四级串联固体火箭，发射周期从整箭存储状态到完成发射的时间不大于24小时，主要用于快速发射小型航天器，提升快速进入空间的能力。

远征系列上面级综合了运载火箭与卫星技术的特点，实施轨道机动，具备多任务适应能力、多次启动能力和短期在轨工作能力，从而可以提高开发利用空间的能力，并降低开发利用空间的成本。

新一代运载火箭与上面级组合，可以实现大型卫星的直接入轨、小型卫星的一箭多星发射，大幅提升我国航天运输系统整体能力，实现航天器快速部署、重构、扩充和维护，为我国进一步发展空间技术、确保空间安全，开发和利用空间资源提供坚实的基础和保障。

航天一院在大力发展运载火箭技术的同时，质量与可靠性技术、技术风险控制技术等也随之取得进步，不仅为型号研制提供了保障、支持，还获得了多项质量领域的奖励，践行了引领航天的企业使命。

1.2　在与问题的斗争中成长

航天事业具有极端的复杂性和风险性。因此，航天工程的研制历史始终面临各种各样的问题，甚至是重大失败。中国航天事业的成功之路是在同问题的不断斗争中开拓出来的，问题是科学研究的起点，是管理创新的起点，也是质量工作的起点，解决问题就能取得进步和成功。从某种意义上讲，质量工作是围绕问题这条主线展开的：一是预防问题的发生；二是彻底解决发生的问题；三是从与问题的斗争中探索成功的规律。

1.2.1　问题与质量问题

“问题”是一个范畴。自然科学的“问题逻辑”分为三类：“……是什么？”“……为什么？”“……是怎样的？”一般来说，科学研究始于“问题”，“问题”的解决推动了科学的发展。

1928年9月的一天，弗莱明发现培养葡萄球菌的器皿长了绿菌，这一结果表明试验失败，培养基被污染了，进一步的观察发现，在绿菌周围，培养基明净清澈，而在葡萄球菌的繁殖区则呈现一种难看的黄色。对此他产生了疑问：是不是绿菌把周围的葡萄球菌杀死了呢？到1929年6月，他的研究取得重大进展，发现了青霉素，为人类做出重大的贡献，并获得1945年的诺贝尔奖。基于已有知识的认识，从认真的观察中，发现了与预想的不一致，也就是发现了“问题”；通过对问题的研究，认识了问题，并取得了发明成果。这是弗莱明认识问题、解决问题的逻辑。也就是说，通过问题的解决，推动了科学的发展。

事实上，航天事业是在各种问题的发生与解决过程中不断发展的。航天工程是一项富有挑战性的复杂的系统工程，涉及从理论研究、实验室验证到设计、试验、生产等一系列环节，领域广泛、专业分工细密，矛盾或问题经常出现。在航天工程研制工作中遇到的问题大致可以分为两类：一是为达到设计目标而需要解决的问题，很多研制阶段的技术攻关针对的就是这类问题；二是由于设计、工艺缺陷或操作不当而导致的问题，也就是我们常说的质量问题。

质量问题是针对产品而言的，一般包括："不合格"、"缺陷"、"失效"、"故障"和"事故"。在ISO9000质量管理体系标准或GJB1405A《装备质量管理术语》标准中，都有明确的定义。例如，"不合格"是指未满足要求，不仅指明示的要求，还包括隐含的需要以及必须履行的需求和期望；"缺陷"是指未满足与预期规定用途有关的要求；"失效"是指达不到预期的或需要的功能（或不足）；"事故"和"故障"强调的是后果，它可能是由"失效"引起的，也可能是由于其他原因产生的；"故障"是指产品或产品的一部分不能或将不能完成预定功能的事件或状态；"事故"则是指意外的、已经产生损失（人身安全、人体健康受到危害，财、物损失，进度延误）的事件。

根据质量问题的影响程度，航天产品的质量问题可以划分为重大质量事故、重大质量问题、重复性质量问题、批次性质量问题、一般质量问题等；根据质量问题产生的原因，质量问题又可分为设计、工艺、操作、管理、软件、元器件、原材料、外购件、设备、环境、其他问题11个方面，每一个方面又可以进一步分解为各种层次或类型的具体原因。但无论质量问题的影响程度如何，也不论质量问题产生的原因是什么，航天产品质量问题的处理都必须按照标准进行归零，即通过问题的彻底解决，提高产品质量和提升组织持续成功的能力。

1.2.2 质量问题归零及标准

质量问题归零是对在设计、生产、试验、服务中出现的质量问题，从技术上、管理上分析产生的原因、机理，并采取纠正措施，以避免问题重复发生的活动。质量问题归零是实现质量问题闭环控制的一种方法，在质量问题归零过程中，通过对标准规范和规章制度的不断完善、人员意识的不断提升、条件的逐步改进，实现质量管理的升华。21世纪初，凤凰卫视采访中国航天最高领导人时问道："您在航天的得意之作是不是成功地实现了载人航天工程？"该领导人回答："是推行了质量问题'双归零'。"由此可见，质量问题归零在航天系统的分量和地位。

质量问题是质量工作的出发点，发现问题、分析问题和解决问题是质量工作展开的中心线索。推行质量问题归零，是航天质量工作在同质量问题的不断斗争中，自我完善、持续改进的需要。

“归零”的概念始于1990年原航空航天部推行上海航空工业公司麦道（代号：MD-82）飞机质量保证体系的经验，这套保证体系的关键内容有以下几点：①程序，质量管理要坚持必要的程序，一切按程序办事；②强有力的质量保证体系，即组织保证；③培训，提高人员素质；④“归零”，闭环归零；⑤审计。这里的归零，具体指TO（Tool Order）、FO（Fabricate Order）、AO（Assemble Order），三个O，抓三个O闭环归零。首先是TO的归零，即工具、工装要保证，否则不能发出生产指令；第二是FO的归零，即如何加工，用什么工具加工，要达到什么质量标准，都要严格地规定，经过核实没有问题才可以生产；第三是AO，即装配指令归零，要求在没有任何问题的情况下，才能够开装。这时的“归零”概念，指生产过程闭环的质量控制，要求不带问题生产。

从内容和思想上讲，归零与故障报告、分析和纠正措施（Failure Report Analysis And Corrective Action System，FRACS）存在一致性。原国防科工委于1990年颁布GJB841《故障报告、分析和纠正措施系统》，规定要及时报告产品的故障，分析故障产生的原因，制定和实施有效的纠正措施，以防止故障再现，改善其可靠性和维修性。张公绪教授在推行统计过程控制（Statistical Process Control，SPC）——质量控制与诊断过程中，曾提出对异常或问题的处理标准，即“查找原因、采取措施、加以消除、不再出现、纳入标准”。

经过一个时期的发展，“归零”概念逐渐深化，确定为质量问题的技术归零和管理归零。技术归零是指针对发生的质量问题，从技术上按照“定位准确、机理清楚、问题复现、措施有效、举一反三”的五条标准要求逐项落实，并形成技术归零报告和技术文件的活动。管理归零是指针对发生的质量问题，从管理上按照“过程清楚、责任明确、措施落实、严肃处理、完善规章”的五条标准要求逐项落实，并形成管理归零报告和相关文件的活动。

技术归零标准的含义具体如下。

定位准确：确定质量问题发生的准确部位。

机理清楚：通过理论分析或试验等手段，确定质量问题发生的根本原因。

问题复现：通过试验或其他验证方法，确认质量问题发生的现象，验证定位的准确性和机理分析的正确性。

措施有效：针对发生的质量问题，采取纠正措施，经过验证，确定质量问题得到解决。

举一反三：把发生质量问题的信息或线索提供给他人，开展针对性的检查，并采取预防措施。

管理归零标准的含义具体如下。

过程清楚：查明质量问题发生和发展的全过程，从中查找管理上的薄弱环节或漏洞。

责任明确：根据质量职责，分清造成质量问题的责任单位和责任人，并分清责任的主次和大小。

措施落实：针对管理上的薄弱环节或漏洞，制定并落实有效的纠正措施和预防措施。

严肃处理：端正对于质量问题的态度，对由于管理原因造成的质量问题应严肃对待，从中吸取教训，达到教育人员和改进管理工作的目的；对于主动发现和解决问题、主动承担责任的人员予以奖励；对重复性和人为责任造成的质量问题，应根据情节和后果，对责任单位和责任人，按规定给予处罚。

完善规章：针对管理上的薄弱环节或漏洞，健全和完善规章制度，并加以落实，从制度上避免质量问题的发生。

质量问题归零的思想要求我们要透过一个个具体问题的表象，追溯问题发生的根源、机理与过程；通过摸索质量问题发生的内在规律，找出解决问题的措施与方法，运用到产品实现的具体过程或环节；通过管理和技术上的不断创新，推动组织持续健康发展。质量问题归零的思想促进了质量管理理念的转变，实现了从“救火”到“防火”职能的根本性转变。

1）对产品本身而言，是“救火”措施。通过挖掘问题产生的根源，彻底解决产品本身存在的质量隐患，避免问题的扩大、事故的发生。

2）对其他产品而言，起“防火”作用。通过举一反三、纠正措施的落实，避免同类问题的再次发生。

3）对质量体系而言，起到亡羊补牢的作用。通过完善规章制度，有效堵塞管理漏洞，不断健全质量管理体系。

1.2.3 重大事故处理

航天重大质量事故主要指型号飞行试验出现失利，或造成其他严重人员伤害、由于故障导致重大经济损失等情况。重大质量事故的处理，通常分为三个阶段，即事故调查、事故审查、归零。事故调查的主要职责是解决事故的定位、查明事故的原因、明确事故的责任及责任性质，其次是对纠正措施进行确认，总结经验教训。事故审查是对事故调查的过程与结论进行审查、确认，并给出结论的过程。在事故调查和审查的基础上，由型号和责任单位分别完成技术归零和管理归零，在完成归零评审前，一般要经过飞行试验验证。出现重大质量事故后，由航天一院组织故障分析和专家咨询队伍开展事故分析，由一院组织成立事故调查委员会进行事故调查，由上级组成故障审查委员会对故障调查进行审查。航天重大事故处理工作流程如图1–7所示。

1.2.3.1 保护现场，收集信息，成立事故分析、调查、审查的组织

发生重大质量事故后，在不危及人身安全和设备财产损失的条件下，事故现场负责人必须在第一时间组织各方力量，做好事故现场的保护工作，为后续开展事故调查和避免事故影响扩大化创造必要条件。

与此同时，协调、指挥各方搜集相关事故信息，主要包括事故现象、事故经过、事故损失、责任单位等。在事故信息汇总的基础上，经各方（涉及顾客产品时，必须邀请顾客方参与事故信息确认）核实确认，达成一致，整理完善，会同责任单位立即向顾客方代表、型号两总系统（总指挥、总设计师）和一院报告该事故的相关信息和情况。一院在事故发生后两小时内向上级主管部门报告该事故的简要情况，不能明确定位责任单位的，由总体单位负责向一院报告。在型号发射场发生的事故可由发射场试验队负责人直接向一院报告。

由于航天型号重大事故可能对国家的国际形象和国防装备建设造成影响，重大事故信息报告要做到正规途径、符合保密要求、及时准确并逐级上报。

型号发生重大质量事故后，由发生重大质量事故的型号研制队伍、责任主体单位和顾客方代表成立事故分析联合工作组；一院负责成立以院质量管理者代表为组长的事故调查委员会；上级对故障调查委员会的组成进行批复，并成立事故审查委员会。

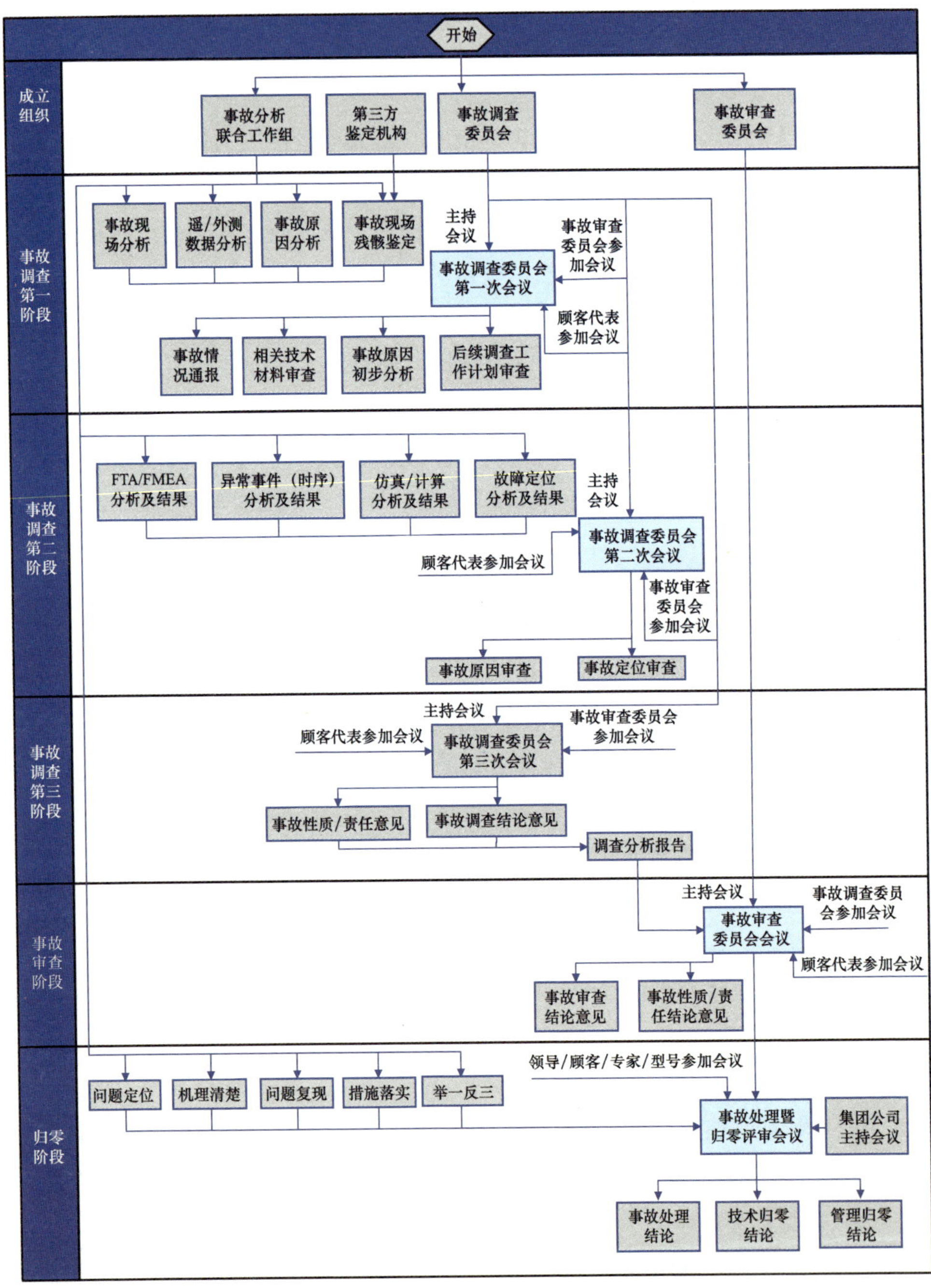

图1-7 航天重大质量事故处理流程

1.2.3.2 获取充分的事故数据与证据

事故现场证据的勘查、搜集、记录、分析取证工作是事故分析与调查的首要和关键工作。

取证内容包括：事故发生的时间、地点，事故引发的现象和变化，事故留下的痕迹、残骸，事故所处的环境、状况，事故造成的损失、影响以及事故发生前的产品状态、测试数据、遥外测记录等。

取证方法包括：现场勘查、谈话询问、资料查阅、回读数据（遥外测系统）、检测检验、多媒体记录、失效分析等技术手段。

取证工作要做到：

1）证据来源必须可靠；

2）证据事实必须真实；

3）证据认同必须一致；

4）取证内容必须全面；

5）取证方法必须科学；

6）取证要求必须明确。

取证分析是建立事故发生现象，现场遗留残骸、痕迹，过程记录以及事故后果等全过程信息的因果、关联等逻辑关系，为后续深入开展事故分析与调查提供原始输入和证据支撑。为公正、科学、有效地进行取证分析，通常需要第三方独立机构参与取证分析、鉴定工作。例如，对事故现场留下的“痕迹”邀请勘查专家进行“痕迹学”分析，给出“痕迹”成因、启示和可能后果分析。又如，对故障产品残骸邀请失效分析专家进行专业检测（金相、光谱、超声波、CT、扫描电镜等），给出“失效”机理分析。图1-8为痕迹物证技术鉴定基本程序。

对于飞行故障而言，测量系统的测试数据是重要证据，通常要对测量系统的测量数据进行分析，并组织专家进行确认。对于观测数据，也要邀请专业机构进行细致判读。

1.2.3.3 确定异常事件表

重大事故通常包括若干异常事件，取得事故信息之后，要先按飞行时序，梳理异常事件，形成异常事件表。其次是分析异常事件的关系，确定独立的异常事件和相关联的异常事件，找出导致事故的主要异常事件，并作为

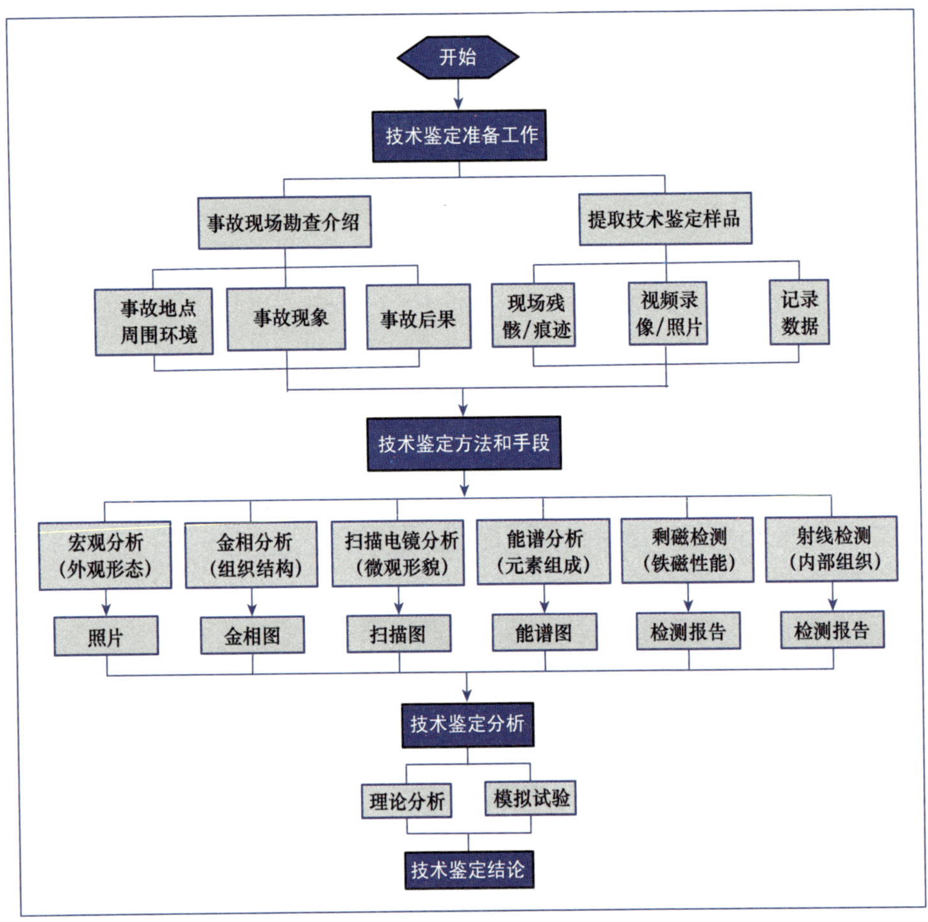

图1-8 痕迹物证技术鉴定程序

故障树的顶事件，开展故障排查。下面举例加以说明。

某火箭点火起飞后，一级和二级工作段、三级发动机一次工作段和滑行段正常。但三级发动机第二次起动后，气路系统出现漏气，三级二次工作261.86s后推力大幅度下降，发动机关机时间比预计提前48.5s，导致卫星未能进入预定轨道。遥测数据分析有下列异常现象：

1）起飞后1 060.9s，燃气发生器通电点火，三级发动机第二次起动。1 062.3s氢副控阀打开，1 063.1s发控气路开始出现大幅度漏气。1 346.2s控制系统发出小过载关机指令，1 347.2s氢副控阀关闭，1 347.9s大漏气停止。

2）发动机第二次起动后261.8s（即起飞后1 322.7s），推力室压力从2.706MPa下降到1.369MPa。在此工况下发动机工作了20s后，推力室压力再次迅速下降。

3）在1 324.5s ~ 1 328.9s（推力下降2s ~ 6s后），先后出现后短壳温度T3hg、肼瓶壁温T3zx、姿控环形管壁温T3zh上升，而且前两点温度测量输出信号出现限幅。

4）小过载关机后，发动机阀门盒压力P3hmh一直下降至接近零。

5）在1 062.6s ~ 1 062.7s的发动机第二次起动期间，发生器头部轴向高频振动Z3rxq出现一个较大的冲击信号，其正峰值大于80g，负峰值60g。

6）氢氧蒸发器出口温度T3rc、T3Yc在1 322s后升高加快。1 328s时T3rc由原94.8K升到127.6K，T3yc由原177K升到254.4K，然后稳定在该温度附近。

7）发控气瓶压力在第二次起动时为19.84MPa，经261.86s后降至3.6MPa。

对上述故障梳理出的异常事件时序列表见图1–9，即火箭三级发动机提前关机异常事件表。

1.2.3.4 开展故障树分析

针对异常事件表，要确定异常事件的相互关联关系，找出导致事故的主要异常事件，并按照故障树的标准，建立故障树，组织事故排查工作。事故排查的方法包括仿真、试验、产品质量复查、计算分析等。

故障树分析（Fault Tree Analysis，FTA）是航天重大质量事故调查的重要技术手段。FTA分析采用演绎推理的方法，把质量事故与导致事故发生的各种原因之间的逻辑关系通过树形图直观表示，通过对故障树的定量与定性分析，最终确定事故发生的原因，为后续事故责任认定以及提出整改措施提供技术支撑。

在画出故障树之后，可以利用布尔代数法对故障树进行分析，包括定性分析和定量分析两种方法。在定性分析中，主要包括最小割集、最小径集和重要度分析。

（1）最小割集及其求法

割集是故障树的若干底事件的集合，如果这些底事件都发生将导致顶事件发生。最小割集就是引起顶事件发生的必须的最低限度的割集。根据故障树结构，用上行法或下行法求故障树的所有最小割集。上行法是从底事件开始，自下而上逐步地进行事件集合运算，将或门输出事件表示为输入事件的并（布尔和），将与门输出事件表示为输入事件的交（布尔积）。这样向上

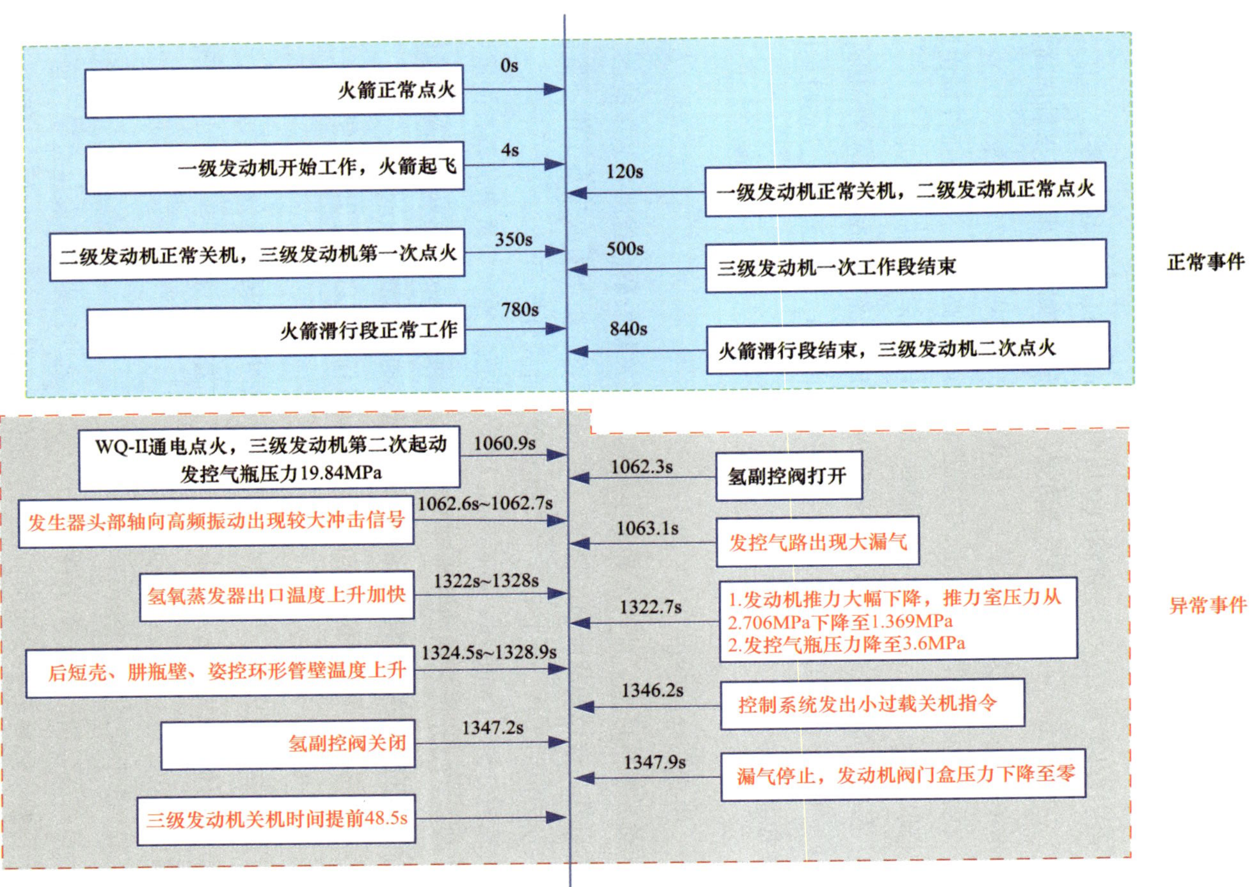

图1-9 火箭三级发动机提前关机异常事件表

层层代入，在逐步代入过程中或者最后，按照布尔代数吸收律和等幂律来化简，将顶事件表示成底事件之和的最简式。其中每一积项对应于故障树的一个最小割集。

（2）最小径集及其求法

径集：如果故障树中某些基本事件不发生，则顶事件就不发生，这些基本事件的集合称为径集。最小径集就是顶事件不发生所需的最低限度的径集。

最小径集的求法是利用它与最小割集的对偶性，首先做出与故障树对偶的成功树，即把原来故障树的“与门”换成“或门”，而“或门”换成“与门”，“各类事件发生”换成“不发生”，利用上述方法求出成功树的最小割集，再转化为故障树的最小径集。

（3）最小割集和最小径集在故障树分析中的应用

1）最小割集表示系统的危险性。求出最小割集可以掌握事故发生的各种可能，了解系统的危险性。每个最小割集都是顶事件发生的一种可能，有几个最小割集，顶事件的发生就有几种可能，最小割集越多，系统越危险。从最小割集能直观、概略地看出，哪些事件发生最危险，哪些稍次，哪些可以忽略，以及如何采取措施，使事故发生概率下降。

2）最小径集表示系统的安全性。求出最小径集可以了解到，要使顶事件不发生有几种可能的方案，从而为控制事故提供依据。一个最小径集中的基本事件都不发生，就可使顶事件不发生。故障树中最小径集越多，系统就越安全。从用最小径集表示的故障树等效图可以看出，只要控制一个最小径集不发生，顶事件就不发生，所以可以选择控制事故的最佳方案，一般地说，对少事件最小径集加以控制较为有利。

3）利用最小割集、最小径集进行结构重要度分析。

4）利用最小割集、最小径集进行定量分析和计算顶事件的概率等。

故障树样例如图1–10所示。

在故障树分析的基础上，要开展大量的检查确认和试验验证工作，最终确认导致事故的底事件。

1.2.4 质量问题归零标准的演变

航天一院历来重视对质量问题的处理，以严肃的态度对待质量问题。

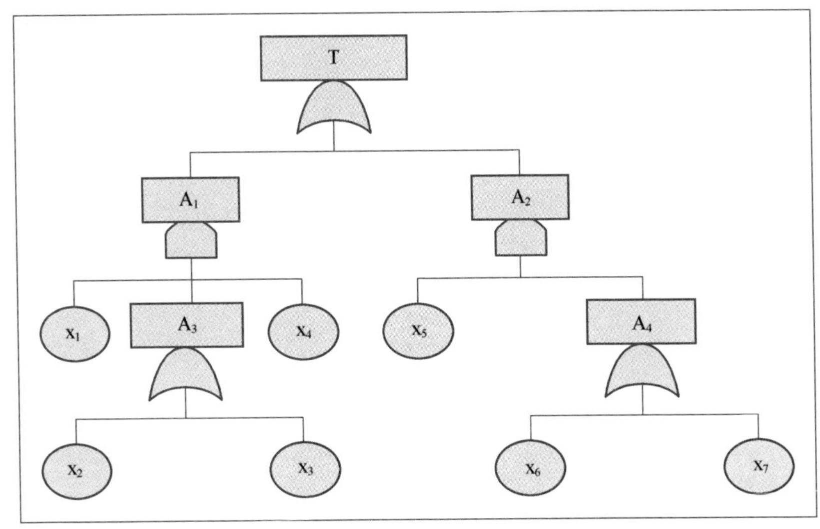

图1–10 故障树样例

1964年2月20日，某型号108次试车弹在进行出厂质量复查时，发现一颗螺钉下落不明。时任国防部五院院长王秉章亲临现场决定推迟型号出厂时间。为保证产品质量，先后用25天进行了分解检查，查出一块压垫板、铁丝、松香等多余物，这就是有名的“108事件”。1964年2月26日和29日，聂荣臻元帅和时任国防科工委主任张爱萍分别作了指示：“要好好整顿一下生产秩序、工作秩序，建立一些装配负责制和检查负责制等。”火箭总装厂以此事故为教训，进行了认真的整顿，相继建立了多余物控制、工具管理、“三检”制、班前会等十项制度。

1974年11月5日，长征二号运载火箭首次发射失利。分析原因是火箭控制系统俯仰通道的速率陀螺仪输出的电缆断了一根导线，实际是导线的接头在飞行试验中断开。事后，一院召开质量整顿会，确定办三件事：①举办“115”事故展览会，暴露质量上存在的问题和分析这次事故的原因。②二级箱体、电缆网等五项产品推倒重来，补做全弹弹性振动、控制系统模拟试验等五项大型地面试验。根据试验结果，采取了双线双点的措施，修改了速率陀螺仪安装位置，更改了配电器内的导线直径。③增加临射前功能检查项目和监测。这些措施对保证以后飞行试验的成功起到了重要作用。

当年虽然没有“零缺陷”的提法，没有“双归零”标准和“第一次就把事情做对”的要求，但在周恩来总理所倡导的“严肃认真、周到细致、稳妥可靠、万无一失”的十六字方针指导下，一院将航天事业的工作质量与中华民族的存亡紧密联系在一起，遵循“千里长堤，溃于蚁穴”“差之毫厘、失之千里”“丰收在望、颗粒归仓”“业精于勤、荒于嬉，行成于思、毁于随”等从业古训，把“质量第一，精益求精，务必做好自己的事情”作为自己的人生信念、工作理念和职业操守，严格要求，认真执行。

1991年，一院在长征三号运载火箭三子级第9发总装工作中推行麦道质量管理经验的试点工作，开展归零管理，并逐步形成在质量问题处理方面的归零管理理念。1992年，一院在《长征二号E遥三、遥四火箭质量管理》中提出了“举一反三”、“采取针对性措施”及“分阶段归零”等要求，在《长征三号全面质量复查要求》中也明确提出对质量问题开展归零工作的具体要求。1993年，在《长征二号E质量管理要求》中再次提到“五个阶段”的质量问题归零管理，在《长征三号质量管理要求》中提出了对“遗留问题”的处理要求。归零概念及程序要求在此期间逐渐深化，在质量问题处理方面形成了较为完善的制度化要求。

1995年8月17日，航天工业总公司在《中国航天工业总公司质量问题归零的管理办法》中第一次明确提出了“质量问题归零”，从质量问题定位、机理、性质、责任、措施等方面明确了质量问题“归零五条标准”的最初概念。1995年10月5日，一院印发了《一院型号研制质量问题归零要求》。

1996年，航天工业总公司印发了《关于进一步做好质量问题归零监督检查工作的通知》，概括性地提出了质量问题归零的几点要求，即“定位要准确，机理要清楚，故障要复现，问题的性质和责任要清楚，措施要可行有效、举一反三”。由此勾画出质量问题“归零五条”标准的基本内容。

1996年10月，航天工业总公司再次提出广大航天科技人员要确立严谨科学的工作作风，检查的标准是确保所有质量问题真正归零，符合“定位准确，机理清楚，问题复现，措施有效，举一反三、杜绝重复故障发生”的要求，第一次系统、明确地提出了质量问题“归零五条”标准。后根据刘纪原总经理的要求，追加了管理归零的概念和要求。

1997年10月，航天工业总公司在《质量问题归零五条标准宣传手册》序言中指出，一些问题是由于无章可循、有章不循、责任不清等管理问题造成的，要求广大航天科技人员在开展质量问题归零工作中，紧密地把技术问题归零五条标准与管理问题归零五条标准结合起来，从而达到完善管理机制，改进管理工作，提高管理水平的目的。

2002年，航天科技集团公司颁布了《航天产品质量问题归零实施要求》标准，以行业标准的形式对质量问题归零工作进行法律化、制度化管理。

2009年，时任航天科技集团公司总经理马兴瑞要求在严格执行技术问题归零标准的基础上，必须同步开展管理归零工作，即通常说的“双归零”要求。

1.2.5 对质量问题归零标准的再认识

航天产品质量问题归零“双五条”标准经历了借鉴引入、自主创新、实践完善、自成体系、与时俱进的发展阶段，是广大航天科技工作者科学实践的“产物”，是集体智慧的结晶。多年来，“双五条”归零标准不仅在航天工业中得到普遍应用，而且在国防工业管理中得到推广。

近年来，随着任务规模的逐步扩大，质量问题归零过程中许多深层次的问题也开始反映出来。

1）规模化发展要求质量问题能够快速、准确地解决，这对组织和个人能力提出了严峻挑战。归零工作中反映出我们的基础和能力较为薄弱，特别是在知识积累方面表现出标准规范和规章制度仍不完善、仍不健全，在分析问题、解决问题方面的手段和方法有所欠缺。

2）航天型号是复杂的系统工程，具有工程系统的复杂性，加之型号承研承制单位多，技术和管理分工复杂，因而在型号质量问题归零工作上也表现出明显的组织特征和工程系统性。比如：在问题分析中，体现出由总体到分系统、单机，直到元器件、原材料自上而下的过程；而在问题确认中，体现出由元器件、原材料直到单机、分系统、总体自下而上的过程。质量问题处理要求我们用系统工程的原理和方法进行管理。

3）质量问题得不到彻底解决和有效根治，问题重复出现，部分单位质量问题归零的主动性不足；部分单位对待质量问题归零消极应付，甚至还存在“漠视”质量问题处理的情况；“双五条”归零标准更多的是对归零程序和要求的规定，欠缺对责任单位、责任人从组织上的要求和思想方法的指导；部分单位在质量问题的定位、责任等方面仍存在推诿扯皮的现象。

4）部分单位单纯地解决技术问题而回避管理问题，或以技术归零代替管理归零，反映出对归零的根本目标认识不高。归零不仅是解决现实质量问题，利于大家借鉴学习吸取教训，更要通过问题的处理，就事论理，回归基础，不再发生类似重复性问题。

5）随着机构调整、管理机制变化以及新人员的不断补充，在质量问题归零工作机制的运行保证方面还有所欠缺，各级组织、各类人员责任制不够清晰，工作全面落实、闭环落实中存在的问题较为突出。

面对这些系统性问题，归零工作和归零标准如何与时俱进？如何有效发挥质量问题归零在型号研制工作中的作用，确保型号成功、组织成功？2010年，结合对飞行试验失利和质量问题的反思，航天一院提出了“眼睛向内、系统抓总、层层落实、回归基础、提升能力”的“新五条”归零原则，它既是对“双五条”归零标准的补充和完善，也是一院在零缺陷系统工程理论方面的具体实践。

眼睛向内：指质量问题相关单位主动查找自身薄弱环节，主动承担责任，主动解决问题。眼睛向内是归零的前提，主要强调责任意识、主体意识，只有相关责任各方都能从自身查找薄弱环节，才能保证问题快速解决、措施到位。

系统抓总：指总体或分系统单位在归零工作过程中发挥牵头、协调、把关和督促落实的作用。系统抓总是要求，主要是强调问题的处理和解决要以实现型号目标整体优化为目的。

层层落实：指问题相关各级各层单位（部门、处室、车间）和人员严格执行归零岗位职责，准确传递归零要求并闭环落实措施。层层落实是保障，只有在归零过程中做到各级责任制的落实，才能保证问题归零顺畅、快速；只有确保各级归零措施的落实，才能保证问题彻底解决。

回归基础：指组织和个人总结固化经验教训，建立持续改进机制，形成知识积累。回归基础是核心，主要是强调归零不能只就事论事，也要就事论理，通过归零查找技术和管理上存在的问题并加以改进和纠正，将经验教训固化落实在规章制度和标准规范中，真正避免问题的再次发生。

提升能力：指提升组织和个人发现问题、分析问题和解决问题的能力。提升能力是目标，一方面是通过归零本身提升个人和组织分析问题、解决问题的能力；另一方面是通过归零汲取、总结经验教训，提升个人和组织的技术、管理能力和基础能力。

航天质量管理“新五条”原则框架如图1–11所示。“新五条”原则既是一种文化，又是归零工作具体的行为准则，更加强调了按系统工程规律办事，以实现系统目标为目的，快速彻底地解决问题。它既是保证“双五条”归零标准有效落实的条件和保障，又是对组织和个人归零工作的素养、能力和责任的要求，更是“双五条”归零标准的补充、完善和升华。

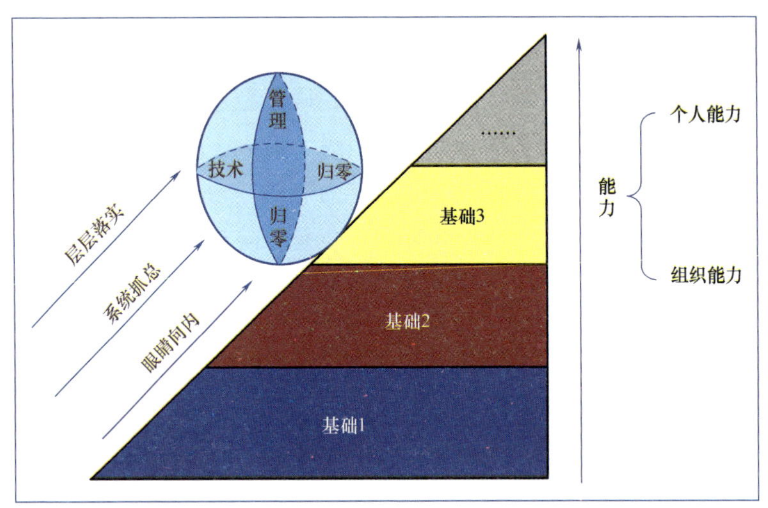

图1–11　航天质量管理“新五条”原则框架图

“新五条”原则与“双五条”归零标准的关系如图1–12所示。“新五条”原则与“双五条”归零标准相辅相成、有机结合，共同支撑当前型号质量问题的处理。

近几年来，通过统计分析多年来发生的质量问题，航天一院认识到那些需要通过技术创新来寻找新方法解决的非常规问题是少数，大量的问题技术层次不高、重复发生，是可以通过已有方法解决的常规问题。这些问题的发生，说明我们在经验教训的总结利用、在知识管理方面存在差距，尤其是在型号开展可靠性工作的时候，缺乏技术支撑。2013年，航天一院提出了“梳理模式、提炼准则、统计分析、完善基线、积累数据”的又一个“新五条”归零原则，是在知识管理时代，一院在完成质量问题归零的主体工作之后，对问题进行系统研究，积累知识，深入落实质量问题归零标准，从更加广泛的范围落实“双五条”归零标准的工作程序或工作原则，是从已经发生的质量问题的研究入手，深入开展可靠性工作的基本原则。

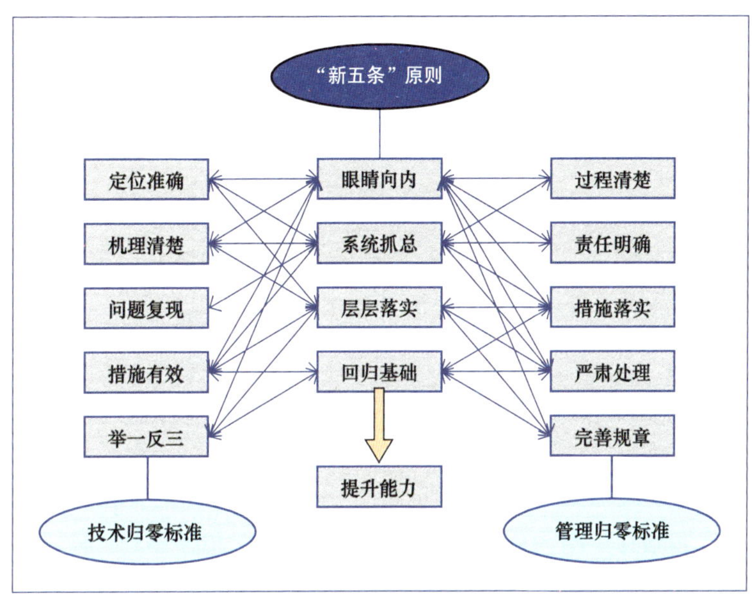

图1-12　"新五条"原则与"双五条"归零标准的关系

梳理模式：指梳理已经发生问题的故障模式或失效模式。失效模式是产品失效时的外部表现形式，结合航天型号产品的特点，将故障模式分成以元器件、材料、软件为代表的基础产品失效模式和以系统或单机产品划分的故障模式等两大类加以梳理和研究。

提炼准则：指通过对问题的深入分析，提出在设计、工艺、试验、管理等方面应遵循的准则或禁忌。提炼准则的工作，不仅针对技术问题，也针对管理问题，并应遵循可操作性强，易类推的原则，由针对一个产品的准则上升为针对一类产品的准则。

统计分析：指一方面对已认知或已发生的故障模式的种类进行统计分析，识别深层次问题的原因，为改进工作提供支撑；另一方面，还要对故障模式的发生频度进行统计分析，以便为开展故障模式及影响分析（Failure Mode Effect Analysis，FMEA）等可靠性设计提供依据。

完善基线：指按产品及专业分类，对适用的质量问题线索表内容，包括故障模式、故障机理和技术准则或禁忌等定期进行整理汇总，作为举一反三的基线。通过完善技术规范和故障模式库，不仅有效避免问题的重复发生，还可以为故障模式及影响分析和故障树分析等方法提供基础数据支持，并为质量问题快速定位提供支撑。

积累数据：指通过质量问题的归零，将以往未认识到的产品设计、工艺、试验等薄弱环节作为产品关键过程加以控制并完善质量与可靠性数据包，通过后续数据的不断积累，为开展成功数据包络分析并评价产品质量提供支撑。

目前，航天一院在处理质量问题时，不仅严格落实“双五条”归零标准，而且牢牢把握“双五条”归零原则，将就事论事提升为就事论理，不断地反思和持续改进，推动质量管理能力和水平的不断提升。

1.3 建设把成功作为信仰的零缺陷质量文化

品牌的形成过程是文化的塑造过程。中国航天事业在取得辉煌成就的同时，也诞生和培育了航天传统精神、“两弹一星”精神和载人航天精神。这些精神是航天文化在不同历史时期的具体体现和继承发展，集中体现了我国航天工作者崇高的思想境界、良好的精神风貌和过硬的工作作风，是伟大的民族精神与航天实践相结合的产物。

航天一院是航天精神的创造者之一，也是航天精神的践行者，在孕育航天精神的同时，也铸就了一院的零缺陷质量文化。它来源于航天事业的实践，在航天实践中培育，由航天实践检验，在航天实践中不断丰富和发展；它融合了几代航天人成功的经验和失败的教训，是宝贵的精神财富和丰富的无形资产。

1.3.1 航天精神

航天精神是在中国共产党的领导和教育下，广大航天工作者在发展祖国航天事业的历程中培育创造的精神财富。它是航天一院组织文化建设的核心，也是质量文化建设的核心。

航天创业初期，在聂荣臻元帅和钱学森院长等老一辈领导、科学家积极倡导下，培育了“严肃的态度，严格的要求，严密的方法”的“三严”作风。1966年，在执行两弹任务前夕，周恩来总理针对航天型号技术复杂、质量与可靠性和安全性要求高的特点，提出了“严肃认真、周到细致、稳妥可靠、万无一失”的十六字方针，这是航天事业发展中的宝贵精神财富，是航天人长期坚持的指导思想、工作方针，是航天一院人工作的座右铭，是航天零缺陷理念的灵魂，指引航天人不断完善航天零缺陷质量文化建设。

1）严肃认真——强调工作态度。事前的严密策划，全过程的严格控制，不断强化责任主体意识，按“新五条”归零原则和“双五条”归零标准处理质量问题，是落实“严肃认真”的具体措施。

2）周到细致——强调工作方法。开展面向产品的质量分析，实施单点故障模式及其产品三类关键特性的闭环控制、建立产品数据包，实施材料与元器件应用验证、表格化管理、测试覆盖性和试验充分性管理等措施，是“周到细致”的具体方式。

3）稳妥可靠——强调工作要求。开展型号研制全过程的环境适应性、可靠性、测试性、安全性、保障性、维修性策划，实施技术状态管控计划，开展飞行时序动作推演等技术风险分析，实施可靠性设计、分析、试验等活动，是落实“稳妥可靠”的具体方法。

4）万无一失——强调工作目标。追求高质量、高可靠、高安全，“一次成功”“零缺陷”管理，是在型号研制中对“万无一失”目标的追求和落实。

1986年，航天一院党委总结一院近30年的发展经验后，提出“自力更生、艰苦奋斗、大力协同、献身航天、勇攀高峰”的优良院风，把“献身航天”表述为：全院职工在创业过程中表现出来的全心全意为人民服务的思想，也就是党和人民的利益高于一切。

航天工业部党组对此予以高度肯定，并在此基础上提炼和归纳出了“自力更生、大力协同、尊重科学、严谨务实、献身事业、勇于攀登”的航天传统精神，后根据聂荣臻同志倡导的“自力更生、艰苦奋斗、大力协同、无私奉献”的精神，将航天精神修改为“自力更生、艰苦奋斗、大力协同、无私奉献、严谨务实、勇于攀登”。1990年5月，聂荣臻元帅亲笔为24字的航天传统精神题词。

1999年9月18日，中共中央、国务院、中央军委在北京隆重召开大会，表彰为研制“两弹一星”做出杰出贡献的科技专家，江泽民同志在会上阐述了“两弹一星”精神，即“热爱祖国、无私奉献、自力更生、艰苦奋斗、大力协同、勇于攀登”，并指出“两弹一星”精神是爱国主义、集体主义、社会主义精神和科学精神的体现，是中国人民在20世纪创造的新的宝贵精神财富。

2003年11月7日，在中共中央、国务院、中央军委召开的庆祝我国首次载人航天飞行圆满成功的大会上，胡锦涛同志指出：伟大的事业孕育伟大的精神。在长期的奋斗中，我国航天工作者不仅创造了非凡的业绩，而且铸就了

“特别能吃苦、特别能战斗、特别能攻关、特别能奉献”的载人航天精神。

2005年11月26日，在隆重举行庆祝神舟六号载人航天飞行圆满成功的大会上，胡锦涛同志深刻概括了航天精神的内涵：一是热爱祖国、为国争光的坚定信念；二是勇于登攀、敢于超越的进取意识；三是科学求实、严肃认真的工作作风；四是同舟共济、团结协作的大局观念；五是淡泊名利、默默奉献的崇高品质。

航天精神反映了不同时期航天工作者的精神风貌，体现了不同时代的要求，具有鲜明的时代性。半个多世纪以来，航天一院始终把国家的利益放在第一位，把富国强军、增强国防实力作为自己最大的政治任务和神圣的使命；始终把自己从事的事业与振兴中华、为国争光紧密地联系在一起。虽然航天科技工业所处的环境、条件已今非昔比，但是磨炼航天人意志、锻造航天人品质的艰苦奋斗的创业精神不能丢。1999年，新中国成立50周年之际，中国航天面临新的发展机遇，一院总结提出了“永不停步、永攀高峰、永保成功、永创一流”的“四永”精神。2006年，一院提出了“顽强、毅力、忍耐、坚定”的院魂。

“四永”精神和院魂所显示的文化特征与航天传统精神、“两弹一星”精神和载人航天精神前后相连、一脉相承，又不断创新发展。它是一院几代航天人怀着为国争光的赤子之心，以饱满的热情努力工作，产生出以共同理想为基础的优秀文化，集中体现了我国航天工作者崇高的思想境界、良好的精神风貌和过硬的工作作风，具有丰富的思想内涵、巨大的影响力和感召力。

1.3.2 钱学森精神

科学精神是人们在长期的科学实践活动中形成的共同信念、价值标准和行为规范的总称，崇尚科学精神，是航天一院把成功作为信仰的基础。江泽民同志曾在致全国科普工作会议的信中讲道：“科学知识、科学思想、科学方法和科学精神，可以引导人们奋发图强、积极向上，促进人们牢固地形成正确的世界观、人生观和价值观，促进人们实事求是地创造性地进行社会活动实践。”在航天创业实践过程中，中国近代知识分子追求真理、热忱救国的爱国主义传统以及马克思主义唯物史观深深影响着航天一院人。

创业初期，在钱学森院长等的积极倡导下，崇尚科学精神成为航天一院人始终坚持的精神信仰。同时，钱老的一生取得了彪炳史册的辉煌成就，给航天一院留下了弥足珍贵的科学精神，体现了他中华文化的深厚底蕴、追求真理的崇高品格、与时俱进的科学态度，“爱国、奉献、求真、创新”是钱学森等老一代科学家科学精神的特征。可以说，钱学森精神就是航天一院人追求科学精神的典范。

质量是航天科技工业永恒的主题，质量是航天事业生存和发展的根本保证，“成也是质量，败也是质量”，深刻地揭示了质量在航天科技工业的重要地位。“爱国、奉献、求真、创新”的科学精神，指导我们的思想行为，以及我们对产品质量、型号研制规律的认识，才能正确地进行航天实践活动，才有了我们对待产品质量、对待质量问题的严肃态度，才有了对问题的彻底解决，才有了产品技术与质量的不断进步。

1.3.2.1 始终唱响爱国主义的主旋律

创业初期，一大批曾为中国人民解放事业做出过贡献的军政领导干部，带来了人民解放军的优良传统；以钱学森为代表的一批海外赤子，他们报效祖国、不计名利，放弃了国外优厚的生活和科研条件，投身祖国建设，树立了良好的科研道德风尚；一批具有强烈主人翁责任感的中青年科技人员和技术工人，把个人的理想同祖国的命运、事业的兴衰紧密地联系在一起。这些来自五湖四海和大洋彼岸的创业者，经历了中国近代民族的屈辱和血泪，铭记着“落后就要挨打”的沉痛历史教训，在振兴中华的神圣使命和共同理想面前，把民族精神提高到一个崭新阶段。

1.3.2.2 为人民服务的奉献精神

以钱学森为代表的老一辈创业者，不仅以自己严谨的科学精神为人类进步做出卓越贡献，更以其率真的人生态度诠释着“人民科学家”的高尚品质。广大航天技术人员为了国家安全，毅然投身国防建设所急需的导弹、火箭等工程项目的研发中，不计个人名利与得失，始终秉承为人民服务的宗旨，埋头苦干，在短短几十年内使我国成为屈指可数的拥有战略导弹、运载火箭的国家，跻身世界航天大国前列。

1.3.2.3 求真务实的优良作风

钱学森一生坚持真理、科学求实，不尚空谈、不务虚名、作风民主、服膺真谛，处处展现着一位杰出科学家的严谨和周密。在学术研究中，他倡导后来者挑战权威，着力营造民主、平等的学术环境。20世纪60年代初，航天一院总体部等单位掀起技术“爬坡”和技术学习的高潮，有力地促进了科技队伍技术业务水平的提高，在实践中培养锻炼了人才，初步形成了一支能打硬仗的科研队伍。在“两弹一星”工程研制期间，正是在钱老的带领下，一院严格贯彻周总理提出的十六字方针，精心组织工程实施，有效保证了产品质量。

1.3.2.4 永攀科技高峰的创新精神

创新就是要敢于突破传统观念和思维定式，不人云亦云，要敢于研究别人没有研究过的学术前沿问题，不断探索求新。航天技术是多学科的应用技术，运载火箭也是复杂的工程系统，运载火箭从首飞走向成熟，需要我们不断探索，才能实现发发成功。钱学森从早年的机械工程、航空工程起步，到应用力学、喷气推进、工程控制论、物理力学等，再到航天系统工程，直到晚年的系统科学，他一生涉足数十个现代科学技术领域，堪称生命不息、创新不止。我们要想在科学技术上有所建树，就要像钱老一样具有宽阔的战略视野和前瞻的战略思维，具有敢为人先的创新精神。

1.3.3 航天一院质量文化

质量文化是以质量为中心，建立在物质文化基础上，与质量意识和质量活动密切相关的企业的物质活动和精神活动的总和。质量文化是企业文化发展到一定阶段的产物，是企业文化的高级形式。航天一院经历近60年的发展历程，积淀了深厚的质量文化底蕴，形成了独具特色的质量文化特征。图1-13为航天一院质量文化的基本结构。

1.3.3.1 精神文化层

精神文化是企业文化和质量文化建设的核心。由于航天科技工业在国家的特殊地位，几十年来，爱国主义始终是航天一院文化的主旋律，并得到全体干部职工一致认同，成为共同的价值观念和行动准则。

航天一院是中国航天事业的发祥地，一院文化是多元文化的融合。从航天传统精神到“两弹一星”精神，再到载人航天精神，从创业初期的“三严”作风到周总理的“十六字”工作方针，再到“严慎细实”的工作作风，航天质量文化的精髓在与时俱进中得到传承。

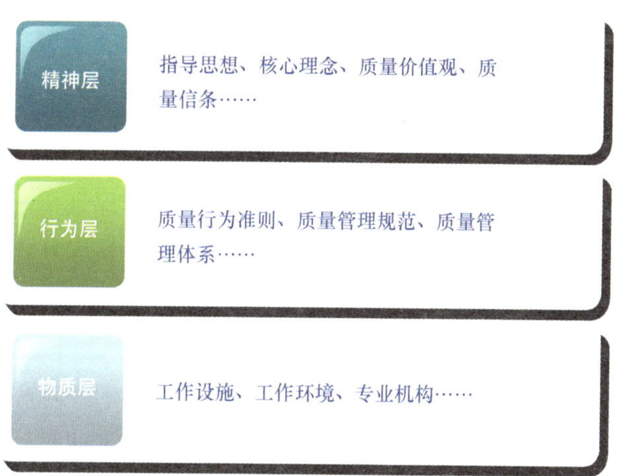

图1-13 航天一院质量文化结构

在国庆50周年阅兵式后，《人民日报》发表文章，向全世界宣布：中国已有能力把卫星送到从低轨道到地球同步轨道的任一位置，在不久的将来，中国将有能力把自己的航天员送到太空！这极大地振奋了民族精神。面对任重道远的航天事业，航天一院提出了“永不停步、永攀高峰、永保成功、永创一流”的“四永”精神。

载人飞船发射成功后，2005年10月，航天一院成功召开了第五次党员代表大会，全面科学地总结了航天一院在挫折中奋起、在改革中前进、在调整中建设、在挑战中发展的历史经验。在此基础上，在2006年1月召开的航天一院工作会上，院党委提出了“顽强、毅力、忍耐、坚定”的院魂，凸显了一院在近50年完成国家任务中，不怕困难、不怕挫折、不怕挑战、不怕压力、顽强拼搏的精神，八字院魂代表着航天一院新时期文化的方向，凝聚着航天一院干部员工的意愿，体现了一种新的价值观和人生观。2012年，航天一院推行零缺陷管理和量化控制，并提炼以“让成功成为每一名一院人的信仰”为代表的航天一院质量文化的八条理念。

1.3.3.2 行为文化层

由于航天工程的特殊性，航天产品质量已经超出产品本身的范畴，与国家的地位和形象，国防建设和祖国的统一大业，以及民族的尊严紧密联系在一起。建院以来，一院始终坚持“质量第一”“顾客至上”的宗旨，积累了一套系统实用的质量管理经验。

改革开放后，运载火箭参与国际市场竞争，以载人航天工程为代表的一批新型号在技术上跨上新台阶，逐步由单一型号研制转变成为多型号并举。为适应形势的发展，在总结历史经验、教训和借鉴国内外先进质量管理理念的基础上，2000年，一院颁布了《强化型号研制质量保证措施》（《一院质量60条》）及一系列配套的管理标准和要求，强化了技术状态控制、设计复核复算、质量问题归零、软件工程化等质量与可靠性工作。

“十五”中期，航天一院先后出台了“进一步强化型号质量工作的若干措施（29条）”“型号研制六项原则”“试验充分性和测试覆盖性分析”“两不到两到”“四不到四到”技术风险分析等要求，全面实施表格化过程验收，规范型号出厂程序，进一步提高了航天一院型号质量管理工作的系统性和规范性。

长期以来，航天一院把“质量第一”的思想渗透到各项工作领域，把各项工作纳入“质量第一”的轨道，以建立、健全质量管理体系为核心，以不断完善质量管理的规章制度体系，建立技术、技术管理和信息化工程应用三大标准体系为支撑，形成全院范围内的质量行为规范体系和约束机制。2003年6月，航天一院院长做出建立院本级质量管理体系的决策，确立了“科技领先、精心研制、铸造一流产品；系统管理、持续改进、增强顾客满意”的质量方针和“提供优质产品，提供优质服务，实施优质管理，培养优秀人才”的质量目标。2005年12月，航天一院本级质量管理体系通过了新时代质量体系认证中心的审核。航天一院院本级质量管理体系是航天系统唯一的院本级管理与实体相结合的质量管理体系。该质量管理体系的建设是航天一院适应发展需要的一项战略性决策。它既是航天一院质量管理自身建设、自我完善的需要，也是建设卓越质量文化，铸就国际一流宇航公司的需要。

1.3.3.3 物质文化层

（1）先进的专业支撑

航天工程的复杂性，要求必须有基础的保证。近年来，航天一院可靠性中心、元器件检测中心、软件检测中心、材料性能检测和失效分析中心、环境可靠性试验与检测中心、电磁兼容试验室等机构，依据型号质量与可靠性要求，把握各专业方向，开展相应专业领域的研究，完成各型号的研究和试验任务，培养各专业相应的技术能力，为型号研制提供了技术支撑。

同时，一院组织开展共性的质量控制技术应用研究。取得了批生产质量管理模式、材料失效模式、元器件失效模式、技术状态控制、环境应力筛选、环境设计、软件可靠性需求分析等一批质量与可靠性技术基础研究成果，在型号应用中取得很好的效果。

“十五”“十一五”期间，航天一院加大质量管理信息化的投入，完成了质量问题信息系统建设，将型号研制的质量问题信息、飞行试验数据、发动机试车数据和质量问题归零数据纳入信息系统管理，实现型号质量问题信息实时发布，为信息的有效利用和问题的及时处理提供了条件。软件信息、综合环境可靠性试验故障信息、飞行试验结果数据、大型地面试验数据、故障模式等数据库的建设，为型号研制、决策提供了支持和帮助。

（2）融洽的工作氛围

多年来，航天一院形成了一支配置合理、高效竞争的人才队伍；成立长征学院，坚持以型号需求和应用为背景，开展质量意识教育和相关业务培训；编制了一系列的教材和手册，见表1–2。

表1–2　航天一院的相关教材和手册

序号	出版时间	名称	编写单位
1	2003年	《型号研制质量管理要求随手查汇编》	十四所
2	2005年	《型号研制质量管理要求随手查使用指南》	十四所
3	2007年	《弹头产品设计工艺指南》	十四所
4	2009年	《火箭与导弹产品多余物控制》	二一一厂
5	2009—2014年	《故障启示录》	质量保证部
6	2011—2014年	《质量与可靠性工程手册》	质量保证部
7	2012年	《航天QC小组活动方法与指南》	十八所
8	2012年	《航天型号量化控制手册（2012版）》	质量保证部
9	2012年	《零缺陷手册》	质量保证部

续表

序号	出版时间	名称	编写单位
10	2011—2014年	《一院质量管理体系评估最佳实践文集》	质量保证部
11	2013年	《航天产品质量检验（基础知识）》	二一一厂等
12	2013年	《航天型号量化控制简明手册》	质量保证部
13	2013—2014年	《主动发现问题典型范例》	质量保证部
14	2014年	《航天产品质量检验》（总装总测专业、氢氧发动机专业、机械加工专业、地面设备专业，非金属材料、复合材料及制品专业、电子装联专业）	二一一厂、质量保证部等
15	2014年	《精益质量保证手册》	质量保证部
16	2014年	《航天工程技术风险管理方法与实践》	一院
17	2014年	《追求卓越的伺服质量团队》	十八所
18	2011—2014年	《国外航天典型故障专题报告》	十九所

（3）多元化的群众性质量活动

航天一院利用“3.22”质量日、“9.21”航天科技集团质量日及质量月等契机开展专题质量活动，如图1-14所示，宣传航天一院的质量文化、质量方针和质量目标，推进零缺陷管理。

图1-14 “航天质量日”活动

2001年，航天一院提出开展争创“质量信得过班组”达标活动，制定了达标班组考核办法，“十五”期间全院注册班组1 134个。

以务实推进、树立典型、培训交流、转化成果、提高全员质量意识和小组凝聚力为宗旨全面推动QC小组活动，每年召开一次“QC小组成果发布会”，QC小组累计注册1 367个，先后有49个小组获国优奖。

2000年，航天一院被授予全国质量管理先进企业；2002年被评为全国质量管理小组活动推进先进单位；2008年和2012年，航天一院分别荣获全国质量管理小组活动优秀企业。2011年杨双进副院长被评为全国质量先进个人（标兵）。

1.3.4 航天一院零缺陷质量文化的理念

在周总理“十六字”方针和集团公司质量理念、价值观和质量方针基础上，航天一院在秉承航天精神、科学精神的同时，通过自身实践，在长期科研生产工作中，归纳了自身的零缺陷质量文化。2000年3月，一院印发了《强化型号研制质量的保证措施》，简称《一院质量60条》，提出了质量控制的六条原则，其中第五条是“坚持零缺陷原则。以零缺陷为质量控制目标，不断改进设计、生产、试验和管理工作，确保产品质量”。多年来，航天一院形成了航天零缺陷理念和以零缺陷系统工程管理为特征的质量保证方法，航天零缺陷理念深刻融入航天一院的质量文化和企业文化之中。

2012年3月，航天一院归纳了质量文化的八条零缺陷理念，颁布《零缺陷手册》，如图1-15所示，进一步诠释了航天一院质量文化的核心理念。

第一条：弘扬科学、求真、务实、民主、创新的文化。

牢固树立马克思主义哲学观，尊重客观规律，积极主动地认识客观规律，按客观规律办事，始终做正确的事，这是把事情做好的基本前提。

始终坚持技术民主，倡导浓厚的学术研究氛围，对于技术方案、技术决策，各方充分发表意见，提倡设计与工艺相结合，领导干部深入一线，虚心学习，这是把事情做对的基本保障。

坚持独立自主、自力更生的方针，走中国特色的航天之路，追求科学和自主创新，自主发展航天技术，工作中始终把握主动权，这是发展中国航天的根本所在。

图1-15 航天一院《零缺陷手册》

第二条：培育第一次就把事情做对、做好的理念。

“第一次就把事情做对”要求的是一种精益求精的工作态度。领导者必须对组织和团队做出承诺，将零缺陷理念作为组织文化的核心理念，并提出明确的推进计划。组织要提供把事情做对、做好的保障条件、工具和方法。

零缺陷理念要成为每一个人做事的座右铭，成为每一个人自觉遵守的意志。第一次就把工作做对，不仅可以降低第一次失误带来的损失，还可以让员工提高对以后长期工作的质量要求。

第三条：健全预防为主、系统管理、持续改进的工作体系。

对待各项工作，充分做好工作策划，凡事预则立，不预则废。有针对性地开展型号风险管理，充分辨识和管控技术风险、产品质量风险和工作质量风险。

强调按系统工程规律办事，充分发挥总体的技术抓总作用，倡导大力协同的工作方式。

充分认识航天工程系统的科学性、社会性、实践性、创新性、复杂性，追求高质量、高可靠、高安全目标，持续改进我们的工作体系，以不断满足顾客的需要，保持和扩展航天一院的核心竞争力。

第四条：坚持全面、精细、全过程量化的工作方法。

做对、做好是对做事结果的评价，结果是过程的输出，只有过程受控，才能保证把事情一次做对、做好。要做到过程受控，首先做事的目标必须明确量化，做事的要求也要量化；其次是产品或工作实现的过程控制量化，通过完整的数据记录和评价结果来证明一次把事情做对、做好。

力求产品设计过程中任务需求一次协调、理解到位，设计方案一次成功，环境适应性、可靠性、测试性、安全性、保障性、维修性一次设计到位；力求产品实现过程中各环节、各零部件、各项操作全面优质、准确无误。

只有找到把事情做对、做好的方法，才能一次把事情做对、做好。

第五条：强化执行坚决、落实彻底、工作到位、主动担当的工作作风。

做正确的事就要坚决地执行，执行力是企业竞争力的核心，是把企业战略、规划转化为效益、成果的关键。在工作中，一旦认识到问题，必须彻底解决。想到的，必须不遗余力地做到、做好，不找任何理由回避，这是航天工作者做事的工作作风和执行力。

用放大镜看待已经发生的质量问题，增强责任主体意识、大局意识和包容意识，按“新五条”归零原则和“双五条”归零标准进行彻底归零。

第六条：养成事事对标、时时对标的工作习惯。

做事有依据、执行有标准、过程严控制是日常工作必须养成的良好习惯。做到事事、时时对标，才能把事情做对、做好。

事物是发展的，客户需求也是不断变化的，无论是产品标准，还是工作标准，都需要不断地提高、完善，如果总是习惯于过去的做法，就不能把事情一次做对、做好。

第七条：牢记引领航天、追求卓越的企业使命。

“引领航天、追求卓越”是航天一院的企业使命，零缺陷管理要实现供应商、组织和个人、客户的共同发展，是航天一院企业使命的充分体现。长期以来，航天一院以国为重，在重大航天工程的立项、研发、试验、零缺陷系统工程管理等方面，发挥了应有的作用。当前，航天一院处于战略发展的关键时期，更应该坚定企业使命。

第八条：让成功成为每一名一院人的神圣信仰。

始终保持高度的责任意识，质量是政治、是生命、是效益，航天产品质量事关国家地位和荣誉，提供高质量的产品是党、国家和民族赋予航天人的神圣使命。以高度的责任感去做事，是航天工作者的基本素质。

航天一院关注顾客需求，以顾客为关注的焦点，通过不断的改进，实现顾客满意度的不断提高；要求最终结果一次就完全满足顾客的需求，把任务成功作为每一个人追求的神圣信仰。航天任务的成功是航天人开展一切工作的基础，确保成功、永葆成功是航天企业的发展追求，通过一发一发地保成功，及时总结经验教训，持续改进工作，实现从强制管理到规范管理的转变，也就是实现零缺陷管理。

1.4　探索航天事业成功的质量规律

航天工程系统的复杂性和高风险性决定了航天工作者应始终高度关注质量、可靠性、安全性，不断探索确保成功的规律，质量工作在其中发挥了重要的作用。航天一院质量工作历程大体经历了探索期、发展期和变革期三个阶段，从摸索实践经验、强化意识形态、加强行政管理、学习与借鉴到逐步科学、精细和规范，进行实践、认识，再实践、再认识，在反复迭代中不断探索确保型号成功的规律，探索确保组织成功的规律。

1.4.1　反思东风二号导弹首飞失利，形成对研制规律的基本认识

从1957年到80年代末，航天一院型号研制经历了从仿制向自行设计转换，以及自行研制阶段。质量管理在不断暴露问题、解决问题中探求保证产品质量的经验。这一时期确立了“三严”的工作作风和以周总理“十六字”方针为指导思想的质量文化，探索了以钱学森创立的系统工程为框架的型号质量管理的基本流程和方法，对型号研制规律有了基本的认识，形成了计划经济体制下的质量管理模式。虽然这一时期航天一院的质量管理处于相对封闭状态，但是，一院主动学习苏联的先进经验，十分珍视为数不多的国际经验。此外，以钱老为代表的一批海外归来的专家，带来了许多先进的管理思想，封闭但不保守，应该说这一时期航天一院的质量管理具有鲜明的探索性和独立性。

在建院初期，航天一院仿照当时的苏联模式，没有设立独立的质量管理机构，设计过程主要依靠设计师系统的自我保证，生产过程中主要依靠检验

保证。经过仿制与改型设计之后，航天一院的质量管理工作摸索出了初步的经验，即设计单位以标准化为主要手段开展质量管理，工厂以工艺技术和检验为手段开展工作。但是，不容乐观的是，由于机构不健全、制度不完备、试验设备不配套、管理人员意识不强等原因，质量工作出现了不适应型号研制发展的被动局面。

1962年，航天一院第一个自行设计的近程导弹东风二号首飞失败，产品质量迅速受到高层领导的重视。经过故障分析，这次失败的故障定位为两个方面：一是总体方案设计中，没有将弹体作为弹性体来考虑，在飞行中弹体的弹性振动与姿态控制系统的作用相互耦合，导致导弹飞行失控；二是发动机强度不够，导致结构破坏而起火。为了分析故障和反思教训，故障分析领导小组先后多次召开较大范围的分析会和技术专题报告会。与此同时，制定了东风二号导弹研制程序，健全设计师系统，加强计划调度系统，反复强调在以后的研制工作中，必须严格按研制程序办事，必须充分做好地面试验。这次分析和总结，不仅对东风二号导弹的研制具有重要意义，而且对于航天一院设计指导思想、研制工作程序、组织领导等方面工作的改进，都起到很大的推动作用。

同年11月，国防部第五研究院颁布《国防部第五研究院暂行条例（草案）》，共十章70条，简称“七十条”。该条例明确规定了型号研制阶段的划分，强调按研制程序办事；充分做好地面试验；建立和加强技术责任制，建立技术指挥员制度和技术指挥线，建立型号设计师制度；投资建立了试车台和仿真试验室等基础设施；加强全员技术培训，提出研制队伍要树立“严格的要求、严肃的态度、严密的方法”的“三严”工作作风；固定协作关系，长期定点供应等。其中，最为核心的两条是：在管理上一切按研制程序办事，在技术上要进行充分的地面试验验证。

首先，型号研制从下达研制任务，到产品鉴定合格交付使用，是一个连续的、完整的过程，要坚持按型号研制程序办事，按研制阶段特点，实施分阶段管理。

各级管理者要按照型号研制不同阶段的不同重点，组织研制工作。在方案阶段，型号总设计师及总体设计部，要通过多种方案、多种途径的论证、比较，统一设计思想，筛选总体和分系统方案，经过模样验证、必要的试验和理论计算，选择最佳方案，并对型号研制工作做出全面规划部署。总体方案是否正确和达到总体优化，是这个阶段的关键。方案阶段的工作必须充分、充足，避免总体方案的反复。

在初样和试样阶段，抓技术指标的落实，特别注意技术改进和稳定技术状态的关系。初样阶段的任务，是经过各种试验，修改设计，达到技术指标要求，使之成为试样产品。试样阶段在飞行试验前的地面试验要充分。试样产品经过飞行试验证明达到设计指标的，要冻结技术状态，严格控制设计与工艺变动。

小批生产是整个过程的最后一步，是在产品定型或鉴定合格以后，进行生产。在这一步，要针对型号产品品种多、批量小的特点，合理组织交叉平行作业，在同一生产线上，有节奏地进行多种生产。生产中要严格实行质量控制，严格遵守工艺规程，保证产品质量的稳定性、一致性。

只要按程序办事，型号研制工作就进行得很顺利。相反，方案多变、技术状态反复、研制程序紊乱、地面试验不充分，就会造成重大损失，影响研制周期。本阶段应该做的工作不能推到下一阶段去；本阶段的工作未达到预定指标要求，决不能贸然进入下一阶段。否则，欲速则不达，而且可能造成不应有的损失。这就是航天一院早期的零缺陷理念。

其次是系统化、科学的地面验证试验。试验工作要坚持由简到繁、循序渐进的原则。先做数学模拟，后做实物模拟；先做局部性能试验，后做综合匹配（相容性）试验。零件、部件、单机、分系统，只有通过严格的单项试验，才允许总装；只有通过从单机到系统再到全弹，这种金字塔式的一环一环的地面试验，才允许进行飞行试验。试验中暴露出来的问题没有彻底弄清楚并解决之前，不允许进入下一步的试验。如果某一项试验没有被通过，则必须修改设计、重新试验，直到通过为止。不难看出，虽然今天的设计、试验手段有了很大的改善，但是当时确定的思想和基本原理依然适用。

国防部五院的“七十条”集中体现了这个时期航天工程管理的成果，是最早建立的成系统的质量管理制度，对保证产品质量起到了积极的作用，有效促进了质量管理走向正规化的轨道。由此，奠定了航天系统工程理论与方法论的基础，对于建立航天系统工程的管理体系发挥了重要的作用。

1.4.2 成立质量控制研究所，初步形成可靠性和质量工作体系

中国导弹武器和运载火箭的研制长期处于自力更生的艰辛道路中，质量、可靠性、精度等问题是工程研制必须要解决的问题。1962年，钱学森同志点名请来了著名数学家、教育家卢庆骏教授等一批年轻有为的专家，在原七〇四所成立了专家组，对质量、可靠性、精度等开展研究。

1965年年初，航天一院明确质量管理工作由技术部技术处归口负责。同年5月，为进一步加强质量与可靠性控制，在钱学森同志的建议下，航天一院以七〇四所可靠性质量控制组和试验专家组为基础，组建质量控制研究所（代号七〇五所），对产品实行质量控制。当时，这是全国第一个有关质量、可靠性的专门研究所。该所设四个研究室：导弹总体质量控制研究室（李仕霖任主任）、发动机系统质量控制研究室（成平任主任）、控制系统质量研究室（何国伟任主任）和遥外测系统质量控制研究室（吴洪熬任主任），卢庆骏教授当时任七机部一院副院长兼该所所长。

七〇五所首先抓人员的新知识培训，编写了《概率论基础》、《数理统计》、《质量控制》和《可靠性》等一套讲义，在全院范围内培训工程技术人员，使质量、可靠性专业人员与工程技术人员在工作中有共同语言。当时质量与可靠性技术还不受工程技术人员欢迎，为使质量与可靠性知识在型号中推广应用，卢庆骏所长有一句“名言”，要求七〇五所的同志到各单位去，把“冷板凳坐热”，帮助他们解决应用中遇到的问题。

几次培训之后，一些较为新鲜的观点，如“导弹的可靠性是设计出来的”等，在设计人员的思想中开始留存，并逐步潜移默化。设计人员也渐渐形成了良好的习惯，在设计之初，首先考虑可靠性问题；同时，学会使用培训中倡导的科学的计算方法开展设计，提升了设计质量，效果良好。

在七〇五所的参与下，东风三号导弹飞行方案以较快的速度确定。与以往的飞行方案不同，此次方案提出，东风三号要研制多少批、每批几发，之后便可以定型，头头是道、有理有据。不仅是在方案设计上，在导弹研制的方方面面，可靠性研究都取得了很好的效果。

由于“文化大革命”，1970年12月11日，航天一院撤销了质量控制研究所。虽然质量控制研究所在一院存在的时间并不长，只有短短5年半的时间，

但还是做了不少有益的工作，为中国航天事业的质量可靠性技术的起步、发展打下了良好的基础。同时，钱学森同志撒下的质量、可靠性意识的种子，已在航天一院生根、发芽，深入到设计部门与广大设计人员的心里。大家都深深地意识到：可靠性控制与精度研究能使导弹研制步入科学计算的阶段，无论是在设计中，还是在生产、试验中，可靠性控制都是必须考虑的首要内容。

1981年，航天一院首次召开质量工作会议，形成年度质量工作会议制度，提出了推行以可靠性为中心的质量管理要求。

1982年，航天一院明确由一名副院长主管质量、可靠性工作，并在技术部成立质量管理机构。随后，各单位质量管理机构和专职人员逐步到位，院、所两级质量责任制逐渐清晰。

1985年，航天一院成立院质量管理委员会。1986年成立院质量管理协会，下设八个专业组。同年，建立以长征二号丙、长征三号为主体，跨地区、跨部门的厂所际质量保证体系，建立了质量与可靠性信息网。

随后，设计评审、质量问题报告、可靠性保障大纲、可靠性评估、故障模式及影响分析、可靠性评审、元器件降额、质量信息管理等11项以可靠性为主的质量管理法规陆续出台，初步形成了航天一院质量管理和可靠性工作体系。

航天一院在战略导弹事业起步时自主创新、在“文革”十年逆境中曲折发展、在拨乱反正中整顿恢复提高。这时的质量管理经过三十多年的探索与实践，基本形成了一套在计划经济体制下，适合一院特点的质量管理方法，在科研生产中建立起了较为完整的质量控制与管理体系，具备了一定的产品质量保证能力。同时，为后续继续探索具有一院特色的航天质量管理模式和方法，提供了有益的经验。不仅如此，当时制定的许多管理制度与措施、方法，迄今仍在发挥作用。

1.4.3 在强化管理中推进规范化管理

20世纪90年代，随着国际先进的质量管理经验不断涌入，航天一院质量管理与社会先进方法开始广泛接轨，以推行全面质量管理和贯彻原国防科工委军工产品质量条例为工作主线，加强了体系建设。同时，各单位质量机构相继独立，综合质量、型号质量、标准计量、元器件质量、审核监督等业务职能逐渐清晰，以型号项目和单位两个方面构成的矩阵式的质量管理和产品保证工作系统基本建成。1996年两次运载火箭飞行试验失利，促使一院进行深入整顿；1997年到2001年，一院连续5年型号发射试验取得圆满成功；2000年一院颁布了《一院质量60条》，并获得“全国质量管理先进企业”荣誉称号。这一时期，航天一院的质量管理开始由强化管理向规范管理转变，梳理和应用了一系列实现成功的有效方法，逐步走上了科学化、规范化和制度化的轨道。

1.4.3.1　长征二号E火箭发射中止，确定航天质量日

1992年3月22日，中国航天迎来改革开放后第一个真正意义上的国际卫星发射服务——为美国休斯公司研制的澳大利亚卫星提供发射服务。提供这次服务的长征二号E运载火箭研制了18个月，中央电视台首次现场直播。但是火箭发生故障，未能起飞，发射中止，给跃跃欲试的中国航天对外发射服务蒙上了阴影，一院人心情十分沉重。3月22日，被定为中国航天的质量日，以警示来者（2004年，航天科技集团公司将航天质量日调整为每年的9月21日）。

面对严峻形势，航天一院党委发出了“夺回损失，确保发射澳星成功”的决定，制作了《质量——航天事业的生命》警示录像片，开展“质量年”活动。

1）在职工中讲形势、讲任务、讲责任。各单位针对暴露的质量问题，大力提倡以“铁的纪律、铁的手段、铁面无私、铁的关口和铁了心”的“五铁精神”，下定决心把航天质量搞上去。同时，针对质量问题，制订整改计划，落实到人。

2）开展全面质量复查和学习麦道公司抓生产作业质量的经验，对出现的质量问题实施“闭环归零”。查找设计、生产和管理等方面存在的薄弱环节、隐患和危险点，进行“四复”（复核、复算、复测和复验）。

3）建立院长主持，各型号总指挥、总设计师参加的联席会议制度，及时通报型号靶场质量问题和典型的质量案例，开展多型号的举一反三。

4）针对由计划经济转向市场经济初期带来的元器件供货质量下降的情况，严格控制元器件的选用和进货渠道；对出现的元器件失效问题，开展失效分析和反馈，落实改进措施。

5）针对影响产品质量突出的技改问题、检测手段不足问题，提出质量专项技改项目。

6）改进设计评审、产品出厂质量评审、试验质量评审和专家复审等工作，提高针对性和有效性。

通过上述措施，保证了长征二号E火箭对外发射服务任务的完成。但靶场发生的故障依然居高不下，在管理上表现出责任心不强、操作文件不细、技术状态更改和协调不落实，在产品上存在“压线”、“断线”、“漏焊”、“漏液”、“漏电”和多余物等问题。分析其主要原因有以下两个方面：

第一，这一时期的质量工作处于被动式的复查、教育和“打一场质量复查的人民战争”的局面。可靠性、安全性和维修性设计、分析不够，地面试验考核不充分，系统管理、科学决策受到影响，抢时间、赶进度、“后墙不倒”、“倒排计划”成为“管理经验”，必要的地面试验得不到时间和经费保障等现象凸显。

第二，对质量管理的认识处于“复查、评审、处理问题是型号质量工作的主线”的水平，预防为主、全过程受控质量管理意识比较淡薄，没有建立起一套新形势下质量控制和管理的有效办法，已有的质量规章在执行中层层衰减，出厂质量评审成为一种形式和手续。

1.4.3.2 运载火箭连续失利，质量管理面临深化改革

1996年，航天一院连续出现“2.15”长征三号乙运载火箭、“8.18”长征三号运载火箭两次发射失败，使中国航天事业面临空前的严峻形势。中央领导先后多次深入一线，要求航天一院正视面前的问题，失败面前不气馁，做出“严上加严，细上加细”“要干就干好”等一系列重要指示。

面对严峻形势，航天工业总公司和院领导进行了深刻反思、分析，认为：在由计划经济向市场经济体制转变中，航天型号研制的内、外部环境较之过去有了很大不同，影响产品质量的诸多因素发生了深刻、显著变化，给产品质量和质量工作带来了一系列新的问题。思想观念没有及时随着计划经济向市场经济的转轨做出调整，对探索与社会主义市场经济体制相适应的航天质量管理途径缺乏深入研究，造成思想教育形式化、质量管理简单化，导致型号产品质量下降，型号研制遭受挫折。

为此，航天工业总公司党组提出了“以质量求生存，以管理促发展，

着力抓落实”的工作方针；航天一院提出了“坚定信心，团结拼搏，狠抓质量，确保成功”的工作方针，把认清形势、统一思想、认识到位作为确保成功的前提，并制定了一系列强化质量管理的有效措施。

航天一院先从领导抓起，把思想统一到总公司党组提出的“失败不起，没有退路，只能成功”的形势认识上来。将长期存在的一些错误认识摆出来，请全体员工参与分析。先后颁布院长责任令、召开责任人会议，要求各级领导向职工讲形势、讲任务、讲危机、定措施，下大力气，不把质量搞上去绝不罢休。

“2.15”和“8.18”失利后，航天工业总公司出台了《强化型号质量管理的若干要求》（简称“二十八条”）。1997年春，在长征三号甲遥三火箭发射期间，16位厂所责任人带着“二十八条”，在靶场对发生的37个质量问题从思想上、管理上、技术上进行解剖，对照问题查漏洞、查死角、查责任，并落实纠正措施。院长带队每周到厂、所检查工作，把“28条”的贯彻情况作为重点检查内容。

实践证明，各级领导，特别是责任人带头深入科研生产一线，找差距、找隐患、定措施、定责任、眼见为实、严格要求、严格把关、一抓到底，以实际行动带动和影响了广大干部和职工，形成了讲质量、讲责任、讲大局、讲危机的质量氛围。

对思想观念转变不到位，工作落实不到位，强化质量管理规章执行不到位，造成产品质量问题的单位和个人给予处罚。1997年全院共对285名干部、管理人员、技术人员、工人进行了处罚，其中院领导和厂、所级领导29名。

航天一院以强烈的危机感和使命感统一全体职工的思想认识，强化质量责任制，强调各级领导抓质量工作的决定性作用，并采取了一系列强化质量管理的措施，型号产品质量有所提高，型号发射从1997年至2001年五年取得“五连冠”。

1.4.3.3 颁布《一院质量60条》，质量规章制度体系化

从1992年的“3.22”到1996年的“2.15”“8.18”，成功与失败一直伴随着航天一院人的成长。经历了从失败的悲痛到成功的喜悦，航天一院人深刻地认识到，成功是硬道理，确保成功的基础在于坚持严肃认真的工作态度，保持严谨务实的工作作风，必须建立和贯彻严格的规章制度。2000年，航天

一院将有关质量的规章和有效做法，整编成《一院质量60条》予以发布，标志着航天一院从强化管理向规范化管理迈出了关键一步。

为深入贯彻《一院质量60条》，使质量管理工作更加科学、规范，航天一院充分调查和收集了国家标准、国家军用标准、行业标准和院标准中有关质量管理、可靠性、安全性、维修性、测试性、检验和采购等方面的现行标准、航天一院及上级机关发布的质量管理文件，共计737项。经认真的分析、研究、分类整理，明确了部分需编制、修订的项目。在此基础上，形成了一院型号质量管理文件体系表，包括质量管理基本要求、设计质量保证文件、生产质量保证文件、试验质量保证文件、管理质量保证文件5个部分，共计398项。根据型号质量管理文件体系表的要求及型号研制的实际需要，航天一院对在实践中摸索出来并经过了实践检验的经验进行全面、系统地总结，逐步制定、修订了一批质量管理文件。以《一院质量60条》以及质量问题归零“双五条”标准为代表的配套文件的发布，标志着以其为牵引的质量管理制度框架的建成，之后具有航天一院型号特色的、通用的质量管理措施陆续出台，形成了操作性强、有效、实用的航天型号质量管理与质量保证文件。其实用性主要表现在：

1）开展以质量为主题的形势任务教育和培训；

2）贯彻质量问题归零“双五条”标准；

3）强化技术状态控制，型号逐一核对技术状态，实行总体对分系统、分系统对单机审核，同行专家审核；

4）建立院、型号、研究所分级管理的系统化的复核、复算机制；

5）落实责任，层层把关，狠抓产品出厂质量验收；

6）突出重点，狠抓影响飞行成败的薄弱环节，开展两类故障模式对策研究；

7）严格靶场质量控制，实施表格化管理以及转场、加注前同行专家把关审查制度；

8）实施院派质量监督代表制度，对重点环节和产品进行监督把关；

9）建立质量问题分析总结制度，及时总结经验教训；

10）全院协同，及时解决质量问题；

11）实施质量奖惩制度和亮黄牌制度，层层落实质量责任制。

《一院质量60条》及其相关的型号设计复核复算、产品逐级验收、表格化管理、质量问题归零实施细则、产品质量履历书制度、院派质量代表制度等方面的理论和经验相继在《质量与可靠性》杂志、《国防科技》杂志以及航天和国防系统的有关会议上发表和交流，有的已上升为航天行业标准，并在航天系统内进行了推广。

1.4.4 探索型号成功与组织成功的基本规律

21世纪初以来，质量已成为企业竞争力的核心要素，航天型号研制也是如此，航天一院不断深化和创新型号技术风险控制，全面推行零缺陷质量管理，产品质量保证能力持续提升。这一时期，适合一院的质量管理模式基本形成并逐步完善，全院系统研究并全面推进质量管理体系建设，零缺陷质量文化理念逐步成型，把握型号研制和质量管理规律的能力得以提升。同时，努力实现质量管理理念、方法、手段等层面的革新，为航天一院的市场化转型和二次创业提供了有力支撑。

1.4.4.1 提出型号质量工作六项原则

2003年，为了进一步强化型号质量工作，确保高质量地完成型号任务，在继续贯彻执行《一院质量60条》等各项质量规章制度的基础上，航天一院深刻领会原总装备部部长李继耐提出的“三个吃透”和“三个再认识”的指示精神，通过对典型案例的剖析和型号质量工作经验的总结，出台了“方案正确合理可行、设计简捷正确可靠、系统协调匹配兼容、试验充分覆盖有效、产品受控合格稳定、操作准确协同无误”的型号质量工作六项原则。

六项原则是长期质量保证经验的高度概括，内涵丰富，具体内容如下。

（1）方案正确合理可行

方案的确立应建立在科学的理论基础之上，通过科学的理论分析和计算证明方案成立，并通过地面相关试验验证方案正确，确保方案不出现反复；在满足功能、性能要求的同时，方案应力求简单、实用、可靠。

在方案阶段就应当充分考虑定型状态的要求，工程研制各阶段的产品技术状态原则上应保持一致，不搞中间过渡状态。在进行方案设计的同时，必须同步进行可靠性设计，兼顾安全性，维修保障性，技术继承性，原材料、元器件、工艺的可实现性以及经费、进度等各种因素，综合权衡，以实现设计方案的优化，达到方案正确、可行、合理的要求。

对采用的新技术、新工艺、继承技术的适用性等方面，要进行系统的风险分析和评估，确保型号全过程技术和管理风险可控，处于可接受的范围，并通过研制阶段的不断深化、细化，把研制风险降到最小。

（2）设计简捷正确可靠

必须按照简单可靠的原则开展设计工作，能直接通过设计实现的不采取间接的方法；能简化的设计不画蛇添足；能采用标准设计的不标新立异，确保设计简单、直接实现。

设计时，必须通过充分的理论分析、计算，以及地面相关试验验证设计的正确性，避免靠试凑的方法确定设计。在设计过程中要充分继承经飞行试验考核的技术，对借用技术必须进行再认识，不能盲目照搬。要分析借用技术对新环境、新条件的适应性，从技术上吃透；要严格控制新技术的应用，应用新技术时必须考虑进度、质量、经费的要求。在产品设计的同时，必须考虑生产工艺的可实现性；采用的新技术在方案设计评审前，必须进行工艺可行性评审。

在功能、性能设计的同时，应当同步进行可靠性设计。根据实际情况运用冗余设计、容错设计、防错设计、降额设计、电磁兼容（Electro Magnetic Compatibility，EMC）设计、容差设计、裕度设计、最坏情况分析等可靠性设计方法和手段，全面开展可靠性设计，并通过相关故障模拟试验验证可靠性设计措施的有效性。通过FME（C）A、FTA等分析方法，理清影响发射和飞行成败的单故障点，并加以有效控制，为制定试验发射预案创造良好的条件。

（3）系统协调匹配兼容

系统协调是指总体与分系统、分系统与分系统、分系统与单机、单机与单机之间，从任务书、接口电路、结构尺寸、安装布局等方面在文件、实物上的协调性。型号总体单位对总体与分系统、分系统与分系统之间的技术协调性负责；系统抓总单位对分系统与单机以及分系统内单机与单机之间的技术协调性负责，并对分系统与分系统之间的技术协调性负相关责任；同时，单机设计单位对单机与分系统、单机与单机之间的技术协调性负相关责任。在系统协调的基础上，通过检查分析、试验验证，确保实物应用的匹配性、接口关系的匹配性符合要求；尤其是对在偏差或极限情况下接口的协调、匹配性，要有充分的分析和必要的试验验证。

在进行系统与系统之间的技术协调时，应充分考虑系统与系统之间在电磁环境、特定故障状态等情况下的相互兼容性，避免因一个系统出现问题而导致相关系统的故障。各单位、各系统要积极主动地进行技术协调，有问题共同解决，有困难共同克服，有余量共同掌握，有风险共同承担。任何形式的技术协调必须以文字形式确认，并及时落实到技术文件上。

（4）试验充分覆盖有效

单机、分系统在产品验收前，全弹（箭）在飞行试验出厂前，必须完成试验（测试）覆盖性分析，并形成专题分析报告，纳入全弹（箭）出厂评审；首飞型号要单独进行试验（测试）覆盖性审查，并作为型号产品出厂放行条件之一。

地面试验必须覆盖弹（箭）的实际飞行状态和飞行环境，试验验证不到的环节或项目，必须分析、计算到位。全面分析单机（部件）、分系统、全弹（箭）各个环节，逐项列出产品出厂后测试不到和不再测试的项目和环节，并进行逐项分析和确认；确保测试不到要验收到、验收不到要工序检验到、工序检验不到要工艺保证到、工艺保证不到要人员保障到。设计单位对测试不到的项目要提前向生产单位提出，生产单位要根据设计单位的要求，结合产品的生产工序增加设置检查、检验点，并严格检查、检验，保证原始记录的完整性和有效性。

（5）产品受控合格稳定

产品承制单位要制定严格的生产过程质量控制措施，对制造过程的各个环节实行有效的质量控制，保证产品质量符合设计、工艺文件规定的要求，并做到原始记录齐全、完整，具有可回溯性。采用的新技术、新工艺、新器材（含新品元器件），必须经过充分论证和地面试验，并通过评审鉴定。严格控制市购产品用于型号，严禁在弹（箭）产品上使用市购产品。

设计单位在产品投产前要进行全面技术交底，及时提供完整、正确的图纸资料。提前向生产单位明确关键、重要项目，列出关键、重要件清单；明确设计下厂跟产跟试的项目，对测试不到需工艺保证的环节和关键节点，在检验过程中要做到“眼见为实”，并与检验者共同签字确认。

生产单位要细化并严格执行质量控制措施，完善、固化工艺文件，严格控制设计明确的关键或重要环节，做好生产过程记录；对生产过程中的三单实行闭环管理，保证产品质量受控、合格、稳定。严格实施现场表格化验收，设计单位和生产单位共同制定详细的产品验收检查表。除任务书、技术条件等内容外，验收检查表还应包括生产过程的工序检查表，在实施产品实物验收的同时实施产品过程验收。

任务委托方要在合同、任务书和技术条件中，明确外协产品的各项质量控制要求，确保外协产品的质量受控、满足要求。

（6）操作准确协同无误

测试细则、产品使用说明书、工艺规程等指导性操作文件，其内容必须详细准确，不得引入易产生歧义或不具操作性的内容。有关状态的检查、测试操作表格必须固化在细则中，确保操作依据文件的准确性和可操作性。

生产和试验单位要制定完善的操作规程，细化到每个工步、动作，并使其表格化。生产和试验操作人员必须经过岗前培训，熟悉本岗位职责，具备上岗资格。在生产、试验过程中，要严格按照操作规程作业，落实岗位责任制。关键、重要的工序或试验操作，要实行双岗制。关键岗位的操作人员应相对固定，试验和操作前要进行操作演练，确保各项操作准时、准确、协同、无误。

型号质量工作六项原则的出台，进一步发展和完善了《一院质量60条》，是对航天一院型号质量管理最精炼的概括，也是零缺陷系统工程发展的结晶。六项原则出台后，各型号的质量保证策划、过程控制、节点把关等管理活动进一步规范、完善；后续形成的产品验收、表格化管理、出厂检查确认、“九新”等诸多要求，都是按此原则制定出来的。型号质量工作六项原则是型号研制的总体原则和指导思想，对保证型号研制质量的稳步提高，起到了积极的推动作用。

1.4.4.2 探索确保成功、永葆成功的质量规律

探索确保成功、永葆成功的规律是一个艰辛的过程。从2002年至2006年，航天一院从计划经济体制下的研究院，向市场经济条件下的企业过渡，型号研制和批产的任务迅速增加，当然，也产生了新的问题。特别是2004年8月至9月，在不到1个月的时间里，航天一院两个型号相继失利，继1996年“2.15”和“8.18”失利以来，再次面临“失败不起，没有退路，只能成功”

的严峻局面。

通过深入反思、强化管理措施，航天一院顶住了巨大压力，负重爬坡，奋力拼搏。过程的艰辛也促使航天一院清醒地认识到新形势下质量管理方面的差距，认识到对型号研制规律的把握还存在欠缺，继而深入思考在型号研制规律和方法上应该采取哪些措施。为此，航天一院先后出台了型号技术风险分析、测试覆盖性分析、全过程表格化管理等一系列强化质量管理的措施。

一次失败带给航天一院的不仅仅是某一型号的经济损失，更牵动了全院各个方面的工作，只有在确保成功、永葆成功的基础上，航天一院才能集中精力抓好新型号的研制、关键技术攻关、新型号立项和市场开发，实现航天一院提出的成功发展、创新发展、安全发展、和谐发展和廉洁发展“五个发展”的协调统一。虽然成功与失败并存是航天事业的特点，但是面对如何确保成功、永葆成功问题，还需要静下心来研究其中的内在规律。规律是客观存在的，是不以人们的意志为转移的，但人们却能够通过实践认识它、利用它。

2006年7月21日，航天一院召开上半年工作总结会暨院第三次领导干部会，时任院长吴燕生首次提出了“两个基本规律”，即“地面试验充分，验收眼见为实，测试覆盖全面，操作准确无误”，是“确保成功”的基本规律；把“永葆成功”作为航天一院一切工作的基础和前提，是航天一院工作的基本规律。

“两个基本规律”是航天一院科研生产经验的高度概括，内涵丰富。

第一，“地面试验充分，验收眼见为实，测试覆盖全面，操作准确无误”，是“确保成功”的基本规律。其中，“地面试验充分”，是充分暴露问题、减少设计风险；“验收眼见为实，测试覆盖全面”，是确保产品质量；“操作准确无误”是确保工作质量。在成功与失败交替的多次洗礼中，航天一院人认识到：一次成功不代表多次成功，多次成功不代表次次成功；成功不代表成熟，技术成熟不代表设计可靠，设计可靠不代表产品质量合格，产品满足要求不代表工作正确。从两个基本规律的字面意义来看，它源于“型号质量工作六项原则”，但又高于“型号质量工作六项原则”，反映了一院对成功本质理解的不断深入。

第二，把“永葆成功”作为航天一院一切工作的基础和前提，是航天一院工作的基本规律。这是被一院历史反复证明了的真理。型号一旦出现重大闪失，航天一院的所有精力、所有资源、所有力量，都要调动到“确保成功”上来，其他工作、综合发展必然会受到重大影响。在连续成功之后，如果不把“永葆成功”作为工作的基础和前提，就必然会对后续工作特别是对型号研制工作的成功带来隐患。反过来讲，对航天一院来说成功才是硬道理，只有确保成功、永葆成功，航天一院才能够实现可持续发展。

“两个基本规律”是型号研制和航天一院发展的思想方法和工作方法。违反其一，型号就会出现问题，甚至出现重大闪失。违反其二，就会使工作深深陷入“成功、失败，再成功、再失败”的怪圈之中。在此基础上，一院又进一步认识到，永葆成功的基本规律是：只有组织成功才能永葆成功，而组织成功体现在组织的认知能力、管控能力、纠错能力的不断提升，组织体系的有效运转，组织支撑保障作用的持续发挥等方面。概括地说，组织成功就是航天一院总体能力的不断提升，总体能力的不断提升则表现为谋划发展能力、技术抓总能力的不断提升。

“两个基本规律”的提出，是继东风二号首飞失败，总结出“一切按程序办事，一切通过充分的地面试验”的型号研制规律之后，航天一院再一次站在“规律”的高度，对以往成功的经验和失败的教训进行的系统性总结，是在型号质量管理六项原则的基础上，质量管理思路的延伸和发展。

1.4.4.3 适应发展，主动变革

从2007年开始，航天一院以载人航天工程和探月工程为代表的型号研制任务不断加重，内外部形势的变化，客观上要求航天一院要开始新的创业，并进行转型，通过创新不断激发组织发展的活力，实现型号研制一次成功和组织不断成功的目标。为了实现这个目标，质量管理也必须再认识，积极主动探索，以适应未来发展的需要。

（1）改革调整质量管理体系

2007年，按照一院型号科研生产管理模式调整的要求，航天一院制定了院本级质量管理体系的调整方案，将总体部（一部）纳入院本级质量管理体系，正式明确了院型号科研生产管理模式调整后质量管理体系的实施方案。2010年，对院本级组织机构进行了调整，按照院新体系建设及新的组织管理模式，制定了院本级质量管理体系调整及新版标准转换实施方案，重点梳理了质量保证部与相关单位的接口关系及工作流程。

（2）探索高密度发射的质量管理规律

2008年以来，航天一院持续探索组批研制发射的质量管理规律，一是将单发火箭的技术状态控制转变为组批火箭的技术状态控制，建立年度技术状态管控基线；二是利用一切条件尽可能地增加单机、系统、全箭的测试时间，早测、多测，使产品设计、生产中的问题和隐患提前暴露、尽早解决；三是重点围绕飞行试验技术的特点、难点、重点、关键、变化和薄弱环节等方面，加强技术风险分析和测试覆盖性分析；四是开展批生产技术攻关，解决火箭批产中的短线，同时，统一管理已发生的质量问题，及时闭合，按阶段合理处理相关火箭已经发生的质量问题。

（3）把提高总体抓总能力和提高设计质量作为重点

2008年，针对由于设计缺陷导致的问题比较突出的现象，院长做出提高设计质量的决策意见。2009年航天一院印发了《一院提高型号设计质量实施意见》，进一步明确了管理、流程和工作重点等方面的要求。航天一院作为总体院全面认识院本级、总体设计单位、系统设计单位在总体管控方面的问题，强化持续提升总体能力的意识，从条件保障、队伍建设、工作流程等方面提升总体能力。

（4）对归零标准的再认识和再创新

2009年，航天一院重点抓质量问题信息的报告，抓质量问题的管理归零，从问题入手，实施质量改进。2010年，通过对飞行试验失利和质量问题归零的反思和系统创新，航天一院初步提出了“眼睛向内、系统抓总、层层落实、回归基础、提升能力”的新五条归零原则，并于2011年开始贯彻落实。针对质量问题归零的知识积累和再认识，2013年提出了“梳理模式、提炼准则、统计分析、完善基线、积累数据”的又一个五条归零原则，强调发挥组织作用和加强知识管理，将就事论事提升为就事论理，从而提升组织和个人的能力，这是对质量问题归零的进一步升华。

（5）深化型号技术风险控制工作

2009年，针对发生的重大质量问题，航天一院基于系统工程的思想，在已有型号技术风险分析文件的基础上，制定了型号研制的风险控制要求，系统研究分析并确定了型号研制过程12大类60小类技术风险源，从程序要求、组织支持、技术方法和基础保障四个方面，系统集成建立了技术风险管理体系。同时，总结提炼了30余种技术风险的识别、分析、控制方法，不仅实现了通用技术风险管理方法在型号研制过程中的有效应用，而且还提出一系列适合型号研制实际的技术风险管理方法。

（6）推进型号质量的量化管理

2010年，根据航天科技集团公司推行精细化质量管理的要求，航天一院研究制定了《一院型号产品精细化质量管理要求实施细则（2010版）》。该细则从深化质量管理体系有效运行、强化型号产品全过程质量控制、完善质量基础建设三大方面，提出了实施28条内容的124项要求。该细则下发后，航天一院又相继印发了一系列配套文件，分解、细化型号产品精细化的质量管理要求。

航天一院充分认识到量化是管理成熟度等级提高的表现和必然阶段。2012年，航天一院系统梳理型号研制流程和技术流程，提出质量量化控制流程，在规范和提升质量控制成熟度的基础上，编制34个量化控制规范，提供数据处理的基本工具和要求，颁布了《航天型号量化控制手册》，指导和改进产品质量和技术风险的量化控制。2013年对量化手册进行了修订和补充，印发了《航天型号量化控制简明手册》，如图1-16所示。

图1-16 航天型号量化控制手册

（7）加强可靠性控制和基础平台建设

2011年，航天一院开始重点推进以可靠性为代表的“六性”工作，出台了一系列指导文件，包括“六性”大纲编写要求，及元器件、标准紧固件、材料、软件等一系列通用大纲，建立了可靠性文件体系。2013年，航天一院系统总结可靠性工作经验，从可靠性设计与分析、可靠性试验与验证、可靠性管理三个方面，提炼32条基本要求，形成《一院型号可靠性工作基本要求》；从组织、流程、方法、标准、队伍、条件等方面提出可靠性保证体系总体框架，开展可靠性设计准则体系建设，促进产品设计由主要关注功能、性能设计向消除和控制故障模式的可靠性设计方面的转变。

（8）总结、培育和弘扬新时期质量文化

2012年以周总理“十六字”方针为指引，航天一院提出零缺陷管理的总体架构和基本方法、流程，提炼以“让成功成为每一名一院人的信仰”为代表的八条质量文化核心理念；总结一院历来的零缺陷质量控制方法，形成了有一院特色的零缺陷管理核心内容，颁布《零缺陷手册》，确定新时期质量工作目标和标准，从而打牢确保任务成功的思想基础。

（9）强化知识积累，完善标准体系

2011年以来，航天一院进一步强化质量工作的知识积累，按年度出版《质量与可靠性工程手册》《故障启示录》《主动发现问题的范例》《国外航天故障统计与分析》（见图1–17）等。2013年相继完成不可检测产品质量控制、“双想”、交集分析、技术风险控制、数据包络分析和飞行时序控制等标准的编制，规范了历史上提出的一些质量和技术风险控制方法。基本形成了一院型号的故障模式标准，开始对一院发生的质量问题归零结果进行再分析，为型号进一步开展可靠性工作打好数据基础。

（10）深化质量职业化团队建设

除每年组织质量技术、方法、体系等方面的培训活动外，自2012年以来，航天一院组织各类人员积极参加国家质量工程师、质量经理、可靠性工程师等专业人员的培训和资格考试工作。2012年，航天一院首次组织31人通过全国质量工程师考试；2013年，一院78人通过全国质量工程师考试、24人通过质量经理师考试、28人通过可靠性工程师考试；2014年质量经理师资质认证成绩突出，一院有35人获得全国质量经理师资格证书，占全国总人数（72人）的近1/2。

图1-17 《质量与可靠性工程手册》《故障启示录》
《主动发现问题的范例》《国外航天故障统计与分析》

（11）贯彻大质量观和推进精益质量保证转型

2014年，航天一院深刻认识规模发展的内外部矛盾，提出了大质量观的概念，推进组织持续成功能力的提升，并针对按时、保质、低成本完成任务的矛盾，印发了《精益质量保证手册》（见图1-18），提出了精益质量保证的要求，进一步探索实现型号和组织成功的最佳科学路径。

图1-18 《精益质量保证手册》

近几年来，航天一院质量管理工作取得了多项成果，多次获得国内外的奖励和表彰。

● 2008年，“载人火箭电子元器件标

准体系的建立与应用”获全国质量技术奖唯一一等奖；“塑封器件在航天型号中应用的可靠性保证方法研究”获国防科技进步三等奖；航天一院被评为全国质量管理小组活动优秀企业。

●2009年，“载人火箭电子元器件可靠性控制”获中国人民解放军军队科技进步二等奖。

●2010年，十二所获全国质量奖，成为航天行业内首家获奖单位，同时也是全国科研设计单位首家获奖单位；十八所“飞控”QC小组获第34届国际质量管理小组银奖。

●2012年，航天一院“运载火箭技术风险管理体系的建立和应用”项目，获全国质量技术奖唯一一等奖；“首次载人交会对接运载火箭项目”获首届项目类中国航天质量奖，同时获首届全国质量奖卓越项目奖，是首届项目类全国质量奖四个获奖项目之一；“运载火箭高密度发射质量管理研究与应用”获国防科技进步三等奖、国防科技工业企业管理创新一等奖；二一一厂获组织类中国航天质量奖；十所QC小组获第37届国际质量管理小组会议中国选派项目唯一的一等奖；航天一院被评为全国质量管理小组活动优秀企业。

●2013年，研发中心、十四所、七〇三所5个项目获全国质量技术奖优秀六西格玛项目；一部、十八所被评为全国质量信得过班组；研发中心某项目获得项目类航天质量奖。

●2014年，航天一院获亚洲质量领域最高奖——亚洲质量卓越奖，见图1-19，一部“软件产品研发组”获得全国质量信得过班组称号。一部“新型时序控制器研制QC小组”成果荣获斯里兰卡国际质量管理小组大会金奖，研发中心“基于某流程

图1-19　亚洲质量卓越奖奖牌

的着陆系统设计”和“某方法在新型飞行器结构研制中的应用”分别获得全国“六西格玛项目”和“质量功能展开项目”第一名。另研发中心、一部、十所、十四所、七〇三所、二一一厂、五一九厂等共有16个项目获得优秀奖。质量保证部撰写的《航天产品成功数据包络分析方法探索与实践》获得“第六届中国质量学术与创新论坛”论文一等奖。

参考资料

[1] 凯文·莱恩·凯勒. 战略品牌管理［M］. 北京：中国人民大学出版社，2009.

[2] 刘纪原. 中国航天事业发展哲学思想［M］. 北京：北京大学出版社，2013.

[3] 李洪. 把成功作为信仰［N］. 人民日报，2012-06-11.

[4] 梁小虹. 夯实成功发射基础 促进航天事业发展［J］. 求是，2005（20）.

[5] 黄春平. 载人航天运载火箭系统研制管理［M］. 北京：科学出版社，2007.

[6] 张晓丽，李京苑，等. 型号产品精细化质量管理的研究与实践［J］. 航天工业管理，2011（6）：65-72.

[7] 吕胜召. 企业品牌文化：内容、意义和培育路径［J］. 石油化工管理干部学院学报，2012（2）：1-5.

航天零缺陷系统工程管理

运载火箭是大系统工程，第一任院长钱学森同志把工程控制论用于导弹研制过程，创立了航天系统工程。在航天系统工程理论与实践中，质量管理一直都是重要的组成部分。

航天零缺陷系统工程管理就是航天工程零缺陷的质量管理。它以提升总体设计、整体优化、有效识别与控制技术风险及快速聚焦和控制关键细节的能力为核心，坚持预防为主，从源头抓起，系统管理，量化控制，通过精益的方法和卓越的体系，保证产品质量。

2 航天零缺陷系统工程

- 系统工程与航天零缺陷系统工程
- 航天工程技术风险控制体系
- 航天零缺陷系统工程方法
- 航天零缺陷系统工程的工作标准

中国航天事业取得辉煌成绩的主要经验之一就是坚持运用系统工程管理的理论和方法，并将其与我国实际情况相结合，坚持多学科集成、多部门协作，并在多年的实践探索中，逐渐形成了一套具有中国特色的航天系统工程管理理念、体系和方法。

“系统”是整个系统科学中最基本的概念。系统（System）一词最早出自古希腊语“Syn-Histanai”一词，原意是指事物中共性部分和每一事物应占据的位置，也就是部分组成的整体。从中文字面上看，“系”指关系、联系，“统”指有机统一，“系统”则指按一定联系组成的整体。

关于系统，我国系统科学界较为通用的定义是：“系统是由相互作用和相互信赖的若干组成部分（要素）结合而成的、具有特定功能的有机整体。”据此定义，系统必须具备三个条件：第一，系统必须由两个或两个以上的要素（或部分、元素、子系统）所组成，要素是构成系统的最基本单位，因而也是系统存在的基础和实际载体，系统离开了要素就不能被称为系统；第二，要素与要素之间存在着一定的有机联系，从而在系统的内部和外部形成一定的结构或秩序，任何一个系统又是它所从属的一个更大系统的组成部分（要素），这样，系统整体与要素、要素与要素、整体与环境之间，存在着相互作用和相互联系的机制；第三，任何系统都有特定的功能，这是整体具有不同于各个组成要素的新功能，这种新功能由系统内部的有机联系和结构所决定。

系统工程学到目前为止仍然是一门处于发展阶段的新兴学科，应用领域十分广泛。美国国防部系统管理学院的《系统工程原理》指出：“系统工程由两个要素部分组成，即系统工程运行的技术知识领域和系统工程管理。”

1978年，钱学森等同志在《组织管理的技术——系统工程》一文中指出：“把极其复杂的研制对象称为系统。即由相互作用和相互信赖的若干组成部分结合成具有特定功能的有机整体，而且这个系统本身又是它所从属的一个更大系统的组成部分……系统工程学则是组织管理这种系统的规划、研究、设计、制造、试验和使用的科学方法，是一种对所有系统都具有普遍意义的科学方法。”

航天系统的复杂性决定了系统工程理论在航天应用的必要性。航天工程同其他简单工程装备的开发与应用不同，具有系统复杂、技术密集、风险性大、研制周期长等特点。这些特点要求实施航天工程时必须建立一种新的组织管理机制，用新的思想、理论和技术方法进行研究、开发。中国航天事业创建时，首先遇到的不仅仅是技术问题，也有组织问题。成千上万的研制人员、数量众多的协同单位、难以计数的生产设备等各方面的组织协调，需要建立一种“组织管理系统的规划、研究、设计、制造、试验和使用的科学方法”，这就是航天系统工程管理。它是航天工程顺利实施的前提和基础，是中国进入航天领域必须解决的问题。

2.1 系统工程与航天零缺陷系统工程

中国航天系统工程管理是在中国特定的历史条件和社会、经济、技术环境下产生和发展起来的，是具有中国特色的系统工程管理模式。

首先，系统工程的思想要在实践中发挥作用，必须与社会现实的背景相结合。中国的社会主义制度与西方国家有所不同，加之当时国家严格的计划经济体制和模仿苏联的军事工业体系，从社会和政治的层面决定了系统工程在中国的实践具有独特之处。

其次，中国航天事业创建时薄弱的经济、技术和人才背景，决定了航天系统工程管理不能照搬国外已经成熟的经验。国力的薄弱和当时的政治形势决定了国家发展航天事业必须“走自己的路”，航天工程的管理必须采取特殊的组织方式，通过高效的协调和组织，用尽可能少的投入，在尽可能短的时间内取得尽可能多的成果，这也决定了中国航天系统工程必须有自己的特色。

50多年来，在中国航天事业的实践中，形成与发展了我国航天系统工程的理念、体系与方法，保障了中国航天事业健康、持续地发展，同时也为管理科学积累了鲜活经验。特别是近十几年来，航天提出的零缺陷系统工程概念，是将零缺陷管理理论与航天系统工程实践的有机结合，是航天质量管理的理念、方法在系统工程上的应用，也是航天工程发展对系统工程理论的新贡献。航天零缺陷系统工程，一方面体现了多年来我们形成并逐步规范的质量管理体系与产品保证模式相结合的航天质量管理模式；另一方面，体现了以技术风险控制体系及其方法为鲜明特征的航天工程质量管理的新发展。

2.1.1 航天工程系统及其环境的复杂性

航天工程系统包括运载火箭、航天武器、可重复使用运载器、卫星等多个工程系统。以运载火箭为例，在研制、生产过程中需要一整套完备的系统工程组织管理方式，即以运载火箭的性能、指标、要求为目标进行一系列设计和研制工作，包括方案设计、技术设计、工艺设计、生产制造和试验验证、飞行试验与发射服务等。

运载火箭是一项极其复杂的工程系统。以长征三号乙运载火箭为例，这一型号火箭包括总体、控制、动力、结构、遥测、外安、安全处理、附加、地面设备等多个系统，全箭火工品244个，芯级控制系统产品67个，测量系统产品220种，芯级焊缝条数10 426条，全箭机械连接部件34 265个。高度的复杂性增加了运载火箭的研制风险。除此之外，火箭从出厂直到发射，需要经过运输、转载、贮存、检测、发射准备以及发射等阶段，而火箭飞行过程中要经历一系列飞行动作，如图2–1所示。这里既有火箭分离的火工品的动作，也有计算机发出的控制火箭姿态的软指令，还要经受全空域环境的考验。

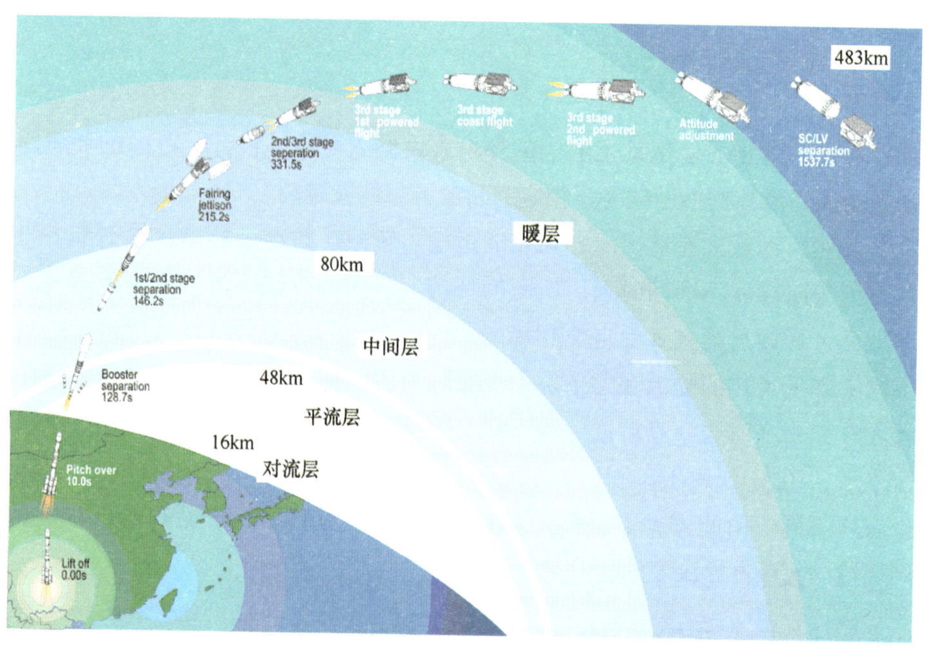

图2–1　长征三号乙运载火箭发射卫星时序图

运载火箭飞行过程中不可避免地受到各种恶劣环境的影响。环境因素大体包括两种：自然环境（即在自然界中由非人为因素构成的那部分环境）和诱发环境（即任何人为活动、平台、其他设备或设备自身产生的局部环境）。按照研制特点，环境也可分为自然环境、电磁环境、热环境、空间环境、力学环境、临近空间环境等，典型的环境因素见表2-1。在实际情况中，往往会出现多种环境同时影响的状态，与单一环境相比可能对运载火箭可靠性更为不利。比如高温—高湿度，高温会提高湿气的穿透速度，因此，潮湿总的破坏作用会因高温而增加。

表2-1　典型的航天工程系统环境因素分类

自然环境	云、雾、霜、雹、冰、雨、雪、风、冻雨、雨夹雪、雷电、低气压、湿度、盐雾、砂尘、高温、低温、宇宙及太阳辐射、霉菌
电磁环境	电磁辐射、静电放电、地磁、电晕放电、电磁、激光
热环境	高温、低温、气动加热、宇宙及太阳辐射、火
空间环境	太阳辐射、地球反照、地球红外辐射、真空深冷环境
力学环境	过载、振动、噪声、冲击
临近空间	臭氧、宇宙及太阳辐射、闪电、夜光云

在设计过程中，需要对产品在其寿命周期内所经历的每一个环境因素都加以考虑，这样才能保证把适当的环境强度纳入可靠性设计。考虑的环境因素越全面，考核的标准越高，相应产品的可靠性就越高。

当然，运载火箭从出厂，经过的运输、转载、贮存、检测、发射准备以及发射等阶段，不会同时经历所有的环境，不同的阶段环境的影响也不同。在地面，运载火箭主要受自然环境的影响，而不同的地域自然环境的影响也不同。如果炎热的夏天在戈壁发射火箭，高温、砂尘、太阳辐射和风的影响较大；如果在海边，高湿度、雨、风、盐雾、雷电的影响则比较严重。火箭起飞后，诱发环境的影响比重将逐渐加大，不同的飞行时刻环境的影响因素也有所不同。由此可见，运载火箭的复杂性是由其技术、产品的复杂性和应用环境的复杂性所决定的。

2.1.2　中国航天系统工程的产生

20世纪40年代，国际上提出并开展了一般系统理论研究。第二次世界大战以后，一系列重大的国防与航天计划有力地推动了系统工程理论与方法的研究和应用，阿波罗登月工程就是典范。50多年前，我国在航天事业创建之初就十分关注系统工程理论的研究，在实践中形成与发展了具有中国特色的航天系统工程的组织体系与方法。钱学森同志在国防部第五研究院建院后不久，就组建了型号总体设计部，这就是我国航天系统工程的开端。20世纪70年代，他又花了很多精力从事系统工程的推广应用和系统学的理论研究。钱学森同志指出，系统工程是组织管理“系统”的规划、研究、制造、试验和使用的科学方法，是一种对所有“系统”都具有普遍意义的科学方法。这种方法是通过规章制度、组织体系，将相关的资源有效地集成起来，在一定的约束条件下来实现系统预定的目标。在我国航天事业发展的历程中，无论是预先研究、型号研制，还是各项管理工作，都始终贯穿着系统工程的理念、体系与方法。

2.1.2.1 航天系统工程管理的探索和初创阶段

中国航天事业的起步阶段，同时也是航天系统工程管理的探索和初创阶段。同国外一样，中国航天也是从研制导弹发展而来。1956年，第一个航天研究机构——国防部第五研究院成立，在其内部组建了运载、导弹总体设计部，发动机研制和控制系统研制两个专业院。在《关于自然科学研究机构当前工作的十四条意见（草案）》（“科研十四条”）的基础上，国防部第五研究院着手研究制定了《国防部第五研究院暂行工作条例（草案）》，之后用了一年的时间试行并广泛地征求意见。特别是在1962年3月我国自行研制的第一枚近程导弹飞行试验失败后，研究院认真总结了经验与教训，加深了对型号研制规律的认识，在此基础上进一步修订了《国防部第五研究院暂行工作条例》，后被称为老五院“七十条”，并于1962年11月8日正式颁布实行。按这个条例的规定，在保留总体设计部的前提下，将“专业院”调整为“型号院”，并建立了相应配套的专业所、厂；建立了总设计师制度，形成了技术指挥系统和行政指挥系统两条指挥线的体制，研制程序基本确定，提炼出了预研一代、研制一代、生产一代的产品发展路线，建立了航天工程型号研制的质量保障体系。这个条例是我国航天系统工程管理的开端，体现了航天系统工程的基本理念、体系与科学方法，奠定了航天系统工程的基础构架，对航天事业初期的建设与发展起到了重大作用。

在这一时期，虽然没有明确“航天系统工程”的说法，但实际工作的指导思想和做法在今天看来都是符合系统工程管理理念的。比如，总体设计中技术途径和技术方案的选择必须从系统的全局出发，进行整体优化，还要充分采用成熟的技术，利用预研的成果，并综合权衡利弊，最后做出决策。这些都是当时作为总体设计工作的重要原则。如当时某型号的总体设计中，为提高型号的机动性，弹径和弹长均是重要参数，如采用大的直径可以使弹长缩短，但运输高度将超过涵洞高度，无法通过涵洞。为了解决这一矛盾，总体设计采用了四管并联发动机，而没有采用单管大发动机的方案。这样做，既充分利用了四管并联发动机的预研成果，还加快了研制周期，最终实现型号机动性的战术技术指标。

2.1.2.2 航天系统工程理论的发展阶段

1978年，钱学森同志等发表了《组织管理的技术——系统工程》的论文，对系统工程的概念、内容、理论基础、在我国的发展及应用前景等做了深刻的阐述。1979年，钱学森同志提出了建立系统学的任务；1980年，中国系统工程学会成立，标志着系统工程的推广应用进入了一个新的阶段。1982年，钱学森同志等出版了《论系统工程》一书。同年5月，航天工业部门成立了从事系统工程理论与应用研究的研究所。从1980年开始运用计算机技术进行型号研制计划的动态管理，1986年开始开展“系统学讨论班”的学术研讨活动。80年代中期，推广系统工程的理论和方法，举办各种培训宣传活动，引进了计划网络技术、评审技术等，同时在人才、经费、物资、保障条件等各个层面上推广应用。1990年，钱学森同志将80年代初“经验和专家判断力相结合的半经验半理论的方法”加以提高和系统化，提出“从定性的到定量的综合集成法”，使中国航天系统工程理论进入最为活跃、成果最为丰富的时期。

在理论发展的同时，这一时期，总结出了型号系统工程的一些做法。例如：将可靠性工作作为型号总体设计的重要内容；加强总体协调，突出总体作用；建立一套严明的设计工作制度，包括建立技术岗位责任制、严格执行图样管理制度、开展质量复查，飞行试验期间开展事故预想；集思广益，开展严格的设计评审；等等。

2.1.2.3　航天系统工程理论与实践的创新和发展

20世纪90年代中期，在经济转型期间，随着国内任务和对外发射任务的增加，中国航天的外部环境发生了很大变化，而中国航天在思想观念、体制机制等方面还相对滞后，出现了航天发展史上的艰难局面，在型号研制过程中除暴露出一些深层次问题外，低水平、重复性的质量问题也明显增多，发生了几次重大失利，飞行试验成功率下降，面临着失败不起的严峻形势。中国航天在采取了一系列措施后，逐渐走出了困境，进入了新的发展时期。其中，在充分调查研究、认真总结经验教训、分析形势与任务的基础上，中国航天工业总公司于1997年3月8日颁发了《中国航天工业总公司强化科研生产管理的若干意见（试行）》，即“72条”，并于同年4月9日颁发了《强化型号质量管理的若干要求》，即“28条”。这两个科研生产和型号管理的规定，在《国防部第五研究院暂行工作条例》的基础上，进一步创新与发展了航天型号系统工程的管理体系与方法。

同时，航天一院不断总结实践经验，制定了一系列系统工程管理的措施，突出了从严管理、科学立法来开展工作的指导思想。在组织管理上：重申了总体设计部在型号研制中技术抓总与技术协调的地位与作用。由原来的型号总指挥、总设计师两条指挥线转化为总指挥负责制，加强型号研制中技术、进度、经济与保障条件的统筹协调、集中领导。严格执行研制程序和控制各阶段的技术状态，同时推行新技术应用，加强安全性、可靠性设计及试验管理、加速项目管理的试点。在技术管理上：以某战略型号为主，开展型号综合标准化工作；以长征二号F载人运载火箭为代表，建立型号可靠性队伍、编制型号可靠性设计准则和质量保证大纲，提出将功能设计为中心转化到以可靠性设计为中心的设计方法理念的要求；推行元器件“五统一”；建立型号产品软件工程化的管理模式；在型号中推行产品示范验收，摸索分级验收和预验收方法。

进入21世纪后，根据改革与发展的需要，按照继承、完善和发展的要求，在总结以往经验和研究分析新形势、新任务、新体制的基础上，中国航天科技集团公司于2004年1月1日颁布了《航天型号管理规定（试行）》，即“80条”。从顶层的高度对型号研制生产管理的理念、体制、模式与要求等做出了明确的规定。明确各项工作要以科研生产为中心，成功是硬道理；对航天型号工程管理的全过程，对涉及的管理体制、技术政策、资源保障、信息管理等诸多方面做出了原则规定；强调信息技术、并行工程、先进制造等新技术在航天型号工程中的应用；强调自主创新与适应市场经济规律，并在某些型号领域实行项目管理等。

这一时期航天一院提出了系统工程的两个规律，即“地面试验充分，验收眼见为实，测试覆盖全面，操作准确无误”是确保成功的基本规律；把“永葆成功”作为一院一切工作的基础和前提，是一院工作的基本规律。先后出台了一系列规章制度和要求，继承了20世纪90年代总结的系统工程方法的精髓，并有新的发展。包括：型号落实技术和质量把关责任制，进一步强化总体作用；成立院技术方案审理委员会；规范工程技术人员的岗位培训；在同步开展功能性能设计与可靠性设计的同时，开展了可制造性论证与分析、可测试性设计、环境适应性设计；建立完善的数据判读标准，开展质量数据的差异性及一致性分析；规范质量信息管理，实现系统实时监视；由原来的质量复查，转变为正向质量检查确认，突出了预防为主的质量管理理念；规范了软件产品交接工作程序；规范了型号出厂前评审及检查工作程序等。

在实践中探索、形成并发展的我国航天系统工程，既体现了现代管理科学与系统工程的基本理论，又符合我国国情并具有时代精神，为航天事业的持续健康发展提供了重要保证。

2.1.3 中国航天系统工程管理的基本内涵

航天系统工程管理是组织管理航天型号规划、计划、预研、研制、试验、生产以及人才、物资、保障条件、经费的科学体系与方法，它面向型号系统从方案可行性论证、方案设计、工程设计、工程研制到设计定型和生产装配的全过程，在技术、计划、组织、进度、质量等方面，对人、财、物、技术、信息与知识等多个基本要素实施管理。其主要内涵体现在总体设计部的抓总作用，型号跨体制的“两条指挥线”作用和严格研制程序几个方面。

2.1.3.1 发挥总体设计部的抓总作用

分解—集成是系统理论的核心思想，也是系统工程的基础。中国航天的系统工程管理首先强化总体设计部在型号研制的全过程、全局性谋划与全系统综合集成中的技术运筹、协调和管理。航天型号的总体设计部按照不同的型号类型设置，是型号研制的龙头。总体设计部具有“三种功能、两种性质”：三种功能是指总体方案的论证与设计、型号研制技术探索与规划研究以及型号研制的技术抓总与组织协调管理；两种性质是指总体设计部既是型号研制的直接参与者，又是型号项目的组织管理者，这是其他科研单位和业务机关所不能替代的。

航天型号的总体设计部在型号总指挥与总设计师的领导下，根据型号研制任务书的要求，用系统分析的方法进行总体方案的论证与设计，分解分系统功能、性能指标及结构；在分系统论证与必要的试验验证基础上进行系统的综合集成，经过多次迭代，求得型号整体性能的优化。与此同时，根据研制技术途径，进行经费、进度、质量、保障条件的分解与集成，经过不同层面多次迭代，形成在一定约束条件下优化的研制流程与实施方案。在研制过程中进行总体与分系统及分系统之间的技术协调以及研制计划的动态管理。

总体设计部伴随着航天工业的发展而建立和完善。航天工业初创阶段，国防部五院颁布的“七十条”，第一次明确了总体设计部的总体设计与协调管理的地位和作用。20世纪90年代中期，在中国社会经济转型中，如何进一步发挥总体设计部的作用，曾经一度困扰了航天型号研制。“72条”与“28条”解决了这一问题，强调总体设计部在型号研制中的技术抓总与技术协调的地位与作用，要求提高一级技术状态审批，防止由于单位利益驱动而造成产品技术状态多变，随意变更等，从而保证了航天型号工程的整体优化与协调一致。2000年印发的《一院质量60条》也明确提出，总体设计部是型号研制技术牵头单位，应在型号研制过程中承担相应的技术管理职责。职责包括协助型号两总及院领导在产品性能、质量、技术状态管理、型号产品“三化”以及设计评审、产品评审验收、可靠性、安全性保证等方面进行技术抓总和技术把关，切实发挥龙头作用。

这些年来，航天一院围绕强化总体设计部抓总作用开展了大量工作。先后开展了数字化设计和网络信息平台建设，建立总体设计演示验证试验中心，提高总体设计和总体优化能力；实现以计算机网络为基础的三维设计，具备了典型部段的三维仿真模装能力，并进一步向演示验证和协同设计方向迈进；建立了型号工程三大数据库（力学环境数据库、大型地面试验数据库、故障模式数据库），促进了型号研制的知识积累、借鉴与分析；改善系统级电磁兼容试验室、增压输送系统试验室的专业试验条件，电气系统综合试验室试验能力、测试精度和测试覆盖性方面较之以往有了较大的提升。这些基础条件的改善，对总体设计部抓总能力的提升发挥了重要作用。

2.1.3.2 发挥型号跨建制两条指挥线的作用

航天系统工程的组织体系是型号指挥系统和型号设计师系统。单位的行政正职是型号研制的第一责任人，并由其选定型号直接责任人（型号指挥）。型号总指挥是本型号的总负责人，由上级部门任命。型号指挥系统，除各级指挥外，还包含了计划组织指挥调度系统及相应保障职能部门的有关人员，它不受行政建制的限制，可跨建制、跨部门实施组织、协调、指挥调度。同时采用先进的计划、调度、配置、评价与评审等技术和手段，实施动态管理，以保证全系统协调、高效运行及管理系统的优化。型号总设计师是本型号的技术负责人，也由上级部门任命，在总指挥领导下工作。设计师系统从总设计师延伸到分系统主任设计师和部件级主管设计师，领导着整个研制队伍。一个型号的两条指挥线职责明确、协同工作、发挥作用，是完成型号研制任务的组织保证。老五院时期，实行总设计师负责制，但在某战略型号全程试验时已开始任命总指挥，后来随着型号任务的增多及领导班子知识结构的变化，为有利于统筹安排、集中统一领导、落实责任制，1997年在“72条”中调整为总指挥负责制，适应了新形势及发展需要，同时也为推进项目管理创造了条件。

在中国航天取得的成就中，“两条指挥线”的管理体制发挥了巨大的作用。例如，长征二号E火箭的研制之初，航天一院初涉国际商业发射市场，为满足用户要求，完成发射任务需要使用超过当时运载能力一倍多的火箭，而合同期仅有18个月。在时间短、任务重的情况下，航天一院按系统工程规律统一组织实施，火箭的型号指挥系统会同型号设计师系统，采用了设计出图与物资备料、设计与工艺准备、工艺审查与生产准备、生产与试验、研制与靶场准备五个交叉作业，以技术为保障，向管理要时间，终于在规定的合同期内，将中国第一枚大推力运载火箭长征二号E研制发射成功，将我国近地运载能力提高了近两倍，从而使中国全面跻身国际商业发射市场。可以说，创造出这个奇迹，“两条指挥线”的管理体制功不可没。

2.1.3.3 发挥以型号总体研究院为基础的型号科研生产组织体系的作用

航天型号总体研究院，以科研为主导，科研与生产相结合，是型号研制总体承担单位，具有较强的技术实力、较丰富的航天系统工程实践经验和组织协调能力。多年来型号研制形成了以型号总体研究院为基础，按型号配套的各专业院、所、厂，地方所、厂构成的型号科研生产配套的组织体系。型号任务的总体进度安排，总体、分系统、单机的接口协调，技术与管理总体要求的提出等涉及型号总体及系统接口的各项工作，大多由总体研究院统一组织实施。1988年航空、航天两部合并时，国务院领导充分肯定了航天型号总体研究院的地位与作用，1999年组建两大航天集团公司时，对此再次给予肯定。在新时期配套方式不断调整变化，以及任务量大增的情况下，完善与加强这个配套体系对保持协作配套的相对稳定、保证质量与研制工作的顺利进行具有重要的作用。

2.1.3.4 严格按研制程序办事

复杂系统从任务需求到系统验证是一个有序的过程。研制程序的划定使得系统研制从需求出发，设计逐步细化，最终演化形成一个整体性能优化的系统。这是一个逐步递进的研制过程。它保证了一个复杂系统的设计从一开始就考虑到了所有的专业和使用环境的要求，不会最后出现方案性的失败，也保证了一个长周期的研制过程能够分阶段地对目标进行跟踪和控制。

各个国家航天项目的研制都遵循预定的程序。一般来说，在论证阶段进行概念性探索和研究，在方案阶段完成系统的方案设计，在研制阶段完成系统的详细设计以及相应的试验，在批生产阶段进行产品的批量生产，然后进入部署、使用和维护保障阶段。

我国航天工程的研制一般分为方案、初样、试样、装备定型四个阶段，是对型号产品研制生产历史经验的总结与升华。研制的每个阶段都有明确的定义、任务与完成的标准，转阶段也必须有严格的评估与评审，评审要按标准执行。研制程序可以根据情况剪裁，然而，研制程序如何剪裁主要取决于所使用的技术成熟程度。进度紧张、经费不足甚至个人意愿绝不是省略研制步骤的理由，那样做只会带来系统研制的风险。

航天系统工程对型号研制各阶段的要求都很明确，在方案设计阶段特别关注总体方案设计的正确性和合理性。随着研制的不断推进，纠正方案设计的缺陷所付出的代价将会越来越大。在研制过程中，运用基线严格控制技术状态的更改，一个技术开发层次完成以后对系统状态要进行描述，形成基线，后一个开发层次将在上一级基线建立、稳定和受控之后才能开始进行，以技术评审作为系统研制的节点。当一个研制层次完成以后，必须评价是否已经满足预期的目标，检查设计的成熟性，分析技术风险，为是否进行下一个层次的研制提供决策依据。严格控制各阶段的技术状态更改也是如此，防止小改出大错，防止不必要的锦上添花以及追求局部的先进而影响全局。关键的几个技术评审包括系统设计评审（System Definition Review，SDR）、初步设计评审（Preliminary Design Review，PDR）和关键设计评审（Critical Design Review，CDR）。技术状态的更改要严格遵守“论证充分、各方认可、试验验证、审批完备、落实到位”的五条原则。

地面试验不充分而等待飞行试验考核验证，所付出的代价将十分巨大。这就需要在充分的理论分析与计算的基础上，关注地面试验的充分性以及从零部件直至集成为全系统的试验。关键技术、关键部件都要经过充分的地面试验的验证，试验不充分、没有通过验证考核的一律不能进入下一程序。充分的地面试验验证，才能保证飞行试验的高成功率，按研制程序办事，才能避免出现重大反复。

按研制程序办事几乎是随着中国航天的创建一开始就遵循的客观规律，并且已经法规化。现在，按研制程序开展型号的研制工作，无论对于技术人员还是管理人员都已经是一种自觉的行动。

2.1.4 航天零缺陷系统工程

“系统”的质量观念是中国航天零缺陷系统工程的核心思想。“系统”的质量观念不仅仅局限于型号产品质量，而且把满足国家要求和用户需求作为质量目标，将研制质量、产品质量和服务质量融为一体。多年来，航天质量管理通过实践，形成了较为成熟的质量管理模式，即“单位抓体系”保证型号研制生产质量，“型号抓大纲”促进单位质量体系建设的互动关系。

中国航天零缺陷系统工程就是航天工程零缺陷的质量管理。它以提升总体设计、整体优化、有效地识别与控制技术风险及快速聚焦和控制关键细节的能力为核心，坚持预防为主，从源头抓起，系统管理，实施全过程精细化、量化质量控制，确保航天型号研制及飞行任务一次成功。

零缺陷系统工程的主要内涵包括以下几个方面。

（1）牢固树立零缺陷质量意识

要求全员牢固树立“零缺陷”理念，追求各项工作第一次就做对、做好，力求型号研制、生产和服务中各环节全面优质，力求地面试验、飞行试验等各项任务的一次成功，圆满完成。

（2）严格落实质量责任

遵循全员参与、各负其责的思想，将质量责任分解到与工程相关的每一个组织和个人，建立环环相扣、人人有责的责任体系，并通过考核奖惩和责任追究促进责任制的落实。

（3）探索航天产品高质量的本质特征和实现规律

有效识别和充分验证产品设计、工艺、过程控制三类关键特性，强化全过程质量控制，持续改进，不断探索开展适用于航天工程特点的产品快速成熟的路径和方法。

（4）顶层策划、总体优化，有效识别和控制技术风险

运用系统工程的理论和方法，在系统各阶段开展质量策划，强调相关过程、产品、特性和资源的相互协调与整体优化，突出对技术风险的有效识别和控制。

（5）协同工作、放大细节、量化控制

工作中注重跨单位、跨专业、跨部门的相互协同和综合集成。把握航天工程“细节决定成败”的特点，快速聚焦、充分识别影响任务成败的关键细节，充分识别产品实现的关键过程和产生质量问题的深层原因和薄弱环节，采取量化的方法和工具手段进行控制和改进。

2.1.4.1 建立基于“V”字模型的闭环控制流程

从航天工程立项开始，建立并逐级落实质量责任制，以责任令等形式明确型号两总系统以及各承制单位的质量职责，实施质量考核与奖惩。同时，建立型号质量保证组织和可靠性工作系统，落实质量技术监督机构和人员的职责。

按照“从源头抓起、预防为主、全过程控制、系统管理”的原则，系统地开展产品保证策划。对应航天型号产品开发的“V”字模型（详见图2-2），建立基于“V”字模型的闭环控制流程。在型号研制初期，系统地

开展产品保证策划，对性能、寿命周期、成本等进行综合权衡分析，制定产品保证大纲，确定质量、可靠性、安全性、元器件、材料及工艺、软件保证等工作项目和要求，形成相关专业工作项目之间的逻辑关系，从而形成一个矩阵、网状式的全寿命周期、全要素的研制流程，涵盖型号全过程涉及质量与可靠性的主要工作，详见图2-3。通过策划，确定研制任务各阶段产品保证工作的关键节点、完成标志和考核方式，确定型号质量控制活动的内容、责任者和资源保障要求，并纳入型号研制计划和技术流程加以落实。

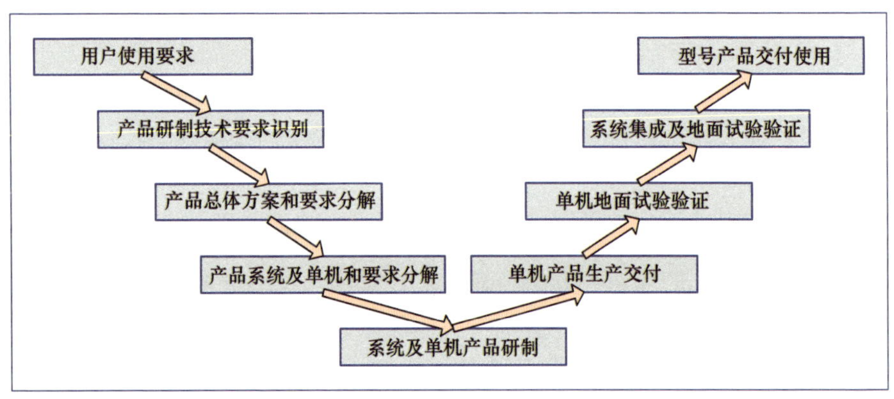

图2-2　航天型号产品开发“V”字模型

2.1.4.2　强调“三个吃透”，控制技术风险

为了系统防范、合理规避和有效控制型号技术风险，消除产品设计质量隐患，确保产品固有可靠性满足型号任务的要求，需要从产品设计分析入手，做到“三个吃透”。一是吃透技术，即充分认识和把握产品内在固有本质；二是吃透状态，即充分识别和验证产品使用过程中经历的所有环境及其影响；三是吃透规律，即不断研究和探索产品发展变化的规律。强调“三个吃透”，需要深入、系统的技术攻关，通过仿真计算、工程分析和试验验证等进行技术风险分析和综合评估。

正确处理好总体、系统、单机的关系。总体设计在型号设计中占有特别重要的地位。因为总体设计的缺陷往往在地面试验，甚至飞行试验时才能暴露。这就需要开展全时域分析、全空域分析、环境适应性分析和接口分析，

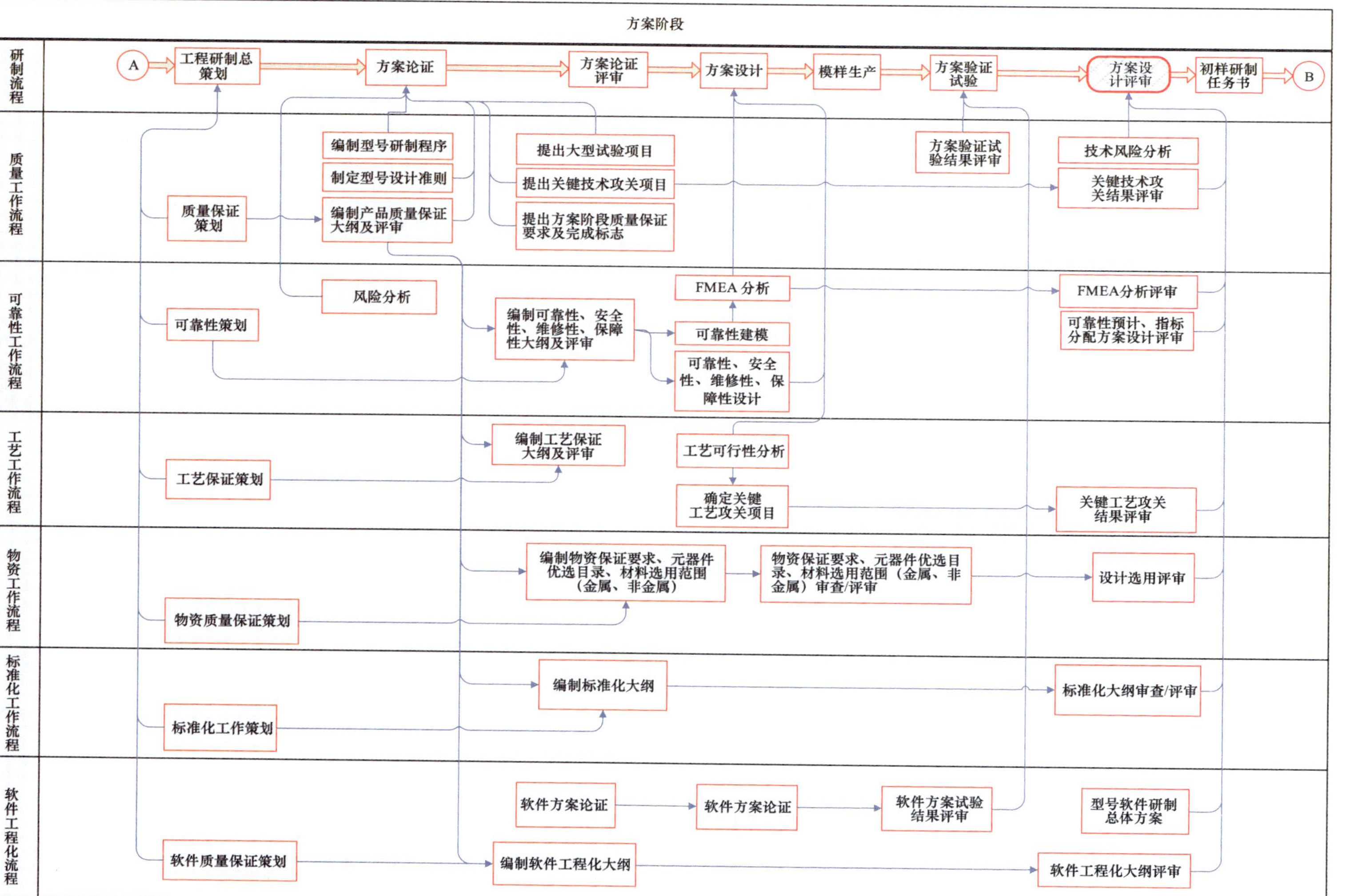

图2–3　型号全寿命周期研制质量控制程序图（部分）

即对各种状态和条件下飞行时序设计的正确性进行分析，对各种状态下仪器、设备、分系统在空间布局内工作的相容性进行分析，对总体环境和局部环境条件、量级和持续时间的正确性、耦合性以及与实际的符合程度进行分析。此外，还要对总体与系统、系统与单机、单机与单机间的电气和机械接口的协调性进行分析，以提高总体设计的可靠性，避免出现“总体缺陷天上见”的后果。这充分体现了系统工程的重要思想。

以可靠性设计为重点，开展产品设计。重点开展抗力学环境设计、热设计、电磁兼容设计、静电防护设计、抗辐射设计等。在设计过程中，采用集同工作模式，充分识别设计、工艺、过程三类关键特性，做好关键特性的裕度设计。

注重地面试验，强调验证的充分性。设计验证工作应做到充分，对不能在地面进行试验验证的项目开展最坏情况分析及仿真分析，做好单点故障模式识别与控制。对关键特性裕度设计进行地面试验验证，试验的环境条件要模拟真实任务环境剖面，不能模拟的环境因素要进行后果分析，提出风险对策。对关键和强制检测点的设置要求和数据的可信度进行确认。

型号研制中处理好继承与创新、在研与预研、成熟与陈旧的关系。全面开展“九新”分析，即对新技术、新材料、新工艺、新状态、新环境、新单位、新岗位、新人员、新设备开展“九新”风险分析，对分析验证的全面性和充分性、接口的协调性和匹配性、故障预案的全面性和可行性等进行系统的分析，识别不确定环节和影响成败的关键因素，制定并采取针对性控制措施，有效识别和控制风险。优先采用成熟但不陈旧的技术，同时也强调对成熟技术、成熟产品在新环境、新条件下的适用性分析，开展“再设计、再分析、再验证”的“三再”工作，避免“老产品”出新问题。

对型号关键项目进行管理，可以运用数学中集合的原理，实施“质量交集”分析，即对“质量有前科、技术状态有变化、测试覆盖不到、单点失效”等情况，根据其相交的情况，明确可靠性分析和风险控制的重点。

型号设计工作需要充分发挥同行专家的作用，有计划地组织不同型号的同行专家对型号关键技术项目进行设计复核复算或开展独立的评估，这是控制技术风险和确保型号研制质量的重要经验。

2.1.4.3 关注细节，实现过程的量化控制

零缺陷系统工程的组织与实施，一要把握和细化研制流程与技术流程，二要注重细节。而关注细节的手段就是科学量化，包括流程量化、目标量化、过程控制量化和结果评价量化。

细节决定成败。这一管理的基本法则对于航天系统工程而言，尤其如此。导致产品失效的因素往往来自于研制生产过程某个细微的环节。这就要求对设计、生产、试验和交付后服务全过程进行极其严格的质量控制，强调“五有”，即有依据、有检查、有记录、有比对、有结论。

实行元器件“五统一”管理。对元器件实行统一选用、统一采购、统一监制验收、统一筛选复验、统一失效分析，对元器件供应商实施统一管理、统一质量认证，形成对元器件的全过程控制。

实施软件工程化管理。将软件列入型号产品配套表，开发过程遵循标准规范，做好顶层设计分析，充分考虑软件的最坏使用环境，按软件开发过程和成熟程度建立软件的开发库、受控库和产品库，实行独立的第三方软件评测，努力提高测试用例的覆盖性。

严格技术状态控制。按节点定期进行技术状态和技术接口的清理，尤其是严格按照“论证充分、各方认可、试验验证、审批完备、落实到位”五条原则进行技术状态更改控制，注重分析状态变化的影响域及对产品质量的负面影响，验证更改措施的有效性，杜绝技术状态失控。

进行测试覆盖性分析检查。按型号产品层次自上而下提出测试内容和要求，做到“单机测试项目覆盖分系统”、“分系统测试项目覆盖系统”、“总装测试项目覆盖发射场项目”和“发射场射前测试覆盖发射和飞行状态”，以尽早暴露产品的质量问题，特别是在产品验收交付、发射场测试中及时发现异常，避免更大的损失。同时，在型号研制生产全过程严格控制“不可测试项目”的数量和风险。

加强关键环节量化控制。注重对关键件、重要件和关键工序等关键环节以及风险点的识别与控制，强调控制措施的针对性和可操作性；合理设置关键、强制检验点（Mandatory Inspection Point，MIP）；加强对关键环节和强制检验环节的量化控制和可追溯性管理，特别是关键环节和项目必须留存多媒体记录等客观证据，这是加强过程控制，反映产品实际质量状态，做到对产品质量可追溯、可检查的有效手段。

开展质量检查确认。把事后的质量复查转变为型号研制全过程中有计划、分阶段、全方位的质量检查和确认，将其纳入型号研制、生产计划中具体实施，做好记录和对遗留问题进行跟踪处理。运用“质量交集”和FMECA分析方法，明确质量检查确认的重点，以确定质量问题的类型和处理级别，采取相应的质量控制措施。

强化试验过程控制。型号试验强调“八清楚”，即任务依据清楚、岗位职责清楚、试验状态清楚、接口关系清楚、技术关键清楚、操作要点清楚、测试数据清楚和应急预案清楚。

加强型号质量监督。开展多层次、全方位、全过程的质量监督是保证产品研制质量的有效措施。总体对分系统、分系统对单机的过程监督、逐级验收和拒收拒付制度是一种有效的型号质量监督方式。质量与可靠性专业机构在软件评测和元器件、标准件、通用件质量认定、检测、分析方面发挥着不可或缺的作用。质量监督代表制度也是航天科技工业质量保证的有效举措。

加强技术评审把关。按照研制阶段分级分层开展技术评审活动，组织重点型号的转阶段评审和出厂评审，严把出厂关。对重大工程实施独立评估，通过第三方同行专家的专业把关，对重大风险项目的设计、试验、生产、工艺以及管理等进行评估，有效识别和控制影响任务成败的关键因素，保证任务成功。

此外，型号研制生产还实施了许多“求精”“求细”的质量控制做法，如实行建立焊缝质量档案和产品履历书制度、质量跟踪卡制度；进行单机、分系统间出厂前的“握手见面”，确保产品实物接口的匹配性；开展试制、生产准备的状态检查；实施工艺、测试、试验、验收表格化管理；实施严格的多余物控制等。

2.1.4.4 以数据为依据，落实质量保证

型号研制过程中，作为型号研制的关键信息，产品设计、生产、试验和交付等研制生产环节中有关质量与可靠性的各类数据、文件和相关记录，数据量极大。要将这些信息进行收集和有效利用，是摆在航天人面前的一大课题。为此，航天一院建立了航天产品数据包制度，实现数据及其文件管理的科学化。

建立和应用产品数据包。为加强型号研制全过程质量数据和文件的管理工作，引入了航天产品数据包的概念。航天产品数据包是航天型号产品在设计、生产、试验和交付等研制生产环节中形成的有关质量与可靠性的各类文件、记录等信息的集合。按照系统性、完整性、正确性、可追溯性的原则和系统策划、系统分析、确定模板、数据记录、确认存档的流程建立数据包，并加强流转和应用管理，发挥其在完善过程质量控制、保证交付产品质量、提升产品成熟度方面的作用。

加强对检测、试验数据的分析和管理。对检测、试验数据进行判读，并开展差异性和一致性分析，对异常和临界数据及时分析和处理，剔除质量隐患。对测量结果进行数据比对，进行变化趋势或性能稳定性分析，以有效规避风险。将数据的记录、分析、比对结果纳入数据包管理，为确认产品质量保证的有效性和产品成熟度的提升提供依据。

开展成功数据包络分析。这是依据某型号的数据管理实践总结的一种方法，是中国航天系统工程方法的一种原创，也是评价产品质量、识别技术风险的有效方法。针对导弹和运载火箭飞行小子样的状况，在参加飞行试验产品各项参数满足设计要求的前提下，通过确认飞行试验产品各项参数是否在产品成功数据包络内，并对超出数据包络的参数开展技术风险分析，评估该发弹（箭）参加本次飞行试验的风险，从而达到预防和控制风险的目的。

此外，利用现有的计算机信息网络技术，将型号研制过程中的海量信息，进行收集、分类、整理，采用型号总体、分系统、单机的型号分解结构构成，建立层次化、组合化、模块化的产品数据包统一框架，数据包信息化建设覆盖型号产品设计、生产、试验、验收交付、转段、出厂、靶场等重要节点，对型号产品单点故障分析、产品验收相关功能（性能）等数据进行管理。数据库采用集中、统一的管理模式，保证产品数据的唯一标识和可追溯性，实现产品数据的快速传递、共享和动态管理。

2.1.4.5 完善闭环管理，实施质量问题归零

根据系统工程和闭环管理的思想，通过总结航天多年来成功的经验和失利的教训，航天工业提出并实施了质量问题技术归零和管理归零的双五条标准。

质量问题技术归零的五条要求是：定位准确、机理清楚、问题复现、措施有效、举一反三。质量问题管理归零的五条要求是：过程清楚、责任明确、措施落实、严肃处理、完善规章。对于质量问题本身而言，归零工作要刨根问底，以求水落石出，它是有效的“救火”措施。对于其他型号产品而言，归零工作可以杜绝类似质量问题的重复发生，起到“防火”的作用。对于单位的质量管理体系而言，通过将归零措施纳入相关管理文件或技术标准，落实预防为主的方针，正所谓“吃一堑，长一智”。质量问题的归零过程，是实现质量管理从事后的问题管理转化为事前的预防管理的过程。

质量问题归零的作用可谓一举多得。通过归零，促使研制队伍吃透技术；通过归零，发现质量管理体系的薄弱环节；通过归零，培养员工严慎细实的工作作风；通过归零，提高技术水平和管理水平。目前，质量问题归零工作结合型号研制生产的工程实践，还在不断深化、细化和规范中。

质量问题“双归零”的科学性和有效性已经被近年来众多航天型号工程的成功实践所证实，成为确保航天产品质量的有效方法，并在国防科技工业得到推广应用。它是更加科学、系统、扩展型的PDCA循环（戴明环）。

2010年，航天一院又提出了“眼睛向内、系统抓总、层层落实、回归基础、提升能力”的“新五条”归零原则，对承担航天工程系统的组织进一步提出了归零的新要求。它是对“双五条”归零标准的补充和完善，也是对零缺陷系统工程理论方法的补充。“新五条”归零原则，不仅是解决质量问题的方法，实际上又是系统工程的文化准则，适用于承担航天工程总体的组织分析和解决各种问题，是实现持续改进和规模发展的工作准则。

在上述基础上，航天一院提出了航天零缺陷管理的八条理念和量化控制的要求，将零缺陷的理念、思想与系统工程的理论体系相结合，形成了“零缺陷”的系统工程文化内涵，丰富了中国航天系统工程的理论与方法。

2.2 航天工程技术风险控制体系

2008—2012年，我国火箭共发射70次，其中2011年、2012年分别发射19次，连续排名世界第二，中国已进入航天大国行列。由于我国火箭研制一直立足国产化原则，我国元器件、材料、工艺等工业基础薄弱，与欧美国家存在较大差距。如：我国的元器件失效率一般在10^{-6}，欧美火箭使用的元器件失效率为$10^{-8}\sim10^{-9}$；欧美火箭可靠性设计指标为0.98，而我国载人火箭可靠性设计指标为0.97，其他火箭仅为0.92左右，相对欧美，我国火箭研制面临更大的技术风险。尤其在发射次数迅速增加的形势下，矛盾更加尖锐。

多年来，对于风险管理在航天型号管理中的应用还没有形成系统的理论和方法，航天型号的风险管理也只是针对某一特定和局部的风险模式。因此，构建一个航天型号技术风险的管理体系，研究一套基于技术风险管理的方法，不仅对于型号研制的成功有着重大作用，对于丰富航天零缺陷系统工程理论及其方法亦有重大意义。

2.2.1 构建航天工程技术风险管理体系

2003年，航天一院首先提出了技术风险分析与控制的概念，在随后的型号质量管理实践中，借鉴国内外风险管理的理念、方法，逐步探索形成了适应航天一院特色的技术风险管理体系及其相应的方法。可以说，以风险管理为主要特征的型号质量管理，是近十年来航天系统工程管理的新特征，丰富了航天系统工程的方法体系。

相对欧美等工业基础较为先进的现状，我国航天工程技术风险管理体系需要更为全面和系统，要将风险控制点延伸至材料、元器件等单元控制过程。这就需要通过创新和集成创新，以流程、技术、组织、基础平台为主构建技术风险控制体系，解决航天工程技术风险的体系化控制和科学控制问题。

建立航天工程技术风险管理体系的总体工作思路是：以系统工程理论方法为指导，运用系统工程理论、控制技术、风险管理技术、质量可靠性技术等，探索确保型号成功的长效机制，构建以流程为牵引、以方法为核心、以组织为保障、以基础为支撑的由三个子体系（如图2-4所示）、一个基础平台构成的航天工程技术风险管理体系，促进技术风险管理方法在航天工程研制过程中的有效应用和工程技术的创新，实现航天工程技术风险管理向规范化、标准化、科学化和量化控制发展转变，提升航天工程技术风险管理能力与水平，从而满足新形势下航天工程“高可靠、高安全、高质量”要求和“高密度发射”条件下质量保证要求。

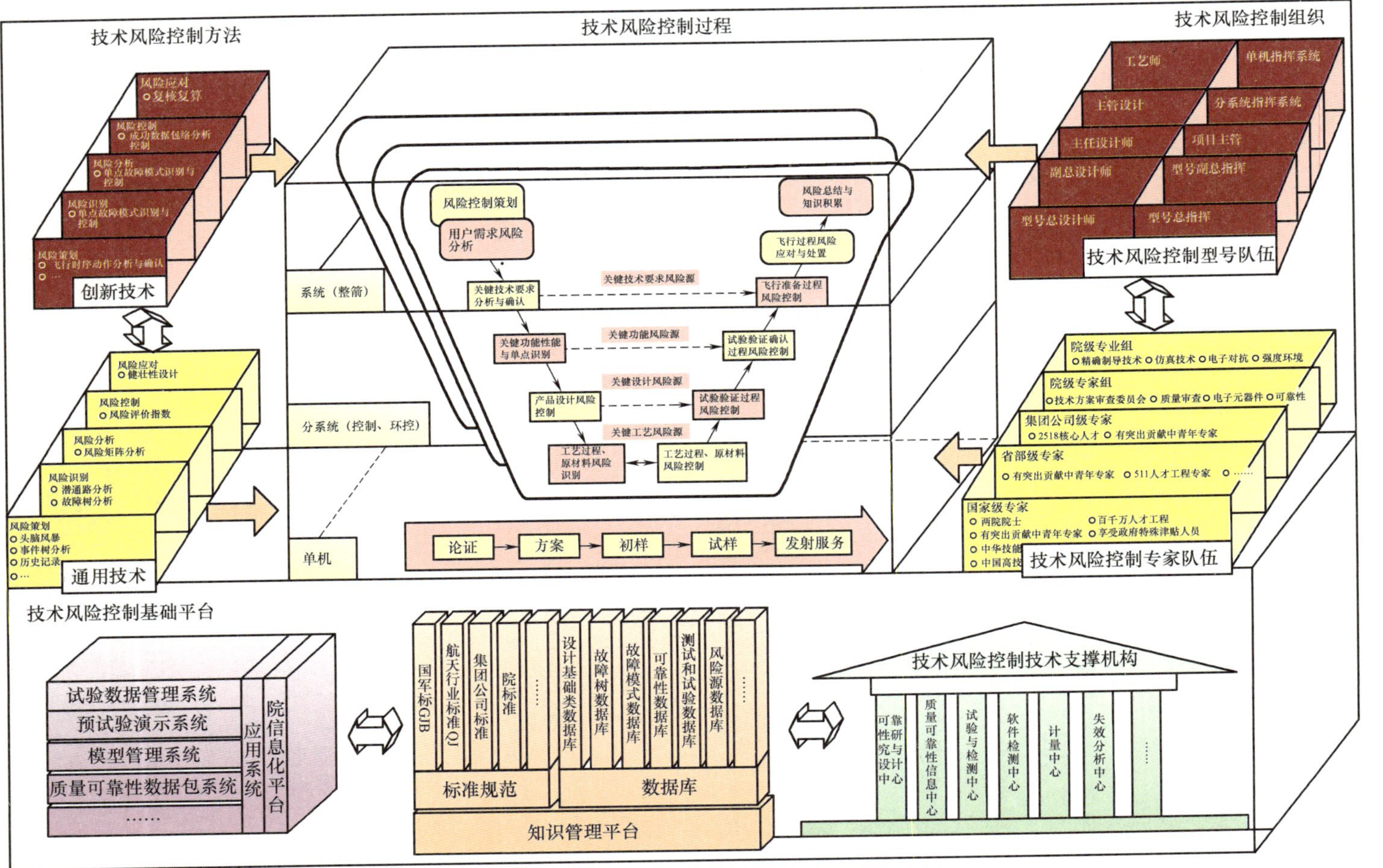

图2-4 航天工程技术风险管理体系示意图

2.2.1.1 技术风险管理流程子体系

航天一院在系统总结建院以来航天工程技术风险控制经验基础上，运用系统工程原理和控制理论，对运载火箭技术、工艺、试验三大研制流程进行量化梳理，将技术风险管理各活动融入航天工程研制各阶段的技术活动中，形成系统、科学、规范的技术风险管理流程体系，实现了控制原理、技术风险管理和航天工程研制过程的有机结合，使产品研制过程的局部和整体都得到有效的技术风险控制。

2.2.1.2 技术风险管理技术子体系

航天一院按照吸收、引进、创新的工作思路，一方面，充分学习、借鉴并有效使用已有的各种技术风险管理方法，并结合工程研制特点对现有技术方法进行适用性研究和集成应用，保证技术方法的实用性和应用结果的有效性；另一方面，结合我国航天工程研制特点和面临的形势，主动研究并应用适合自身特点的、行之有效的技术风险管理方法，建立覆盖技术风险控制过程、支撑技术风险控制流程的技术体系。

2.2.1.3 技术风险管理组织子体系

航天一院重点强调和发挥人在技术风险控制过程中的作用，一方面，建立型号、单位的矩阵式风险管理机制，将各种可靠性、检测专业中心纳入型号研制流程；另一方面，依靠航天工程研制队伍自身，并充分发挥型号跨建制的行政、技术两条指挥线的作用，充分利用中国航天资深专家的丰富经验。

2.2.1.4 技术风险管理基础平台

航天一院一方面对50余年航天工程研制成功经验和失败教训进行系统总结、提炼并形成知识积累，建立完善的知识管理平台，利用标准规范和相关数据库为运载火箭技术风险管理提供知识保障；另一方面，充分发挥专业支撑机构的技术优势，为航天工程技术风险管理提供技术支撑。此外，还综合运用信息化手段，建立基于流程、面向岗位的信息化平台和应用系统，提高航天工程技术风险管理的能力和手段。

2.2.2 航天工程的主要技术风险源

运载火箭发射故障错综复杂。有些故障在火箭发射前被及时地检测出来，并予以纠正，避免了事故的发生；而有些故障是在发射过程中出现的，导致发射任务的失败。通过对世界各国运载火箭发射失败情况的综合统计分析可以看出，工程设计、过程缺陷以及工艺问题是影响运载火箭发射成功的主要因素；推进系统故障是运载火箭发射失败的主要原因；燃气发生器、涡轮、燃烧室以及陀螺仪、压力开关等产品是故障的集中点；大量的研发试验和充分的测试覆盖是发射成功的必由之路；系统冗余和备份能力使得一些发射异常没有演变成失败。

航天型号研制的技术风险是由于技术原因造成的航天型号在研制过程中的风险。技术风险主要存在于设计、生产、试验、发射等诸环节中，如由于技术途径、工艺方法和技术方案的不成熟引起的风险，由于设备、检测手段达不到要求引起的风险，以及由于元器件的失效带来的产品故障等。技术风险一般分为以下几种：设计风险、工艺风险、制造风险、操作风险、软件风险、外购风险、外协风险、元器件风险、原材料风险、设备风险等。

2.2.2.1 设计风险

设计风险指设计方案不成熟、设计欠缺等造成的风险。包括：预先研究不充分、方案设计不合理、可靠性设计欠缺、设计接口不协调、设计错误、测试覆盖性不全、状态更改考虑不充分、环境设计考虑不周、地面试验不充分等。

2.2.2.2 工艺风险

工艺风险指由于工艺技术水平无法满足设计要求所造成的研制风险。包括：工艺方案考虑不周、未认知的新工艺、工艺规程编写不量化且指导性差、操作规程不明确、工艺能力不足、检验检测方法有缺陷、工艺文件差错等多个方面。

2.2.2.3 制造风险

制造风险是指除了生产工艺原因外的生产制造过程的风险。包括：多余物、工装误差积累、生产准备不充分等。

2.2.2.4 操作风险

操作风险指由于加工设备、总装、测试及靶场各项操作失误或工作质量不高造成的风险。包括：误操作、违规操作、操作规程不明确及错漏焊、错漏装、错漏检等。

2.2.2.5 软件风险

软件风险指由于软件研制缺陷造成的风险。包括：软件接口不协调、软件程序差错、软件需求不明确、软件测试手段落后和测试用例覆盖不全等。

2.2.2.6 外购外协风险

外购外协风险指由于外购外协产品达不到任务书要求的风险。包括：没有严格履行定点认证审核、违章扩散、合同中没有质量保证协议或质量保证协议不具体，外协产品的技术状态控制不严格和生产过程的监督与控制不力，验收把关不严等诸多方面。

2.2.2.7 元器件风险

元器件风险指由于航天产品上的元器件可靠性不高而造成的风险。包括元器件技术不成熟导致的失效等。

2.2.2.8 原材料风险

原材料风险指由于原材料问题而造成的风险。包括原材料应用验证不充分等。

2.2.2.9 设备风险

设备风险指由于加工设备、组装、试验、发射通用设施达不到要求而形成的风险。

为了识别航天型号研制全过程的主要风险源，航天一院广泛收集了近年来国内外航天型号研制过程中发生的近1 000个风险案例，这些案例涵盖了型号研制的方案、初样、试样及飞行试验各阶段。统计结果见表2-2。

表2-2 航天型号研制阶段各类风险案例统计结果

研制阶段 / 风险种类	方案阶段	初样阶段	试样阶段	发生次数合计	发生概率
设计	2	78	327	407	0.409
制造		24	50	74	0.075
工艺		29	87	116	0.117
操作		8	47	55	0.056
管理		17	44	61	0.061
软件		6	55	61	0.061
设备		1	34	35	0.035
外购		10	27	37	0.037
外协		12	40	52	0.052
元器件		8	75	83	0.084
原材料		4	4	8	0.008
其他		2	3	5	0.005
合计	2	199	793	994	

从表2-2风险案例统计结果可以看出，设计风险发生的比例最高，是航天型号的主要技术风险源，占所有发生故障比例的40.9%；第二是工艺技术风险，占所有发生故障比例的11.7%；第三是元器件和制造引起的故障，分别占比8.4%和7.5%；第四为管理、软件、操作、外协、外购、设备的风险，这几项分别占比6.1%、6.1%、5.6%、5.2%，3.7%、3.5%；最后是原材料和其他类的风险，所占的比例为0.8%和0.5%。

上述数据表明，设计风险是航天型号研制成败的关键。造成设计风险的主要原因是：第一，型号立项时技术储备不足，预先研究不充分；第二，在方案设计时，过多地追求技术的先进性，采用了过多的新技术或者方案设计不合理；第三，工程研制时，技术未吃透、可靠性设计欠缺、设计接口不协调、测试覆盖性不全、状态更改考虑不充分、环境设计考虑不周、地面试验不充分等。

需要特别说明的是，管理风险占到了6.1%。这里所列的管理风险不是按通常风险分类的管理风险，而是由于技术风险而引发的技术管理风险，不涉及计划进度管理和经费管理等方面。导致技术管理风险的原因主要有：人为责任、有章不循、无章可循。这说明一方面要加大人员的质量教育和培训，增强质量意识、风险意识，形成按规章制度办事的良好作风；另一方面也说明，航天型号研制中人员的素质亟待提高；此外，还要不断建立和健全各项规章制度。

不同研制阶段风险发生的概率也不同。通过统计发现，试样阶段的风险最多，初样阶段次之。试样阶段是型号研制的关键阶段，是型号定型的基础，这一阶段设计状态更改多，各种地面试验多，是暴露各类问题的重要阶段。这一阶段，不仅要经历产品设计、制造，更要经历全系统的靶场合练，而各项大型试验的最终目的，就是要通过试验暴露问题，并通过设计、工艺等各项改进，将风险消除或降到最低，从而验证设计的正确性、可靠性及产品制造工艺的合理性、稳定性，最终为型号飞行试验成功和研制目标的实现打下坚实的基础。

2.2.3 航天工程技术风险管理流程与要求

技术风险管理是贯穿于研制过程的所有阶段、针对所有产品（硬件、软件、系统等）的连续过程，要求在型号整个生命周期的所有阶段不断地识别风险和管理风险，在研制过程中不断地估计什么地方可能出错（风险），确定哪些风险是最主要的，并制定和实施应对这些风险的策略和措施，以及衡量并保证这些措施的有效性。

航天型号研制按照研制程序分阶段进行，包括方案阶段、初样阶段、试样阶段。由于各阶段的特点、主要工作的侧重点以及内外部环境的不同，所以，各阶段的主要风险及管理重点有所差异，相应地应采取的风险控制和应对措施的侧重点也不尽相同，各有侧重。

2.2.3.1 航天工程技术风险管理流程

航天工程技术风险管理的流程，就是要提出型号研制各阶段风险管理的程序、步骤和要求，明确各阶段风险管理要做什么、怎么做，如何识别风险、如何分析风险，采取什么措施控制和监督风险，如何评价风险管理的效果。

航天工程技术风险管理的主要工作如下。

1）方案阶段通过风险管理规划提出型号生命周期风险管理计划，是做好型号风险管理的第一步。风险管理计划是指导型号生命周期开展风险管理的依据和纲领性文件。风险管理规划要在收集、整理以往型号存在的风险的基础上，充分认识本型号存在的风险，其目的就是要决定如何应对这些风险。要根据对项目风险的认识来决定减轻风险的策略，采取有效的措施来降低风险的影响，同时要把减轻或消除每项风险的措施落实到人。

2）按照方案阶段提出的型号生命周期风险管理计划或大纲的要求，在方案、初样、试样阶段开展风险识别、风险分析、风险应对、风险监控等各项工作，并对各阶段的执行效果进行评价，作为转阶段的重要依据。

3）随着工程研制的不断深入和对风险信息的收集、完善，各型号根据型号研制的特点，在每个阶段之前，也可提出各研制阶段风险管理的补充要求，作为风险管理计划的补充。

4）在飞行试验前，对风险管理工作进行综合评审和评价，主要评价：风险管理计划或大纲的贯彻、执行情况，大纲规定的各项工作的完成情况；风险关键项目识别的全面性；风险分析的正确性，风险应对措施的有效性、全面性；残余风险对飞行试验的影响等。最终给出能否参加飞行试验的明确结论，为飞行试验决策提供依据。

5）需要注意的是，航天型号研制风险的识别是一项持续性、反复作业的过程和工作。因为项目风险具有可变性、不确定性，任何条件的变化都可能会改变原有风险的性质并产生新的风险。

航天型号研制风险源的识别和分析可分两类：一类是管理层的风险源识别和分析，另一类是应用层的风险源识别和分析。管理层的风险源识别和分析，主要用于型号管理层负责建立、统计、分析决策系统所需的信息资源（如管理、应用分析过程中所需的模型库、问题库等），并结合专家或管理层的经验，为做好型号全系统的风险管理规划和指导研制生命周期的风险管理提供帮助。应用层的风险源识别和分析，主要指按照管理层的风险管理计划和提供的风险识别、分析的方法或工具，对型号研制的技术风险进行深层次的识别和分析，为后续风险分析和采取有效的应对措施提供依据，也为决策者进行决策评价提供全面、可信的评价信息。

经过前面对航天型号研制生命周期各阶段开展风险管理特点的分析，可得出航天型号研制生命周期风险管理的综合模型，如图2-5所示。

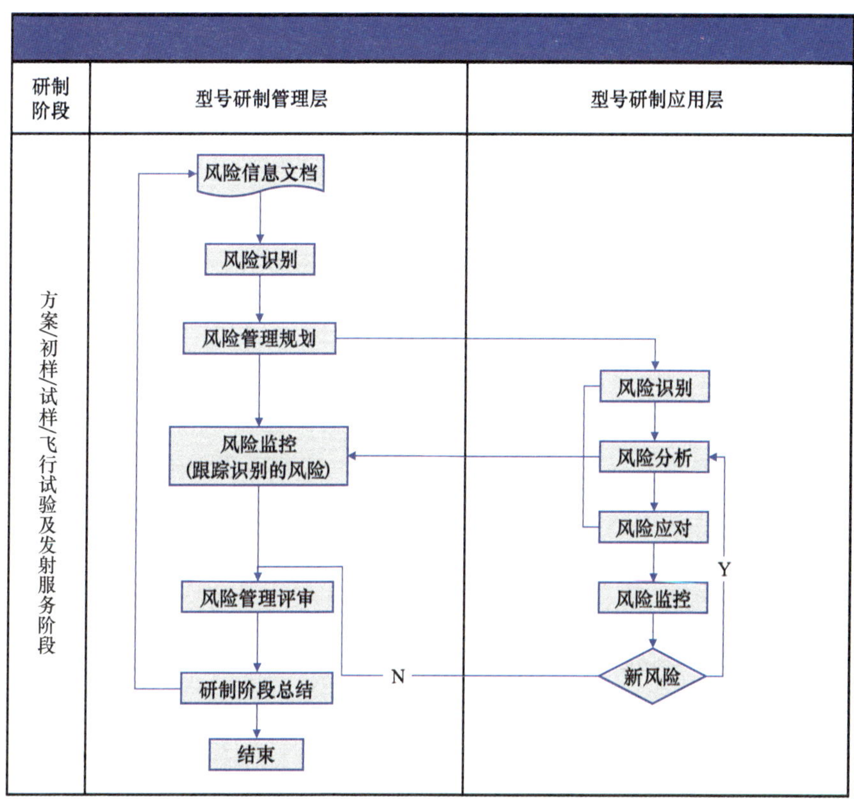

图2-5 航天型号研制风险管理的综合模型

2.2.3.2 航天工程技术风险管理主要内容

（1）方案阶段技术风险管理

在型号研制方案阶段的初期，型号管理层应利用质量综合部门提供的多年型号研制过程、靶场及飞行试验阶段出现的质量问题信息进行统计、分析，识别主要的风险源，并结合型号研制的特点，制订型号研制生命周期各阶段风险管理计划。计划主要包括以下几个部分：

1）风险管理的目标、基本原则。

2）风险管理的组织及各类人员在风险管理中的作用和职责。

3）根据系统需求，确定风险分析规则，包括风险的后果和风险发生的可能性等级分类、风险接受准则等。

4）风险管理过程、程序和方法的要求。包括：各研制阶段风险管理的策略和要求、程序、时间分配、风险管理使用的工具和方法的要求。

5）风险信息资源管理要求。包括：记录风险的文档形式；明确风险信息资源收集、分析、统计的要求；经验教训的总结及对日后项目的指导。

在风险管理计划制订过程中，要全面考虑型号生命周期各阶段的风险，逐步细化和提高。一方面，风险管理的某些过程，如风险识别，不是一次性的，当出现新的风险和项目出现异常的时候，需要重复进行；另一方面，针对新的研制阶段，如初样、试样阶段，如有必要也应提出各阶段风险管理的补充要求，作为风险管理计划的补充。

本阶段的风险识别主要有两个方面：一是管理层的风险源识别，为风险管理规划提供有力支持；二是应用层的风险源识别，为本阶段风险分析及采取有效的应对措施提供依据。由于该阶段是航天型号研制设计方案形成阶段，其研制的主要风险是方案设计风险，包括方案选择的不合理，新技术、关键技术的研究和攻关没有突破，原理性的试验不成功等风险，所以，为了保证方案设计合理、可行，该阶段应主要制定如下风险应对措施：

1）加强关键技术攻关；进行优化设计和可靠性指标分配；充分听取各方专家意见，合理选择方案；严格控制新技术应用的比例，避免方案重大修改带来的风险损失。

2）在技术途径和工艺方法的选择上，正确处理继承和创新的关系。严格控制新技术应用的比例，全面权衡方案的先进性与现实的可行性以及与项目资源约束之间的关系，既不能设计得太简单而导致其性能无法满足要求，又不能设计得太复杂而使研制面临太大的风险。

3）制订可靠性、安全性、维修性、保障性大纲，设计准则，标准化大纲，标准化选用范围等。

4）组织对设计师的系统质量管理与可靠性培训。

5）选派有经验的人员参与项目。

6）工艺人员参与设计方案的论证，对产品的继承性、工艺性和设计方案的可行性等提出意见和建议，并对新材料、新技术、新工艺的选用进行摸底。

在管理过程中，采取的风险监控的措施主要有：对各类风险及应对措施的跟踪，如各类待办事项的跟踪落实；风险管理阶段评审；本阶段研制工作总结，为后续风险管理规划和下一阶段的风险识别提供信息。

（2）初样、试样阶段技术风险管理

初样阶段和试样阶段所面临的风险及风险处置措施具有一定的相似性，因此，这里放在一起讨论。在这两个阶段中，工程研制工作全面展开，面临的技术风险种类繁多，设计可靠性欠缺、接口不协调、测试覆盖性不全、设计差错等主要风险均表现出来，而诸多技术风险中还蕴藏着管理上的风险、人员的风险等。所以，风险的处置措施也必然是各种各样的，包括风险回避、风险控制、风险转移、风险自留等。

经过风险识别与分析，该阶段主要风险是设计、工艺、制造、元器件的风险，次要风险是软件、外购、外协、操作、设备、原材料、管理等风险。

针对本阶段研制的特点，可结合本阶段研制过程、综合试验、总装测试等过程发生的故障信息，制订风险管理计划的补充要求。风险的主要应对措施有：

1）制定可靠性保证要求，开展可靠性设计、分析、试验和管理工作。包括：修订可靠性、安全性、维修性大纲，可靠性、安全性、维修性指标的修订与再分配，开展可靠性、安全性、维修性分析，进行可靠性增长试验，开展研制要求规定的各类可靠性评审等。

2）开展设计复核复算和独立评估工作，开展设计与生产的检查确认，进行大型地面试验质量评审，质量问题归零及举一反三，严格技术状态更改审查，制定软件工程化实施大纲并开展软件工程化管理工作。

3）加强设计与工艺的结合，提高工艺水平与制造能力。包括：制定工艺总方案并通过评审；开展工艺预研，加强工艺储备；开展设计文件工艺性审查，及早发现产品实现方面的隐患；开展关键工艺技术项目攻关，解决型号研制阶段制造工艺中的关键技术问题；进行工艺检查确认及工艺评审；收集新的检测方法与检测设备（含仪器、量具等）的信息，提高工艺与制造水平和检验能力；开展各类工艺、检验、多余物控制等方面的培训。

4）贯彻元器件“五统一”管理，加强元器件设计选用、筛选、复验，严格执行元器件下厂监制、验收，开展破坏性物理分析与失效分析。

5）开展“四不到四到”分析与控制，实施生产过程的表格化验收，按工艺流程对产品生产过程的每一个环节进行检查，挖掘产生风险的根源，进而控制和应对风险。

6）加强各类人员的质量管理与可靠性培训。

7）明确外包要求、接口控制要求和过程控制要求，控制外包风险。

在管理过程中，对各类风险及应对措施进行跟踪、评价和总结。

（3）飞行试验及发射服务阶段技术风险管理

本阶段风险管理的主要工作包括：第一，针对飞行试验和发射服务靶场工作的特点，提出靶场风险管理的补充要求，制定风险控制和应对的措施；第二，应用层继续开展风险识别、分析和控制工作；第三，在临射前，做好全系统技术风险管理的综合评审和评价。主要评价：风险管理大纲的贯彻、执行情况，大纲规定的各项工作的完成情况；关键风险项目识别的全面性；风险分析的正确性，风险应对措施的有效性、全面性；残余风险对飞行试验的影响等。最终给出能否参加飞行试验的明确结论，为飞行试验决策提供依据。

由于本阶段的主要风险是设计和操作的风险，在风险应对措施的制定上，首先要严格地按照测试细则和操作规程组织发射，避免人为差错，保证系统的可靠性；其次要制定好各类应急预案，主动进行风险自留处置，预防突发事件的发生；再次，在发射服务前可与保险公司签订保险合同，将发射风险转移到保险公司，一旦发射失败，可以从保险公司得到经济补偿。应制定的风险应对措施主要是：

1）制定靶场质量、安全等一系列管理要求。

2）技术状态更改的审查。

3）开展环境、设备的技术安全检查，对不符合项提出整改措施，并跟踪落实结果（含风险识别、分析、应对）。

4）拟定射前监控方案、发射预案、加注预案。识别加注、发射每一步操作可能出现的问题、现象，分析问题产生的原因及后果，制定预防措施与处置预案（含风险识别、分析、应对）。

5）严格数据判读，并组织审查，不放过任何疑点（含风险识别、分析、应对）。

6）结合靶场工作流程及影响成败的关键环节，深入开展风险的“预想”与“回想”的“双想”活动（含风险识别、分析、应对）。

7）开展表格化管理。依据试验大纲、测试细则、操作规程、技术条件制定各类过程检查表格，避免操作失误带来的风险。

8）结合靶场重点工作、影响成败的关键设备和环节开展专项的质量检查和确认，一方面再次识别风险，另一方面检查风险应对措施的有效性。对发现的风险和技术隐患，进一步分析并制定处置措施（含风险识别、分析、应对）。

9）监控、跟踪靶场出现的各类问题的归零。

10）对各项已识别风险的处置结果开展举一反三工作，预防风险在其他产品上的发生。

11）开展“飞行时序动作分析与确认”工作，进一步识别深层次的风险，并分析对系统的影响；制定风险应对措施，如有必要，继续开展分析计算、仿真甚至地面试验验证等工作（含风险识别、分析、应对）。

在该阶段，也要采取风险监控措施。

2.3 航天零缺陷系统工程方法

航天零缺陷系统工程的主要内容，一是建立质量管理体系与产品保证模式相结合的航天质量管理模式，二是构建航天工程技术风险控制体系。上述模式与体系的建立，要真正取得实效，必须有一系列质量管理、产品保证、技术风险控制的技术与方法作为支撑，特别是在航天型号工程实践中总结、发展起来的特有的方法，我们将这些方法称作零缺陷系统工程方法。

下面重点介绍根据航天型号研制经验总结出来的一些方法，包括FTA-FMEA结合法、飞行时序动作分析与确认法、测试覆盖性、试验充分性等。

2.3.1 FTA与FMEA相结合的定性分析方法

以往开展的FMEA分析，主要针对产品或某一功能进行，而FTA分析大多数情况是针对某一局部的失效建立故障树进行分析，对于解决单机和局部的问题比较有效。在汇总全系统的FMEA时，往往只是简单的叠加，没有从总体和全系统的高度查找影响成败的技术风险。

全系统FTA-FMEA结合法，围绕发射、飞行任务剖面，识别发射、飞行过程中影响飞行成败的灾难性、成败性两类故障模式，参照FTA分析的思路，细化、分解，找出可能发生故障的Ⅰ级、Ⅱ级子模式（如有必要可进一步分解Ⅲ级、Ⅳ级等子模式），从而进一步识别出影响发射、飞行风险。在此基础上，设计师系统结合产品（或功能）已完成的FMEA分析，分析各种故障可能发生的原因，识别设计中的薄弱环节，制定应对措施。该种方法体现了风险识别、风险分析、风险应对等风险管理的过程。

试样阶段，在完成了产品FMEA分析后，要求设计师系统按照此方法开展发射的风险识别、分析与控制，具体步骤如下。

2.3.1.1 风险识别

首先是总体副总师和主任设计师要站在全系统的高度，按照发射、飞行流程和任务剖面，提出影响发射、飞行成败的两类故障模式，并征询各系统副总师或主任设计师的意见，完善后提交两总审查、批准，下发各系统进行分解（风险识别）；其次，各系统副总师组织主任设计师、主管设计师，对顶层的故障模式进一步细化、分解，找出可能发生故障的Ⅰ级、Ⅱ级等各级子模式（风险识别）。

经验表明：FTA分析中可以只分析到二阶最小割集，即Ⅱ级子模式，它们发生的可能性较大，造成系统事故的严重性也较大。

2.3.1.2 风险分析与应对

由主管设计师针对识别出的影响发射、飞行的风险（Ⅰ级、Ⅱ级等各级子故障模式），结合型号产品（或功能）已完成的FMEA分析，分析各种故障模式可能发生的原因，制定应对措施，并实施设计改进（风险分析与应对）。同时，将有关分析文件提供项目管理层，进行跟踪。

2.3.1.3 风险跟踪与评价

实施完设计改进等一系列工作后，在飞行试验出厂前，将补充完善的表格提交项目管理层，由项目管理层组织各系统集中进行充分的交流、讨论和审查。从而，跟踪已识别的风险，进一步识别新的风险，评价风险应对措施，诸如设计、工艺上采取的保证措施及试验验证情况等方面的有效性。同时，对一些残余风险或需要重点加强控制的环节，制定预防、控制措施，保证所有识别的故障模式均有妥善的控制和处理措施及进场后靶场的工作预案。可按表2–3所示完成风险跟踪与评价工作。

表2–3 发射、飞行风险识别、分析及控制措施表

序号	故障模式	Ⅰ级子模式	Ⅱ级子模式	原因分析	设计、工艺采取的措施及试验验证情况	不能检测及未能验证到的项目、内容和采取的对策	现场工作项目、内容和要求	责任单位	责任人

2.3.2 飞行时序动作分析与确认

在统计、分析近年来型号发射过程中风险案例的基础上，航天一院结合近年来国内外航天飞行重大失利故障的调查结果，经过综合分析，认为影响航天型号发射、飞行的风险因素有六大类，即时域风险、空域风险、差异性风险、影响域风险、环境适应性风险、裕度风险。为此，提出在飞行试验阶段进入靶场后，开展“飞行时序动作分析与确认”，同时制定了具体的分析原则。

该方法主要是以发射准备、点火到飞行结束的飞行时序过程为出发点，以每一个飞行时序动作为牵引，对每个动作或影响成败的关键环节（项目）的输入条件、（相应的）输出结果、设计指标及满足情况、设计余量、可靠性措施、环境及相关影响、试验验证或仿真、计算等工程分析情况进行系统梳理，查找需要进一步分析和确认的问题，从而消除技术上可能存在的风险和隐患，最终得出从设计要求、设计结果到飞行实现能够完整闭合的推演分析结论。

这种方法与全系统FTA–FMEA结合法不同。全系统FTA–FMEA结合法是以型号发射、飞行失败为顶层故障模式开展的分析，是一种逆向思维的分析方法，体现了风险识别、风险分析、风险应对等风险管理的过程；而飞行时序动作分析与确认法则是以型号飞行的时间轴（时序动作）为牵引而进行的分析，飞行时序动作分析流程（见图2–6），是一种正向思维的分析方法。该方法从不同的角度，一是对型号已经开展的风险识别、风险分析、风险应对

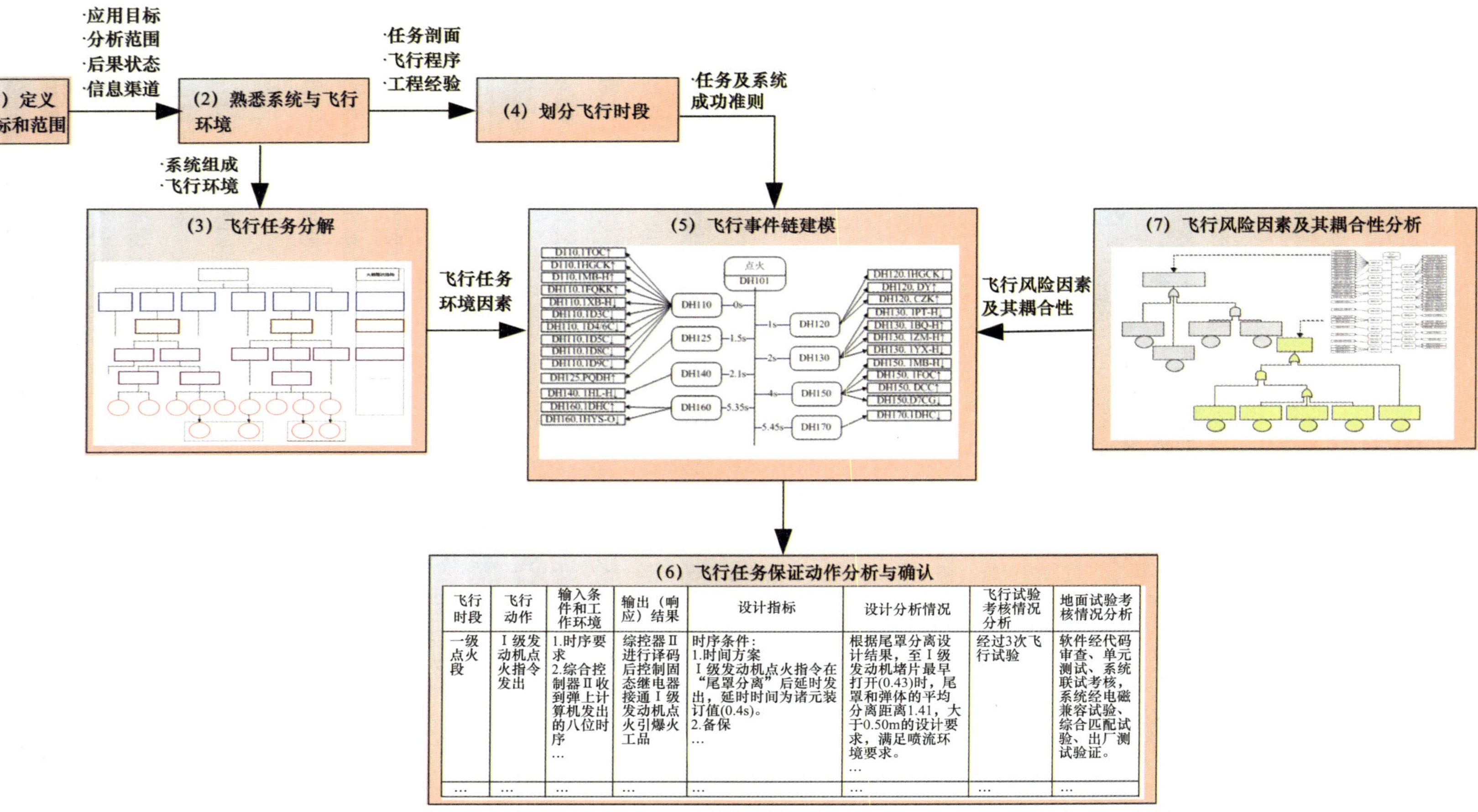

图2–6　飞行时序动作分析原理示意

等工作的检查、监督；二是对发现的新风险，制定风险应对措施；三是梳理出整个型号的技术风险，为发射前的最终决策提供依据，针对不同类型的风险制定具体的分析原则。

2.3.2.1　时域风险

1）时序设计是否协调匹配。

2）时序动作指令能否正确发出，设计上是否单点，有否备保。

3）关键指令或指令须多项环节（条件）串行的，各环节是否匹配，是否能够保证工作正常。

4）其他。

2.3.2.2　空域风险

1）各类动作的空间行为是否对相关产品或动作产生影响。

2）在空域环境作用下，各类动作是否和地面模拟试验状态一致。

3）各类动作能否产生多余物（活动物）及可能产生的多余物（活动物）对周边产品的影响。

4）其他。

2.3.2.3　差异性风险

1）飞行状态、环境与地面试验状态、环境存在的差异。

2）技术状态与经飞行试验考核的状态是否有较大变化。

3）其他。

2.3.2.4　影响域风险

1）各项时序动作对相关系统产生的影响。

2）各项时序动作对周围环境带来的变化（影响），如：热环境、力学环境、电磁兼容环境等。

3）其他。

2.3.2.5　环境适应性风险

1）不满足任务书要求的项目。

2）实际飞行环境未完全认知的项目。

3）各时序动作可能对周围环境产生变化的项目。

4）其他。

2.3.2.6 裕度风险

1）各类设计指标处于边缘状态的项目。

2）环境适应性处于技术指标的边缘或未完全认识的项目。

3）地面试验不能完全模拟飞行环境的项目。

4）其他。

2.3.3 工程分析评价法

在“飞行时序动作分析与确认”的基础上，设计师系统提出型号存在的技术风险的关键项目清单，然后针对技术风险关键项目清单，梳理“地面试验考核不到、考核不充分或无法覆盖飞行工况”“工程分析、仿真模拟、理论计算不到或不全面”等方面的项目。根据梳理的结果，进一步查找影响成败的薄弱环节和潜在的技术风险，检查采取的试验、仿真、计算等措施是否到位，是否还有深入分析的空间和工作项目及内容，是否还需采取进一步的措施加以分析或试验验证等。同时，对已开展的技术风险的分析和应对措施进行综合评估，最终得出能否进行飞行试验的明确结论，提供领导决策。填写的表格形式见表2–4。

表2–4 技术风险关键项目分析、评价表

序号	项目	存在的主要技术风险	风险产生的原因	风险产生的后果	消除、控制或降低风险的措施				严重性等级	可能性等级	风险综合评价等级
					飞行或地面试验验证情况	理论计算情况	仿真模拟情况	工程保证措施			

2.3.3.1 工程分析评价法确定的原则

工程分析评价法确定的分析原则如下：

1）历史上发生过影响成败问题的项目。

2）首次上天考核的项目，包括：力学、热、电磁环境等。

3）虽参与上天飞行，但飞行过程中未执行到的功能。

4）力学、电磁、热环境适应性处于临界的产品（在环境试验中出过相关问题的产品）。

5）环境条件和地面试验还未能完全覆盖飞行实际环境的项目。

6）地面试验无法考核或考核不充分，又无法进行仿真模拟、理论计算等项目。

7）地面试验无法考核或考核不充分，虽进行了仿真模拟和理论分析，但仿真模拟和理论分析不能真实仿真实际飞行状态、飞行边界条件或飞行动态环境的项目。

8）设计余量没有定量摸底指标的项目。

9）设计理论或技术方法不成熟的项目。

10）产品超差、代料后影响设计余量，致使产品状态处于临界的项目。

11）产品质量有前科的、状态有变化的（应用新技术的）、测试未覆盖、单点故障四个方面，出现2个交集（即同时发生）或以上的项目。

12）设计降额不满足要求，又无冗余措施的项目。

13）时域分析、空域分析、差异性分析、影响域分析、环境适应性分析及裕度分析中找出的存在风险的项目。

14）工艺攻关不彻底、工艺不稳定，如果出现问题，影响关键产品质量的项目。

15）通过产品质量的“四不到四到”分析，只能靠人员保证的项目。

16）一旦发生将对飞行产生重大影响的其他项目。

2.3.3.2 风险评价准则

按照对飞行试验成败的影响从低到高分类，风险评价的准则如下：

Ⅰ类风险：未经飞行试验考核，但经过充分的地面试验验证。充分的地面试验验证指试验项目和内容的制定，符合研制或飞行试验的技术要求，且通过评审，包括：试验的环境条件与上天环境条件一致（即能模拟上天飞行状态）、试验的边界条件能模拟上天飞行状态、产品的状态与飞行试验的状态一致、地面试验的次数足够；试验结果满足试验大纲的要求，且通过评审。

Ⅱ类风险：未经飞行试验考核，且地面试验不充分（包括地面试验出现的影响飞行试验的问题经过了设计改进和确认），但经过了成熟的理论分析。

Ⅲ类风险：未经飞行试验考核，且地面试验不充分，也没有成熟的理论分析方法，但经过了最坏情况分析。

Ⅳ类风险：未经飞行试验考核，且地面试验不充分，也没有成熟的理论分析方法，连最坏情况分析都没有做透，只能靠上天考核的项目。

2.3.4 “四不到四到”分析与控制

2004年，面对某重点型号任务的失利，航天一院面临“失败不起，没有退路、只能成功”的局面，质量形势一度十分严峻。针对设计问题和产品质量问题频发的状况，时任院长吴燕生要求从生产过程相关环节进行强化控制，尤其是人员保障要确保到位。

“四不到四到”分析与控制，是从航天一院经验中总结出的风险管理方法。全面检验、验证型号产品设计和制造质量的靶场测试，是飞行试验前最关键也是最重要的发现问题、解决问题的机会。多年来，产品的可测试性分析一直是航天型号研制的薄弱环节。发射场出现的一些问题，主要是设计的可测试性不够，生产过程的工艺、检验、人员不到位，产品交付阶段的验收把关不严等多方面的原因造成的。

按照测试覆盖性要求，型号研制全过程必须做到“测试不到要验收到、验收不到要工序检验到、工序检验不到要工艺保证到、工艺保证不到要人员保障到”（简称“四不到四到”）。“四不到四到”的理念就是，对照测试不到的项目，按照产品形成的生产流程，逆向追溯产品验收、工序检验、工艺保证和人员保障过程的隐患和风险，进而提出控制和应对的要求，保证产品质量。

“四不到四到”分析，旨在提高产品的可测试性设计，针对测试不到的项目，识别和分析在产品验收、检验、工艺及人员保障等各环节的风险和隐患，进而提出风险控制的应对措施，并形成记录，证明产品在各种状态下可以满足设计和飞行试验的要求。

2.3.5 单点故障模式及关键特性分析与控制

型号单点故障模式分析的结构层次划分为全箭（弹）、分系统、单机（组件）、元器件/零部件四级，分析范围至少涵盖各分系统的箭（弹）上组件。

影响任务完成的Ⅰ、Ⅱ类单点故障模式要分析到元器件/零部件级。要特别注意接口，分系统内部的接口由分系统负责，分系统间的接口及其他接口分析由总体负责。

2.3.5.1 单点故障模式的判定原则

各系统所有箭（弹）上单机（组件）均应进行单点故障模式分析工作，满足下面两条要求的故障模式即判定为单点故障模式：

1）会引起系统故障。

2）没有冗余或替代的操作程序作为补救的产品故障。

2.3.5.2 单点故障模式分析步骤

1）型号总体及分系统根据功能、组成及飞行（工作）任务剖面等建立全箭（弹）可靠性框图，识别出存在单点故障模式的单机（组件），物理接口，作为开展型号单点故障分析的基础和依据。

2）箭（弹）上单机（组件）设计人员应根据总体和分系统可靠性框图，开展单点故障分析工作，识别单点故障模式，形成“单机（组件）级单点故障分析表”。

3）单机（组件）设计人员应在单机（组件）FMEA分析的基础上，在“单机（组件）级单点故障模式分析表”中，筛选故障模式严酷度为灾难型和成败型（即Ⅰ、Ⅱ类故障模式）的单点故障模式，作为需要重点关注对象，纳入单机（组件）单点故障模式分析报告上报分系统。

4）分系统设计人员根据系统所属产品的“单机（组件）单点故障模式分析表”，综合分析原理、组成、冗余、发生概率等因素，对单机（组件）级产品及产品间接口进行单点故障模式识别和汇总，形成“系统（总体）单点故障模式识别与控制情况汇总表”，纳入分系统单点故障模式分析报告并上报型号总体。

5）型号总体设计人员（含总体可靠性设计人员）根据各分系统单点故障模式表，从全箭（弹）的角度综合分析系统原理、构成、冗余、任务剖面以及系统（跨系统）间接口关系等因素后，统计出全箭（弹）单点故障模式，汇总形成“系统（总体）单点故障模式识别与控制情况汇总表”，以及“型号Ⅰ、Ⅱ类单点故障模式统计表”并形成型号单点故障模式分析报告。

6）型号应针对确定的Ⅰ、Ⅱ类单点故障模式，组织各单位从产品的设计、工艺和（或）过程等方面采取控制措施消除单点故障模式或降低单点故障模式发生的概率及强化检验测试环节，并形成记录。

7）当产品无法采取控制措施，或虽能采取控制措施但代价很高，或虽能采取控制措施但有效性验证不充分时，应向上一级系统报告并提出改进建议，上一级系统应进行系统分析并将结果及时反馈给下一级。

8）在上述工作完成后，型号完善“系统（总体）单点故障模式识别与控制情况汇总表”，并在型号出厂前或转阶段评审前，组织对型号单点故障模式分析报告进行评审。

2.3.5.3 单点故障关键特性分析与控制步骤

在Ⅰ、Ⅱ类单点故障模式分析的基础上，组织开展涉及产品的关键特性识别和分析，为强制检验点、关重件、关键特性确立提供依据或参考。

1）在各研制阶段Ⅰ、Ⅱ类单点故障模式分析的基础上，分析确定产品的所有关键特性（决定单点故障的特性），形成“Ⅰ、Ⅱ类单点故障涉及产品关键特性控制后续改进内容及计划汇总表”，并根据分析的结果，在图纸、技术文件中明确产品关键特性及强制检验点设置项目、内容及后续改进内容及计划。

（a）各设计单位应根据Ⅰ、Ⅱ类单点故障模式分析结果，确定单机（组件）的关键特性及关注的依据（原因），填写形成“Ⅰ、Ⅱ类单点故障涉及产品关键特性控制后续改进内容及计划汇总表”，并将表格反馈给相关单机生产单位。

（b）各生产单位按照设计单位确定的单机（组件）的关键特性，制定工艺及过程控制措施，并将措施填写到设计师系统反馈的“Ⅰ、Ⅱ类单点故障涉及产品关键特性控制后续改进内容及计划汇总表”中，提交设计单位。

（c）各设计单位按照各生产单位针对关键特性反馈的措施以及设计上采取的措施，确定强制检验点的设置及强制检验的内容，形成最终的单机（组件）“Ⅰ、Ⅱ类单点故障涉及产品关键特性控制后续改进内容及计划汇总表”。

（d）分系统设计人员应对单机（组件）产品接口间涉及Ⅰ、Ⅱ类单点故障模式的关键特性进行识别，制定措施；并汇总系统所属产品的关键特性及措施后，形成系统的“Ⅰ、Ⅱ类单点故障涉及产品关键特性控制后续改进内容及计划汇总表”，上报总体。

（e）型号总体设计人员应对系统（跨系统）接口间涉及Ⅰ、Ⅱ类单点故障模式的关键特性进行识别，制定措施；并汇总各系统关键特性及措施后，形成全箭（弹）的“Ⅰ、Ⅱ类单点故障涉及产品关键特性控制后续改进内容及计划汇总表”及分析报告。

（f）在型号转阶段评审前，型号应组织对Ⅰ、Ⅱ类单点故障涉及产品关键特性控制分析报告进行评审。

2）型号出厂前，在研制阶段分析确定产品的所有关键特性（决定单点故障的特性）基础上，对过程控制结果进行确认。

（a）各单位应按照研制阶段确定的Ⅰ、Ⅱ类单点故障涉及产品关键特性控制项目，结合单机、系统及总装测试评审工作，对产品的每一项关键特性，从关键特性设计裕度/降额量值、关键特性的鉴定试验充分性、本发产品关键特性使用边界变化情况、本发产品关键特性偏差情况、本发产品关键特性最终确认（生产过程、总装测试过程是否能够保证产品质量）等方面进行分析，给出结论，汇总形成“Ⅰ、Ⅱ类单点故障涉及产品关键特性控制情况检查表”，并作为产品（系统）验收报告的重要内容。

（b）在型号出厂前，型号总体设计人员将各系统“Ⅰ、Ⅱ类单点故障涉及产品关键特性控制情况检查表”进行汇总，型号组织对确认结果进行专题评审（可结合单点故障模式专题审查开展），并作为型号出厂放行的必要条件。

（c）对涉及靶场完成的Ⅰ、Ⅱ类单点故障涉及产品关键特性控制工作，应结合发射场测试过程、飞行过程的最终状态检查，对措施落实情况进行确认，并将确认结果纳入到加注（转场）评审报告。

2.3.6 成功子样数据包络分析

成功数据包络分析是将待分析产品数据与对应的包络范围进行比对，判定待分析产品数据是否落在包络范围内，得到待分析产品数据包络状况，评估产品是否满足执行任务能力的分析方法。数据包络范围是指采集经过飞行试验或地面试验验证成功的若干产品数据所构成的数据范围。

成功数据包络分析主要程序如下：

1）确定关键产品及参数：通过分析产品对任务的影响等工作，确定开展包络分析的关键系统和产品及关键参数，作为分析对象。

2）确定包络分析范围：统计历次飞行（或试验）成功的产品参数的实测值，找出数据边界，同时画出曲线，形成成功数据包络范围。

3）开展确认和分析，将参加飞行任务产品的各项参数的实测值与成功数据包络范围进行逐一比对，画出曲线观察趋势，分析数据是否在成功数据包络内，同时确认产品的质量表征趋势。

4）针对超差或超出包络的参数，尤其是"超差、不包络"的数据，逐一进行风险分析，根据分析结果确定控制措施。成功数据包络分析结果分为4种，分别为：合格、包络；合格、不包络；超差、包络；超差、不包络。

对于"合格、包络"的数据，确认其一致性和稳定性，给出是否满足飞行任务的结论。

对于"合格、不包络"的数据，一方面，重新确定其子样数，扩大包络分析范围，在确实无法包络的情况下，进行风险分析和评估，给出是否影响飞行任务的结论，并根据分析结果采取措施；另一方面，对参数、性能要求的合理性进行分析和评估，根据分析评估结果确定是否修改。

对于"超差、包络"和"超差、不包络"的数据，尤其是"超差、不包络"的数据，围绕产品让步接收，对产品质疑单办理、审批手续等情况进行检查确认，进行风险分析和评估，给出是否影响飞行任务的结论，并根据分析结果采取措施。对于"超差、包络"的情况，要考虑完善设计。

2.3.7 测试覆盖性分析

测试覆盖性指型号产品测试检查项目覆盖产品设计任务书或技术要求规定的功能和性能指标的程度、型号产品地面试验状态满足产品实际使用测试状态的程度。

测试覆盖性分析与控制方法适用于单机、分系统、总体在单项、专项或系统级试验。从方案阶段开始到装备定型，该方法在整个生命周期内都适用。

2.3.7.1 测试覆盖性分析的要求

1）在方案阶段，各单机、分系统、总体在安排单项及系统级的地面试验时，需要考虑地面试验项目设置的合理性、试验内容的充分性和试验结果的有效性。特别是系统级的大型地面试验，要借鉴已飞型号的环境条件，利用初样、试样试验结果和理论分析，对飞行环境条件进行逐步修正。同时，要尽量模拟弹（箭）飞行环境和充分覆盖弹（箭）的实际飞行状态。不能覆盖应通过理论分析和旁证试验，验证该试验的充分性和试验结果的有效性。

2）在产品设计之初，设计测试设备时应充分考虑测试的功能。同时，任务书提出单位要在任务书和技术要求中交代和明确测试的要求，并适时组织产品承制单位对任务书和技术要求中有关测试方面的要求进行面对面的逐条复核、讨论、协调，产品承制单位要保证对任务书和测试要求的理解与任务书提出单位一致。

3）单机设计师应逐项列出产品出厂后测试不到和不再测试的项目，并提前向生产单位提出项目清单和要求。最终达到“四不到四到”的要求。

4）产品出厂前的测试项目应该覆盖出厂后系统及靶场测试项目。对未覆盖的项目要列出清单，提出详细的预案和措施，并得到上一级系统的确认。

5）新研型号产品的试验充分性和测试覆盖性分析要在产品初样阶段进行初步分析，在试样阶段进一步补充完善，在首飞产品验收中检查，在型号首飞出厂前进行正式审查。

2.3.7.2 测试覆盖性分析与控制方法的分析步骤

1）确定测试覆盖性分析的依据文件，主要包括：任务书或技术要求、设计方案、试验规范或条件。

2）确定主要技术性能指标测试检查项目，主要列举可测试项目和不可测试项目。

3）确定测试覆盖性分析具体内容，主要对可测试项目和不可测试项目进行分析，同时对测试状态进行分析（适用于系统）。

4）说明测试覆盖性分析的结论。

2.3.8 试验充分性分析

试验充分性分析与测试覆盖性相互关联。从方案阶段开始，型号产品各单机、分系统、总体在安排单项及系统级的地面试验时，充分考虑地面试验项目设置的合理性、试验内容的充分性和试验结果的有效性。特别是系统级大型地面试验，要求地面试验的状态与天上飞行的状态一致，覆盖天上飞行的工况和环境条件。确实无法通过实物试验来验证、覆盖的项目，通过分析、仿真试验和旁证等措施来保证，从而降低技术认知未知领域的风险。

试验充分性分析与控制方法适用于单机、分系统、总体各个层次的产品，试验项目可以是单项试验、专项试验或系统级试验。从方案阶段开始到装备定型，该方法在整个寿命周期内都适用。

航天工程在研制过程中，为了降低试验充分性方面的风险，要求结合测试覆盖性分析和“四不到四到”分析工作，开展试验充分性分析工作。要求按照航天工程环境设计分析和试验验证等有关要求全面开展环境可靠性试验，根据型号产品环境试验大纲的要求，制定试验实施方案，明确试验状态，通过环境试验验证型号产品的环境适应能力。

试验充分性分析的具体要求如下：

1）电气系统单机产品应满足飞行环境条件要求，即地面试验应覆盖系统给出的单机产品环境条件，未达到技术条件规定的环境条件的单机必须补充完成相关试验。

2）对发动机、机械产品、结构部件、火工装置等产品，地面试验的状态和上天的工作状态应保持一致。地面试验应覆盖飞行工况和系统给出的环境条件，确实无法覆盖的应通过分析、试验和旁证保证。

3）分系统出厂前的地面试验应覆盖飞行状态，确实无法覆盖的应通过分析、试验和旁证保证。

4）全弹（箭）的地面试验应覆盖飞行状态，不能覆盖的应详细列出不能覆盖的项目清单，并有明确的结论。

5）A、B级软件出厂前应完成独立确认测试试验，并对确认测试结果进行严格审查；确实不具备条件进行独立确认测试试验的软件，应分析系统测试和代码走查对软件考核的有效性和充分性。

6）产品验收前，单机、分系统应完成试验充分性分析报告，作为验收内容予以审查；型号飞行试验出厂前，要完成试验充分性分析报告，并进行审查；试验充分性分析报告内容包括全弹（箭）力学环境、热环境及电磁兼容环境要求，飞行全程各阶段的环境条件对各系统的影响及地面试验考核的充分性情况，软件的试验及验证情况，试验考核不充分的项目清单及后果分析等内容。

2.3.9 “九新”分析与控制法

“九新”分析与控制是指型号产品出厂前对型号研制过程中使用的新技术、新材料、新工艺、新状态、新环境、新单位、新岗位、新人员、新设备（简称“九新”）进行复查。“九新”分析与控制方法是在运载火箭型号高密度发射背景下，为了全面查找可能存在的技术风险而采取的一种有效方法。

“九新”分析与控制方法提供了在状态变化情况下技术风险识别与分析的思路和线索。下面以新技术和新环境举例说明。

1）新技术是指型号产品在研制生产过程中，首次使用的设计方法、计算方法、测试技术等。具体包括：①国内外各行业中均尚未成熟使用的技术。②其他行业已经成熟使用，但航天工程产品上尚未成熟使用的技术。③在其他型号产品上已经成熟使用，但本型号产品上首次使用的技术。

重点对未经过飞行验证的新技术进行梳理，对可靠性设计和地面试验验证的充分性进行复查和分析。

2）新环境是指型号产品在研制生产过程中，首次面临的生产环境、装配环境、测试环境、试验环境、电磁环境、热环境、贮存环境、使用环境、运输环境、载荷环境、飞行环境等。具体包括：①所有航天工程产品首次面临的环境。②相比其他型号，本型号首次面临的环境。③相比本型号以前产品，本产品首次面临的环境。

重点对单机、分系统、型号在生产、装配、测试、试验、贮存、运输、飞行和在轨使用等环节中的新环境进行识别，尤其要重点识别环境边界条件变化，并对产品适应性进行分析，对产品相对于新环境的验证充分性进行检查。

2.3.10 质量检查确认

多年来，基于航天行业的高风险性，航天一院在型号产品研制中为确保成功，从研制到发射前，根据型号需要将进行多次质量复查，以确认设计、工艺和产品质量是否符合飞行要求，是否有确保成功的把握。航天一院在总结型号复查工作有效做法的基础上，于20世纪90年代初发布了YW131－91《航天产品质量复查管理办法》，将航天产品质量复查分为设计质量复查、试验质量复查和生产质量复查三类，并规定了复查的详细内容、要求和时机。该管理办法推出后有效地规范了一院各型号质量复查工作的做法，有力保证了把质量问题和隐患消除在产品交付前，交付靶场前和飞行前，对于确保型号飞行成功是行之有效的手段和方法，因而作为航天一院型号研制的规定项目纳入了研制流程。

质量复查对确保型号飞行成功所起的重要作用，得到了航天科技集团公司的认可。2003年9月，航天科技集团公司组织编制了Q/QJA16—2004《航天产品质量检查确认要求》，并于2004年3月20日发布实施。该标准吸收了一院型号产品质量复查工作好的经验，并站在全集团的高度进行升华和提炼，将质量复查更科学地称为质量检查确认，突出了从源头抓起、质量控制重心前移、全过程控制的原则。将检查确认分为设计、工艺、生产和试验的检查确认及专项检查确认，明确规定复查的内容、要求及责任制；明确在型号研制初期进行系统策划，在研制过程的适当时机加以实施。

2.3.10.1 质量检查确认组织

型号总指挥和总设计师要针对型号研制的成熟度、关键环节和薄弱环节等情况，对本型号应开展的检查确认工作项目、时机进行系统策划，并落实到型号研制工作计划中，组织型号队伍在相应阶段实施和检查，并对发现的问题采取有效的纠正和预防措施。

产品设计单位要按型号要求，并结合本单位产品的特点，实施针对性强的设计检查确认，并对发现的问题采取有效的纠正和预防措施，将确认结果形成设计检查确认结论报告；并综合相关设计、生产和试验检查确认情况，完成产品检查确认，形成产品检查结论报告，明确产品是否符合设计要求，是否可以交付执行任务。

产品生产单位按型号及设计单位要求完成工艺检查确认，编写工艺检查确认结论报告；再综合工艺、生产、外购外协件检查确认情况，形成生产检查确认结论报告，对产品是否合格，是否符合设计要求，予以明确表态。

产品试验单位要按试验委托单位及型号要求，在试验前和试验后，完成试验检查确认，并形成试验检查确认结论报告，明确试验满足任务要求情况。

2.3.10.2 质量检查确认的工作要求

检查确认工作以承担型号相关任务的单位自查为主，相关单位配合实施。检查确认应全面、系统地核对实物及查看相关质量记录，查看原始凭证，必要时应补充检测或试验。

检查确认中发现的问题，责任单位应及时分析和解决，及时按要求上报。

检查确认后发现新的问题，或其他型号的问题需在本型号举一反三时，对相关部分再检查确认。

检查确认结束后应形成结论报告，填写有关记录，包括发现的问题及其解决落实情况，并给出明确结论，按规定归档。

2.3.10.3 设计检查确认

在设计文件下发前，要对设计文件进行检查确认，以减少设计不完善造成的产品生产返工、报废等损失。

设计检查确认的主要内容包括：编制的设计文件是否满足设计依据，是否得到需协调单位的认可；文件的完整性；是否落实设计依据更改和补充要求；元器件、原材料等选用的合理性；沿用、借用技术的适宜性；设计计算、分析是否正确，接口是否协调；试验考核项目及条件，包括产品及状态是否充分，是否覆盖实际工况，试验结果是否满足要求；关/重特性确定是否正确；设计评审、复核复算及工艺审查意见是否落实；技术状态更改控制是否符合要求；软件研制是否符合工程化要求；可靠性等“六性”工作要求是否落实；质量问题归零及举一反三情况；质疑单处理等。

2.3.10.4 工艺检查确认

在工艺文件发出前，要对工艺文件进行检查确认，以防止因工艺不正确、不完善造成返工和产品制造隐患。

工艺检查确认的主要内容包括：工艺的科学性、可行性；工艺文件标识及签署的正确性，与设计和有关要求的符合性；关键工艺、新工艺和工艺攻关评审及遗留问题落实情况；关/重件工艺文件编制；禁（限）用工艺执行情况；特殊过程控制；检验点设置，包括不可检测项目的保证措施；工艺技术状态更改控制情况等。

2.3.10.5　试验检查确认

对于重大试验，如分系统级、系统级试验，要开展试验前的检查确认，确保试验方法和程序满足任务要求；试验后进行检查确认，保证试验结果符合任务要求。

试验前的确认工作主要内容包括：试验大纲，包括试验控制要求，是否满足试验任务书要求；试验状态和试验项目，包括产品、试验设备状态、数据采集时机和方法，是否符合试验要求。

试验结束后的确认工作主要内容包括：检测数据与以前检测数据和设计指标的比对；异常现象和数据的分析处理；试验结果满足大纲和试验任务书要求的情况。

2.3.10.6　产品质量检查确认

航天型号产品交付出厂前，要对产品有关工作落实情况进行检查确认，为产品是否可交付执行任务提供客观证据，这是产品出厂放行的依据之一。

产品质量检查确认的主要内容包括：产品满足设计要求情况；元器件、原材料等的采购和使用；超差、代料情况；不合格品控制；焊缝质量控制；电子产品装联工艺、“三防”和固封；多余物控制；生产过程的产品检验、测试、试验情况，包括异常现象、数据分析处理；产品的关键及重要特性控制、参数的稳定性、一致性，包括实测记录；技术通知单、更改单和质疑单内容在产品上的落实情况；测试覆盖性要求的落实情况；配套产品验收情况，验收遗留问题落实情况；质量问题归零及举一反三；产品文件的完整性及符合性等。

2.3.11　“双想”活动

“双想”活动最早是20世纪60年代军工系统提出来、应用于大型试验的一项质量管理方法，最早叫“两想”，后改为“双想”。通过40多年的实践，“双想”逐步成为航天产品研制过程中用于防范隐患，预防质量风险的质量管理方法和有效途径，称为“双想”活动。

“双想”活动多用于产品出厂前和靶场飞行试验前，它是传统的质量复查和检查确认的深化。随着航天一院质量管理精细化的日益扩展和延伸，“双想”活动从对过去的研制工作进行“回想”，并对后续工作进行“预想”的粗放概念，已逐步深化为活动目的更明确、工作重点更突出、针对性更强、措施落实更有效的“问题回想”和“事故预想”。“双想”活动已成为航天一院型号研制过程中一道必经程序。

2.3.11.1 “双想”活动的组织与管理

在研制工作进行到一定阶段时，有组织、有计划地开展“双想”活动，能够对研制技术状态管理、质量控制、存在的问题隐患，包括低层次问题、技术、安全风险问题、未吃透的问题及薄弱环节等风险因素，进行系统的回顾和清理，实施阶段性总结；对参试待发的型号可能发生的故障或风险进行事故预想，有利于掌握全系统的技术状态和质量状况，采取有针对性的措施。

“双想”活动，按范围可分为全系统“双想”、分系统“双想”，整机（组合级）、产品的“双想”；按内容可分为全面“双想”、专题“双想”（如可靠性、安全性、元器件、特种工艺方法、多媒体记录、测试覆盖性、风险控制等）；按阶段可分为阶段性“双想”和根据需要开展的临时性的“双想”；按任务来源可以是按总体、分系统或单机的需求进行的，可以是根据上级要求进行的，也可以是按用户要求进行的。“双想”的时机、形式、内容和范围要由型号两总根据具体情况决定，通常由上级机关也可以由研制单位组织进行，从设计源头、生产工艺、检验和试验等方面开展工作，既要全面，更要有重点、有针对性。

2.3.11.2 “双想”活动的实施

“双想”活动在设计、生产活动特别是在质量检查确认中，也经常使用，它也是“三个吃透”的再确认过程。在每次型号进场前、转场前以及发射前等几个时段，要按型号两总要求，以设计师系统为主，认真开展质量“双想”活动，结合试验阶段的自身特点，通过质量复查、检查确认及技术交流等形式，以参试装备、辅助设备的技术状态和质量状况、各分系统之间及与系统之间的接口关系、质量问题归零是否彻底、单点故障模式分析等为主要内容加以实施。“双想”活动的结果经两总系统审查，提出处理措施，列入试验计划并有效落实，使所有的问题疑点和隐患得到有效处理。

伴随着高密度发射任务的风险，对型号质量管理的要求和水平不断提出新的挑战，“双想”活动的内容和实质也在不断地深入。在出厂前“问题回想”阶段，设计师系统和工艺师系统重点对有无测试未覆盖到的项目和状态；有无未试装、试调和匹配的项目和地方；有无状态更改没通知相关系统或没有协调的地方；有无测试结果不放心和存有疑点的地方；对归零问题和不放心活动中的问题采取的措施是否准确等十项内容进行回想。在靶场发射前进行的“事故预想”，是相关人员按照要求，重点对单点故障模式分析的全面性；是否存在检测不到的项目；质量问题归零措施是否有效；确认技术状态变化的落实；比对数据是否有异常波动；可靠性专题项目是否分析到位六个方面的内容进行预想。在发射前要根据事故预想制定防范措施，必要时还要增加试验验证，确定措施有效。

2.4 航天零缺陷系统工程的工作标准

辩证唯物主义认为，事物的发展是螺旋式上升或波浪式前进的过程。建院以来，航天一院人充分认识到航天工程的复杂性、科学性、创新性，始终把握型号飞行试验成功的工作目标，把成功作为一院人的信仰与追求，认真履行国家和民族赋予一院的历史使命，不断追求型号产品的高质量、高可靠、高安全，同时在系统工程理论的框架下，持续推进型号质量与可靠性工作的实践、创新，再实践、再创新。

航天一院在型号研制历史上，也经历了不少失败，失败之后的整顿或强化措施，对于扭转当时的被动局面发挥了重要的作用。但是痛定思痛，为什么整顿不能永久保持型号和组织的成功和持续成功？为什么不能第一次就把事情做对？航天型号项目管理是落实系统工程理论的成功典范，但周期性的管理低谷，说明我们对系统工程的研制规律把握上还有差距，应对复杂系统的复杂问题，特别是解决管理与控制的全面性和有效性方面还缺乏有效的方法。

2011年8月18日，长征二号丙遥二十六火箭发射失利，结束了运载火箭连续10年成功的历史，终止了金牌火箭连续37次发射成功的纪录，引起了人们的震惊和反思。在飞行故障分析归零过程中，航天一院李洪院长在总结和反思院发展历史上重大挫折的同时，首次提出要用“维度、深度、细度、力度”这“四度”的工作标准来解决系统工程理论在方法应用层面的有效性，来衡量组织的工作成效，实现由型号成功向组织成功的转变。

2.4.1 “四度”的含义和要求

20世纪末，世界著名管理专家朱兰博士在美国的一次几千人参加的大会上，以90岁高龄做了告别全世界企业界和管理界的主题发言。他说：“将要过去的20世纪是生产率的世纪，将要到来的21世纪是质量的世纪。”所谓“将要过去的20世纪是生产率的世纪”，是指20世纪的关注点聚焦于产量、产值和生产效率，是粗放型的。所谓“将要到来的21世纪是质量的世纪”，就是说在21世纪关注点聚焦于产品质量，着眼于质量产生的综合效益。因为市场经济的本质是竞争，竞争的核心是质量，竞争的本质是质量观念、素质、技术、条件、服务、价格等一系列综合的评价、比较和改进，产品质量是综合素质和整体能力的综合反映，是集约型的。因此，我们不仅要关注质量，更要关注质量的有效性，那么就要解决关注的全面性、关注的深度、关注的细致程度，以及投入多大的精力和资源，才能实现质量制胜战略。

航天事业的发展伴随着国家和经济社会的发展而发展，由以军事国防为重点的单一发展方向，向军民一体、服务对象多元化的发展方向转变；对航天企业成功的评价也向以组织成功发展为重要评价体系转化。航天型号研制是复杂的系统工程，在看待和思考复杂系统问题的过程中，必须要找到系统解决方案，顺应市场化竞争的需求，使企业从粗放管理向精细化管理转变。“四度”理念方法正是运用系统的思想，从多维度，用量化的概念和方式去评价组织、项目和任务工作成效的系统工程方法，即通过牢牢把握工作的“维度、深度、细度、力度”，实现航天系统工程项目内各环节的精准管理，从而从根本上解决工作有效性问题。

“四度”的理念方法是在关注复杂系统的过程中，从多维度、多角度认识与把握复杂工程系统的内在规律，系统性地解决工作有效性的思想方法。

2.4.1.1 维度：强调要解决系统性、全面性问题

事物是多维度的，例如，为了解决飞行过程识别要素的全面性，提出了飞行时序动作确认方法，解决按飞行时序的相关要素的全面性和相关飞行动作在空间上、环境上的相互影响问题。又如，为了控制系统的接口，提出了接口控制文件（Interface Controlling Document，ICD）和接口表单（Interface Data Sheet，IDS）接口控制方法。“维度”要求我们在技术上消除认识上的盲区；在管理上，杜绝失控环节和工作漏洞；在产品质量管控上，能够识别关键特性、识别风险源，开展有针对性的工作。

“维度”强调了工作的全面性、覆盖性及协同配合，包含以下两方面的内涵与要求。①产品的“维度”。航天工程涉及的专业技术广、产品类型多，对于航天产品全寿命周期中发生的问题，都要用系统工程的方法从多维度、多角度全面、系统地看待，从整体上考虑问题并解决问题；由“吃一堑，长一智”提升为“吃一堑，长多智”，不能头疼医头、脚疼医脚，要综合权衡、周全考虑；坚持目标导向，在时间维度、空间维度、业务维度和知识维度上系统思考、解决发展中面临的问题。②工作质量的“维度”。组织的任何部门和每一个员工都有自己的工作质量，都有自己的质量职责，不同工作具有各自不同的质量属性，质量管理渗透到组织的所有部门和全体员工。产品质量与服务质量已不是一个部门所能单独完成的，而是由许多组织共同协作完成的。各级组织在各个“维度”都要关注、识别、评价和改进各自的质量特性，不断适应企业发展和产品竞争的需求，从各个方面、各个层次、各个维度解决组织结构中各个要素的协同性，使方方面面的质量要素共同作用，指导产品质量管控，最终在产品上反映不同工作的质量属性，在产品上凝聚企业质量理念。因此，企业的各项工作都要围绕产品这一核心，以追求产品价值最大化、提升核心竞争力为目标，以用户为导向，按照市场经济规律持续优化资源配置方式。各相关部门要持续改进工作质量，加强相互之间的协调配合，不断提升产品质量保证能力。

2.4.1.2 深度：强调要把工作做深、做透，层层分解落实到底

事物是分层次的，从系统、分系统、单机到元器件，通常，需要管控到影响系统特性的层面上。例如，长征三号乙运载火箭首飞失利是由一个元器

件引起的，引起元器件失效的原因是内部电气互联工艺在金导线与半导体芯片的铝电极连接面发生了金铝扩散效应，形成的金属间化合物降低了连接强度，导致界面脱开，引起失效，由于质量没有管控到这个层面，因此付出了失败的代价。

“深度”强调了层层落实到底，把工作做深、做透、精益求精，特别是要对产品持续进行再分析、再设计和再验证；同时要解决工作标准层层衰减的问题。“深度”反映了工作的系统性，以型号质量保证工作为例，我们要对每个层次的产品形态及其质量要素，如系统、单机、元器件、原材料、工艺过程、设备等各个环节、各个层次进行精细化管控，通过责任链条的层层分解与深化落实，实现产品质量保证水平的提高。尤其是要将单点失效识别与控制、拧紧力矩量化、测试覆盖性分析与控制等量化工作进行到底，将不可测、不可检环节转化为过程的可测、可检，产品过程质量控制工作深入下去，管得彻底。以科研生产计划质量工作为例，要综合考虑各方面因素，不断优化设计上下游的传递与流转关系，在空间维度、时间维度、成本维度上精确管理各项协同性工作，提升计划管理质量。

2.4.1.3 细度：强调要学会把工作做细，养成做细工作的习惯，找到做细工作的方法

事物的表征是可以量化的，细度主要解决量化问题。长征二号丙遥二十六火箭因动力系统游机支架断裂而导致发射失败，由于动载荷下的设计裕度不量化，对支架结构尺寸的保证要求不充分，在制造质量出现较大偏差和环境离散程度加大的情况下，发生了断裂故障。

“细度”强调养成做细工作的习惯、找到做细工作的方法，注重在过程中量化评价各项质量要素。细度就是量化，达到一定细度的量化是管理成熟度提高的表现。以型号产品研制工作为例，“细度”要求型号研制队伍要对设计、仿真、试验等摸清余量，找到边界；对生产、装配和检测等环节要实现精确度量，各方面的工作都要有量化值。以质量成本管理工作为例，要细化分解产品研制流程，全面、准确设置成本控制点，在性能维度、材料维度、工时维度、能源维度上实现成本精确可控。同样，各职能部门都要深入一线，结合基层实际需求，科学管理，统筹安排。

2.4.1.4 力度：强调要提升识别、发现与解决问题的能力和勇于担当、坚决执行、扎扎实实把工作做到位的工作作风

事物是相互作用的，解决问题，使事物的内部矛盾发生改变，才能有本质的变化，事物间的相互作用力没有达到一定的程度，没有量变的持续积累就不能发生质变，就不能推进事物的发展与目标的实现。从管理上讲，“力”有两方面的解释，一是执行力，二是能力，两者缺一不可。执行力不代表言听计从，而是正确把握工作目标，将工作落实到位。

“力度”强调要提升发现问题、解决问题的能力和执行力。在人员素养上要具备识别、发现和解决问题的能力；对于已经认识到的问题，就要有一个时间表，下决心去彻底解决；对于已经有要求和相关标准的工作，必须坚决地、不折不扣地严格执行和贯彻落实，这是确保成功的基本要求。纵观航天型号产品发生的问题，很多都是重复性问题，说明工作中举一反三力度不够，一方面表明对问题的原因分析不透彻、纠正措施不具体，缺乏对质量问题的总结提炼；另一方面也表明工作中普遍存在漠视别人的问题，不能主动吸取别人的教训。

2.4.2 “四度”要求精确把握质量要素

航天系统工程是组织管理航天型号规划、计划、预研、研制、试验、生产以及人才、物资、保障条件、经费的科学体系与方法。航天系统工程管理本身具有多维性，包含时间维、空间维、业务维和知识维。其中，时间维是指研制流程的各个阶段，空间维是指系统的分解、配套组成，业务维是指型号管理的各项业务，知识维是指型号研制过程中各种专业、不同素质人员的知识组成。由于航天系统工程是面向型号系统，从方案可行性论证、方案设计、工程设计、工程研制到设计定型和生产装备的全过程，因此需要从技术、计划、组织、进度、质量等方面，对人、财、物、技术、信息与知识等多个基本要素实施管控。

“质量”是一个广义的概念，既包括微观质量，例如产品质量，也包括宏观质量，例如经济运行质量和绩效，其外延构成包含诸多要素：①实物产品质量；②系统管理与运营质量；③人员质量，如素质、知识、技能；④工作质量，如设计、制造；⑤规划质量，如战略方向、产业布局；⑥计划质量，如计划完成率、资源利用率；⑦服务质量，如技巧、态度；⑧财务质

量，如效益、收益；⑨成本控制质量；⑩培训质量，如对员工的重视等；⑪协同质量；⑫知识产权质量；⑬品牌质量；⑭创新质量，如组织、机制、管理、技术；⑮质量优先性；⑯注重环境保护和相关方利益。

“四度”揭示了航天产品质量的评定法则，即不能简单地用“好”或“不好”这一概念，而是要求各个质量要素识别、分析与综合评价的结果。产品的综合质量指标可用下式表示：

$$f(Q)=f(Q_1)\times f(Q_2)\times f(Q_3)\times f(Q_4)\times f(Q_5)\times f(Q_6)\times\cdots\cdots\times f(Q_n)$$

其中，$f(Q_1)$、$f(Q_2)$、$f(Q_3)\cdots f(Q_n)$分别代表实物产品质量、系统管理与运营质量、人员质量、工作质量、规划质量、计划质量、服务质量、财务质量、成本控制质量、培训质量、协同质量、创新质量等各项工作质量要素的分立指标，其量化取值范围为0～1。综合质量指标$f(Q)$是各分立指标的乘积，其极限值为1。从上式可以看出，只有各项质量工作相应的分立指标均向满分为1的极限逼近，综合质量指标才可能实现“零缺陷”的最终目标。并且，随着用户需求的提升和企业认识水平的提高，分立指标是动态发展、不断扩充的。

“四度”的四个核心要素——“维度、深度、细度、力度”四者具有内在的辩证关系，即存在维度→深度→细度的渐进与递推层次、螺旋上升，并通过“力度”保证其他“三度”在推进过程中的全面性和有效性。在解决工作有效性问题的过程中，首先要抓“维度”，即把工作项目识别全面，无遗漏；进而要抓“深度”，即把确保工作项目完成的所有活动识别到底，并逐项严格执行；进而要抓“细度”，即把活动所要达到的目标进行量化，并据此对活动的效果进行评估；而“力度”是启动各项工作的初始要求，并且始终伴随着工作持续改进的过程，确保了组织工作有效性的持续提升。

今天，国民经济建设、科技进步和国家安全对航天型号在技术水平上、质量上、数量上提出了更高的要求，面对新机遇、新挑战，为了保持航天事业的持续发展，有必要重新认识航天工业整体发展目标，进而进一步调整系统结构和组织管理模式；提高工作效率，缩短研制周期、合理利用资源，降低研制成本、满足性能指标要求，确保产品质量。航天产品及其服务，需要以质量和技术为顾客、社会、国家创造价值，同时以质量和技术来体现航天一院及其员工的价值和合作伙伴的价值。质量是民族素质的体现，是做人做事的基本要求。在航天型号的研制中，要坚持运用系统工程学的科学方法，坚持“维度、深度、细度、力度”的“四度”工作标准，深入分析航天工业系统的发展规律，系统解决航天事业发展过程中面临的困难与瓶颈，始终保持型号矩阵式质量管理工作纵横均强、相互促进、相互制约、和谐发展的发展态势。

参考资料

[1] 马兴瑞. 中国航天的系统工程管理与实践[J]. 中国航天，2008(1)：7-15.

[2] 王礼恒. 中国航天系统工程[J]. 航天工业管理，2006(10)：60-64.

[3] 李明华，杨双进，王立炜. 航天型号研制风险管理模式研究[J]. 质量与可靠性(增刊)，2009(9).

[4] 杨双进，樊灵芳，王立炜. 航天型号研制的风险管理方法研究及应用[J]. 质量与可靠性(增刊)，2009(9).

[5] 李洪. 在院2012年质量工作会上的讲话材料，2012.

[6] 栾恩杰. 航天系统工程运行[M]. 北京：中国宇航出版社，2010.

[7] 许达哲. 树立航天可靠性工作理念、推进零缺陷系统工程管理[J]. 质量与可靠性，2007(12)：7-9.

[8] 胡世祥，张庆伟. 中国载人航天工程——成功实践系统工程的典范[J]. 中国航天，2004(10)：3-6.

[9] 郎志正. 论现代质量管理原则[J]. 中国标准化，1997(10)：4-7.

3 航天产品设计质量保证

- 航天型号研制程序与研制流程
- 航天型号设计流程
- 航天产品“六性”设计与分析要求
- 航天工程技术方案
- 航天技术状态的继承与创新
- 航天火箭技术状态管控
- 航天设计复核复算
- 航天型号独立评估
- 航天型号研制技术评审

设计是产品质量的起点，是产品固有质量水平的决定阶段。从方案设计到产品定型的整个研制过程中，设计工作起着主导作用；型号研制中出现的故障以及地面和飞行试验的失败，多与设计质量有关。因此，设计决定着产品的固有质量，设计质量控制是航天产品质量管理的重点，质量管理要从源头抓起，尽量把控制节点前移，使设计过程的每一个环节都不失控。尤其是在型号研制周期紧、任务重和高度并行交叉作业方式的情况下，要充分认识设计质量控制工作的重要性，切实按照“从源头抓起，全过程受控，零缺陷管理，一次成功”的方针开展工作。

经过半个多世纪的探索，航天一院已逐步建立和健全了一套保证设计质量行之有效的方法和措施。本章主要介绍航天产品设计质量控制中运用的设计流程的闭环管理、产品的“六性”设计与分析、技术方案论证、技术状态的继承与创新、技术状态管控、设计复核复算以及技术评审等。

3.1 航天型号研制程序与研制流程

经过不断的创新、实践和完善，航天一院以系统工程方法为基础，对传统的“V”字模型进行优化改进，逐步形成了航天产品设计开发模型。这一模型如图3-1所示，被称为航天产品设计开发的“W”字模型。

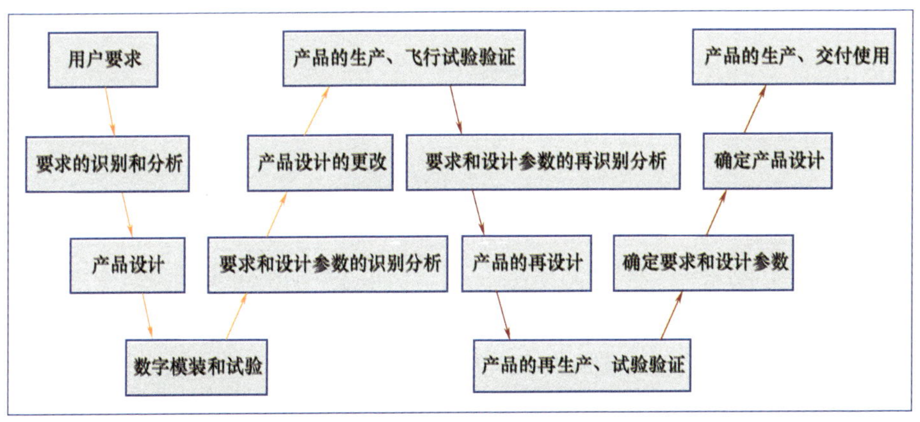

图3-1 航天产品设计研发“W”字模型图

该模型由两个“V”字过程组成，前一个“V”字过程以用户要求为起点，描述系统从需求分析到系统验证的闭环过程；后一个“V”字过程是在产品经过飞行试验考核的基础上，对前一个“V”字过程结果的确认和完善。根据产品设计验证和改进的完善程度，后一个“V”字过程可重复多次，每一次都将使产品设计在前一过程的基础上更加完善，直至满足航天产品高性能、高质量、高可靠性的要求。

在这一模型中，用户（采购方）要求通过设计师系统反复迭代的设计、分析、评价、决策和优化，逐级向下细化为各组成部分的技术要求，并通过研制活动转化形成实物产品，再经过逐级的再次验证和再设计，并经过组装和集成，完成整个系统的研制和验证，并交付用户。

3.1.1 航天型号的研制程序

航天研制程序是型号研制规律的客观反映，是型号研制生产和管理工作应遵循的依据，它规定了航天型号研制每个阶段的任务划分及其相互关系。航天装备的研制阶段划分和主要工作大体相同，但不同装备有各自的特点。一般说来，航天型号研制程序分为四个阶段，如图3–2所示。

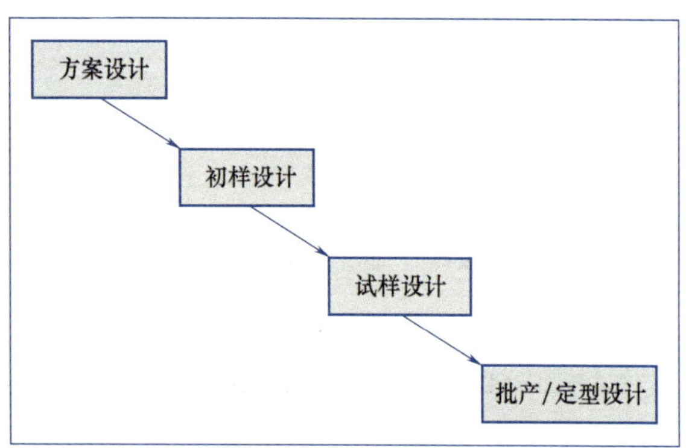

图3–2 航天型号研制阶段程序

在方案阶段，根据已确定的指标要求，通过对多种方案和技术途径的论证、比较，筛选总体和分系统方案，并对各分系统进行模样设计及原理性试验，经模样试验确定出最佳方案，其中还要确定大型地面试验和飞行试验方案、验收方案以及经费分配等。

在初样阶段，把理论上设想的方案变为实际的样机，并对方案进行验证和补充，为试样提供准确的设计依据。在此阶段，各分系统进行初样设计、生产、单机和分系统试验。总体进行初步设计和总体初样试验，包括进行风洞、振动、晃动试验以及各分系统初样的匹配试验等，根据初样试验提供的参数实际数值，进行协调，修改原设计数据，形成一套完整的、确切的数据，作为试样设计的依据。

在试样阶段，修改初样的设计和生产工艺，提供飞行试验检验的产品。总体和分系统进行试样设计、计算、试制并对试样产品进行单机、分系统和全系统的综合匹配试验、地面试验和飞行试验，对航天型号的性能进行全面的鉴定。

批产/定型阶段是接受国家、用户鉴定、验收的阶段，根据飞行试验和各种鉴定性试验结果，全面评定型号的性能指标。运载火箭研制程序中无严格的定型要求，但在运载火箭飞行试验成功后，必须具备重复生产的全部条件，满足设计鉴定的要求。

3.1.2 航天型号研制流程

航天型号研制流程一般是指为了规范型号研制的全过程，按照研制程序对每一个研制阶段发生的各项活动（包括：产品设计、试验、生产等），明确具体的要求、规定、内容和发生的先后顺序。要确保航天产品的质量和可靠性，必须按型号研制流程开展工作。

按照研制程序，以运载火箭为例，将每个研制阶段的过程加以细分和标准化描述，说明各型号研制阶段的研制流程。

图3–3为航天型号方案阶段的研制流程。

图3–4为航天型号初样阶段的研制流程。

图3–5为航天型号试样/定型阶段的研制流程。

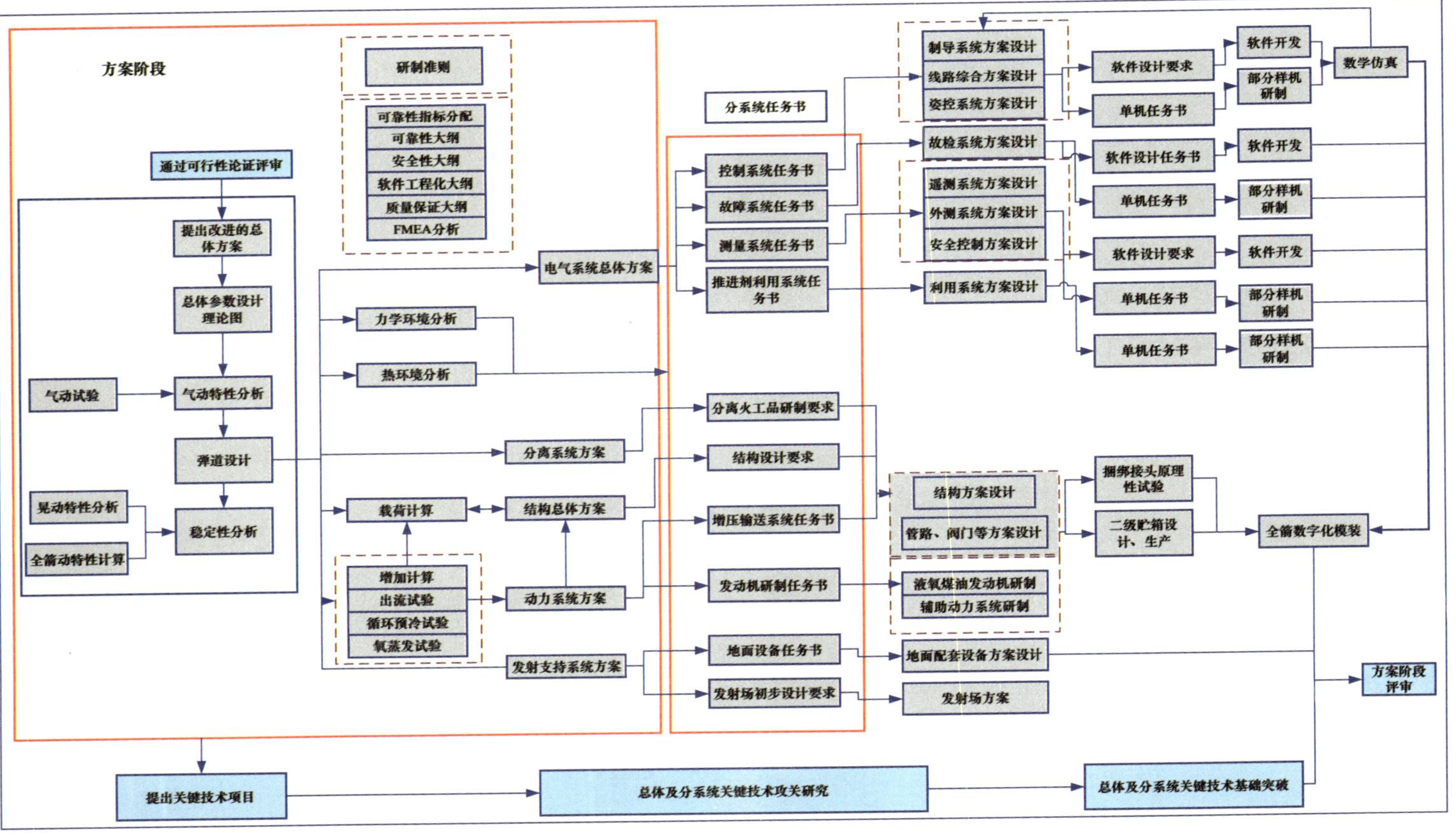

图3-3 航天型号方案阶段的研制流程

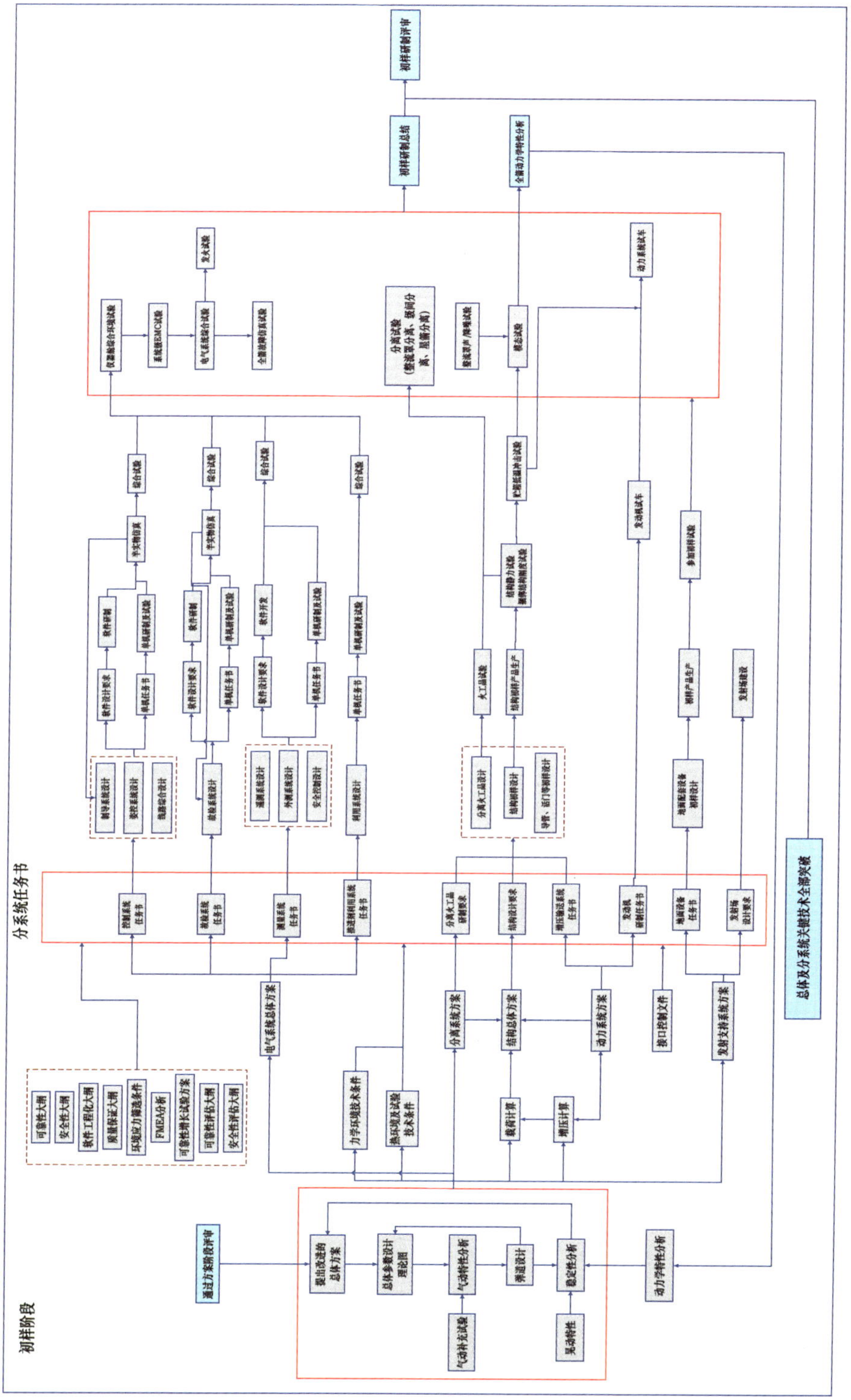

图3-4 航天型号初样阶段的研制流程

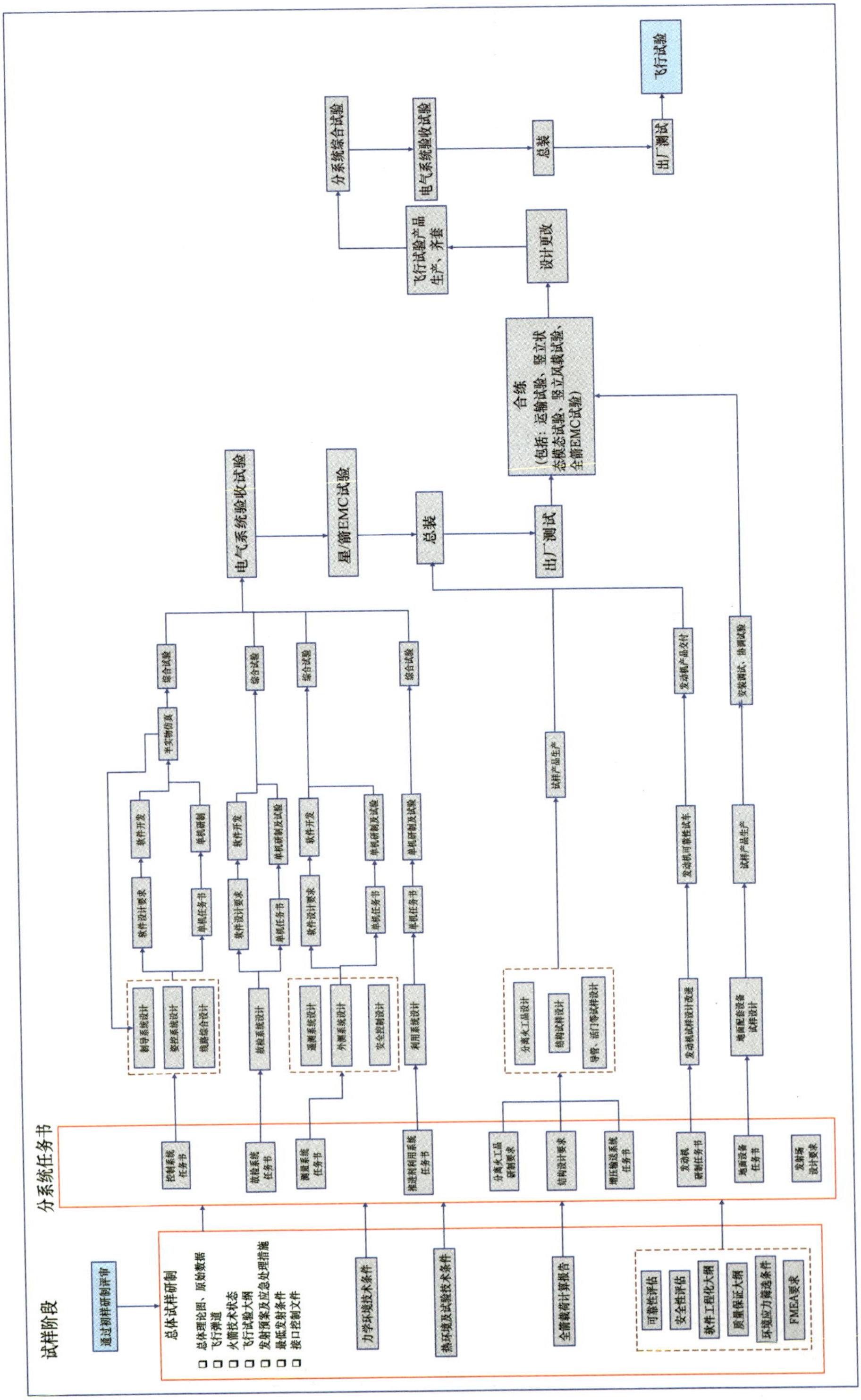

图3-5　航天型号试样/定型阶段的研制流程

3.2 航天型号设计流程

3.2.1 航天产品结构层次确定的设计流程

航天型号产品研制的结构一般分为总体、分系统、单机三个层次，图3–6为由航天型号产品结构层次确定的设计流程图。

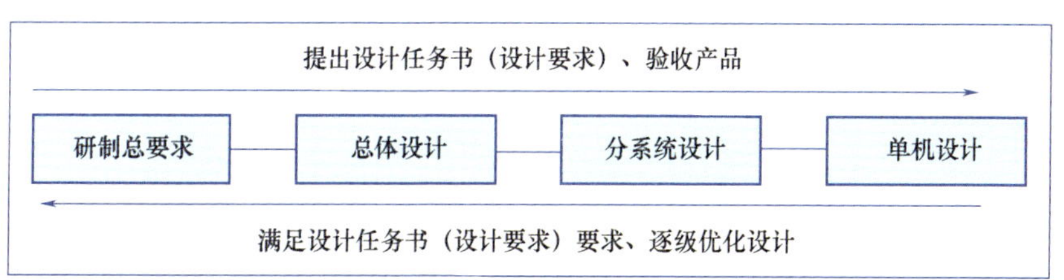

图3–6 航天型号产品设计流程图

三个层次的设计大体同时启动，设计工作可平行进行。上层设计与下层设计彼此密切沟通、协调。上层设计以下层设计为基础，下层设计以上层要求为依据，满足上层设计要求。一般情况下，只有上层设计要求确定后，才能确定下层设计。特殊情况下，在上层设计要求没有确定，需要确定下层设计并输出时，应经批准，由此带来的风险由批准者承担。

研制总要求由用户、上级单位等提出，并以任务书或者合同的形式下发总体设计单位。总体单位根据研制总要求确定总体方案，进行总体设计，经审查通过后，制定各分系统研制任务书或研制要求，并下发各分系统研制单位。分系统单位根据总体提出的任务书或要求，确定各分系统方案，开展分系统设计，并提出单机设计要求，通过评审后，下发单机设计单位，通常这是一个相互沟通和迭代的过程。单机设计单位根据分系统任务书要求，开展单机设计，设计完成并通过评审后，实施生产。

3.2.2 航天产品设计项目（单元）设计流程

设计项目（单元）的设计流程由一系列的过程构成，要通过设计输入、设计输出和设计评审、设计验证等环节进行控制。图3–7为设计项目（单元）设计流程。

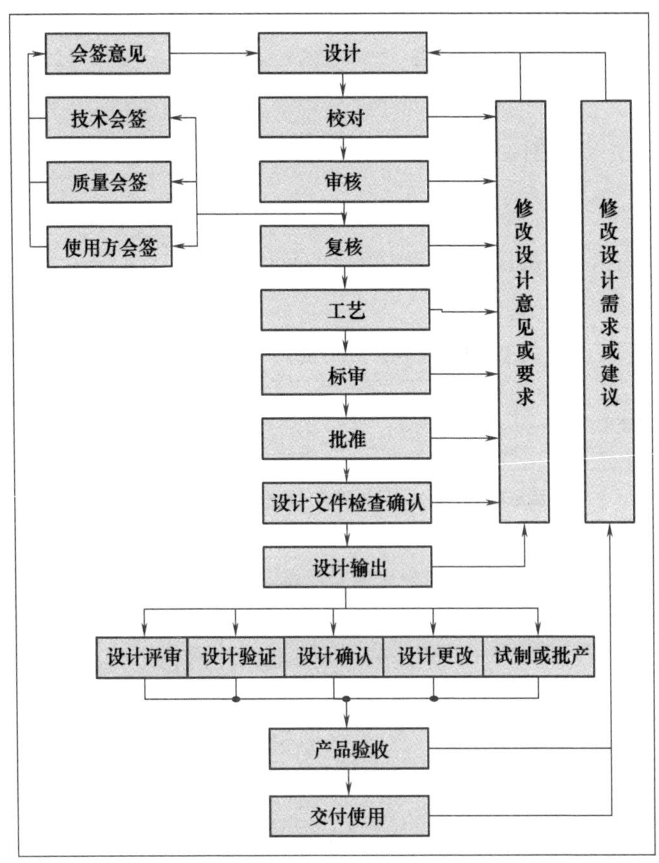

图3-7 航天产品设计项目（单元）设计流程图

产品的设计输入是实施设计的依据和基础，设计输入包括：功能要求和性能要求；适用的法律法规要求；适用时，来源于以前类似设计的信息；工艺要求；标准化等设计必须考虑的其他要求。应对这些输入的充分性和适宜性进行评审，要求应完整、清楚、不能自相矛盾。

产品的设计输出是设计过程的结果，放行前应得到批准，并按规定进行工艺和质量会签、标准化检查。设计输出包括：满足设计输入要求的产品；采购、生产和服务的适当信息；产品接收准则；对产品的安全和正常使用所必需的特性；关键件（特性）、重要特性（特性）项目明细表，在产品设计文件上做相应标识；产品使用所必须的保障方案和保障资源要求；可靠性、维修性、保障性、测试性、安全性和环境适应性等设计报告。

设计评审是为确定设计是否达到规定目标的适宜性、充分性和有效性所进行的活动。在适宜的阶段对设计进行系统的评审，包括评价设计结果满足要求的能力；识别存在的问题并提出必要的措施；可靠性、维修性、保障性、测试性、安全性、环境适应性以及计算机软件、元器件、原材料等专题评审。评审的参加者应包括与所评审的设计相关的职能部门的代表；顾客要求时，应邀请顾客参加评审。

设计验证是通过提供客观证据对规定的设计要求已得到满足的认定。设计验证方法包括：复核复算、试验证实、与已证实的类似设计比较结果，对设计输出的结果进行评审。

设计确认是通过提供客观证据对设计项目的预期用途或应用要求已得到满足的认定。设计确认在产品交付之前完成，必要时邀请用户参加设计确认。

设计更改要进行适当的评审、验证和确认；在实施前得到相应级别的批准；对重要的设计更改应进行系统分析和验证，按规定履行审批程序；设计更改应符合技术状态管理要求；已定型产品的设计更改应按定型工作有关规定办理。

3.2.3 航天软件设计流程

随着计算机软件的广泛使用，软件对航天型号研制越来越重要。航天一院从工程研制的实际出发，在传统软件设计模型的基础上，结合航天软件产品的特色，形成了航天独有的软件设计开发“瀑布模型”，如图3–8所示。该模型将软件设计开发的流程分为：系统需求分析与设计、软件需求分析与设计、概要设计、详细设计、软件实现、单元测试、组装测试、确认测试、验收交付。

瀑布模型每个阶段之间是串行的，一个阶段工作完全结束后才能开展下一阶段的工作，相邻阶段之间的依赖性较大。每个阶段完成设计后都要通过确认或验证。该流程把确认或验证中发现的问题依次反馈到上一阶段，同时将问题直接反馈到问题发生的原始阶段，改进后再依次向后进行确认或验证。该流程规范了软件的开发过程，也使软件的管理透明化、过程化，提高了软件的质量和可靠性。

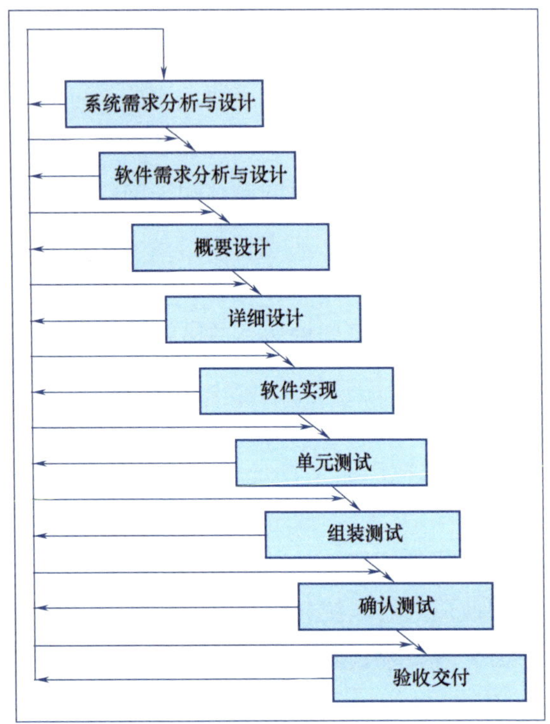

图3-8 航天软件设计开发“瀑布模型”图

3.2.4 航天系统间的接口控制

航天工程系统的复杂性，要求航天型号产品研制按照系统工程的方法和技术建立相应的组织体系和结构，实现技术系统全局优化和管理系统全局统筹，最终化解各种风险，实现工作目标。航天系统工程研制的特点是控制要素和接口。

3.2.4.1 火箭内部的设计接口控制

运载火箭内部接口包括总体与分系统之间、分系统与分系统之间以及分系统与单机之间三类。火箭内部的接口控制关系主要体现在总体与分系统之间的接口控制上。运载火箭型号总体向各分系统总体提供理论图、质量特性等总体参数，弹道（基础级）/轨道（上面级）、结构、姿控、制导、初始对准、气动（基础级）、热控（上面级）、载荷与力学环境、电气、动力、地面发射支持、空间环境（上面级）等分系统根据理论图输入进行设计，同时各分系统总体之间也要相互协调，以使总体参数协调匹配。随后，由总体部门向各分系统设计部门及单机单位下发设计任务书等设计输入。

在内部接口控制上，实行接口数据表单（Interface Data Sheet，IDS）进行控制。IDS表单详细规定了每个接口的控制量和控制参数。相关专业可以使用IDS表单查询本专业的输入信息，并且随时更新本专业的输出信息，保证信息的时效性和可追溯性。

3.2.4.2 火箭外部的设计接口控制

火箭外部的设计接口控制关系包括火箭与卫星系统的接口、火箭与飞船之间的接口、火箭与发射场系统的接口、运载火箭与测控网的接口、运载火箭与运输系统及其他地面设备接口等部分。

火箭与卫星的接口控制关系一般由《火箭系统与卫星系统接口控制文件》（Interface Controlling Document，ICD）来规定，该文件描述了火箭与卫星之间的物理、功能、环境与操作接口，具体规定了卫星、火箭及发射任务的方案描述、发射任务的具体要求、环境条件与试验、电磁环境与电磁兼容以及机械、电气和热接口。ICD技术文件是约束火箭和卫星或载荷双方的基础性文件。运载火箭与飞船的接口本质上与“火箭—卫星”接口类似，属于“运载器—有效载荷”接口的范畴，是箭船之间机械、电气和热接口。

火箭与发射场的接口控制关系一般由《火箭对发射场设计要求》来规定，主要对发射场的技术区和发射区提出技术要求，以保障运载火箭在发射场测试发射期间的气、液、电、气象、道路、通信等保障条件的供给。运载火箭与发射场的接口关系主要包括以下几方面：①运载火箭对发射场系统的总体技术要求；②发射场系统与运载火箭系统的总体技术接口；③发射场技术区与运载火箭的技术接口；④发射场发射区与运载火箭的技术接口；⑤发射场C^3I指挥系统（C^3I是Communication，Command，Control and Intelligence Systems的缩写，全称为指挥、通信、控制自动化技术系统）与运载火箭系统的接口；⑥发射场地勤分系统与运载火箭系统的电气接口；⑦运载火箭和发射场联合操作接口。

运载火箭具备与海陆空天四位一体测控网的单向或双向接口，运载火箭向测控网传输遥测参数，测控网向具备上行指令的运载火箭（如上面级等）传输控制指令。

运载火箭在总装及合练、运输过程中，需要转运、测试和试验。这就需要运载火箭向地面运输系统、地面试验系统提供设计输入，有时地面运输系统等也会根据实际情况反提设计要求，如我国长征系列从早期型号过渡到现有型号，设计运载火箭外包络直径时，参照了我国铁路运输的限制条件，尤其是隧道的通过能力限制。

3.3 航天产品“六性”设计与分析要求

产品质量的一般含义包括功能和性能、可靠性、有效性、外观等内容。航天产品可靠性是一个广义概念，不但包括狭义上的可靠性，还包括以满足产品使用效能这个总目标为出发点的六项相关指标，包括可靠性、安全性、维修性、保障性、测试性和环境适应性。

可靠性是指在规定的条件下和规定的时间内，完成规定任务的能力；安全性是产品不发生导致人员伤亡、健康恶化、设施和环境毁坏等事故的能力；维修性是在规定条件下和规定时间内，完成对故障产品维修而保持或恢复规定功能的能力；保障性是指产品的设计特性和计划的保障资源能满足使用要求的能力；测试性为产品能及时并准确地确定其状态并隔离其内部故障的一种设计特性；环境适应性是指产品在寿命期内预期经历的热、力、电耦合环境中能正确执行功能的能力。通过开展产品的“六性”工作，来实现产品高可靠性和高质量。

产品的可靠性首先是设计出来的。可靠性设计是考虑实现可靠性定性、定量要求，依据一定的准则，采用简化设计、继承性设计、降额设计、裕度设计、冗余设计、环境适应性设计、电磁兼容设计、防差错设计等可靠性设计技术的工程设计，是最重要的可靠性工作项目之一，贯穿于方案、初样、试样阶段，其工作成果体现在各级产品设计（方案）报告、图样及简图（原理图、系统图、结构图、电路图等）等技术文档中。

各级产品要落实的上级产品可靠性设计要求包括：

1）可靠性设计准则；

2）故障模式及影响分析（FMEA）提出的设计防范措施；

3）可靠性关键项目控制设计措施；

4）可靠性预计提出的设计改进措施；

5）最坏情况分析、降额分析、潜在状态分析或有限元分析等提出的设计改进措施；

6）可靠性评审提出的设计改进措施；

7）质量问题归零和举一反三提出的设计纠正措施。

在型号研制过程中，各参研单位均充分收集有关标准及手册中可靠性设计准则的相关条款和内容，并把多年积累的设计经验与教训加以总结提高，形成条理化、系统化、科学化的可靠性设计准则，指导设计人员把可靠性设计到产品中去。可靠性设计准则尽量由经验丰富的本专业技术专家制定，应组织技术专家参与审查、把关，以保证可靠性设计准则的针对性、可操作性和可检查性。可靠性设计准则分为各类产品均适用的通用准则和仅适用于某类产品的专用准则。

3.3.1 可靠性

3.3.1.1 可靠性工作项目

航天产品的可靠性是产品质量的主要关注点，提高产品的可靠性的关键在于改进设计和工艺，严格控制生产过程，加强组织管理。

型号可靠性工作系统由型号总指挥、总设计师、型号办公室（简称型号办）、各参研单位计划部门、设计部门、质量部门等组成，各部门职责明确，接口协调。表3–1列出了型号应实施的可靠性工作项目。

表3–1 型号可靠性工作项目表

序号	工作项目	主要依据文件、标准	负责部门	完成形式	方案阶段	初样阶段	试样阶段
1	制定（修订）分系统可靠性大纲	可靠性大纲，GJB450A—2004《装备可靠性工作通用要求》	设计	文件	△	△	△
2	制订可靠性工作计划	可靠性大纲，分系统大纲	计划	计划	△	△	△
3	可靠性培训	可靠性大纲	质量	会议	△	○	○

续表

序号	工作项目	主要依据文件、标准	负责部门	完成形式	方案阶段	初样阶段	试样阶段
4	故障报告、分析与纠正措施系统(FRACAS)	QJ 3138—2001《航天产品环境应力筛选指南》	质量	报告	—	△	△
5	对转承制方/供方的监控	QJ 2008—90《航天产品外协件管理办法》，GJB 939—90《外购器材的质量管理》	设计	报告	○	△	△
6	可靠性评审	可靠性大纲，Q/QJA 14.5A—2009《航天型号出厂评审 第5部分：可靠性和安全性专项评审要求》	质量	会议	△	△	△
7	可靠性会签	可靠性大纲，分系统大纲	设计	会签	△	△	△
8	制定与贯彻、落实可靠性设计准则	可靠性大纲，QJ 1408A—1998《航天产品可靠性保证要求》	设计	文件	△	△	△
9	可靠性建模	GJB 813—90《可靠性模型的建立和可靠性预计》	设计	报告	△	○	○
10	可靠性指标分配	可靠性大纲	设计	文件	△	○	○
11	可靠性预计	GJB/Z 299C—2006《电子设备可靠性预计手册》	设计	报告	△	△	○
12	可靠性设计	可靠性设计准则	设计	报告	△	△	△
13	元器件、零部件、材料和工艺选用	可靠性大纲，选用目录或范围	设计	报告	△	△	△
14	故障模式及影响分析（FMEA）	可靠性大纲	设计	报告	△	△	△
15	空间环境影响分析	可靠性大纲	设计	报告	△	△	△
16	可靠性关键项目	可靠性大纲，GJB 909A—2005《关键件和重要件的质量控制》	设计	报告	△	△	△
17	潜在状态分析	QJ 1408A—1998《航天产品可靠性保证要求》，QJ 3127—2000《航天产品可靠性增长试验指南》	设计	报告	—	○	○
18	元器件降额分析	可靠性大纲	设计	报告	—	△	○
19	有限元分析	可靠性大纲	设计	报告	△	△	○

续表

序号	工作项目	主要依据文件、标准	负责部门	完成形式	方案阶段	初样阶段	试样阶段
20	最坏情况分析	可靠性大纲	设计	报告	—	△	○
21	功能测试、存放、装卸、包装、运输和维修对可靠性的影响分析	可靠性大纲	设计	报告	○	△	△
22	对生产过程的可靠性控制	可靠性大纲	设计	报告	—	△	△
23	可靠性研制/增长试验	可靠性试验技术要求	设计	报告	—	△	○
24	可靠性验证试验	可靠性试验技术要求	设计	报告	—	△	△
25	环境应力筛选	电子产品环境应力筛选要求	生产	报告	—	△	△
26	可靠性信息采集、传递与管理	可靠性大纲	设计	报告	△	△	△
27	可靠性评价	可靠性大纲，可靠性评估大纲	设计	报告	△	△	△

注：△——必做；○——根据系统特点、状态选做；—— 不做。

方案阶段早期，型号总体根据GJB 450A—2004《装备可靠性工作通用要求》、QJ 1408A—1998《航天产品可靠性保证要求》等标准制定型号可靠性大纲。分系统抓总研制单位结合本系统的特点策划本系统实现总体可靠性要求的工作方案，制定分系统可靠性大纲，并分发给本系统配套单位，作为指导本系统及所属单机开展可靠性工作的纲领性文件。图3-9为可靠性大纲晒蓝文件。

初样阶段早期和试样阶段早期，型号总体和分系统均对可靠性大纲（或可靠性、安全性、维修性大纲）进行适当修订，进一步细化和完善可靠性工

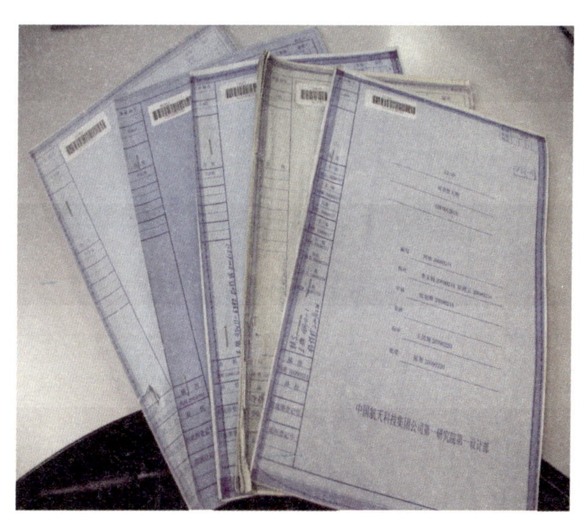

图3-9　航天型号产品可靠性大纲

作策划。

在方案、初样、试样阶段，总体对分系统提出的设计任务书或设计技术要求、分系统可靠性大纲、可靠性设计准则、可靠性指标分配、可靠性设计分析报告、FMEA报告、可靠性预计报告、可靠性试验大纲、可靠性评估报告由总体可靠性人员会签。各分系统对其所属单机开展可靠性会签。

3.3.1.2 可靠性指标及分配

产品的可靠性指标表示产品总体可靠性的高低，是各级产品开展可靠性设计的重要依据。

运载火箭任务可靠性重点考核时段为发射准备阶段和飞行阶段，可靠性参数分别用发射可靠度和飞行可靠度来加以考核。发射可靠度是指型号在规定的发射环境条件下和规定的时间内，按规定的要求正常完成发射程序的概率。飞行可靠度是指从型号起飞时刻起，在规定的飞行环境条件下和规定的时间内，按规定的要求完成预定任务的概率。

可靠性设计从可靠性分析开始，分析产品的结构和各组成部分的功能，建立系统功能模型，再分析各组成部分可靠性与系统可靠性之间的关系，建立系统可靠性模型。

方案阶段，总体及分系统抓总单位参考GJB 813—90《可靠性模型的建立和可靠性预计》，分别建立本系统可靠性模型，绘制可靠性框图。初样、试样阶段，当系统发生技术状态变化时，对可靠性模型进行适应性修正，以正确反映产品实际状况及技术状态变化后各单元之间的可靠性逻辑关系，以保证可靠性模型与系统的技术状态相符。图3-10为航天型号可靠性模型。

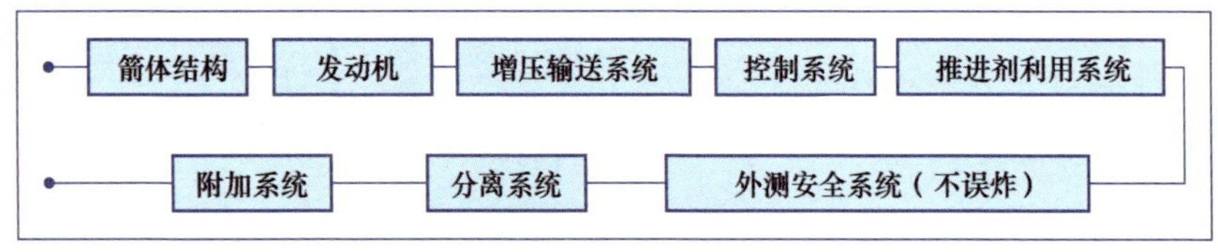

图3-10 航天型号可靠性模型

总体设计部门对系统提出可靠性要求后，据此进行可靠性分配，对各组成部分提出可靠性要求。在方案阶段早期，分系统均以可靠性模型为基础，将总体规定的可靠性指标进一步分解给所属单机，并纳入相关设计任务书或合同中。可靠性指标分配的一般原则如下：①对系统安全和任务成功影响大的单机，指标高些；②继承性好、技术成熟或可靠性容易保证的单机，指标高些；③组成复杂的单机，指标低些；④工作环境严酷的单机，指标低些；⑤任务时间长的单机，指标低些。

初样、试样阶段早期，分系统抓总单位综合考虑工程实际情况及可靠性预计结果等，进行可靠性指标再分配，使指标分配更加合理。各级产品设计任务书或合同中的可靠性指标均与调整后的指标协调一致。

3.3.1.3 可靠性预计

可靠性预计是在设计阶段定量估计未来产品可靠性的方法，提供预测值与系统可靠性指标要求的比较，建立可靠性分配的基线，提供衡量和测试研制阶段的可靠性增长以及生产、操作、使用和维修阶段不降低可靠性的基准。在设计阶段，可靠性预计提供了判断可靠性保障措施和设计更改措施是否符合可靠性要求的初步判据，以便对多种设计方案进行比较，分析设计方案能否满足可靠性指标要求和发现设计薄弱环节。可靠性预计结果不作为验证设计能否满足可靠性指标要求的依据。

不同阶段的不同产品可采用不同的可靠性预计方法。例如：方案阶段对电子产品可采用元器件计数法进行初步可靠性预计；初样阶段，对电子产品采用应力分析法开展可靠性预计；试样阶段，根据QJ 3118—99《航天产品技术状态管理》定义的3类工程更改的电子产品要补充进行可靠性预计。

3.3.1.4 可靠性分析

（1）故障模式及影响分析（FMEA）

为保证产品设计的可靠性，就要对设计方案进行可靠性分析。故障模式及影响分析（FMEA）是一种系统化的可靠性分析程序，是一种失效因素的关系分析方法。

故障模式及影响分析工作是可靠性工作、安全性工作及维修性工作的重要基础工作，是实现“事后归零”向“事先预防”转变的基本方法。从单机、分系统到总体，从方案、初样到试样阶段，均要开展故障模式及影响分析工作，查找设计薄弱环节，鉴别每种故障模式的原因，确定故障对安全性、可靠性的影响，列出已采取的措施及应进一步采取的设计改进措施和/或使用补偿措施。对于借用的产品，要检查确认故障模式及影响分析报告，分析故障模式及影响分析工作是否全面，各项措施是否可以保证产品满足型号的要求，分析不全面的要重新进行故障模式及影响分析。

故障模式及影响分析提出的设计改进措施均充分反映在设计（方案）报告、图样等文件中，从而改进产品的可靠性；使用补偿措施则反映在测试细则或应急预案等文件中，从而保证测试、操作等过程中的可靠性和安全性。

总体、分系统抓总单位均在故障模式及影响分析工作基础上，识别出可靠性关键项目，并采取关键控制措施。影响任务成败，且满足下列条件之一的项目（一般为单机级产品）可确定为可靠性关键项目：

1）不满足规定降额准则或剩余强度系数；

2）设计理论或技术方法不成熟；

3）存在单点故障模式，且地面试验无法考核或考核不充分；

4）采用新技术、新工艺或新材料，且未经飞行试验考核；

5）测试、验收、检验、工序保证、人员保证5个环节中只能靠人员保证；

6）生产质量不稳定；

7）寿命有限或可靠性低；

8）故障无法归零。

从方案、初样到试样阶段，均要求分系统列出可靠性关键项目清单，并从设计、制造、检验、试验、测试、操作等方面，对可靠性关键项目采取有效的控制和处理措施，包括提高元器件降额等级、提高复核复算等级、对故障模式及影响分析进行正式评审、设置强制检验点、注重关键件重要件、开展工艺故障模式及影响分析等。

（2）潜在状态分析

潜在状态是系统内意想不到的通路或逻辑流，它在某些条件下，能激发不希望的功能或抑制希望的功能。该通路可能由硬件、软件、操作人员等因素造成。硬件的潜在状态有潜在通路、潜在开路、潜在定时、潜在指示和潜在标识等；软件潜在状态有潜在输出、潜在抑制、潜在定时和潜在信息等。

初样阶段，对电气系统参照QJ 1408A—98《航天产品可靠性保证要求》中的“潜通路分析功能线索表”和QJ 3217—2005《潜在分析方法和程序》，有选择地开展关键电路潜在状态分析，识别无意中设计到系统中或软件中的潜在状态，通过分析、测试与改进，消除潜在状态的影响。

（3）元器件降额分析

元器件降额设计的目的是通过限制元器件使用过程中所承受的应力，将元器件在低于其额定应力值下使用，达到降低元器件失效率的目的。

元器件降额设计的依据依次是型号研制质量保证大纲、分系统可靠性保证大纲、元器件质量保证大纲、GJB/Z 35—93《元器件降额准则》等。型号研制质量保证大纲规定本型号的总体研制质量要求和可靠性水平，并将可靠性指标分配到各分系统。分系统可靠性保证大纲根据型号总体研制质量要求和分系统可靠性指标，同时按照GJB/Z 35划分弹/箭上设备、地面设备、关键设备、设备设计状态，最终确定设备选用元器件的降额等级、降额参数和降额因子。

系统开展降额设计的工作内容就是确定设备元器件采用的降额等级、降额参数和降额因子，并开展应力分析、降额复核。首先，降额设计的等级由整机或分系统的可靠性要求和降额设计要求转化而来；其次，根据系统环境和元器件自身特点选择降额参数和降额因子。降额设计的关键是对元器件进行工作应力分析，主要包括电应力、温度应力和机械应力。通常借助软件通过电路图仿真和实测两种方式获得电应力工作数据；借助热分析软件或实测等，对电路布局进行热分析获得温度工作应力数据。将获得的工作应力值与额定值进行比较，确定降额设计的要求是否达到，并输出元器件降额校验的结果清单输出，具体流程如图3-11所示。

后续设计阶段的电路有更改时，对各分系统中采用的元器件均进行降额分析，评估设计选用的元器件与规定的降额准则的符合性，填写元器件降额分析表。对于不满足降额准则的产品，可采取再设计、重新选取元器件、改善环境和降低环境影响等措施。

（4）有限元分析

运载火箭结构复杂，力学特性复杂、工作环境恶劣、技术要求苛刻，所以建模技术是取得符合工程标准、具有可信性的结构分析结果的关键所在。有限元方法可以通过适当选择单元的大小和形状，对几何形状不规则的实体几乎可达到任意的近似，并且可考虑任意形式的外载荷和处理各向异性材料，不仅可以进行结构的静力学和动力学分析，而且还可以计算结构在热载

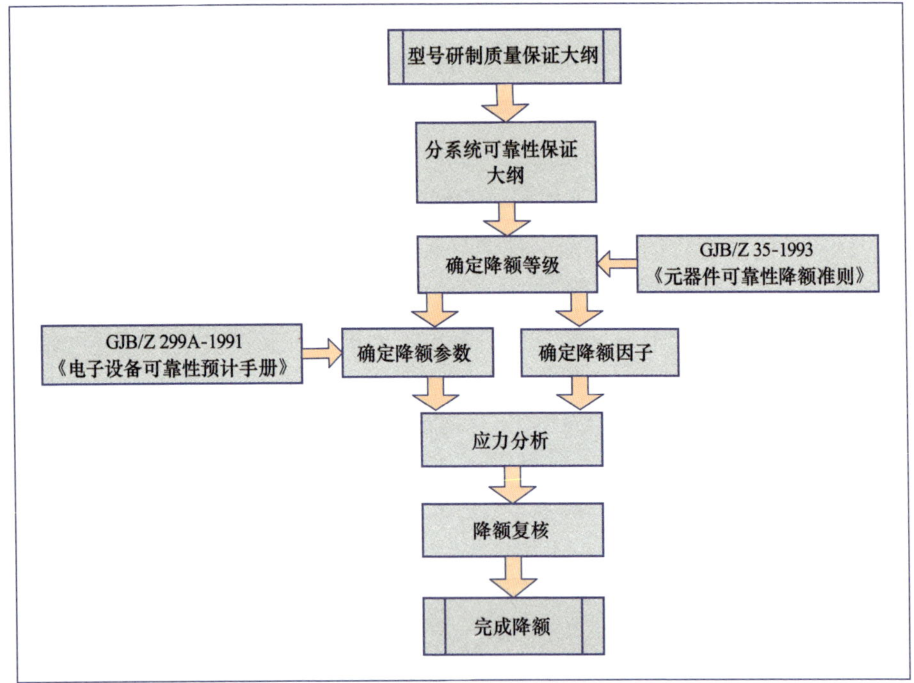

图3-11　降额设计工作流程图

荷及声载荷等作用下的应力应变分布情况。经过半个多世纪的发展，有限元方法已成为当今航空航天结构分析中应用最广泛的数值计算方法。

在航天型号可靠性分析中，各系统的重要受力结构和运动机构，在方案、初样阶段，以及在试样阶段发生结构尺寸或材料变化时，均需采用有限元分析方法，对产品的机械强度和热特性进行分析，评价是否满足安全系数和/或剩余强度系数要求，发现受力结构、运动机构和材料的薄弱环节以及产品的过热部分，并及时采取设计改进措施。

（5）系统性能的最坏情况分析

初样阶段，以及试样阶段技术状态变化时，分系统、总体均需对影响任务成败的主要性能指标进行最坏情况分析。首先分析系统在任务剖面内可能遇到的最坏情况（影响参数达到极值、环境条件达到极限、工作条件达到极限或以上因素的组合），并通过工程定量分析和电压、流量或压力拉偏试验等方法，验证系统性能是否满足技术条件要求，从而为改进设计提供依据。

总体针对推进剂加注量、运载能力、分离间隙、入轨精度等性能指标需进行最坏情况分析；各分系统可靠性大纲中，明确规定本系统要针对哪些性能指标进行最坏情况分析，下属产品要针对哪些性能指标进行最坏情况分析。

（6）功能测试、存放、装卸、包装、运输和维修对产品可靠性的影响分析

方案、初样及试样阶段，设计人员对产品从总装车间到靶场、从技术阵地到发射阵地所经历的运输、存放环境及有关操作进行分析，研制具有减振、防潮湿、防盐雾、防霉菌等功能的包装箱，对装卸、运输设备及发射场提出环境防护设计要求和空间、方位等限制性要求。这些要求都反映到相关产品设计任务书和产品技术条件中。

功能测试有可能耗损产品寿命。试样阶段，设计人员对产品从验收交付、总装测试、单元测试、综合测试、匹配测试到总检查测试等过程中产品的动作次数、工作时间、测试应力等进行分析和汇总，据此优化寿命有限产品的测试方法或者限制测试应力（测试电流、测试压力等）。

3.3.1.5 可靠性评价

可靠性评价可分为定性评价和定量评估。定性评价可通过检查确认和分析可靠性大纲落实情况、可靠性设计情况、可靠性分析（可靠性预计、故障模式及影响分析、空间环境影响分析、最坏情况分析等）情况、可靠性试验情况、质量问题归零情况等来定性评价产品的可靠性；定量评估是利用可靠性模型、方法和数据来定量评价产品的可靠性。方案转初样、初样转试样前，分系统、总体均需完成可靠性定性评价，形成可靠性设计分析报告。型号首飞前，分系统、总体均需按照型号总体制定的可靠性评估大纲完成可靠性定量评估，形成可靠性评估报告，并综合评价研制阶段可靠性工作，形成可靠性分析报告。

3.3.2 安全性

安全性是指不发生事故的能力，是一个十分重要的质量属性，直接影响到型号研制的成败。安全性保证目标是确保对所有项目的设计、研制、生产和操作有关的安全性风险进行识别、评价和控制。

型号安全性工作系统由总指挥、总设计师、型号办、各参研单位计划部门、设计部门、质量部门、技安部门等组成，各部门（人员）职责明确，接

口协调。方案阶段早期，型号总体根据QJ 2236A—99《航天产品安全性保证要求》等标准制定型号安全性大纲，分系统单位结合本系统的特点制定本系统实现总体安全性要求的工作方案，制定分系统安全性大纲，并分发给本系统配套单位，作为指导本系统及下属单机开展安全性工作的纲领性文件。

初样阶段早期，型号总体和分系统需对安全性大纲（或分系统可靠性、安全性、维修性大纲）进行适当修订，进一步细化和完善本系统安全性工作策划。

3.3.2.1 开展安全性设计

方案、初样及试样阶段，型号总体、各分系统应逐条执行YW 1339—99《导弹与运载火箭系统安全性设计准则》的相关安全性设计要求。完成设计后，在安全性设计分析报告中说明安全性设计落实情况。

3.3.2.2 进行风险分析

风险分析主要任务是对识别的危险进行定性或定量分析，确定风险发生的可能性和严重性，为系统设计时根据危险指数采取措施提供依据。表3–2为风险指数矩阵。

表3–2风险指数矩阵中包括危险严重性和危险可能性两个方面。危险严重性分为灾难的、严重的、轻度的和轻微的4等，危险可能性分为经常、有时、偶然、很少和极少5等。对表3–2中不同的风险指数，所采取的一般处理原则列于表3–3。

表3–2 风险指数矩阵

危险可能性等级	危险严重性等级			
	Ⅰ（灾难的）	Ⅱ（严重的）	Ⅲ（轻度的）	Ⅳ（轻微的）
	风险指数			
A（经常）	1	3	7	13
B（有时）	2	5	9	16
C（偶然）	4	6	11	18
D（很少）	8	10	14	19
E（极少）	12	15	17	20

表3-3 不同风险指数处理原则

危险的风险指数	处理原则
1 ~ 5	不可接受，必须采取措施消除或降低，使其达到可接受的程度
6 ~ 9	有条件的接受，并采取针对性措施
10 ~ 17	经评审或审批后可接受
18 ~ 20	可接受

3.3.2.3 进行危险分析

危险分析是对型号的设计及特性进行系统化定性分析，也就是对危险演变过程的分析。

方案、初样及试样阶段，各分系统、型号总体需开展危险分析工作。分系统安全性大纲中应明确本系统中需要开展危险分析的单机、部段。危险分析的主要步骤为：

（1）识别一般危险源和故障危险源

一般危险源（不影响产品任务，但存在安全事故威胁）的识别：根据产品固有的特性，参照QJ 3139—2001《危险分析方法和程序》填写一般危险源及能源清单。故障危险源（导致任务失败的同时又引发安全事故的故障）的识别：在故障模式及影响分析的基础上，识别故障危险源。

（2）填写危险分析表

针对一般危险源及能源清单、故障危险源清单，分析危险事件、后果、严重性、可能性、风险指数，获得对设计方案的初始风险评价，并根据危险产生的原因，制定消除风险或将风险降低到可接受水平的安全性措施，如：采用安全性设计、策划安全性试验、制定测试操作安全规程等。

试样阶段，型号总体及各分系统对型号从推进剂加注到基础级火箭点火起飞的相关操作流程进行危险分析，尤其针对型号在技术阵地已加注好、在发射阵地必须确保安全的特点，梳理涉及一般危险源及能源、故障危险源的操作流程，并对其风险进行评价，提出安全措施。分析时可从不按顺序操作、遗漏操作步骤、在错误的场所执行危险操作、各种危险操作相互影响等方面来识别产生危险的原因，并列出已采取的和需要进一步采取的危险防护、危险检查、危险隔离、危险处理、防误操作等措施。操作危险分析可填写操作危险分析表，并形成独立的报告，也可反映在相关报告中。

3.3.2.4 判别安全性关键项目

安全性关键项目是指对安全性有重大影响，其故障结果为灾难的（Ⅰ类）或风险指数为1～5的项目。从方案、初样到试样阶段，分系统、总体在危险分析、操作危险分析、飞行危险分析的基础上，确定安全性关键项目，填写安全性关键项目清单，并从设计、制造、检验、试验、测试、操作等方面，对安全性关键项目采取有效的控制和处理措施，包括：

1）对安全性关键项目的设计、元器件选用、试验、生产和检验应制定专门的加严控制措施。

2）加强技术状态控制，当技术状态改变时，应分析其对安全性的影响，严格审批。

3）进行潜在状态分析、故障树分析或安全性量化分析等。

4）在试验安排上优先考虑安全性关键项目，进行充分的验证。

5）超差代料处理时分析对安全性的影响，严格审批手续。

3.3.2.5 开展安全性评价

安全性评价可采用定性评价和定量评估两种方法。安全性定性评价可通过分析安全性大纲落实情况、安全性设计情况、危险分析情况、安全性试验情况等来定性评价产品的安全性。安全性定量评估可采用概率风险评估（Probalitistic Risk Assessment，PRA）等方法来完成。转阶段前，分系统、总体均完成安全性定性评价，形成安全性设计分析报告；首飞前，分系统、总体均形成安全性分析报告。

3.3.3 维修性、保障性、测试性与环境适应性

3.3.3.1 维修性

当产品发生故障后，可通过维修恢复和保持产品的可用性，产品的维修能力用维修性衡量。维修性是指在规定的条件下和规定的时间内，完成对故障产品维修而保持或恢复规定功能的能力。

维修性要求有以下几方面特点：

1）维修性也是相对一定的维修条件、一定的维修时间要求而言的，规定

的维修条件不同、维修时间不同，维修性也随之不同。

2）维修性是完成故障维修快慢的度量。

3）维修性也是对故障维修难易程度的度量。

维修性工作要求主要有以下内容：建立维修性工作系统；制定（修订）维修性大纲；制订维修性工作计划；开展各项维修性设计、评审、试验和评价工作。

3.3.3.2 保障性

保障性是指产品固有的使用特性和必备的保障资源能够满足发挥产品的使用效能的能力。产品的保障性首先要求产品在设计时就能体现使用与维修符合人机工程学要求，使用操作与维修作业简便，产品好用，这是产品内在的使用特性，也是产品的一种质量属性。

产品保障性还依赖于产品以外的保障资源完善程度，这些保障资源既有硬件方面的，也有软件方面的。产品保障性设计与保障手段的完备必须在产品研制一开始就要综合考虑，并随产品研制计划同步实现。

保障性工作要求主要有以下内容：明确战标对导弹武器系统保障性要求；规划维修、人员和人力需求；供应保障和训练保障；保障设备、设施和技术资料的提供；计算机和计量保障；包装、装卸、贮存和运输要求；保障性评价工作。

3.3.3.3 测试性

测试性是指产品能及时、准确确定其状态（可工作、不可工作或性能下降）并隔离其内部故障的一种设计特性。其工作目标是确保全箭（弹）达到规定的测试性要求，使系统工作状态提前得到考核与验证，提高型号任务成功率，减少对维护人员和其他资源的要求，并为型号管理提供必要的信息。航天型号产品的测试性工作主要有以下特点。

1）测试性是产品质量的重要组成部分，将良好的测试性设计到产品中去，消除或减少不可测项目。

2）应从设计早期开始与性能设计、可靠性设计等综合考虑，同步开展测试性设计。

3）在产品设计早期，需要充分考虑产品在系统测试阶段的免测试、快速测试及智能化测试能力，适应系统快速测试的要求。

4）测试应尽量减少对性能、可靠性和安全性的影响，防止引入灾难性的（Ⅰ类）故障模式和严重的（成败型）（Ⅱ类）故障模式。

测试性工作主要有以下内容：制订（修订）测试性工作计划、测试方案和测试性要求；测试性数据收集与分析；测试性设计与分析；测试性评审、会签、验证。

3.3.3.4 环境适应性

环境适应性是指产品在寿命期内预期经历的各种环境条件下具有完成规定工作的能力。其工作目标是通过规范化的工程计划和管理，使型号各级产品能够系统全面、合理有效地进行环境设计、试验和评价工作，从而保证产品在寿命期内经历的各种环境下具有完成规定工作的能力。

环境适应性工作要求主要有：获取与分析环境数据、开展环境条件设计、进行环境条件分解、组织开展环境试验、完成环境适应性评定等。

环境控制是型号总体的一项核心技术，也是型号总体设计工作中的一个重点，准确把握上天的环境，就能取得成功，否则，就会失败。通常要制定环境控制大纲，对环境要求进行分解，并逐级进行检查确认。

3.4 航天工程技术方案

所谓技术方案，就是围绕更高一级系统对本级系统或产品提出的功能指标要求，在广泛调研、充分论证和先期试验的基础上，以实现任务要求为目标，最终确定采用的工程规划和技术路线。按照不同的工程层次，可以将技术方案分为总体技术方案、分系统技术方案、产品技术方案和工艺技术方案等。从组成要素上来说，技术方案是以技术为基础，由人、财、物等技术要素和保障条件等共同组成，为达到某种目的和满足某种需要的一种有机组合。一般来说，在技术方案论证过程中，通常会提出多个方案进行筛选，经过比较分析、综合评价，最终选择出最优方案。

航天工程技术方案从全局上决定着型号的研制是否能够顺利进行，并最终决定型号的飞行任务能否成功。早期，我国自行设计研制的某型号在首次发射后，出现了较大的箭体摆动和滚转，继而发动机起火，导致箭体失控坠毁。根据故障分析结果，技术人员提出了提高动力装置的可靠性、增加控制系统的稳定性、提高弹体强度和增加安全自毁装置等总体设计方案的改进措施。上述改进措施实施后，型号飞行试验取得圆满成功。

系统工程实践经验表明，技术方案不仅在型号研制过程本身的可实现性、经济性和制造周期方面起着决定作用，而且决定了型号产品交付后全寿命周期的可靠性、安全性、测试性、维修性、保障性和环境适应性。

3.4.1 技术方案论证与确定流程

技术方案选择是指根据型号技术指标的要求，按照系统工程的观点，在诸多约束条件下对多种设想方案和技术途径进行论证和选择，并制定设计任务要求的过程。

对于航天工程来说，由于设计性能要求高、可参照子样少、所需新技术较多、仿真难度大、环境恶劣（包括制造、试验、转运、发射和飞行/在轨环境）以及研制成本高、周期长等特点，整个任务剖面内风险环节多、等级高。因此，总体方案或分系统方案选择时，应以性能、成本、风险等诸方面的均衡为出发点进行设计。

一般而言，航天工程技术方案的确定包括方案论证、试验验证及具体实现三个阶段。

3.4.1.1 方案论证阶段

方案论证阶段的主要任务是根据型号战术技术指标的要求，按照系统工程的观点，对多种设想方案和技术途径进行论证、比较、筛选和评价，力求方案简单可靠，方案设计正确合理可行，实现型号技术方案的整体优化。一般多方案论证分为两个层次：第一层次以多个总体方案为对象；第二层次以分系统方案为对象。每个对象的比较因素随对象特点不同分别影响了方案合理性、技术复杂程度、风险度、衔接性、经济性、研制周期等。方案阶段形成的各项数据要求设计准确、核算无误。图3-12为早期火箭研制过程中，设计人员讨论技术方案。

3.4.1.2 试验验证阶段

在试验验证阶段，对制定的总体和分系统技术方案进行试验验证。试验

图3-12 早期火箭设计人员讨论技术方案

验证工作要求系统策划，重点围绕关键技术和重要功能、性能、技战术指标和可靠性等方面制定试验规划，充分考虑试验状态的正确性，同时注重仿真分析的参照验证，通过充分的试验和全面的测试覆盖，达到全面验证设计方案正确性及设计接口协调性的目的。从方案阶段开始就应充分考虑总体、分系统、单机地面试验项目设置的合理性、试验内容和试验参数的全面性，试验结果分析的科学性、系统性，保证整个系统试验工作合理、全面、有效。在设置试验项目的同时，要充分考虑经济上的可承受能力和可行性，一般而言，试验费用要占到研制经费的很大份额，所以既要做到试验充分，又要做到经济上的切实可行。

3.4.1.3 具体实现阶段

具体实现阶段是指将纸面设计的技术方案落实到型号实物产品的研制环节。该阶段应在方案论证、试验验证的基础上进行系统协调设计，形成完整、确切、操作性强的技术实施方案；在完成大型地面试验的基础上，制造产品及开展相关地面验证试验，实施系统性靶场合练和飞行试验，对产品的性能进行全面的考核与检验。

3.4.2 技术方案的关键点

技术方案一旦确定之后，产品的工艺可实现性随之确定，也就是说，产品的固有质量随之确定。为确保技术方案成功，必须关注两个方面的内容：一是在技术方案确定过程中加强设计与工艺的相互融合与无缝连接，通过充分的技术交底和工艺可行性分析，提高运载火箭的工艺可实现性和可制造性；二是围绕型号全寿命周期重点开展可靠性研究工作。

设计和工艺之间要有持续良好的互动，型号研制过程中，将这种积极互动称为“技术交底”。所谓技术交底，就是型号设计人员将设计意图详细全面地提供给工艺技术人员，而工艺技术人员将可制造性、工艺性、保障能力的限制等情况全面清晰地反馈给型号设计人员的过程。技术交底工作贯穿于型号研制的各个阶段，设计人员应主动了解现有的工艺技术条件，针对设计方案及重大技术状态变化，向工艺人员进行技术交底。工艺人员应主动了解产品设计意图、技术要求、重大技术状态变化以及可能采用的新结构、新技术、新材料等有关内容，提出设计结构工艺性、适应性、制造经济性等方面的意见和建议，并将拟采用的工艺方案、工艺技术、工艺保障能力向设计人员进行交底。技术交底后，设计人员、工艺人员根据交底项目、内容及技术要求，共同梳理出需要开展工艺攻关与工艺试验的项目。

为达到提高产品设计质量的目的，在产品技术方案的制定上，需要运用有效的可靠性设计方法来提高产品固有可靠性，提升风险识别能力，实施风险控制。在技术方案确定的整个过程中，总体和分系统都要进行可靠性设计，都应把可靠性作为一项设计指标进行分配。此外，总体在选择总体技术方案和参数时要简化系统，采用具备充分预先研究基础的成熟技术，并采取冗余、容错和改善环境设计等措施，减小分系统和单机单位的研制压力。分系统要按照可靠性设计规范进行抗热、抗振、电磁兼容、抗干扰、极限应力、降额等设计，并开展可靠性试验，进行环境应力筛选、可靠性增长及可靠性验证试验，最后对可靠性进行评定验收，从而增加单机级和分系统级的可靠性。

综上所述，技术方案的制定要从产品实现的全过程考虑，以吃透技术为基础，以产品满足设计要求为出发点，应做到正确、合理、可行、低成本，设计力求简洁、正确、可靠，最终产品要落实工艺可实现性、设计可靠性、安全性和维修性、环境适应性、时间性、经济性等。

3.5 技术状态的继承与创新

航天工程研制，既要满足按时完成计划、控制研制成本、具备高可靠性指标的要求，又要满足日益提高的大工程总体要求、适应不断变化的任务剖面、总体指标和综合性能提升、提高使用经济性等要求。需要不断借鉴国内外现役型号的研制经验和设计方法，在继承的基础上创新。

3.5.1 航天工程技术的继承

航天工程研制的复杂性和风险性，决定了在型号研制过程中必须强调利用成熟技术，甚至直接利用已经研制成功并装备型号的相关硬件。需要强调的是，在新型号的方案设计阶段，应对借用的成熟技术（产品）进行全面的分析并逐级审查，要重点围绕环境适应性和接口正确性进行再分析和二次确认，杜绝因对借用产品分析不到位而带来的新问题和新隐患。新技术、未经充分验证的技术，只有在现有技术不能满足预定任务要求的情况下，才考虑应用，且必须经过较长时间，充分、全面的系统试验和验证。国内外航天计划中，对于新技术的采用都十分谨慎，一般不超过20%～30%的比例。

中国航天工程的研制走的正是借鉴与创新之路。1956年春，国务院总理周恩来主持制定了国家《1956—1967年科学技术发展远景规划纲要（草案）》，这个规划包括57项重要新型科技项目，火箭与喷气推进技术是其中的7个重点项目。根据这个规划，我国开始了包括组建第一个导弹研究设计机构在内的一系列筹备工作。20世纪50年代末期，国防部第五研究院在苏联专家的援助下展开了苏联P-2导弹仿制工作。1960年8月，中苏两国关系进入紧张状态，苏方援助彻底终止，促使中国导弹和运载火箭事业的发展模式完全转型为依靠自身力量、自力更生寻求突破。经过努力，在导弹武器研制成功的同时，长征一号（CZ-1）火箭应运而生，并于1970年4月24日，发射了中国第1颗人造地球卫星“东方红一号”，标志着中国进入太空的开始，中国航天事业也因此开始受到全世界的关注。此后，中国运载火箭进入快速发展期，先后从长征一号系列研发出长征二号、长征三号、长征四号系列，且每一个系列均包含多个不同型号。各型号除借鉴本系列的已有型号的成熟技术外，还同时借鉴其他系列型号的成熟技术，形成了交叉继承、快速发展的局面。

技术状态继承是航天型号新产品研制的基本原则。图3–13显示了航天一院现役主力长征系列运载火箭“有序继承、渐进发展”的脉络。由于发动机研制周期较长，因此我国在运载火箭研制过程中，始终坚持动力先行的原则，即在型号研制尚未完全启动之前，先期开展发动机研制，使发动机的研制能够跟上总体的研制进度。

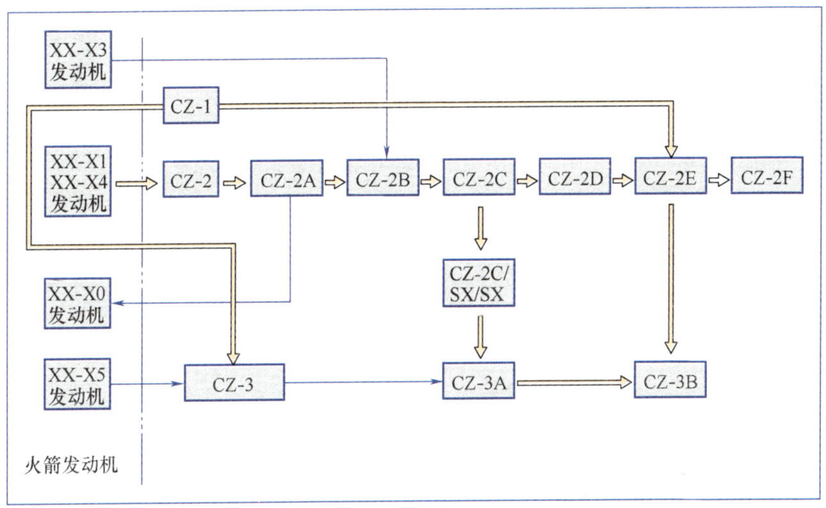

图3–13　我国现役运载火箭及其主发动机发展脉络图

目前，我国长征系列运载火箭经过不断的技术继承与创新，走过了从常温推进到低温推进、从串联到捆绑、从一箭单星到一箭多星、从发射卫星到发射载人飞船、空间探测器等技术历程，逐步发展成为由多种型号组成的运载火箭家族（如图3–14所示），具备进入低、中、高等多种轨道的能力，入轨精度达到国际先进水平，并且实现了发射人造地球卫星、载人飞船和月球探测器三个中国航天发展的标志性里程碑事件。

目前，正在研制中的远征系列上面级火箭（见图3–15）很好地贯彻了产品化、系列化的理念。从小上面级到大上面级，再到先进上面级，通过摸索和有序继承，形成了许多共用技术平台。

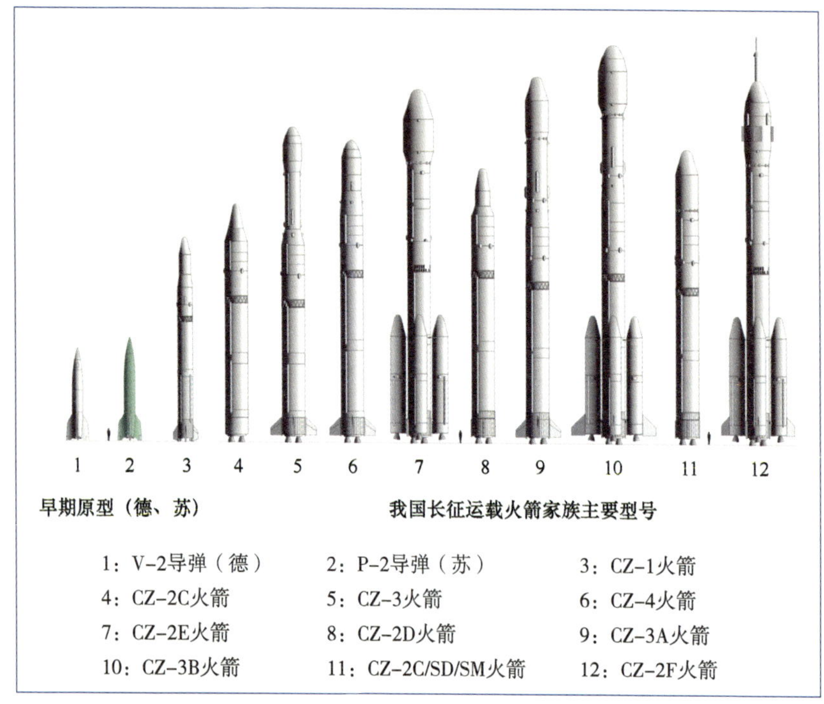

图3-14　我国长征系列运载火箭各系列典型火箭图谱及德苏早期原型

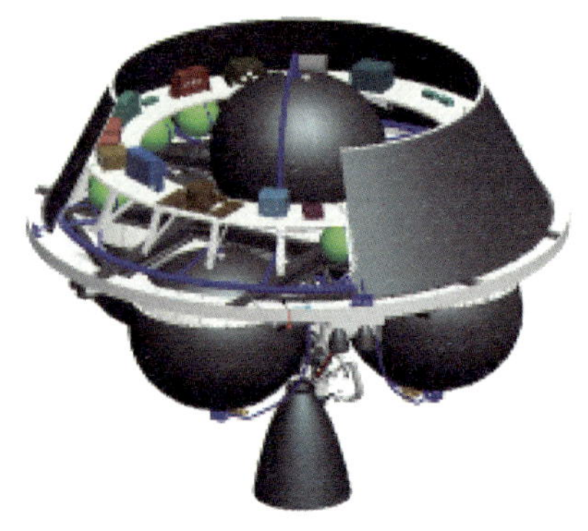

图3-15　在研的先进上面级飞行器

3.5.2　航天工程技术的创新

技术创新是航天科技工业进步的动力源泉，是航天后续型号可持续发展的重要保证。每一个在飞火箭型号的成功，很大程度上都是因为它们“站在巨人的肩膀上”，也就是对前人技术和国内外退役及在飞型号经验教训的总结基础之上；但是，仅仅站在巨人的肩膀上还不行，还要担负起新型号性能提升、成本降低，以及在降低操作复杂性、提高可靠性上取得进展和突破的责任。我们重视设计技术继承，但技术创新同样重要，很多时候，是否能够大胆合理地使用新技术还会成为能否完成预定任务的关键因素。

纵观中国长征系列火箭50多年的发展实践，最为突出并贯穿始终的就是自力更生和自主创新，在型号研制指导思想上始终贯彻高标准、高起点、自主创新的原则，坚持“总体—集成—创新”的方向，即以总体设计部为龙头，高度重视总体集成技术的发展和创新。同时，也在抓好各类专业核心技术的创新上狠下功夫，尤其是重视对总体有关键影响的分系统、单机，甚至单项技术，将其作为重点突破的方向，突破型号研制瓶颈。在技术创新过程中，坚决摒弃脱离技术指标、质量、可靠性，脱离实际需求的“技术大跃进”，特别是没有预先研究基础的“跃进”，倡导大胆应用那些有预先研究储备，对提高系统的技术指标、质量与可靠性、使用性和可继承性等有实质性好处的新技术、新措施。即使这些新技术、新措施在当时可能还需要进一步验证，只要有把握，并且把握得住、把握得准，也照样可以使用。

长征二号F运载火箭是我国第一种载人运载火箭，是成功实现技术状态创新的典型代表，它在充分继承长征二号E火箭的成熟产品和成熟技术的基础上，为适应载人航天高安全、高可靠的要求，进行了可靠性改进，解决了一系列技术难点，采用了多项新技术。例如：一是增加了逃逸系统，研制了火箭故障逃逸仿真系统并对火箭310余种故障模式及逃逸飞行进行了研究和仿真，确定了逃逸判据，研制了既能保证正常飞行又能满足逃逸要求的整流罩及支撑机构、纵向解锁机构、栅格翼等逃逸机构；二是增加了故障检测处理系统，具备实时对火箭状态进行诊断和逃逸控制的能力，为保证宇航员的可靠逃逸，具有多种逃逸指令方式；三是可靠性指标由不载人火箭的0.91提高到0.97。

以运载火箭为代表的航天工程技术创新还在不断深入，目前，我国长征五号、长征七号、长征十一号运载火箭即将首飞，重型运载火箭已进入议事日程（见图3-16）。远征系列上面级火箭的性能、结构、关键技术

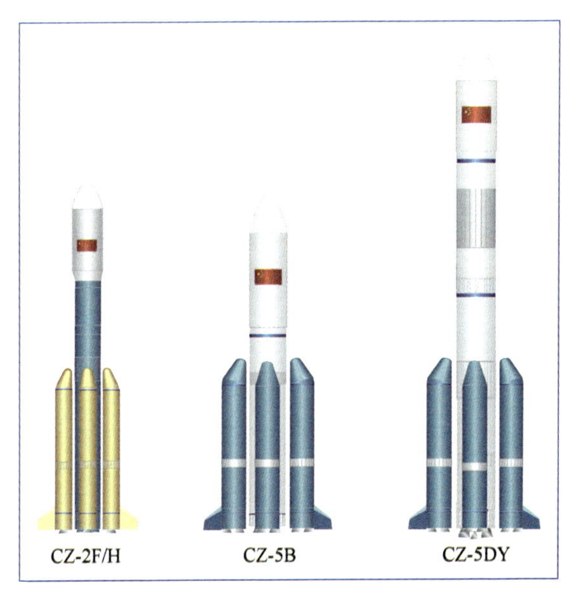

图3-16　我国在研的几个新型运载火箭型号

取得长足进步，也将首飞。此外，根据各自的特点和任务模式，上面级总体技术、地面技术以及空射火箭技术均取得了较大进展。

近期，我国将全面提高运载火箭的整体水平和综合能力，拓展航天运输系统的应用领域，并为建立完善的航天运输系统奠定基础。以研制新一代运载火箭为重点，全面提高我国运载火箭的运载能力和快速响应能力。不断改进现有运载火箭，提高可靠性和适应能力。

远期，为应对快速、灵活发射小卫星的需求，我国将建成更为完善的航天运输系统。以研制重复使用运载器为重点，首先研制出两级重复使用运载器，初步建立天地往返运输系统；在突破单级入轨运载器的关键技术后，最终研制出快速、机动、廉价、可靠的单级入轨重复使用运载器；以深空探测、星际载人飞行、建立空间基地为目标，开展新概念航天运载器研究。

3.6 火箭技术状态管控

技术状态是指技术文件规定的并在产品中达到的功能特性和物理特性。运载火箭的技术状态确认是指在某一时段内经过权威审查论证或经过实际取样，对火箭产品（包括方案、硬件和软件）所具备的理化属性和所能达到的功能与性能进行确认。

技术状态管理是确定一个项目在其全寿命周期间的功能特性和物理特性，并控制这些特性的变化过程及其完成状况的管理方法，主要应用于复杂系统研制过程。技术状态管控是实现产品状态文件化，并对产品状态实施控制的系统方法。技术状态管控是全面质量管理过程中的重要环节，它可促进产品不断贯彻标准化，控制成本与进度，完善资料与信息，控制产品质量达到设计指标。

从实施层面，火箭技术状态管控是指在技术状态文件正式确立后，采用技术管理和行政管理的方法对产品的技术状态实施监督、控制和指导，运载火箭等航天产品的技术状态管控主要包括两方面的工作，即技术状态（基线）确定和技术状态控制。重点是要做好技术状态控制，关键是技术状态更改控制。在技术状态更改中要重点考虑技术状态更改的影响，开展技术状态更改影响域分析，对技术状态产生影响的偏离和超差进行评价、协调、审批以及实施。

通过总结运载火箭等工程技术状态管控经验，国家有关部门和航天系统先后颁布了GJB3206-98《技术状态管理》、QJ3118-99《航天产品技术状态管理》和Q/QJA32-2006《航天产品技术状态更改控制要求》等标准，对航天产品研制技术状态的管理进行了系统的描述和规定。

3.6.1 技术状态基线

技术状态基线是在技术状态项目寿命周期内某特定时刻正式确定的技术状态文件。在火箭的研制、生产过程中，一般会建立三种技术状态基线，即功能基线、研制基线和生产基线。火箭产品三个技术状态基线确定的时间通常为：①论证阶段后期建立“功能基线”，方案阶段初期确认；②方案阶段后期建立“研制基线”，工程研制阶段初期（初样阶段）确认；③定型（鉴定）阶段建立“生产基线”，生产基线是产品批量生产的依据。

上述三种基线对应的技术状态文件分别是：①在论证阶段编制形成的功能基线及其已被批准的更改所组成的功能技术状态文件；②在方案阶段编制形成的研制基线及其已被批准的更改所组成的研制技术状态文件；③在工程研制阶段、定型（鉴定）阶段编制形成生产基线及其已被批准的更改所组成的生产技术状态文件。

基线是上一阶段工作的成果，下一阶段工作的依据。形成三种技术状态基线的三类技术状态文件的过程，是从功能技术状态文件到研制技术状态文件，再从研制技术状态文件到生产技术状态文件的层层衔接过程。这三类技术文件之间应接口一致、内容协调，并具有可追溯性，而且后者应对前者进行扩展和细化。如果三者之间出现矛盾，其遵循的优先顺序是：功能技术状态文件→研制技术状态文件→生产技术状态文件。

3.6.2 技术状态控制

火箭技术状态控制始于功能基线确定之时，贯穿于产品研制、生产的全过程。对火箭技术状态项目实施技术状态控制的基本工作内容包括：有效地控制对所有技术状态项目及其技术状态的更改；制定有效的控制工程更改、偏离和超差的程序与方法；记载更改造成的所有影响，将已批准的技术状态更改纳入技术状态项目及其相关的技术状态文件，确保已批准的更改得到正确的实施。

运载火箭总体设计、分系统设计、单机设计、生产，都要经过严格的审核、评定和批准程序，这些规范化和标准化的程序，实际上反映了技术状态控制过程。

在运载火箭研制各阶段技术状态控制管理工作中，按照研制技术流程，可以将研制过程划分为若干个状态控制阶段，每个阶段的转换均作为关键状态确认点；此外，根据专项测试项目、系统试验项目的安排，每个阶段又细分若干个子项，作为技术状态的控制点。在关键状态确认点，对箭上产品状态相对上一阶段变化情况进行确认，包括设备、软件、连接器、保护件、测试设置等状态等；在技术状态子项控制点，对测试设备准备、测试细则、技安检查项目和故障预案等情况进行确认。围绕技术状态控制管理目标，在火箭研制各阶段，重点从两个方面进行控制管理：一方面，以前次飞行状态为技术状态更改基线，对产品的技术状态更改进行控制管理；另一方面，进行火箭研制各阶段配置状态和设计状态的控制管理。从研制各阶段技术状态控制管理的执行情况来看，技术状态控制点的控制到位，对于有效保证测试和试验的质量十分重要。

3.6.2.1 技术状态更改

产品的研制过程是一个动态过程。在这个过程中，技术状态项目可能会发生某种更改，而且更改可能不止一次。因此，产品的技术状态是随着型号研制不断完善的。

技术状态更改分为两类：一是在指挥系统和设计师系统主动提出的技术更改；二是被动的，由未被察觉的因素引起的技术状态变更。应当指出的是，任何更改都是对基线的更改。技术状态基线加上已批准的工程更改，构成现行有效的技术状态文件。

更改控制，就是对工程更改建议文件（更改单）进行筛选和评定，对偏离文件（技术通知单）和超差申请进行审批处理。更改控制的目的是防止不必要的更改，加速有价值的更改，从而优化设计。更改控制的重点是产品性能指标和使用特性、接口特性、电磁特性、协调尺寸及结构的重大变动等涉及产品功能特性和物理特性的设计更改。更改控制的内容、目的和重点表明，技术状态控制是否有效，直接影响了产品的设计质量和可靠性。

在火箭技术状态确定之后，对火箭技术状态的控制就成为型号总体和系统工程师的一项重要任务。由于火箭是一个复杂的系统，参加研制的单位多，相互关联，相互制约，往往牵一发而动全身，因此，对技术状态项目的更改，必须持谨慎态度，实施严格控制。为了严格技术状态控制，更改必须通过一定的程序来实现。控制程序包括提出更改建议，对更改建议进行评定、审批、实施和验证等。通过这些程序，使产品基线的一切更改都在受控情况下进行。如果忽视或跨越其中任何环节，都可能造成源头的失控，导致严重的后果。在国内外工程系统的实施和实践中，由于技术状态失控造成了发射失利或部分失利，其教训都很深刻。导致技术状态失控的原因很多，但究其根本，主要是没有严格实施技术状态管理或对技术状态更改后影响分析不全面。

（1） 技术状态更改的原则

通过不断总结完善，航天一院形成了“论证充分、各方认可、试验验证、审批完备、落实到位”的技术状态更改五项原则：

1）论证充分。在提出更改建议（申请）前，提出单位对更改的必要性、正确性和可行性及更改带来的影响进行全面、系统的论证。

2）各方认可。更改所涉及的各相关部门和（或）相关技术系统对更改的必要性及更改方案的可行性有清楚的认识，形成共识，并做好技术接口的协调。涉及合同、国家计划任务、工艺装备、生产进度和经费时，还必须得到上级领导、用户以及相关部门的共同评价认可。

3）试验验证。以试验等方式来证实更改方案的正确性、可行性、有效性。

4）审批完备。对所有涉及更改的技术状态文件，均按规定的职责和程序进行审查和批准，并签署完整。

5）落实到位。对已批准的技术状态更改要求，各相关部门均贯彻执行、落到实处，做到文文一致、文物相符。落实到位包含文件更改到位、产品实现到位和落实情况监测到位等。

“五项原则”是一个紧密联系的整体，虽然第一项和第二项原则更为重要，但五项内容环环相扣，缺一不可，不能忽视其中的任何一项原则。实践证明，严格落实技术状态更改五项原则，可以保证系统研制的完整性和可追溯性，保证更改对相关系统的影响都得到认可。

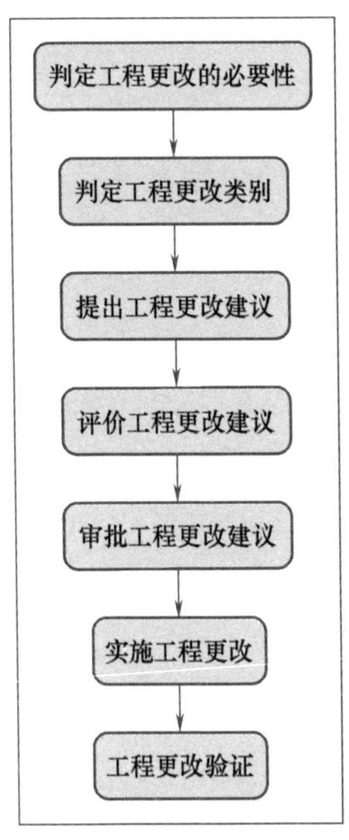

图3-17 工程更改控制流程

（2）技术状态更改的程序

在工程实践中，技术状态更改也称为“工程更改”，工程更改应遵循一定的程序（如图3-17所示），其过程应包括更改的必要性论证、判定工程更改的类别、提出工程更改的建议、评价和审批建议、工程更改的实施和工程更改的验证等步骤。

通过“四查”，确保技术状态变化的可控性、更改的正确性。即一查影响飞行试验关键产品的技术状态和工艺状态变化的履历，二查技术状态变化的影响，三查技术状态变化验证的充分性，四查技术状态变化的落实结果。

（3）技术状态更改的分类及原因

运载火箭产品技术状态更改根据其可能对研制进程或型号生产产生的影响程度不同，分为三类，即1、2、3类更改。更改原因包括：完善设计、设计改进、纠正设计错误、总体要求、使用要求、协调要求、工艺要求、标准更新、转阶段要求、纠正描制图错误等。其中：1类更改指不涉及产品功能特性和物理特性的文件性更改；2类更改指涉及产品功能特性和物理特性的一般更改，如提高使用性能，改变表面状态等；3类更改指涉及产品功能特性和物理特性的重大更改，如设计方案变更、接口特性变化等。

3.6.2.2 偏离和超差

在产品实际的生产、加工制造以及组装装配过程中，受制于工艺条件和能力，很多时候不可避免地出现设计文件中参数的偏离和超差，应按照图3-18和图3-19所示的控制流程进行控制。偏离是指在制造前，针对特殊用途，对该产品的某些方面在限定的数量或期限内，可以不按其已被批准的现行技术状态文件要求进行制造的一种书面认可；超差是指在制造期间或检验、验收过程中，发现某些方面不符合已被批准的现行技术状态文件规定的要求，但不需修理或用经批准的方法修理后仍能使用的一种书面认可。

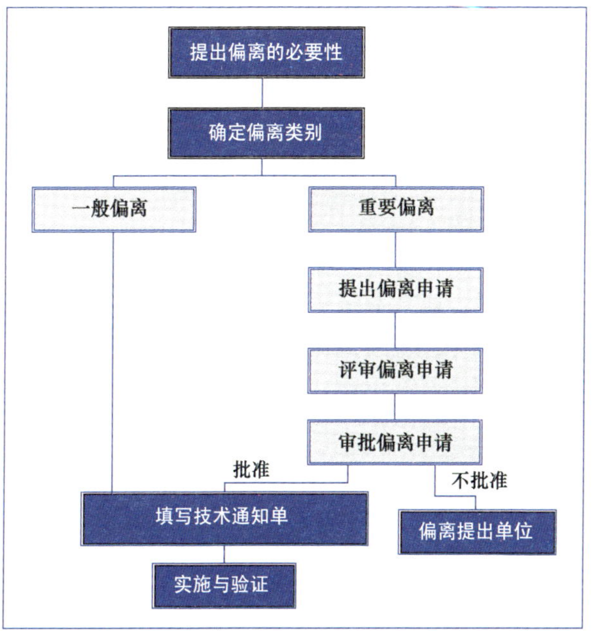

图3-18　偏离控制流程

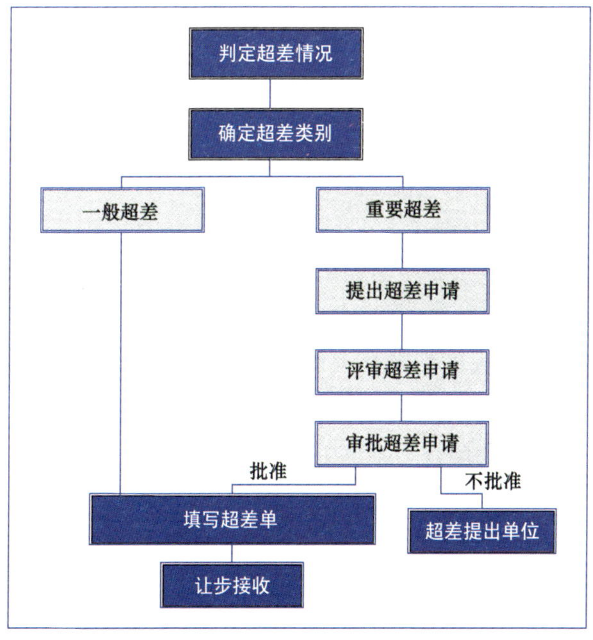

图3-19　超差控制流程

但需要说明的是，一般不能申请以下内容的偏离和超差：①涉及安全性的偏离和超差；②属于灾难性和致命性缺陷的偏离和超差；③影响使用和维修的偏离和超差。

3.7 设计复核复算

确保一次设计成功、达到零缺陷的设计要求是航天一院质量文化的内涵之一。设计复核复算是对尚未经过飞行考核的技术、直接影响飞行成败和安全的问题或借用已有型号产品出现疑问的技术，组织同行专家对设计进行复核复算，对产品设计再一次质量把关。

设计复核复算是在设计输出确定（完成）后，为验证（校核）设计输出是否满足设计输入的要求，由独立于本型号设计师系统之外的同行专家，依据设计输入对设计输出（含设计图样、研试文件、软件源程序与文档等）进行独立的核对和计算，并对原设计提出意见和建议的活动，是从源头抓起的重要措施之一。

通过各阶段的设计复核复算，充分利用专家资源，结合专业设计师队伍，采取自下而上、自上而下的信息传递路线确定复核复算项目，及时发现原设计中的考虑不周、设计不合理、元器件使用不当等问题，并对专家组提出的建议进行逐条分析和落实，使型号的设计质量和可靠性水平得到提高。

3.7.1 复核复算的形式和特点

复核复算工作贯穿于型号研制的全过程，航天一院经过多年的实践，已形成了常态的复核复算机制。

按产品组成，运载火箭复核复算工作分为系统级、分系统级、单机级和重要单元级等，在组织管理上，也相应分为院级、部（所）级和研究设计室级。型号两总确定的项目为院级复核复算项目，由航天一院组织实施和审查。部（所）级复核复算项目由各单位提出，并组织实施和审查。各研究设计室确定的室级复核复算项目由相关研究设计室负责提出，并组织实施。

依据项目的重要程度，复核复算工作分为专家复核复算和专业技术人员复核复算两种：对于重大、关键复核复算项目，由独立复核复算专家组开展复核或复算；对于一般的复核复算项目则由同专业不同型号技术人员进行复核复算后，再由复核复算专家组对复核复算结果进行审查确认。

经过多年的实践，航天一院的复核复算工作形成了三个特点：一是目标明确、要求具体；二是人员落实，由主管设计师和同行专家共同参加，与同行专家共同研究系统性问题，集思广益；三是通过设计复核复算，既能及时发现设计中的薄弱环节，并采取相应措施，又能验证设计正确性，保证了工作的有效性和管理闭环。

3.7.2 复核复算项目的确定

复核复算项目是根据型号研制特点而确定的，主要以设计流程与使用流程为剖面，以型号研制质量控制要求为纵向主线，按阶段以系统、分系统、单机、重要单元等设计质量为切入点，梳理出同一项工作在不同阶段需要完成的任务及关注的重点，以此作为标准，由院、部（所）两级确定复核复算的项目。

以系统到分系统再到单机为主线，以设计流程为脉络自上而下的分解设计任务书，以使用为主线自下而上对产品交付验收、综合试验、匹配试验、总装试验、外场试验等环节开展使用流程的梳理，明确每一项工作内容和每一份技术文件的工作流向和接口关系，以保证技术参数分配的有效传递和设计输入输出的正确完整为根本目标，确定复核复算内容。

复核复算项目建立的是自下而上、自上而下的信息传递路线。在每个研制阶段初期，设计师系统根据各研制阶段的关键点确定相应的复核复算项目。例如：方案设计阶段是否存在新技术的应用以及继承性的关键技术等；初样设计阶段是否存在列入安全性、可靠性设计的关键项目和新技术等；试样阶段是否存在影响成败的关键技术及技术状态变化项目以及初样复核复算遗留项目及遗留问题等。型号复核复算项目按图3–20流程逐级确定，复核复算项目一旦确定，其结果将作为转阶段评审的条件之一。

3.7.3 复核复算的组织实施

复核复算的组织实施活动主要包括：策划复核复算、审定复核复算项目、成立复核复算专家组和审查组、启动复核复算工作、制订复核复算计划、实施复核复算、审查复核复算结果。图3–21为复核复算工作流程。

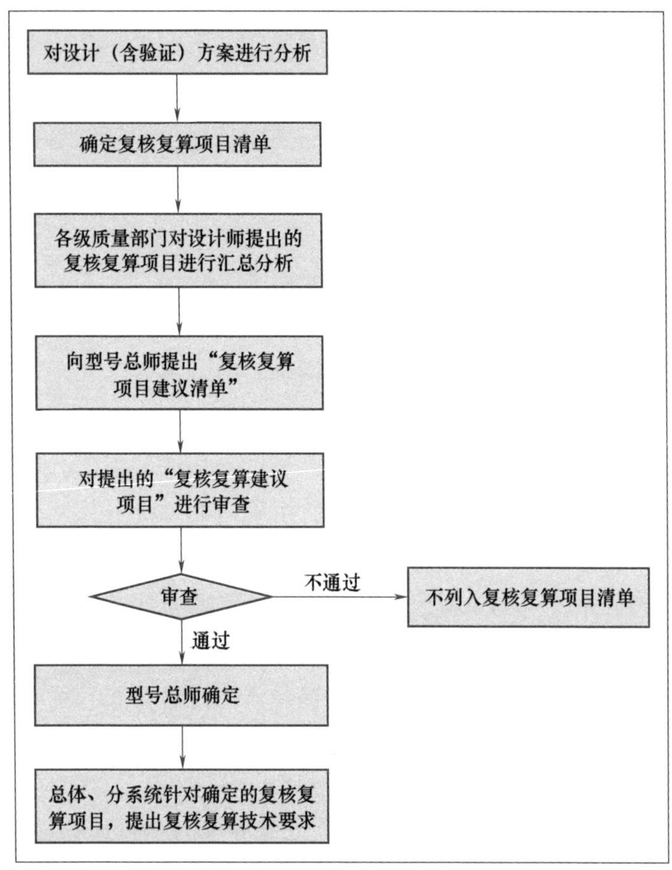

图3-20　复核复算项目确定流程

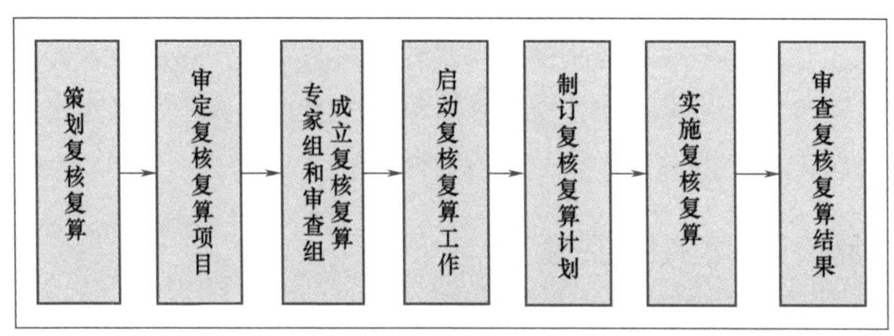

图3-21　复核复算工作流程

3.7.3.1 策划

在型号各研制阶段初期，结合型号任务要求，组织策划本阶段复核复算工作，并将策划纳入型号年度质量策划。

3.7.3.2 审定

按照复核复算项目确定的原则，审定复核复算项目，并依据确定的复核复算项目成立复核复算专家组和审查组。

3.7.3.3 启动

提出复核复算的方案，内容包括：复核复算工作背景及要求、复核复算专家组长及专家、复核复算审查组长及审查专家、复核复算项目及实施计划，明确复核复算项目完成时间、责任单位和责任人。

3.7.3.4 实施

专家复核复算前，设计师系统对复核复算项目的有关内容进行全面检查确认，向专家组汇报设计情况，包括设计基本思路、设计依据、主要参数计算公式、计算结果；研究项目中采用的新技术或关键技术；试验内容和结果等。必要时，设计师系统提供相应内容的书面报告。

设计师系统应保证提供的有关设计输入输出文件和相关试验结果分析、归零报告等完整、准确，在复核复算过程中积极配合专家的工作，任务书提出单位的有关人员应参加相关项目的复核复算。

复核复算专家组采取面谈和查阅技术资料等形式，全面了解设计情况，对有关技术文件进行复核复算和审查，对发现的问题进行甄别，对同类问题进行合并汇总，归纳梳理出专家建议项目并与设计师系统交换意见。复核复算结束后，由该项目复核复算专家编写复核复算报告并填写复核复算结论。专家组长在审批复核复算报告时，对专家建议项目进行归纳确认。

设计师系统对复核复算专家组提出的建议进行逐条分析和落实，并给出采纳或维持原状态的明确答复。对采纳的建议，制订具体落实方案和实施计划；不采纳的，书面说明理由和后果的影响程度并向专家组反馈，编写复核复算专家建议落实情况报告。

3.7.3.5 审查

在复核复算工作结束后，审查组对复核复算结果进行审查，全面评价复核复算工作的有效性和规范性，对专家与设计师系统的不同意见予以裁决，并给出审查结论。复核复算结果审查可按阶段进行，也可按单项进行，由型号根据具体情况决定。

3.8 航天型号独立评估

2013年以来，航天一院制定了型号独立评估管理办法，质量部门组织与科学技术委员会协同开展型号独立评估工作。航天型号独立评估是指由独立的第三方组织，根据特定目的，遵循评估原则，依照相关程序、标准、规范或产品设计准则，选择适当的模型，运用科学的方法，对设计结果进行分析、评价，并发表专业意见的行为和过程。目的是按照航天型号任务需求，围绕任务预期目的，从设计、试验、生产以及管理等方面，评价重大、关键项目风险识别的全面性和控制措施的有效性，提出进一步降低残余风险的措施和建议，为确保任务完成提供技术决策支撑。

航天型号独立评估的目的、做法与复核复算基本相似，更加强调了组织活动的规范性和独立性，主要针对存在较大风险的工程项目加以实施。独立评估工作按照“独立、客观、目标明确、注重实效”的工作原则进行。一般要由研制队伍以外的、具有丰富专业知识及相关工程经验的人员组成评估委员会。

根据型号研制风险管控情况、研制工作安排以及产品设计、实现情况，一般在型号立项前、转研制阶段前、首次飞行试验（发射任务）出厂前等关键节点，重点针对新技术、关键技术攻关、安全性、可靠性以及影响任务完成的关键项目，从设计、验证环节开展独立评估。在型号研制过程中发现的重大风险项目，也可同步开展专项独立评估。

型号独立评估工作一般按照评估策划、评估实施、评估总结和评估建议的跟踪闭环四个阶段进行，流程图如图3-22所示。航天一院通过对新一代运载火箭的关键项目开展独立评估，提出的改进建议，对型号研制发挥了重要作用。

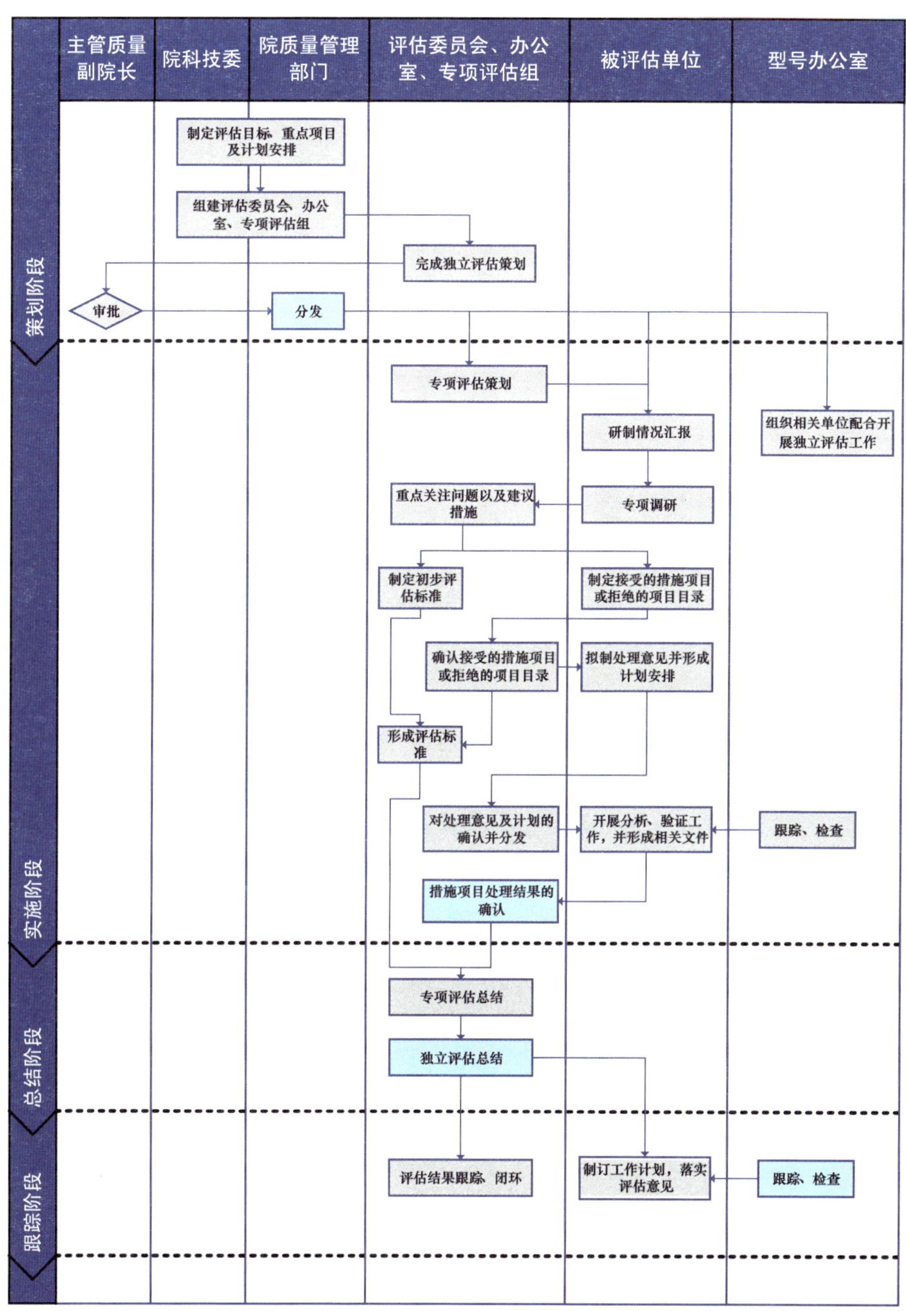

图3-22　航天型号独立（第三方）评估流程图

3.9 航天型号研制技术评审

技术评审是为确定型号主题事项（如设计、试验和产品）达到规定目标的符合性、适宜性、充分性和有效性，通过同行专家、有关职能部门、质量监督代表和用户代表，根据研制合同、设计输入和有关标准、规范及法令要求，对主题事项进行正式的、综合的、系统的分析、审查和评定并做出评审结论的活动。在航天产品研制过程中，要严格按照研制程序开展设计评审，保证设计的正确性和合理性，倡导技术民主。技术评审是航天系统工程早期就已经开始实施的一项质量管理措施。

3.9.1 技术评审的分类

航天型号研制的技术评审主要包括阶段设计评审、关键点评审和专项评审。针对不同的型号和飞行任务，技术评审的项目不同，详细的评审安排见表3-4。

表3-4 运载火箭技术评审分布

评审项目＼型号	载人航天型号首飞	运载型号首飞（含失利后首飞）	载人航天型号	运载型号
方案转初样	△	△	△	△
初样转试样	△	△	△	△
总体方案	△	△	△	△
分系统设计	△	△	△	△
单机设计	△	△	△	△
出厂评审	△	△	△	△
转场评审	△	△	△	△
工艺评审	△	△	△	△
软件评审	△	△	△	○
元器件专项评审	△	△	△	○
质量问题归零	△	△	△	△
技术状态更改	△	△	△	△

续表

型号 评审项目	载人航天型号首飞	运载型号首飞（含失利后首飞）	载人航天型号	运载型号
测试覆盖性	△	△	○	○
试验充分性	△	△	○	○
可靠性和安全性	△	△	○	○
环境适应性	△	△	○	○
技术风险分析	△	△	○	○

注：△为必评审项，○为选择评审项。

阶段评审是对阶段设计及其结果的评审。阶段评审一般在阶段之末进行，并作为阶段工作完成的标志之一。包括：方案设计评审、工程研制阶段设计评审、设计定型（或鉴定）评审。

关键点评审是在型号研制过程的关键时刻对关键工作进行的评审。主要包括：总体方案设计评审、分系统设计评审、单机设计评审、产品质量评审、型号出厂评审、型号转场或射前评审。

专项评审是为降低风险，对产品质量、研制进度和经费有重大影响的专业技术问题进行的评审。主要包括：工艺评审、软件评审、可靠性和安全性评审、元器件评审、质量问题归零评审以及其他评审。

3.9.2 技术评审的组织和管理

技术评审的组织和管理按照型号主管部门评审总体、总体评审分系统、分系统评审单机的原则实施。产品技术评审由承制方负责具体实施，将技术评审纳入型号研制计划中。

要成立评审组或委员会，评审组设组长一人，由经验丰富的同行专家担任，负责主持评审工作，评审组成员根据被评审项目的重要性、复杂程度、接口关系等因素综合考虑确定，由有关方面具备资格的专家组成。评审组通过审阅评审文件，提出问题，听取承制方答辩，提出评审意见，必要时，以现场勘察等方式进行评审，并给出评审结论。被评审产品负责人组织对评审中提出的意见进行分析研究，对决定采纳的意见应采取措施并组织落实，对不予采纳的意见，提出不采纳的书面意见并提交评审组织方。

3.9.3 技术评审的实施

3.9.3.1 策划

在型号研制各阶段初期或批生产投产前，结合型号任务要求，制定本阶段技术评审工作策划，提出评审项目，确定评审级别和控制节点，经批准后纳入型号质量策划报告。对型号临时下达的其他专项评审项目，应及时纳入型号研制计划进行控制。

3.9.3.2 准备

承制方根据型号研制计划流程，制订技术评审实施计划，准备评审的文件，对评审文件的完整性和质量进行审查，提交评审组进行审阅，并准备评审意见。

3.9.3.3 实施

评审组长召开评审小组预备会，讨论评审议程，明确评审小组成员的职责分工。评审会按照被评审产品负责人作技术报告、评审组讨论、被评审产品负责人答辩、给出评审结论、提出存在的问题、评审组签字等程序进行评审。最后，承制方将评审报告提交评审组织方进行归档，以备查阅。

3.9.3.4 监督和跟踪

承制方质量管理部门对本单位的评审准备工作、评审报告的质量、评审意见的落实情况进行跟踪检查，并将落实情况反馈评审组织方。

通常主管评审的部门要对评审的组织程序是否符合要求，评审的专家是否具备资质和相关能力，以及专家组对评审结论的正确性负责，但不论评审结论如何，被评审方所承担的责任不变。

综上，航天产品的设计质量控制以吃透技术、吃透状态、吃透规律为指导，以零缺陷为质量控制目标，以产品满足要求为出发点，以技术方案正确可行合理、设计简洁正确可靠、系统协调匹配兼容、试验充分覆盖有效为设计质量工作原则，遵循预防为主、从源头抓起、全过程控制的质量工作方针，以研制程序为主线，以技术状态严格管控为核心，依据型号设计流程，严格按照设计节点，实施分层落实，保证要求明确、输入全面、验证有效、更改受控、输出正确。

参考文献

[1] 设计师简明质量手册. 中国运载火箭技术研究院总体设计部，2011.

[2] 周新文，李成君，陈炳文等. 航天产品设计质量控制的研究［J］. 质量与可靠性，1995（3）：15–19.

[3] 周新文，李成君，陈炳文等. 航天产品设计质量控制问题探讨［J］. 航天工业管理，1995（5）：5–9.

[4] 王美清，唐晓青. 产品设计质量控制方法研究及系统开发［J］. 制造业自动化，2003，25（9）：15–18.

[5] 李强兵. 供应链环境下协同设计质量控制技术研究［D］. 重庆大学硕士学位论文，2010.

[6] 李荟萃. 面向产品并行设计的质量控制技术研究与应用［D］.东华大学硕士学位论文，2011.

[7] 姚文增，陈嘉珠，代为群. 型号设计的质量控制［J］.飞机设计，2000（4）：52–56.

[8] 秦现生，同涉荣，史良正. 制造过程质量控制与产品设计［J］.航空工程，1999（1）：34–36.

4 航天制造过程质量控制

- 航天制造技术的创业与发展
- 航天制造过程的质量管理与控制

制造是人类社会赖以生存和发展的基础，是创造社会物质财富最基本和最主要的活动。制造过程是航天产品实现的重要环节，是设计方案和产品功能实现与验证的过程，航天制造技术是推动航天工业发展的主要动力。航天一院制造业的基础起源于1910年清朝政府创办的中国第一家飞机修造厂（图4-1）。历经百年风雨，航天一院打造了具有国际竞争力的航天产业化制造基地，拥有亚洲最大的火箭总装厂房。建院以来，在国家的支持下，航天一院按照自力更生的原则发展制造技术，并按照严格控制的理念发展了制造质量管理技术。

图4-1　中国第一家飞机修造厂房

4.1　航天制造技术的创业与发展

航天制造技术是现代工程制造技术的重要组成部分，对国民经济的发展以及增强国防实力具有重要的作用。航天制造决定着航天产品的性能、可靠性和成本，是航天器型号研制的基础。我国航天技术是在相对薄弱的工业基础上发展起来的，作为国防工业的一员，必然要走自力更生之路，在国家的支持下，航天工业采取了全国大协作的工作模式，经过五十多年的发展，航天一院取得一大批具有自主知识产权的制造技术。

4.1.1　创业与突破

1958年仿制“1059”导弹时，航天产品制造依赖于全国大协作的模式，制造技术相对简单，例如，装配主要以铆接装配为主。在仿制的过程中，先后解决了推力室冲压成形、涡轮泵大型铸件等近百项关键技术，为我国导弹的自行研制初步奠定了基础。1960年至20世纪70年代末期，自行研制了我国第一台大型高温钎焊炉、第一台大型真空高温辐射炉等关键设备，突破了铝合金贮箱箱底拼焊、推力室主体结构及喷管延伸段钎焊、不锈钢材料化学铣切等关键技术。图4-2为火箭壳体法兰盘加工场景，图4-3为箱体焊接场景。

图4-2 火箭壳体法兰盘加工

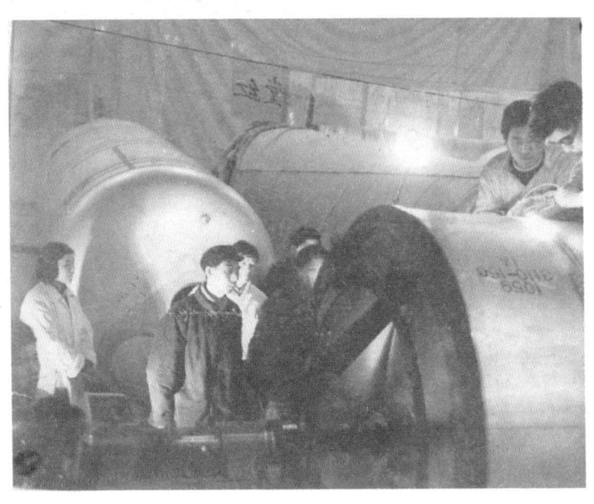

图4-3 箱体焊接场景

20世纪80年代至90年代，初步形成了航天制造技术体系，突破了147铝合金箱底整体旋压成型、TC4钛合金气瓶制造等关键技术，保证了长征二号系列、长征三号系列运载火箭、载人航天工程的研制进度。其中，低温发动机制造技术、捆绑式火箭制造技术等一系列关键制造技术，达到了世界先进水平。

进入21世纪后，结合型号研制及发展需求，航天一院系统开展了工艺预研、工艺攻关、工艺改进等工作，具备了以高精密伺服机构加工装配技术、高精度数控加工技术、自动化焊接技术、热加工及成形技术、特种加工技术、高温防热材料及成形技术等为代表的综合制造能力，形成了从零部件组件生产到总装、总测的航天制造产业。

4.1.2 航天重要制造技术

4.1.2.1 发动机自动化焊接技术

一直以来，发动机喷管延伸段机器人自动化焊接技术在国际上都是体现火箭发动机整体研制水平的重要标志，火箭总装厂在国内首次实现了喷管延伸段机器人自动化焊接，填补了我国大型薄壁复杂空间曲线精密结构件的机器人自动化焊接成形的技术空白，提高了氢氧发动机制造水平。图4-4为喷管延伸段产品及自动化焊接装备。

图4-4 喷管延伸段产品及自动化焊接装备

4.1.2.2 贮箱箱底自动焊接技术

火箭总装厂先后攻克了火箭贮箱箱底单面自动焊接工艺、焊接工艺装备的设计和制造、自动焊接系统的集成技术难题。2008年后，上述技术成功应用于长征系列运载火箭。新一代运载火箭立项研制以来，贮箱焊接技术从3.35米平台向5米平台延伸，研制出了国内第一台5米贮箱环缝焊接系统、5米贮箱箱底焊接系统、整流罩铆接型架等大型非标准设备。图4-5为长征五号贮箱自动焊接装备。

4.1.2.3 舱外航天服躯干壳体研制

宇航员舱外航天服研制是一个世界难题，躯干壳体具有三维曲面、结构紧凑、形状特异等特点，火箭总装厂集电磁脉冲成形、液压成形、激光焊

图4-5 长征五号贮箱自动焊接装备

图4-6 舱外航天服

接、电子束焊接等多项制造技术优势，先后攻克了躯干结构体焊接装配、躯干薄壳成型、滤波骨架成型等7项技术难关，获得了10余项国防专利，一年半时间圆满完成全部产品的交付。该产品关键指标合格率为100%，达到国际先进技术水平，填补了国内宇航员舱外航天服制造的多项技术空白。图4-6为舱外航天服。

4.1.3 以单元为核心的产品制造模式

航天一院积极探索先进单元制造发展模式，火箭总装厂引进单元制造模式，形成了尾翼装配、铆接舱段装配等数十个生产制造单元，提高了生产效率，减少了设备投资。图4-7a为改造前的航天产品制造模式，图4-7b为改造后的航天产品制造模式。

借助单元制造的成功经验，在航天产品“多品种、变批量”生产状况下，依据虚拟单元思想形成动态单元，进行资源的动态调整与分配，形成以单元制造模式为核心的航天制造业特征。

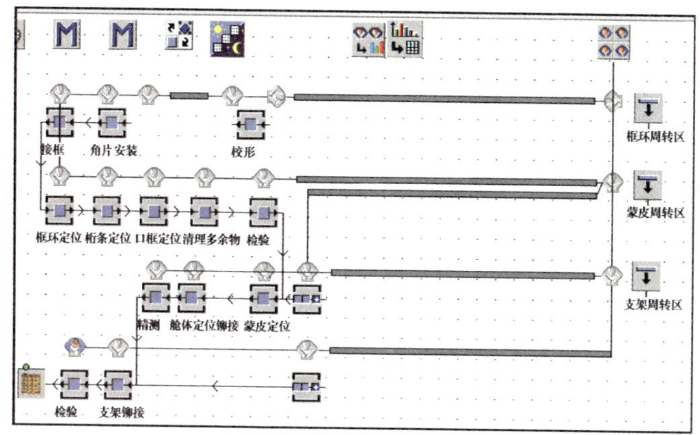

图4-7a 改造前航天产品制造模式示意图

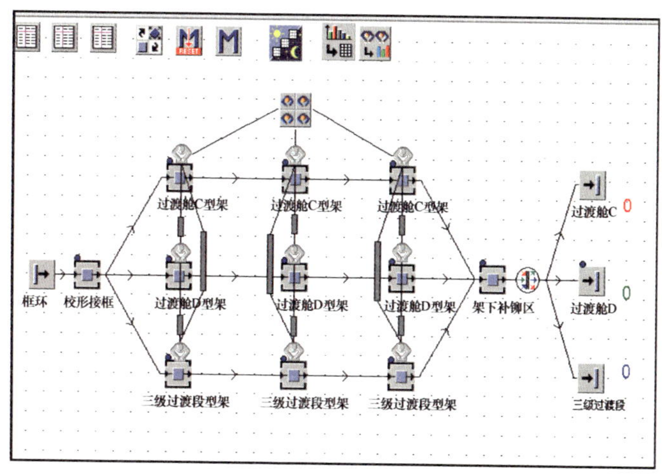

图4-7b 改造后航天产品制造模式示意图

4.1.3.1 生产资源优化，企业调度指挥系统趋于扁平化

重点解决了四个方面的问题：一是相似单元间的资源共享问题；二是面向机加/装配混合生产模式下的“拉式”装配计划与“推式”加工计划的关联协调；三是单元化生产模式下的关重件在单元内流水式连续生产与普通件离散式穿插生产相结合的生产计划协调；四是生产突发事件驱动的动态计划协调调度。图4-8为单元制造模式下的生产资源优化调度技术示意图。

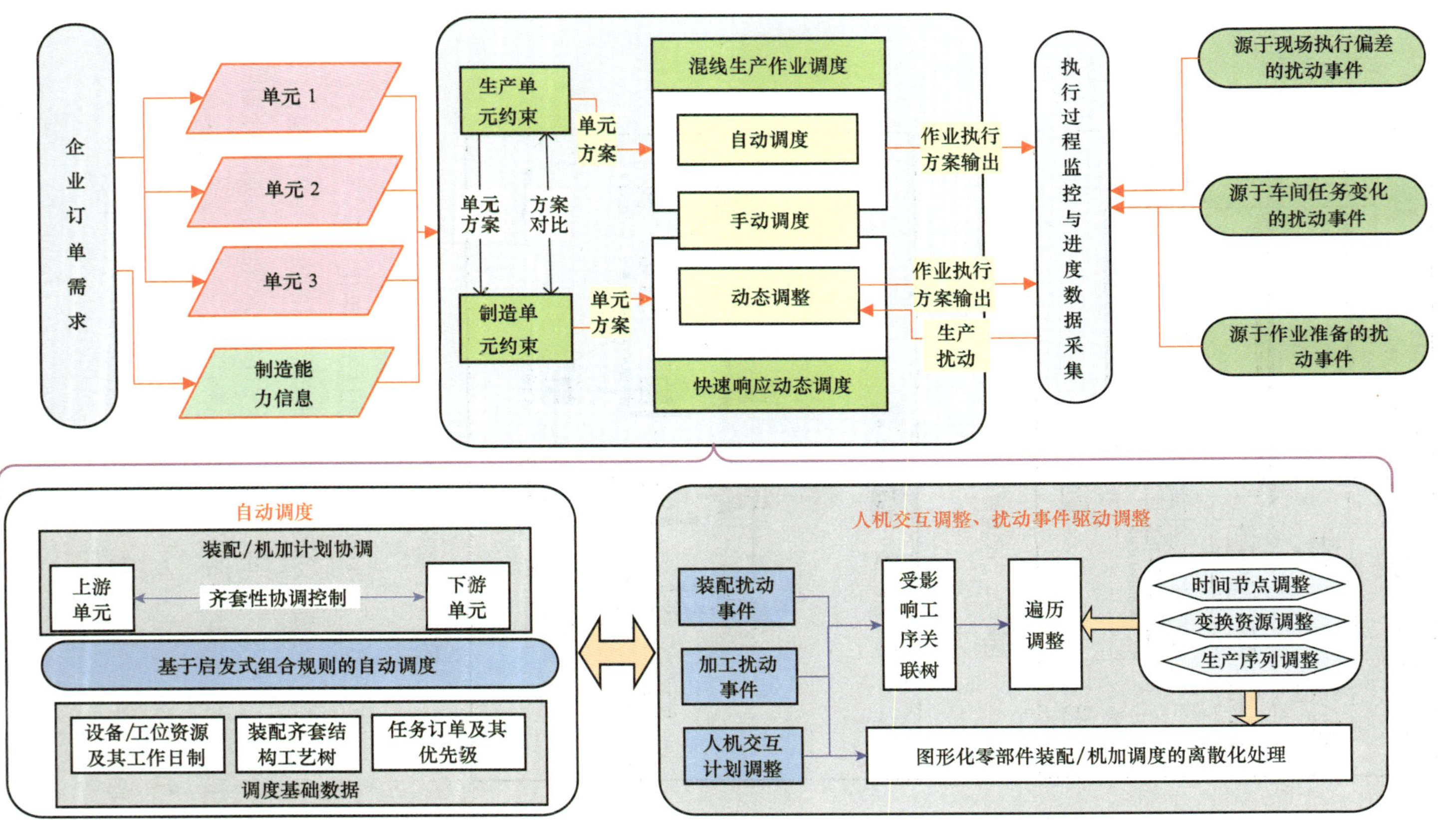

图4–8 单元制造模式下的生产资源优化调度技术示意图

4.1.3.2 产品质量数据健全，质量管理体系面向产品

从企业整体角度，对生产中的关键质量控制点严格监控，开展质量数据的综合管理，增加单元间的质量信息交流，最大程度保证型号生产质量和任务进度要求。面向关键质量控制点的多维质量数据在线采集与管理系统，主要体现在：①关键质量控制点及其检测模型的定义；②多维质量数据的在线采集；③质量数据综合管理技术。对质量问题和技术问题的历史记录进行有效管理，实现分类快速查询和追踪，提高产品质量的可追溯性；按照产品型号、阶段、装配工序、检验内容、操作人员、装配时间进行归类存储多媒体记录，方便检索、查询。图4-9为单元制造模式下的质量关键点控制示意图。

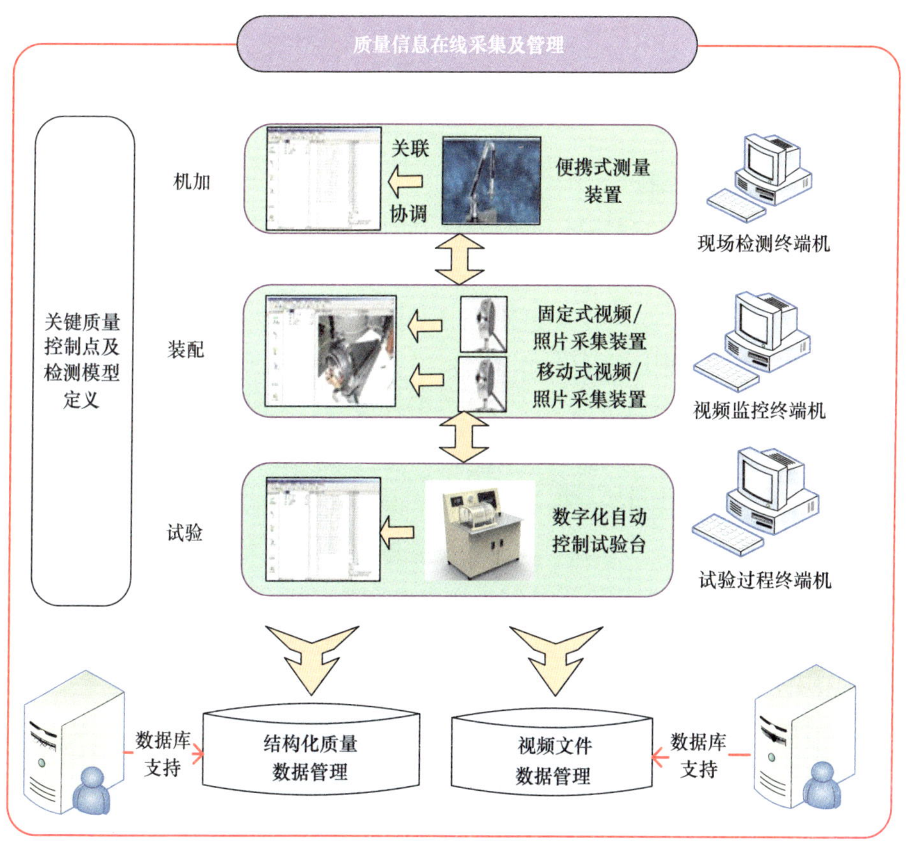

图4-9 单元制造模式下的质量关键点控制示意图

4.1.3.3 岗位制模式发生变革，全新的考核机制

制造单元模式下的考核管理与传统的以工时核算为主的方式不同，需要从单元团队作业、风险共担、利益共享的特点出发，转变考核方式，例如，计件方式、打包定价方式、多因素加权方式等。变革考核机制，把工艺员、检验员、操作人员作为一个整体进行考核，建立批次合格率累进奖机制，发挥自检和互检的作用，激励单元成员提高质量素养。

4.1.3.4 改变“以型号为牵引的制造投资模式”，投资方向适应企业发展

基于虚拟单元思想的航天制造模式，改变传统的“以型号为牵引”的制造投资模式，在明确各制造单元职责的基础上，站在企业整体角度进行资源规划和分配，避免重复性投资，减少企业内耗，提高设备利用率和企业生产效率。

4.1.4 制造工艺控制

4.1.4.1 工艺量化控制

工艺是指使各种原材料、半成品成为产品的方法和过程。工艺量化控制就是通过工艺量化控制要素的辨识、要素影响规律的分析、工艺裕度的设定等，使工艺文件规定的方法和过程能够以具体的数据表征，减少操作人员人为因素的影响，提高生产过程的可靠性。

（1）量化控制要素辨识

量化控制要素指对产品质量有绝对影响，一旦不加以限制，超出工艺裕度范围，将导致产品功能、性能无法满足设计及相关标准要求的必须量化控制的要素。要素包括：人员、设备（含工装、工具）、材料、工艺参数、生产环境、多余物控制和安全性控制等需要严格控制的内容。

量化控制要素的辨识一般采用如下方法：①提炼法，组织专业工艺技术人员从已有工艺技术规范、规程中提炼出相关要素；②专家咨询法，组织业内专家对提炼确定的量化控制要素进行咨询，找出专家意见中的共同点，得到比较统一的量化控制要素；③面谈法，寻找在专业技术上具有丰富知识，同时又参与型号研制的专业技师、检验师，利用其自身丰富的知识和经验，客观地评价量化控制要素，并提出修改意见；④历史记录统计法，从本型号或其他可参比型号一定周期内的故障事件中，搜集全过程相关风险数据，通

过有效、系统的分析和筛选，形成需要补充的量化控制要素；⑤头脑风暴法，每一个“技术方向”成立一个专家小组，人员包括技术专家、工艺人员、操作技师、检验人员，通过专家会议，激发专家的创造性思维，以相互补充并产生“组合效应”，获取更多量化控制要素信息。表4-1列举了通过辨识得到的等离子焊接过程工艺参数量化控制要素。

表4-1 等离子焊接工艺参数量化控制要素

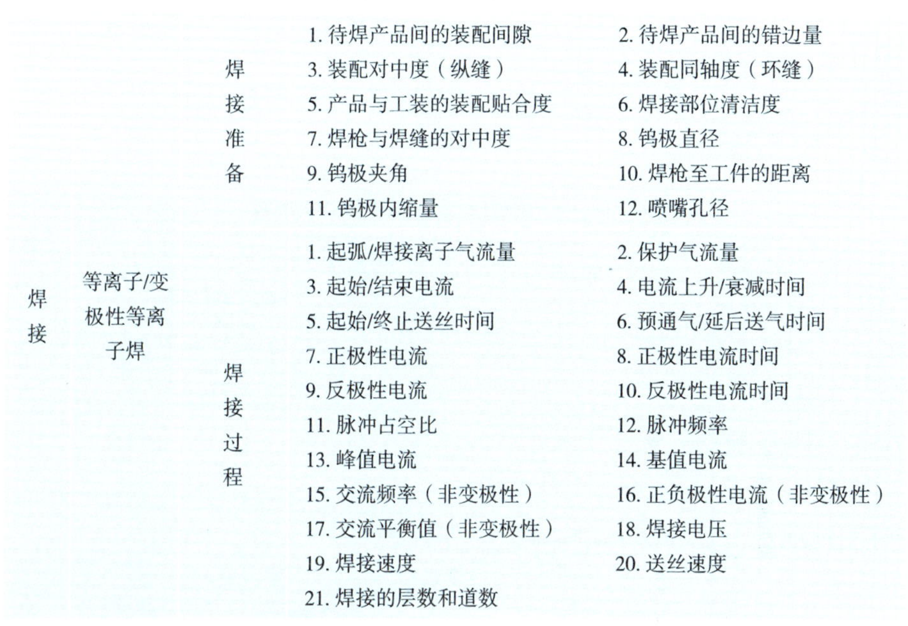

焊接	等离子/变极性等离子焊	焊接准备	1. 待焊产品间的装配间隙	2. 待焊产品间的错边量
			3. 装配对中度（纵缝）	4. 装配同轴度（环缝）
			5. 产品与工装的装配贴合度	6. 焊接部位清洁度
			7. 焊枪与焊缝的对中度	8. 钨极直径
			9. 钨极夹角	10. 焊枪至工件的距离
			11. 钨极内缩量	12. 喷嘴孔径
		焊接过程	1. 起弧/焊接离子气流量	2. 保护气流量
			3. 起始/结束电流	4. 电流上升/衰减时间
			5. 起始/终止送丝时间	6. 预通气/延后送气时间
			7. 正极性电流	8. 正极性电流时间
			9. 反极性电流	10. 反极性电流时间
			11. 脉冲占空比	12. 脉冲频率
			13. 峰值电流	14. 基值电流
			15. 交流频率（非变极性）	16. 正负极性电流（非变极性）
			17. 交流平衡值（非变极性）	18. 焊接电压
			19. 焊接速度	20. 送丝速度
			21. 焊接的层数和道数	

（2）要素影响规律的分析

航天制造过程中的质量影响因素较多，往往又交互影响，逐一进行影响分析及其影响规律研究在工程上既不经济又影响工程周期。因此，一般是对次要因素进行固定的量化控制，如对于环境因素、原材料因素的定量控制，使其维持在一定的水平，使其影响产生在一定的范围之内。而对于对产品质量起决定作用的主要因素，要研究其影响规律，并按规律进行有效控制。例如：磁脉冲成形过程中材料的原始厚度、材料的厚度减薄量与成形过程中的放电能量选择直接相关；不同的硫化温度对炼胶产品的力学性能的影响等。因此，必须对其影响产品质量的规律进行研究。图4-10、图4-11为材料壁厚、材料壁厚减薄率与放电能量的关系示意图，图4-12为不同温度下炼胶产

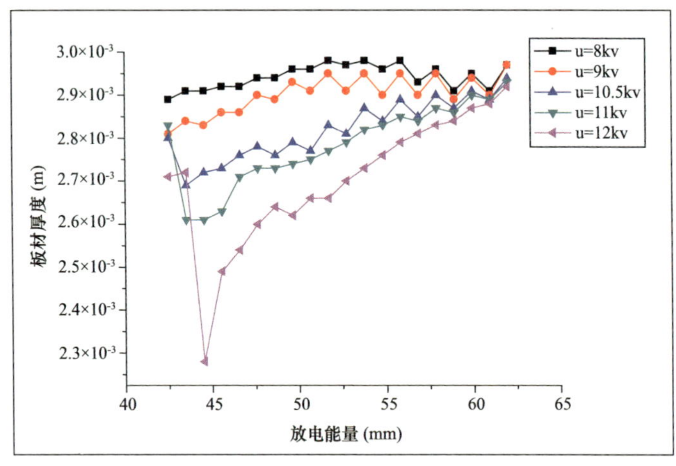

图4-10　材料壁厚与放电能量关系示意图

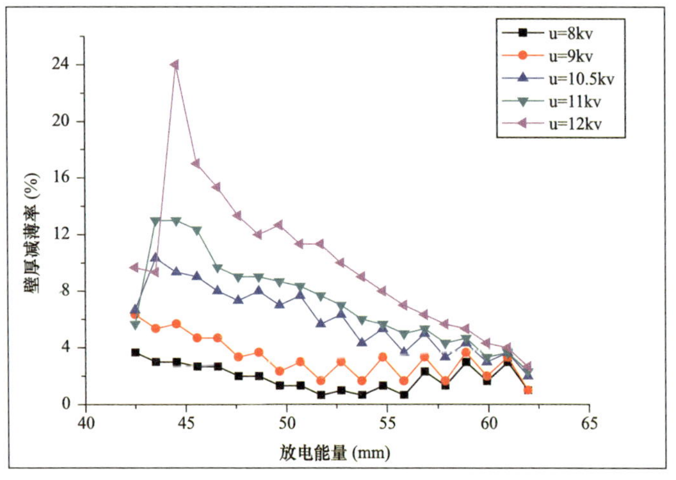

图4-11　材料壁厚减薄率与放电能量关系示意图

品硫化后动态力学性能示意图。

（3）工艺裕度的设定

工艺裕度的设定应满足两个方面的要求：一是设计的符合性要求，就是在生产过程中采取质量控制措施，使产品制造严格符合设计图纸与制造、试验、验收技术条件以及有关的设计文件的要求；二是工艺可靠性控制要求，工艺可靠性控制是通过对“人、机、料、法、环”等要素的有效控制，避免由于工艺方法不当引入使产品可靠性下降的系统性因素。工艺方法不当包含

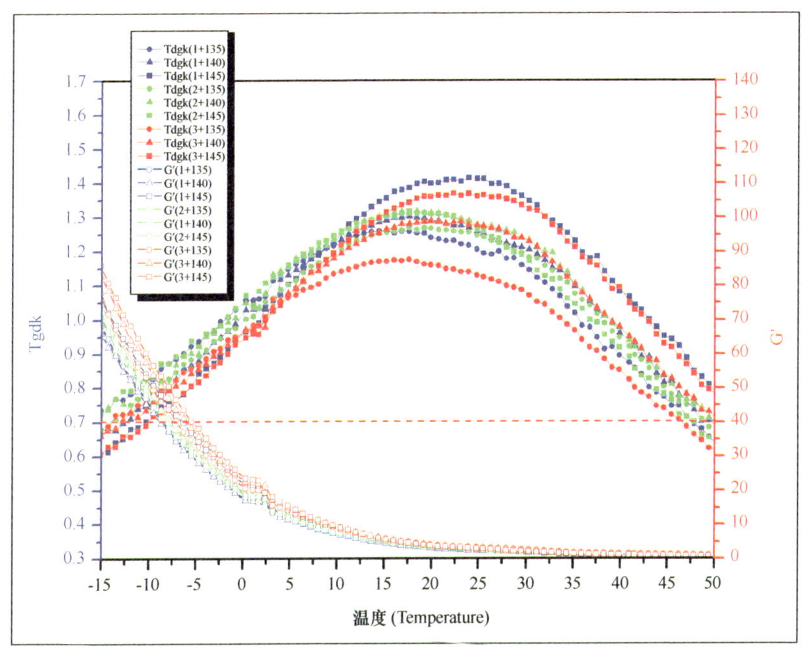

图4-12 不同温度下炼胶产品硫化后动态力学性能示意图

两部分内容：一是由于工艺设计时对“人、机、料、法、环”等要素缺少科学的试验验证，对其影响规律、成因机理把握不充分，导致产品质量问题；二是由于生产过程中对“人、机、料、法、环、测”等要素管控不到位，过程控制偏离工艺设计要求，导致产品质量问题。工艺可靠性控制要做到通过产品制造过程试验，从工艺要素设计即工艺裕度设定的角度保证产品可靠。

如何科学地设计试验，以获得高可靠性的试验数据，这是工程技术人员在试验设计中最需要解决的问题。正交优化试验方法是一种科学地安排多因素复杂试验的有效方法，其特点是利用已有的规格化表格——正交表，从众多的试验条件中选出少数几个具有广泛代表性的条件进行试验，找出最优的试验条件或生产工艺，并以此进一步分析。

4.1.4.2 过程FMEA

过程FMEA即应用于产品工艺设计阶段的FMEA，又称PFMEA，用于分析在生产过程中的每一个环节可能存在的风险，并且评估这种风险程度（包括问题的严重性、发生的频率、探测发现的可能性，从而给出一个定量的风险系数）。针对各项风险，采取相应的预防和纠正措施，降低风险系数，减少问题的发生。

过程FMEA有几个重要的参数：严重度（S）、频度（O）、探测度（D）和风险顺序数（Risk Priority Number，RPN），其中RPN=$S\times O\times D$，是过程FMEA的综合性评价指标，其值越低越好。

过程FMEA的实施程序如下：

1）定义分析对象，输入PFMEA的相关工艺技术条件及要求等。

2）确定潜在失效模式与起因，分析故障原因、机理，确定故障影响。

3）确定S、O、D，并计算RPN，填写PFMEA工作表。

4）提出改进建议，确定工艺关键项目。

过程FMEA的作用可概括为以下方面：

1）预防潜在的失效模式发生，驱动持续改进。

2）帮助解决问题。过程FMEA中记录并总结了经验教训，在出现问题时可提供思路和指导。

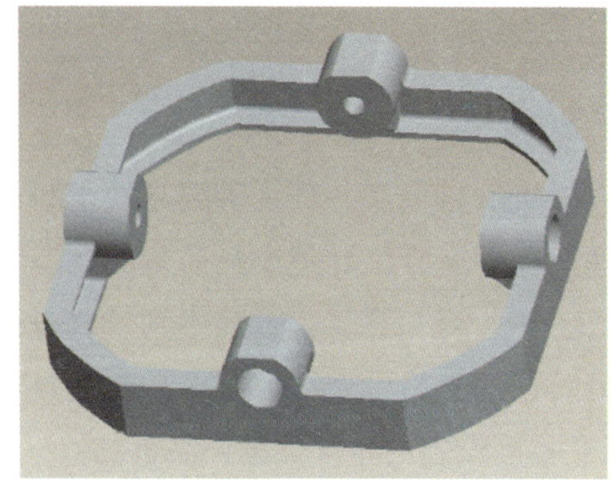

图4-13　圈形零件

图4-14　铸件缩孔缺陷

3）前期培训以规避风险。针对过程FMEA中发现的问题和关键要素，有针对性地加强员工培训，达到不制造、不接受、不传递缺陷的效果。

4）缩短新工艺技术的开发时间。类似零件的过程FMEA信息，可以直接引用到新的零件中，避免重复性劳动，从而缩短新工艺技术开发时间。

【案例1】过程FMEA在铸造工艺中的应用

研究应用对象是某型号圈形零件（图4-13），在初期试生产中发现了缩孔缺陷（图4-14）。

应用过程FMEA对产品铸造工艺进行分析，借助铸造计算机辅助工程分析（Computer Aided Engineering，CAE）模拟软件，对铸件充型及凝固过程进行模拟（图4-15～4-18），得到铸造工艺过程中的温度场、速度场和应力场，据此预测生产过程中可能出现的缺陷（卷气、夹杂、浇不足、冷隔、缩孔等）及可能发生的部位。

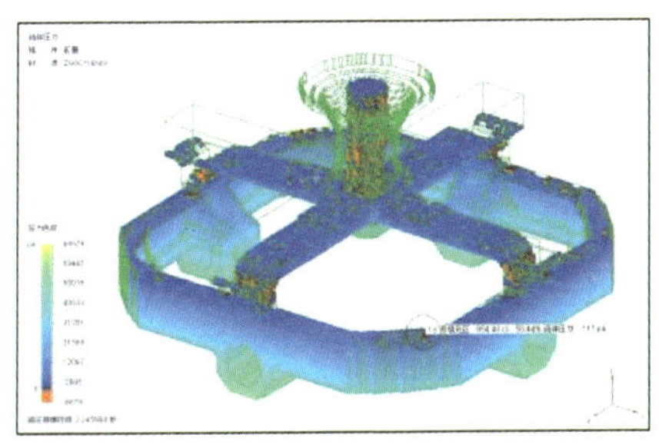

图4-15　压力分布（预测卷气、夹杂）

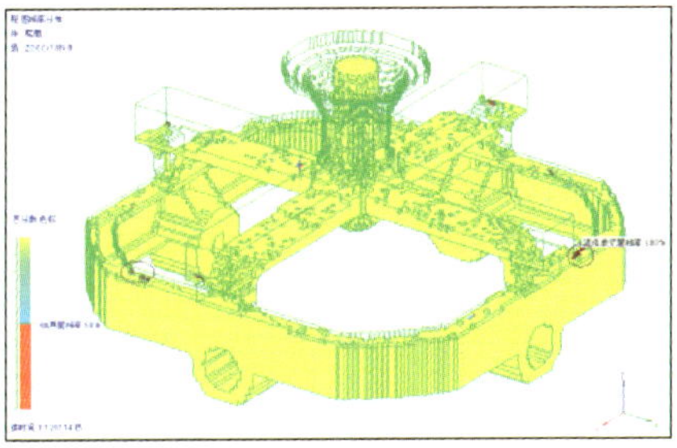

图4-16　充型固相（预测浇不足、冷隔）

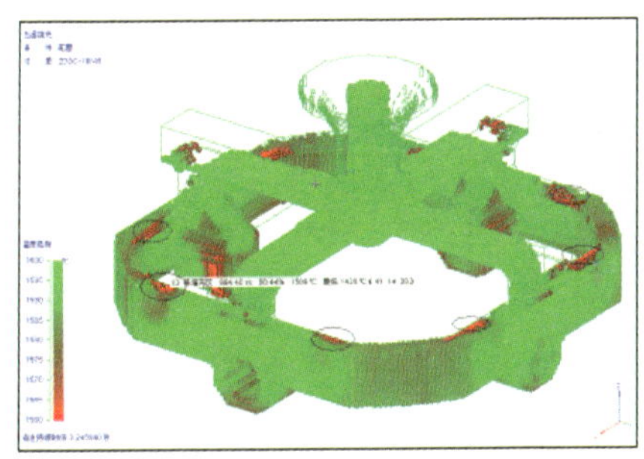

图4-17　色温填充（预测浇不足，冷隔）

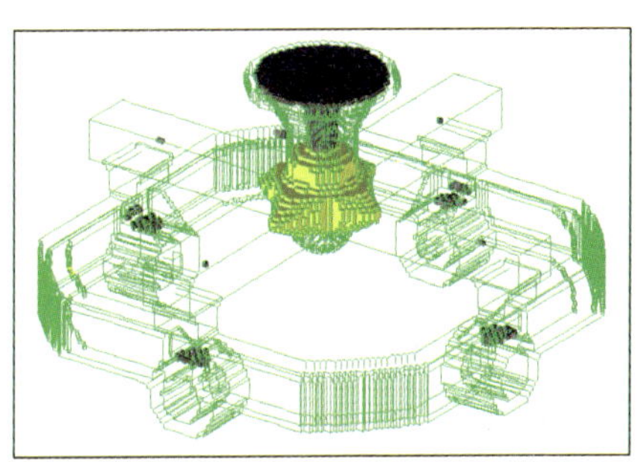

图4-18　缩孔形成（预测缩孔缩松）

根据铸造经验，结合模拟结果，对*S*、*O*、*D*三个参数进行量化，制定评分标准，并据此对参数进行评分，计算出RPN。通过对铸造工艺的特点进行分析，依据工艺人员的经验，分析出现缩孔的原因，确定需要对该潜在缺陷采取改进和防范的措施。改进方案实施后，再进行过程FMEA分析，其缩孔缺陷RPN降为原来的1/3，该零件的生产合格率从30%提高到83%。

【案例2】过程FMEA在导管组件装配工艺中的应用

以某发动机氧化剂高压主导管组件为对象，分析产品制造流程中下料、内窥、试胎、弯制、装配、焊接、酸洗、X光检验、试验、检测、包装、交付入库等工序要素，确定了弯制、焊接、酸洗为关键工序，根据过程FMEA的实施程序，对此三道工序开展过程FMEA工作。导管组件PFMEA流程如图4-19所示。

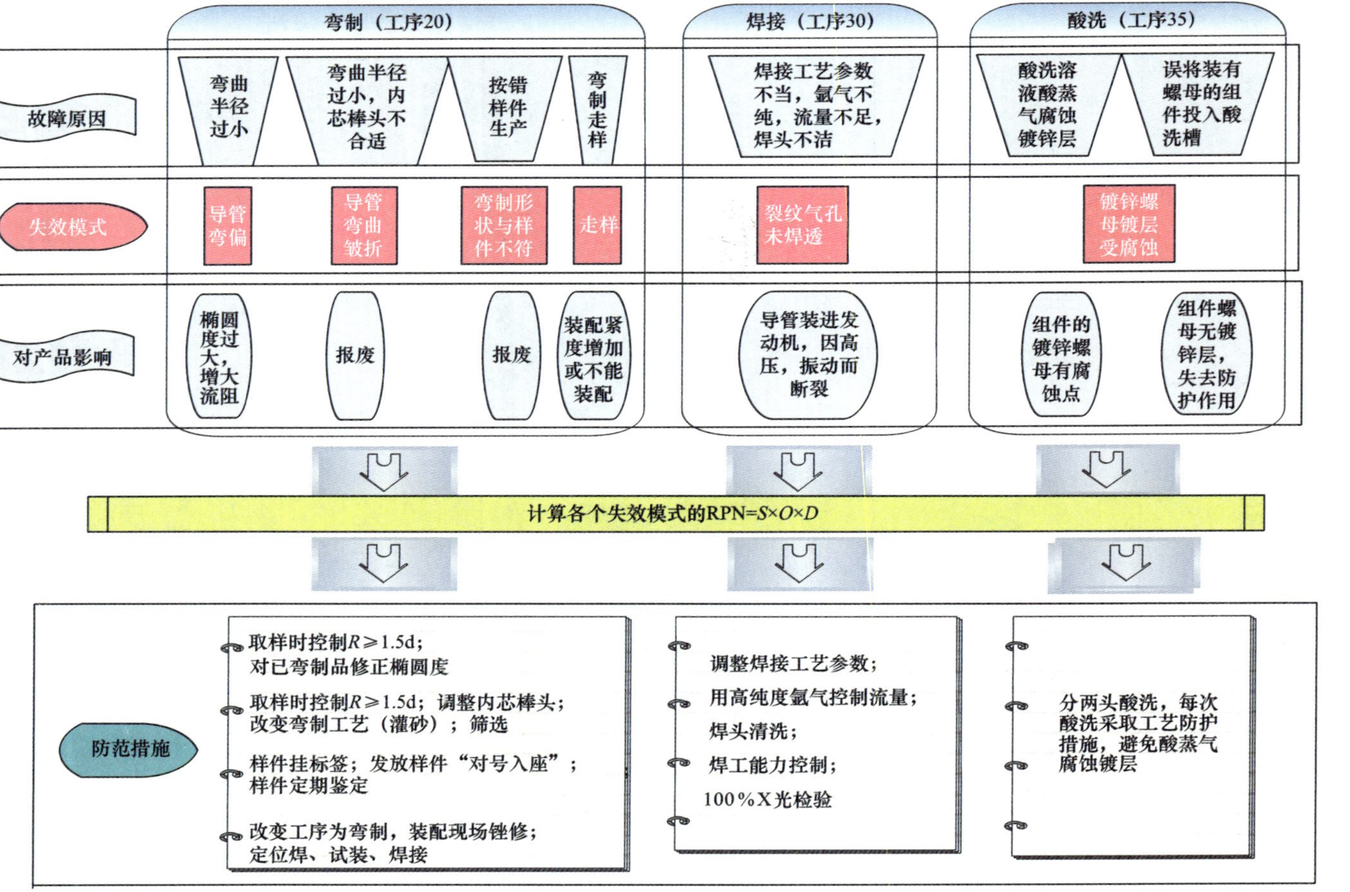

图4-19　导管组件PFMEA流程图

4.1.4.3 防差错技术

防差错技术是通过防差错技术及装置的应用，替代过去人工完成的重复劳动，杜绝由于难以保持高度注意力和记忆力而产生的缺陷，从而实现“零缺陷”的质量目标。作为一种系统化的成熟质量工程技术，防差错技术可直接应用于航天产品研制过程的质量控制。

防差错技术在制造过程中的应用十分广泛，其中“形迹管理”是一种较为典型的应用。十多年前，航天一院在某发动机装配过程中，操作者从库房领取标准件时，少领了一个零件，直到发动机装配完成才发现少了一个零件。为避免零件掉到发动机内形成多余物，只能对发动机分解来确认零件是否存在。此后，航天一院推进“形迹管理”，按照工序对每个标准件规格、形状、数量设置形迹，发放和使用过程通过形迹管理进行控制。图4–20a为未装标准件的托盘，图4–20b为装满标准件的托盘。

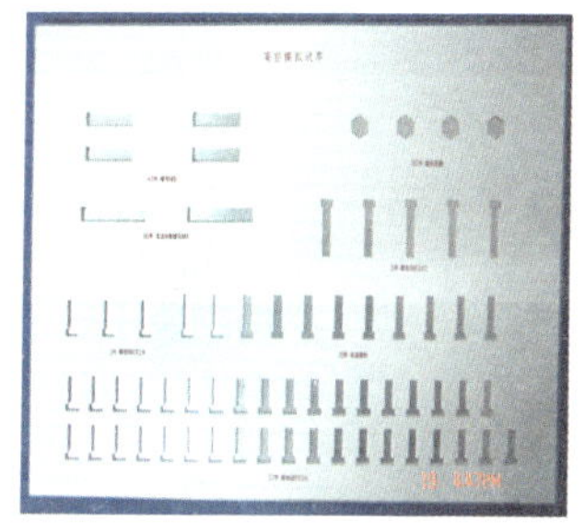

图4–20a 未装标准件的托盘

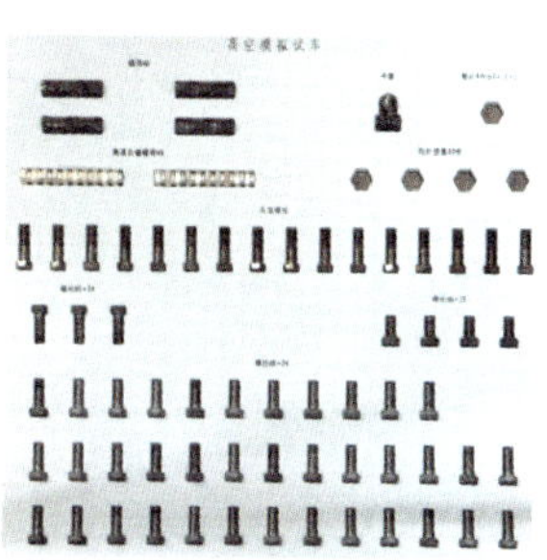

图4–20b 装满标准件的托盘

在生产实践过程中，不能够采用设备、工具、装置等防差错手段的制造过程普遍存在。由于设计结构的特殊要求，特别是在装配过程中存在容易出现差错的情况下，通常采用工艺流程变化的方法进行差错预防，即通过工作流程的变化，将容易混淆的装配过程进行分离或隔离，使其无法同时或同场合进行，或通过明确明晰、规范规整的管理过程预防差错。常用的方法包括：①分时装配，分时装配是通过工作流程控制，将两种以上容易混淆的零件，安排在不同的时间段进行装配，使工作现场在同一时间段内只有一种规定的零件存在；②分工位装配，分工位装配是通过工作流程控制，将两种以上容易混淆的零件，安排在不同的工位进行装配，使同一工作现场只有一种规定的零件存在；③分人员装配，当两种以上容易混淆的零件只能在同一工位进行装配时，每一种零件的安装过程只能由一个工人进行装配，不同的零件安装由不同的工人进行操作，使同一工作现场虽然存在容易混淆的零件，但每一种零件只掌握在一个人手里；④顺序控制装配，是指通过标识、形迹、表格化等管理控制手段，控制零件的装配顺序，使其按照规定的顺序进行装配。

4.1.4.4 数字化快速制造

（1）数字化快速工艺规划

为提高制造能力和质量水平，近几年来，航天一院建立各专业人员的协同环境，设计与工艺协同工作，设计与工艺部门成立IPT（Integrated Product Team）小组，在产品设计初期，利用协同手段对产品设计进行基于三维数字模型的初步审定，共同完成设计模型的全信息标注。在IPT工作过程中，完成工艺会签、制造总方案设计、工艺分工、工艺路线制定等工艺规划工作，样例见图4-21a、图4-21b。

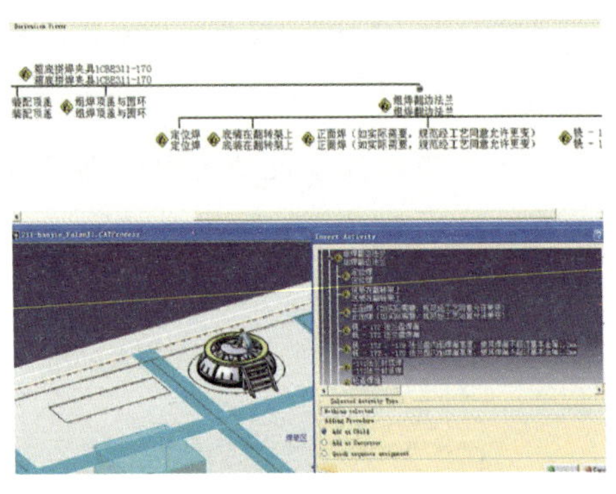

图4-21a　设计装配序列示例

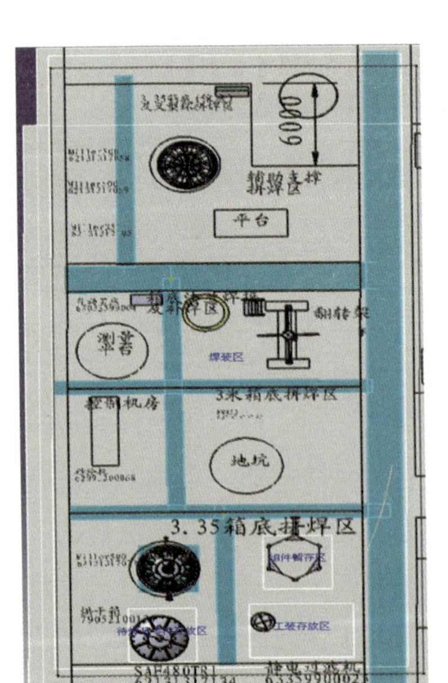

图4-21b　装配路径规划示例

（2）数字化快速工艺、工装设计

通过虚拟装配仿真分析，综合考虑工装等因素，进行装配顺序、装配路径的确定与人机工程仿真，经过仿真分析确定合理的装配序列，实现数字样机装配序列设计，样例见图4-22a、图4-22b。针对组合夹具设计，建立了大部分常用元件的三维模型；通过数据库管理组合夹具的装配文件和物料清单表（Bill Of Material，BOM）；夹具元件的出入库/维护信息也通过数据库进行管理。利用三维组合夹具设计与管理系统进行组合夹具的设计，样例见图4-23。

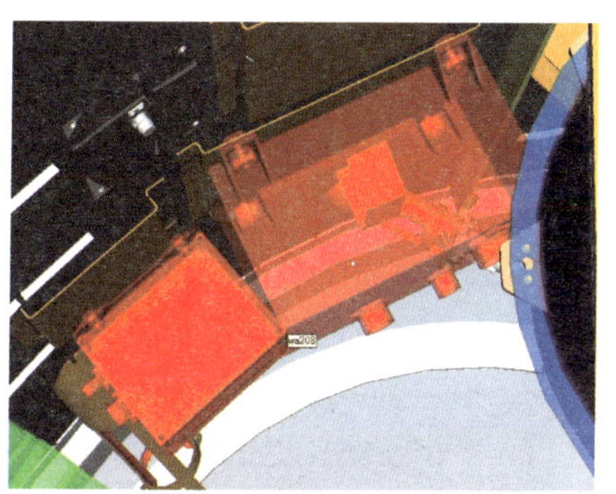

图4-22a 装配干涉仿真示例

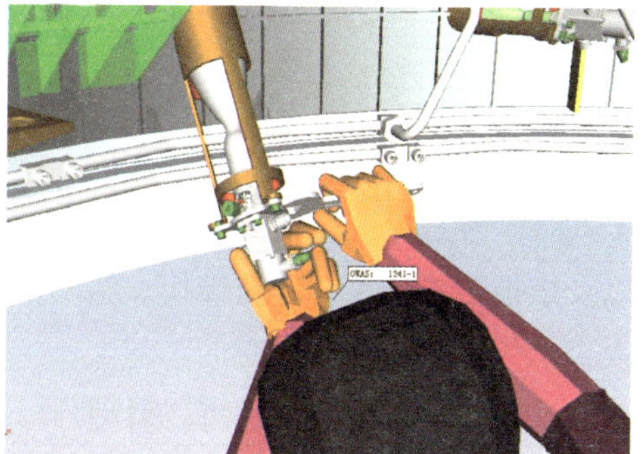

图4-22b 装配人机仿真示例

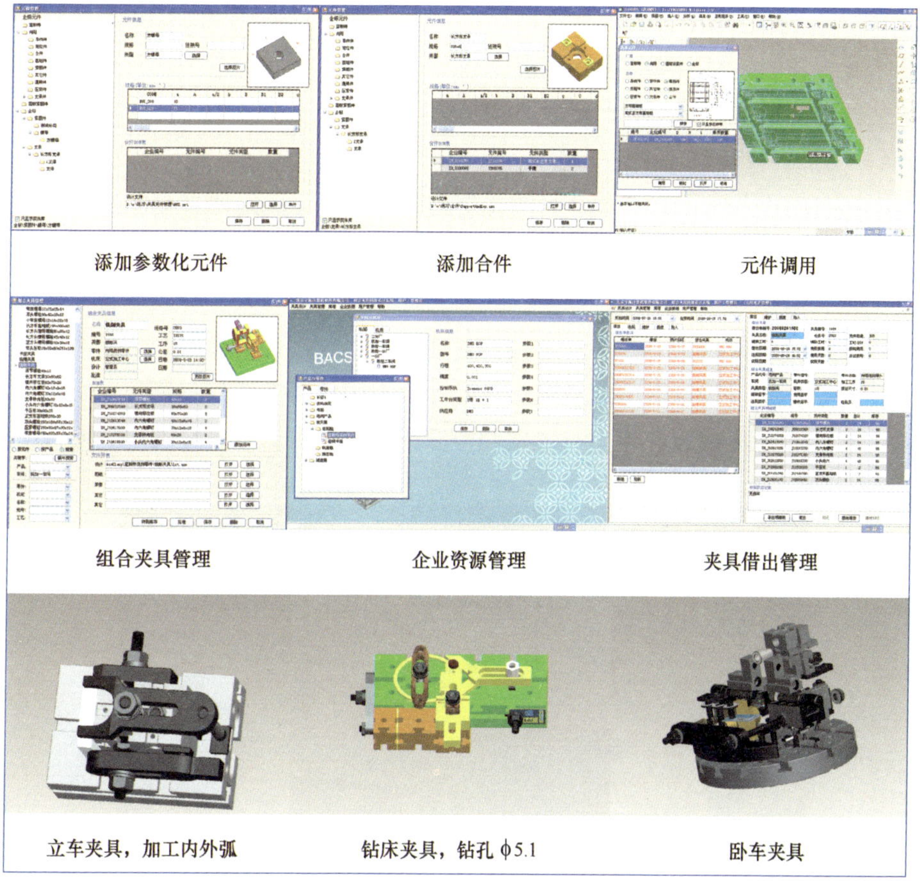

添加参数化元件　　添加合件　　元件调用

组合夹具管理　　企业资源管理　　夹具借出管理

立车夹具，加工内外弧　　钻床夹具，钻孔 $\phi 5.1$　　卧车夹具

图4-23 组合夹具设计示例

（3）多媒体工艺文件

多媒体工艺文件是利用仿真技术、多媒体技术，融合多种数据格式（文本、视频、音频等），以结构化的方式将零件数据、制造资源等信息以及虚拟仿真结果、典型操作、错误警示等内容结合在一起的工艺文件。在车间现场配置触摸屏，针对装配流程中的每一个工步，显示工步文字内容，配套零件、工具、辅料信息，同时，进行三维动画、声像文件、图片、文字等的展示，直接指导现场的装配生产。多媒体工艺文件样例见图4-24。

图4-24　多媒体工艺文件示例

（4）制造数据可视化管理

通过整合内部的产品生产过程和管理过程，建立网络信息化的航天型号产品生产过程质量信息管理新模式（图4-25）。通过网络化的平台，实现了生产过程数据的实时采集，以系统化的管理思路，把航天型号质量管理要求融入各个功能模块当中，通过各种信息处理技术，把各个离散的、相对独立的质量数据通过统计学原理生成新的满足检查确认要求的信息资源，实现质量信息共享和集成、优化生产要素和资源配置、实时监控质量波动，实现了

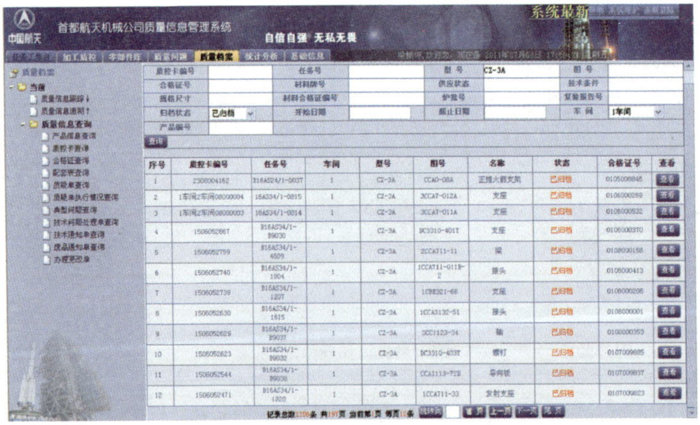

图4-25　质量信息管理系统界面

从生产任务的下发，到最后的总装配套，每一环节的精细化管理。通过数据定量分析，实时监控工序能力，针对风险环节开展工艺改进（图4–26），充分体现“预防为主，全过程受控”的质量方针。

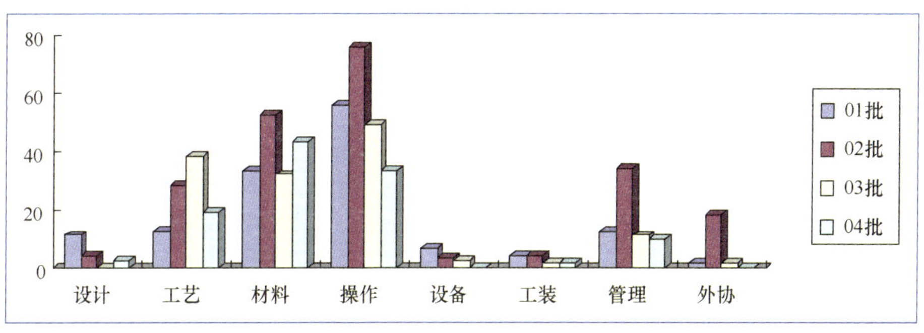

图4–26 生产过程质量数据分析图

4.2 航天制造过程的质量控制与管理

航天工程系统庞大，组成复杂，必须保证从每个单元产品制造到系统集成都做到万无一失，因而过程质量控制十分重要。

4.2.1 航天一院制造质量管理发展的简要历程

航天一院制造质量管理的发展经历了由传统的经验管理走向现代的科学管理的过程，从早期单一产品检验发展到具有航天特色的质量保证体系、从依靠人员的保障发展到综合的全方位技术保障，先后经历了起步、发展、规范和提升四个阶段，逐步走向成熟和完善。

4.2.1.1 起步：建立航天制造质量检验管理模式

1958年，国营二一一厂由修理、制造飞机的航空工厂转为导弹火箭生产总装厂，标志着中国航天制造的开始，随后相继成立了伺服机构、电气产品的专业生产厂。1959年初在火箭总装厂设立了总检验师，组建了总检验科，将各生产车间的检验组及器材检验组划归总检验科，统一行政业务领导。1962年，为进一步强化质量检验工作，对质量检验人员的党政工团关系集中管理，形成了从政治思想、行政生活到技术业务统一管理的质量检验系统。

1963年，国防部第五研究院总结航天一院的管理经验，制定出我国航天工业的第一个《试制工厂技术检验工作暂行规定》（图4–27），作为指导质量检验工作的法规性文件。该规定强调“技术检验是确保产品质量的一项重要技术措施、技术检验工作必须走群众路线、工厂应根据生产规模的大小和实际需要，设立统一的技术检验组织——技术检验科，由厂长直接领导”等明确要求。到1964年中近程火箭试制成功时，建立起多种专业检验、技术业务管理渠道畅通的质量检验管理系统，初步形成了适合航天产品生产的质量检验管理模式。

135

試制工厂技术检驗工作
暂行规定

国防部第五研究院
1963年8月

图4–27　最早的航天检验工作法规

1965年至20世纪70年代中期，航天一院制定了一系列质量技术指导性文件和相关管理标准、制度。在生产过程控制中总结出的“四不”原则，即“材料不合格不投产、不加工；上道工序不合格不转下道工序；零部组件、外购、外协件不合格不能参加装配；产品不合格不出厂”，与美国质量管理大师克劳士比提出的“零缺陷”理念异曲同工。同时，航天一院制定了《重复故障预防制度》，要求每件产品出厂前必须进行质量总结，认真审查生产过程中发生过的所有质量问题、技术问题解决措施的落实情况，确认产品处于良好状态，方可签署出厂合格证。

4.2.1.2　发展：完善质量管理标准和制度

1978年开始至20世纪80年代中期，航天一院通过建立健全质量管理组织，制定和实施产品型号可靠性保证大纲，开展全员质量教育培训，开展群众性的QC质量管理小组活动，引入统计质量管理的工具和方法，航天制造质量管理工作逐步从传统的经验管理向有组织、有计划的系统化质量管理发展，质量管理和质量保证工作的组织性、计划性和规范性得到加强。

20世纪80年代中期至90年代中期，按照《军工产品质量管理条例》的要求，开展质量保证体系考核、达标工作。编制了质量管理体系管理标准、制度汇编和质量手册（图4–28），用于指导在产品研制生产过程中的质量保证和质量管理活动，使航天制造质量管理水平迈上了一个新台阶。通过群众性质量管理活动的开展，不断提高全员质量意识，1986年火箭总装厂理化所4号X光室QC质量管理小组荣获国家级质量管理先进小组称号。

图4-28 完善的质量管理标准制度体系

4.2.1.3 规范：对照国际标准建立制造质量管理体系

1996年“2.15”和“8.18”两次火箭发射失利后，我国航天工业发展陷入低谷。为尽快扭转不利局面，航天一院开展了一系列整顿工作，并强调对标建设质量管理体系。火箭总装厂于1996年7月在航天系统京区单位中率先顺利通过了中国新时代质量体系认证中心进行的GJB/Z9002 和ISO9001质量管理体系认证现场审核（图4-29）。这一结果，证明了处在低谷的航天一院，用严谨的质量体系开始扭转被动局面。同时，对广大航天一院职工起到了正向激励的作用，对重新塑造航天一院形象发挥了积极作用。

图4-29 总装厂通过质量体系认证新闻发布会

4.2.1.4 提升：开展精细化制造质量控制

21世纪以来，航天一院在制造质量方面采取了多项改进措施，通过精细化控制，提高过程的受控程度。一是加强工艺管理，开展工艺技术攻关和制造条件改善，使之能够适应发展的需要；二是根据不同岗位的需要，编制《质量管理培训教材》、《航天产品多余物控制》、《检验培训教材》和《QC小组培训教材》等系列质量培训教材，使员工质量教育培训活动向系统化、系列化发展；三是运用了一系列质量控制方法，包括五个环节的质量控制方法、产品检测数据差异性分析和一致性分析、成功子样数据包络线分析、正向质量检查确认、防差错技术等，进一步提高了过程的管控能力；四是加强数据管理，推行了多媒体记录、表格化管理和数据包管理，并持续改进过程的信息化管理程度，提高数据的管理能力等。

4.2.2 关键过程和特殊过程控制

火箭上有些产品的特性参数直接影响该零件或部件的功能，这些特性如果不满足要求，将危及人身安全，导致产品自身及其所属系统不能完成主要任务。同时，有些产品的特性无法进行有效的检验和计量，必须通过生产过程加以保证。这些产品的生产过程被定义为关键过程和特殊过程，是生产过程的重点控制环节。

4.2.2.1 准确识别和确定关键工序

关键过程需要通过关键工序进行控制，关键工序的识别和确定对于关键件、重要件的过程控制十分重要，并且直接影响其有效性。具有以下四个方面特征之一的工序，就应确定为关键工序：第一，形成设计文件规定的某些关键特性、重要特性的工序。第二，在产品生产中加工难度大或质量不稳定的工序。第三，生产周期长、原材料稀缺昂贵、出废品后经济损失较大的工序。第四，涉及关键过程外协产品入厂验收的工序。

在生产前期的工艺策划中，按照上述确定原则，对关键工序进行识别，并在工艺文件中加以标识。

4.2.2.2 可视化的工艺指导

关键工序的工艺规程对控制项目、内容、方法、步骤、环境、原始记录、产品防护等做出具体细化的规定，如主要工艺参数、使用的设备和工装（包括型号、规格和精度）、环境条件（如温度、湿度、洁净度）、需要记录的数据及加工注意事项等。对于重要环节，已经使用了多媒体工艺规程。例如电缆安装，首先由设计人员和工艺人员对模装件或样件进行确认，确认连接状态和电缆的空间走向等，确认后对模装件或样件进行拍照或摄像，然后将此照片或录像纳入工艺规程。操作者在后续装配时，可直观地掌握产品的装配技术状态，见图4-30。

在生产现场设置多媒体终端设备，操作者在生产时，直接查看多媒体工艺规程，按照3D动画、视频录像、语音提示等进行操作，看工艺文件就像看电影一样，如图4-31所示。形象地讲，操作者生产加工和检验人员检查确认时，有如“专家”在现场演示和随时指导。可视化工艺规程的特点就是内容详细、要求明确，不会因为受到文字描述和个人理解的限制而产生歧义。

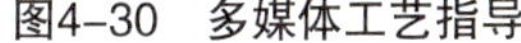

图4-30 多媒体工艺指导

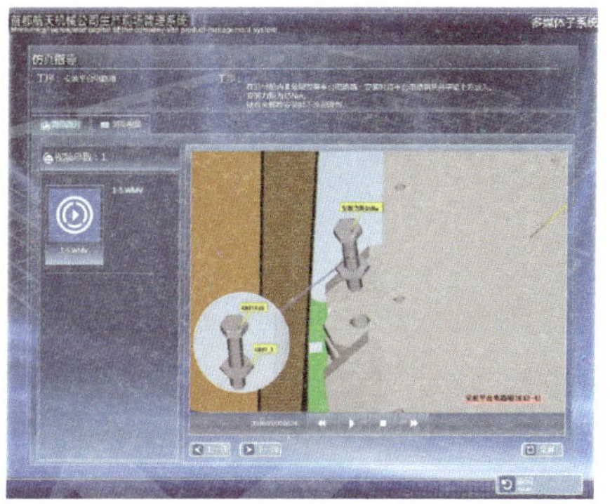

图4-31 3D动画装配流程工艺指导

4.2.2.3 严格的关键过程检验

对于涉及关键特性、重要特性和关键工序的产品应百分之百地进行检验，并核查和填写有关数据及图、表、卡，对产品质量做出符合性结论；关键过程的生产操作人员及检验、测试人员应相对稳定。对于无法实现百分之百检测的项目和不可测项目，应采取过程监测或其他旁证（如抽样破坏性检查）手段。

4.2.2.4 规范的过程记录

过程记录表单的制备要做到一个产品使用一份过程记录表单，即“一件一卡”。产品检验合格后开具合格证明文件时，一个产品开具一份合格证明文件，即“一件一证”。通过唯一身份证明，保证关键件、重要件产品质量的可追溯性和过程记录的可识别性。

4.2.2.5 透明化的特殊过程控制

特殊过程是指对形成的产品是否合格不易或不能经济地验证的过程，如焊接、热处理、表面处理、非金属加工、电解加工等过程。特殊过程的显著特点就是产品的某些性能指标不能被测量，产品质量无法通过自身的性能指标实测值得到验证。为此要求“当生产和服务提供过程的输出不能由后续的监视或测量加以验证时，要求预先鉴定过程能力”。

航天一院要求在特殊过程首次应用前对特殊过程进行确认，当过程中使用的设备、监视和测量装置及过程的方法等发生变更时或停产一年以上时，重新进行过程的确认。通过对控制内容和控制结果进行记录和描述，重点从工艺方法的精细化和过程记录的透明化两个方面开展工作，自始至终贯穿整个控制过程，并且通过“人、机、料、法、环、测”六个要素来加以体现和落实。

在航天产品研制过程中，有大量最终产品功能不可测试和检查的产品，例如，发动机、火工品等，需要将最终产品的不可检查和测试转化为过程的可检查和测试。2013年，航天一院出台了《一院型号“不可检、不可测”产品识别、控制与改进要求》，提出了从系统、分系统、单机到零部组件的设计、制造、检测的控制要求与方法，并迅速上升为中国航天科技集团公司标准。

4.2.3 质量检验与检查确认

4.2.3.1 质量检验

质量检验是企业生产活动的一道工序。它是根据质量检验的依据，借助于某种手段或方法，对生产的产品质量特性进行检测、比较、判断，为验收或拒收提供判据的过程。在现代企业管理中，质量检验仍然是企业质量管理中的一项重要工作，是保证产品质量的重要手段。

（1）质量检验的指导思想

质量检验工作的指导思想是：一坚持、二把关、三依靠、四服务。

“坚持”：就是坚持质量第一。

坚持质量第一，坚持严格按标准、规范实施符合性检验，要求检验人员把工作责任心、事业心和对国家高度负责的精神集中体现在坚持质量第一上。

“把关”：就是严把质量关。

严把质量关，就是要求检验过程必须严格按照检验依据办事，以确保检验验收产品的符合性质量。

“依靠”：就是依靠全员把好质量关。

依靠全员把好质量关，是依靠所有与生产有关的人员共同搞好产品质量。要通过全员质量意识的提高提前预防质量问题发生，而不是仅仅通过产品检验剔除不合格品。

“服务”：就是要服务于科研、生产及用户。

为满足科研生产和用户的要求，检验部门要在密切配合生产、检验咨询、检测方式方法、提供质量数据等方面，提供支援。

（2）“三检”管理

“三检”是操作者自检、操作人员之间互检、检验员专检的统称。生产过程中操作者完成产品（工序）加工后，先经过自检合格，然后由其他操作人员复核检查，符合要求后正式提交检验员检验。

1）对象。下列产品或工序的首件应进行“三检”：

①批量生产时，每个工作班次的每个操作人员（或集体操作小组）加工完的首件；

②每批超过三件的首件各工序；

③生产过程中工艺条件发生变化（如：更换或重调工装、设备、刀、量、模具等）的首件；

④设计、工艺文件进行了更改的首件；

⑤关键工序及提交验收代表验收的产品或工序；

⑥质量不稳定，易出质量故障的工序或产品；

⑦稀贵材料或加工周期长的产品或工序；

⑧采用新材料或材料代用后的首件；

⑨更换操作者后的首件；

⑩更换或重新化验槽液、渗透液等的首件。

2）内容。

①产品图样、技术条件、工艺文件、验收标准等要求是否协调一致；

②产品实物是否符合验收依据要求；

③产品质量证明文件是否齐全、正确、结论明确；

④质量控制记录卡（工艺流程卡）填写是否正确、完整；

⑤提交检验员时，产品是否已经过“自检”“互检”合格，并已签名。

3）要求。

①在“自检”“互检”完成后，才能交付专职检验员进行专检。对未经“自检”“互检”等违反三检规定加工的产品，检验人员有权拒绝验收。

②对所用计量器具及检测设备是否在鉴定期内、是否完好进行验证。

③首件“三检”，应按图样、技术文件规定进行检验，并按规定记录实测数据。

④“三检”合格后，“三检”成员在质量控制记录卡（工艺流程卡）上签字留名或盖章，在首件上按规定做出标识。经“三检”确认合格后，方可继续加工。

⑤为保证产品首件“三检”的可验证性，首件“三检”标识应保持到工作班次或同批产品工序完工检验合格后方可消除。

⑥首件“三检”如出现不合格或“三检”合格后又发生质量问题，应及时查明原因，采取纠正措施，再次加工应重新进行“三检”。

⑦“三检”合格的产品，方可进行下道工序生产。

⑧因“三检”错误造成的不合格品，由参加“三检”的成员共同负责。

4.2.3.2 正向质量检查确认

质量检查确认是航天工业早期实施的一项质量活动，是传统的质量控制方法。质量检查确认是通过提供客观证据，证实规定要求已得到满足所进行的系统的、有计划的认定活动。目前，航天一院由最初的产品制造完工后的反向复查方式向正向确认方式转变。所谓正向确认，即边生产、边确认、边积累信息；生产完毕，质量确认完毕，信息积累完毕，产品评审完毕。重点控制原材料使用、零件交付装配、部组件交付总装以及全箭出厂这四大节点；做到每一节点产品都符合技术文件要求、技术状态清楚、各种原始记录齐全后才交付下一阶段生产；最后将技术状态和产品质量的见证材料随产品一起交付；同时，在过程中对产生的问题采取有效的纠正和预防措施。产品生产质量的确认工作，由单纯的事后复查管理模式变为事先预防、事中控制、事后总结提高的管理模式。其工作流程如图4-31所示。

4.2.4 质量记录控制

4.2.4.1 表格化质量记录体系

（1）质量记录的作用与特点

航天产品制造过程质量记录是质量控制的见证性、凭证性数据，要求具有可追溯性。质量记录体系主要包括原材料清单、产品加工记录卡、产品检测记录卡、总装配套表等。通过查验记录，产品可以追溯到一颗螺钉，乃至这个螺钉的原材料信息。

航天制造的质量记录最早可以追溯到1952年，当时的国营二一一厂（火箭总装厂前身）在向上级报送的《关于生产管理的报告》中介绍了工厂的生产组织形式和相关管理制度，其中包括质量记录的内容。初步建立的管理制度有故障检验制度、零件集中制度、工作卡片制度、零件挂签制度、零件报废制度、生产计划表格使用制度等。其中提到的工作卡片就是质量过程记录卡的雏形，当时在工作卡片上记录了工序内容和质量问题处理等情况。

（2）表格化质量记录体系

表格化管理是将有关标准规范、设计图样、工艺文件等技术要求转化成表格，并在生产过程中记录实际状态，以保持文文一致、文物一致且保证可追溯的管理方式。航天一院在设计过程、生产过程、产品验收、总装测试和靶场飞行试验等各阶段均建立各种类型的技术和管理检查表格，包括设计评审、工艺评审、生产准备、工艺施工、生产过程控制、产品验收、总装测试工作流程、数据判读比对、各类质量检查确认等。2006年，航天一院印发了《型号研制表格化管理要求》，使表格化管理工作进一步规范化、标准化，完善了质量记录体系。

（3）表格在航天制造过程的应用

在型号研制投产前，产品生产单位结合验收方提出的验收检查项目和要求，按照本单位产品工艺、制造的技术及管理要求，对生产过程控制及记录进行系统策划，编制下发作业指导文件和产品质量过程记录表格。过程记

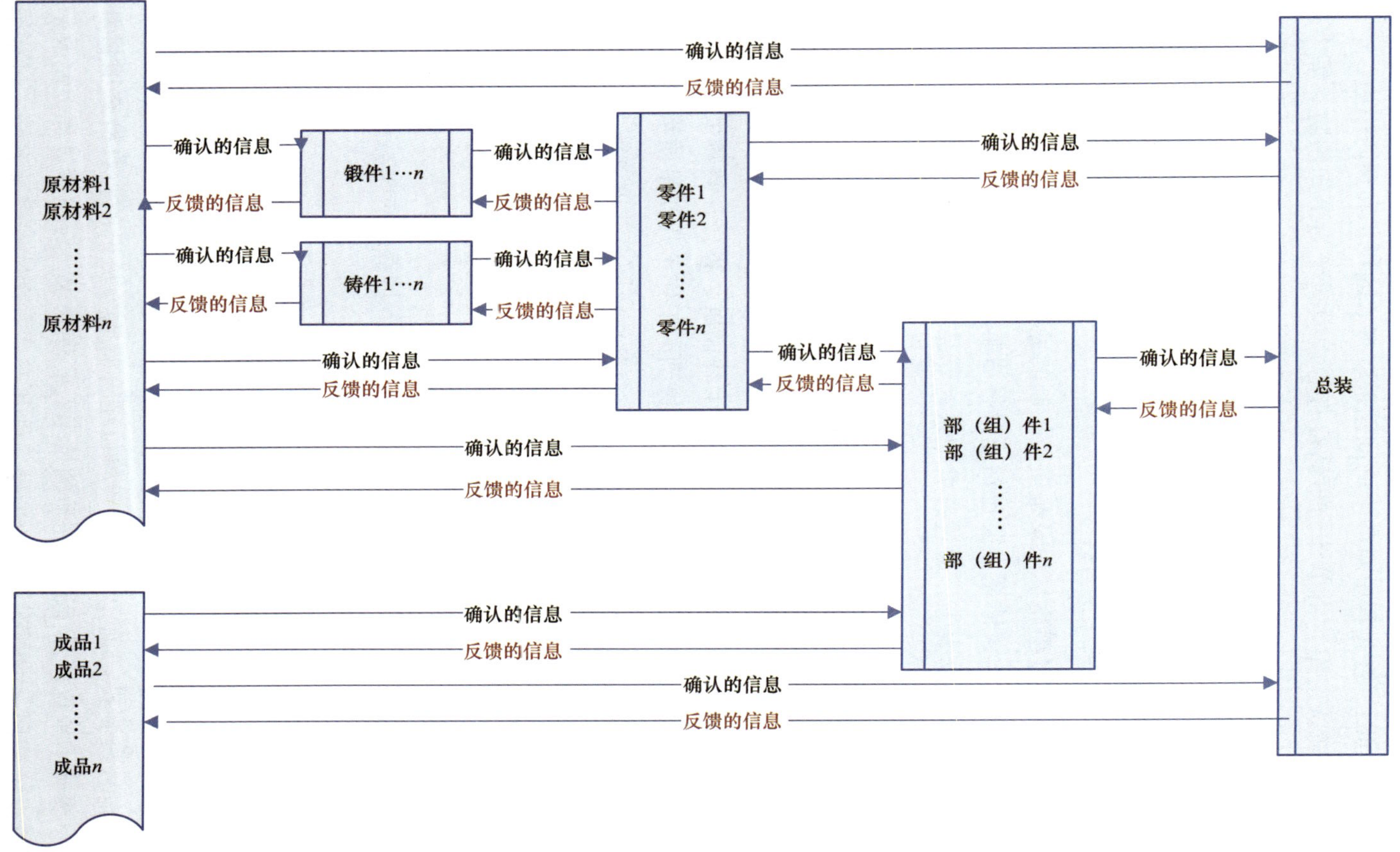

图4-31 质量复查与正向质量检查确认流程图

录表格中的检查项目和内容要按照5M1E（即人、机、料、法、环、测）六个因素进行识别，范围覆盖从生产准备到最终检验的各个环节，关键件、重要件、关键工艺、重要过程、特殊过程、多余物的控制等方面要列入检查和记录项目。在生产过程中要按照表格进行控制和记录，并为产品验收评审做准备。在产品完成最终检验后，由生产单位的质量部门组织工艺、检验、计划调度等部门，对所承制产品的制造过程和各项保证工作进行自查和确认。

总装测试过程中的各类操作，如仪器、电缆、电连接器安装，紧固件安装，防松及防护等均以表格化的形式进行检查确认和记录，对于关键、重要环节由相关设计方或顾客代表进行确认验收，并在验收表格中签字。对产品总装最后一次操作后，无法再检查或检查不全的环节、部位，则在部段装配、部段对接、级间对接、全弹总装结束等阶段，制定阶段检查确认验收表，在阶段工作完成后，由总装厂组织验收方按照验收表格共同进行检查。

（4）“五环节”表在航天制造过程中的应用

按照测试不到，要检验检查到；检查不到，要验收到；验收不到，要工艺保证到；工艺保证不到，要人员保证到的思路，对测试、检验、验收、工艺、人员五个环节进行逐级确认，形成“五环节”表。“五环节”表针对设计图纸及技术条件的每项指标从测试、检验、验收、工艺、人员五个环节逐项进行分析、确认，能够测试的指标最终以测试结果体现在验收表格中；不能测试的指标通过检验、验收、工艺保证、人员保证等环节提出质量及生产控制措施，这些措施的实施体现在质量记录卡中；由工装保证的，体现在工装验收、鉴定表格中。通过建立“五环节”表，完善了制造过程质量控制体系。图4-32为“五环节”表在航天制造过程中的应用示例。

4.2.4.2　多媒体记录

多媒体记录就是采用照相、摄像等手段对产品的操作过程和结果实施记录的方法，为相关的质量分析工作提供可视化信息，样例见图4-33。

多媒体记录于2007年开始在火箭系统得到普遍应用，对关键过程、不可逆、不易返工、易错、重点操作环节及曾发生过质量问题的制造过程采用多媒体记录的方式进行记录。多媒体记录具有直观性和有效性等优点，它不仅

XXX产品“五个环节”综合检查确认统计表

图代号	产品名称	清理项目	具体内容	确认环节					保障措施	确认人
				测试	验收	检验	工艺	人员		
××	×××		……							
		性能	胶接拉伸强度≥10MPa	×	√	√	√	√	随炉取样测试，注意随炉试样与产品施工的一致性（表面处理、粘接厚度、固化强度）	××
			密度≥10	√	√	√	√	√	产品上取样测试，由检测单位测试，提供报告	××
		结构尺寸	607±0.3	×	√	√	√	√	……	××
			235±0.02	√	√	√	√	√	……	××
			垂直度0.2	√	√	√	√	√	……	××

XXX产品生产质量记录表

工步	操作内容	操作记录
	……	
2.3	精加工前进行尺寸稳定热处理	
	……	

XXX产品验收表

性能尺寸	要求值	实测值
……	⊥ 0.1 B	
……	607±0.3	607.1
……		

XXX产品成型工装验收表

工装要求值	控制要点	备注
……	……	
65±0.02	配对磨削保证基面，并采用着色法检查配合锥度，要求锥体两端头与轴套配合部分的接触面积分别不低于50%	
……		

图4–32　“五环节”表在航天制造过程中的应用示例

图4-33 总装过程中的多媒体记录照片

是产品和试验本身的过程记录，同时为生产和试验后，质量问题的排查、分析和问题的定位等提供依据，也是员工技能培训的教材。

4.2.4.3 多余物的预防与控制

航天产品多余物控制是一项系统性工作。一方面，由于多余物产生原因复杂、多样，对多余物的控制应覆盖产品设计、工艺设计、制造、装配和试验、产品包装、运输、贮存过程以及外购、外协、配套、交付使用等全过程；另一方面，多余物控制要根据产品类别、研制阶段、生产过程、系统的重要程度、产品批量等不同技术与管理要求，统筹各个环节之间关联影响因素，综合采用多种技术手段和管理方法。

（1）产品设计环节

设计过程是多余物预防与控制的源头，根据历史经验分析来看，设计阶段多余物的预防与控制应遵循三项原则：一是要把控制产品多余物的影响作为提高可靠性的设计原则；二是要把多余物的预防和控制工作贯穿于型号设计全过程；三是要进行健壮性设计，即：部件和系统设计中要有一定抵御多余物的能力，产品结构布局应便于检查和清除多余物，或者将多余物造成的影响降到最低程度。产品设计阶段多余物的预防控制措施主要包括以下几个方面。

1）产品结构设计应从材料选取、机械加工、装配、试验、贮存、运输到使用等全过程，对可能产生多余物的环节进行分析，在设计中采取必要的防范措施。

2）设计方案要有利于控制多余物，并在设计任务书、设计图纸、设计文件中明确多余物的控制要求，工艺上能够落实。

3）对低温动力系统置换、吹除和气封设计、工艺堵盖的设置等内容应提出具体的要求，火工品的生产装配过程、工作过程，以及材料选择等应有明确的多余物控制措施。

4）在系统和关键的部件上，应设置适当过滤精度要求的过滤装置。在进行箭上动力系统设计时，要对全系统产生多余物的可能性及对系统的影响进行分析。

5）设计时应考虑小孔、相交孔、盲孔加工时若残留金属屑清洗、吹除不净，如何检查的问题；小孔孔径不宜设计得太小，应便于内窥镜探头放入小孔中检查有无多余物。

6）设计端面密封结构时应考虑金属与非金属交界处产生多余物的可能性。

7）设计螺纹类连接件时应注意螺纹副材料的搭配组合，材料硬度不宜相差太大，否则易出现切屑。

8）设计电气和电子产品时，应综合电气和电子产品工作条件、产品中采用的电子元器件特点，以及材料、工艺、使用等因素，使设计的产品不容易产生多余物或容易清除多余物。

9）使用导电胶时，应注意控制粘接面的表面粗糙度、表面清洁度及粘接部位导电胶用量。设计粘接件时，如果被胶接的零（部）件之间线胀系数差较大或相同材料厚度差较大，应采用弹性好的胶料，避免使用脆性胶粘剂。

10）非金属材料的选用，应考虑材料放气形成多余物，以及表面污染、材料老化、腐蚀、不相容性等的影响。

11）在固定印制电路板及电连接器对接时，应采用防脱落螺钉，以防装卸时紧固件脱落产生多余物；印制电路板接地采用的弹簧支架应光滑、无毛刺，防止印制电路板插入时刮下金属碎屑留在产品中。对与含硫材料接触的镀银发热元件，应采取有效的防护措施。

12）合理选择原材料、标准件，与介质接触的材料应与介质相容、性能稳定、耐腐蚀，不许产生多余的生成物。不要采用在使用环境及有效期内容易产生虫蛀、腐蚀、脱皮、龟裂、氧化、硫化的材料，必须使用时，应采取防护措施。不采用易产生静电、吸附性强的材料。选择材料时应充分考虑材料由于磨损或咬死产生多余物的可能性。选择阀门材料，应考虑不同材料的硬度及在工作温度下的尺寸膨胀或收缩差异对导向配合间隙的影响，以防动作不灵活，摩擦卡滞产生多余物。

13）根据产品的受力、环境温度等合理选用标准件（螺钉、弹簧垫圈等），禁止选用存在氢脆、锌脆等脆断模式的标准件，对重要部位应尽可能选用自锁螺母或其他新型防松连接件代替弹簧垫圈。

（2）工艺设计环节

工艺设计过程既要落实设计人员提出的多余物控制要求，又要结合具体产品和现有生产能力和手段提出具体的控制方法和检查方法，并制定多余物控制流程，提出具体的多余物控制措施与要求。产品工艺设计过程多余物的预防措施主要包括以下几个方面。

1）制定合理的工艺流程。尽量减少装配过程的加工，加工工序应尽量安排在零（部）件制造阶段；装配阶段的加工工序应安排在总装之前进行，以减少产生多余物的可能性。

2）选择合理的工艺方法。优先选用不产生毛刺的工艺方法，选用的计量器具、工装设备要能够有效地控制多余物。

3）对易产生静电的材料、磁性材料、吸附性强的材料，应规定具体的多余物控制措施和检查措施。难以清理的部位要采取密封保护措施，避免吸附铁磁性加工屑及加工过程中进入多余物。

4）产品结构中细长的深孔、螺纹孔、相交孔等结构应规定去除毛刺的方法和清洗要求及检查方法。带有螺纹孔的零件，可用与之相配套的螺纹产品试拧几次，确保连接通畅，并检查有无挤出的毛刺或其他多余物。

5）对于有洁净度要求的精密加工，应明确环境洁净度等级。对需要恒温、恒湿、净化厂房的工作环境，应在工艺文件中做出明确规定。

6）预装配（或跑合试验）后需要分解的产品，应采用清洗等方法控制产生的多余物。

7）精密的产品，应对清洗介质和注入的介质进行洁净度检查。

8）采用辅助材料时，应充分考虑辅助材料不会产生多余物，并应保证辅助材料与产品材料相容，确保不产生新的多余物。

9）表面处理时应选择合理的表面涂覆（镀覆）方法，保证产品在规定的使用条件下不脱漆、不脱镀层、不氧化生锈和发生脆性断裂。

（3）生产过程

1）零部件生产过程。生产现场不得进行与生产无关的活动；设备、工具、器材、零（组）件、资料等应按标识规定放置有序，每天工作前应清点并做好记录，工作结束后要核对并记录；生产现场要定期整理打扫，保持整洁。产品焊接过程中，对零、部（组）件应进行适当的保护，防止残留飞溅物。零、部（组）件最终加工完成后应及时清除多余物；对油封件应清洗干净后再油封，对敞露开口产品，应加工艺堵盖或临时包装。工作台面应清洁，及时去除焊锡、碎屑等废弃物。

根据产品特点，规定厂房的温度、湿度、压力等环境要求。进入精密装配车间、总装调试厂房的工作人员应按规定着装，穿无纽扣、无口袋的工作服，穿无带的工作鞋，身上不得携带与工作无关的物品。

2）总装和调试过程。产品总装时，根据产品的特点建立隔离区，总装和调试时对最终产品、待装产品、正在操作的产品分开放置进行管理。要对总装过程中进舱人员的着装、所使用的工艺件、装配前对部组件的外观检查、装配过程中的控制、装配后对报废的零部件、工艺件的处理等内容都提出具体的多余物控制要求。

3）检验过程。在对产品进行检验的过程中，应确保检验过程本身不带入多余物。检验分为生产过程检验、交接过程检验、出厂检验三个过程。生产过程的质量检验包括外购器材（外协件）检验、工序质量检验、成品质量检验、产品包装检验、产品配套交付检验五部分，均应包括对多余物的检验；产品交接质量检验是指产品在上下工序间或跨单位交接时，由双方检验及有关人员对交接产品进行的质量检查。对发现的多余物，分析原因，查明责任，并及时处理，以防漏到下一环节。整机或全箭（弹）总装完成并经测试合格，在封舱前要由生产、使用、检验等方面人员参加，对产品进行全面检查，保证其性能合格、清洁，无多余物。

4）试验过程。试验涉及的试验介质、试验设备、外部环境等，均应保证无多余物和对产品无污染。试验区应满足产品技术条件要求；试验介质在使用前应进行取样化验，并符合相应的技术指标要求；在试验产品和地面设备停放过程中，应采取措施，防止进入多余物。

低温系统在试验前应对系统和试验产品内腔进行有效的吹除、置换、气封，确保系统内气体成分满足技术条件要求。试验结束时，应检查试验产品多余物的情况，并对试验系统敞口端采取封堵、包扎等保护措施，并做好记录。

5）包装、运输、贮存过程。产品包装前应去除表面的多余物，并进行干燥处理。包装材料应不产生多余物，不对产品造成污染。在包装材料领用，零件、部（组）件交接时，应检查多余物。产品穿防护衣前，应对防护衣进行全面检查清理。对于采用密封式防护衣的产品，应用符合技术要求的干燥压缩空气进行置换，保证产品处于干燥气体的保护中。运输过程中应检查各运输支点的连接件，核对数量无误、配套齐全、洁净，以及防护衣有无损坏、铅封是否完整。产品在贮存时敞口部分应密封保护，以防产品受损害和多余物的进入。对库房应定期检查，确保整洁、无多余物。

6）交付使用过程。在发射场进舱工作前、工作后应对舱内进行多余物检查，舱内工作应做到表格化管理，确认不带、不产生多余物，进入舱内的工作人员应穿着专用的进舱工作服，清除随身携带的任何物品，工作结束出舱后应清点工具的种类、数量并做记录，工具应与进舱时相符；清点专用回收袋（盒）中剩余的辅助材料种类并做记录，物品应与进舱时相符。在靶场拆装仪器、阀门、导管，安装火工品、伺服机构、发动机大喷管等时应对多余物进行控制，对地面管路系统应设置符合精度要求的过滤器，靶场的试验介质应满足使用要求，低温动力系统应满足相应的多余物控制要求。

7）多余物问题的处置。发现多余物，应保护现场，记录多余物的位置，保存取出的多余物，并开展分析工作，查明原因，制定解决措施。在系统内发生多余物故障时，为使多余物保留在原位，应尽量保持系统状态不变，并应制定排查多余物的具体方案。在管理上，应按质量问题的归零要求对出现的多余物问题进行技术归零或管理归零。

参考文献

[1] 首都航天机械公司. 铸箭［M］. 北京：中国宇航出版社，2006.

[2] 王春玲，等. 火箭与导弹产品多余物控制［M］. 北京：中国宇航出版社，2009.

5 运载火箭地面试验体系及质量控制

- 运载火箭总体试验体系
- 运载火箭分系统试验体系
- 运载火箭单机试验体系
- 运载火箭“六性”试验体系
- 运载火箭地面试验充分性及量化控制
- 运载火箭试验质量控制
- 运载火箭地面试验的新进展

所谓试验是指为了解某物的性能或某事的结果而进行的尝试性活动，或为了查看某事的结果或某物的性能而从事的某种活动。航天技术的探索性，要求开展大量的地面试验，特别是针对天地环境差异性问题开展一系列工作。航天大型地面试验是评估验证航天产品（系统、分系统、单机等）设计功能、性能和可靠性的关键环节，是研制工作的重要组成部分，也是研制程序中最重要的工作内容。大型地面试验安排得是否合理、充分，直接关系到航天产品的质量水平，决定着研制方案，甚至影响到飞行成败。1962年，我国第一枚自行设计的近程导弹“东风二号”首飞失败，使航天人对型号研制要充分做好地面试验有了深刻认识。技术认识的过程是螺旋式上升的过程，需要不断的实践、认识，再实践、再认识，航天工程强调“天地”一致性和环境适应性的分析，地面试验充分是型号成功的基础。

地面试验相对于飞行试验而言，是为考核产品对各种飞行环境的适应性及完成特定性能的可行性而进行的地面活动。按照所属系统和专业，运载火箭的地面试验分为气动与热学环境、载荷与力学环境、电气系统、结构及分离系统、动力系统、发射支持系统等试验；按照参试产品的性质，试验可分为实物试验、半实物试验、虚拟仿真试验和软件测试等；按照试验规模大小，又可分为元器件试验、单机试验、分系统试验、系统试验、全箭（弹）试验等。此外，按照试验特性还可分为力学与热学环境试验、电磁兼容性试验等。图5-1为我国的运载火箭试验体系图。本章论述了从元器件、单机、分系统到整个火箭的一套涵盖型号全寿命周期的完备的地面试验体系。

5.1 运载火箭总体试验体系

运载火箭总体试验体系是确定总体和系统方案、验证设计正确性和考核产品可靠性的有效途径，是总体研制不可缺少的重要环节。该试验体系分为总体地面试验和总体飞行试验。

5.1.1 总体地面试验

总体地面试验包括环境、气动、分离、动力总体、电气总体、地面总体

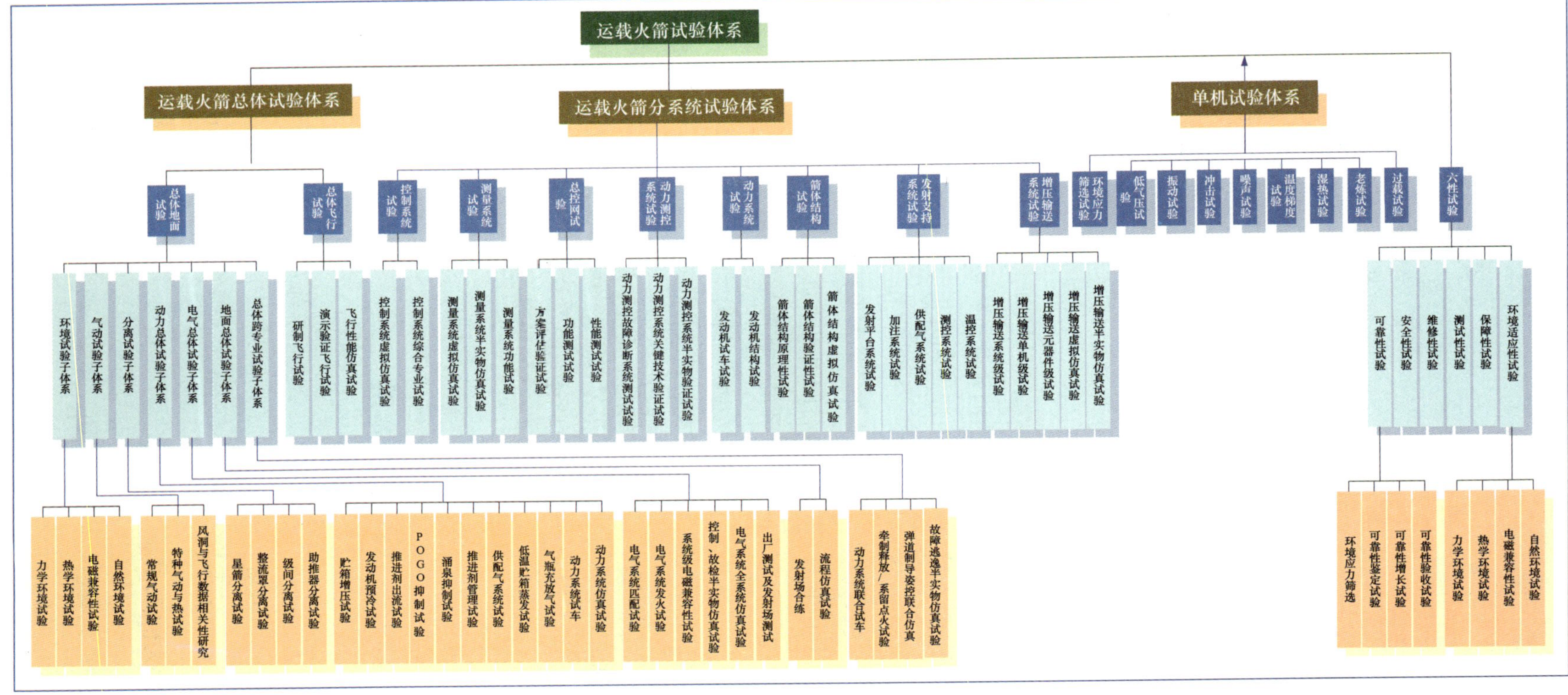

图5-1　运载火箭试验体系图

以及跨专业的试验子体系，全面覆盖总体负责的各专业研究性及验证性试验和各专业联合进行的地面大型试验。

5.1.1.1 环境试验子体系

运载火箭的环境试验包含了力学、热学、电磁兼容性以及自然环境4个方面，如图5-2所示。它是考核火箭地面和飞行环境适应性的重要试验手段和方法。

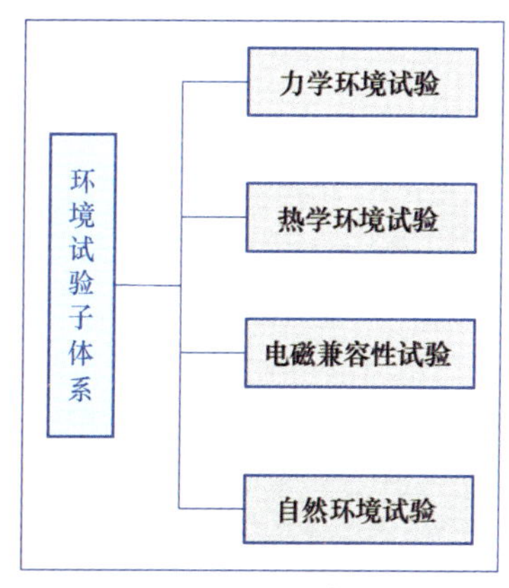

图5-2 环境试验子体系

（1）力学环境试验

力学环境试验是力学环境设计的一个关键环节。试验技术很大程度上影响着火箭力学环境设计的合理性和可靠性。火箭全寿命周期经历的力学环境，包括低频振动、高频振动、噪声、冲击和过载环境等。力学环境试验体系如图5-3所示，按照分类包括过载环境试验、振动环境试验、噪声环境试验、冲击环境试验、综合环境试验。

（2）热学环境试验

热学环境试验主要包括火箭气动加热计算和试验、喷流加热及局部舱段的热环境分析。该试验提供火箭的热环境设计报告和相应的热环境试验条件，为结构设计和仪器设备设计、试验等提供原始依据，包括热结构风洞、高温燃气试验、大热流热真空试验、飞行低压试验、低温试验等。

防热、热结构研究是一个系统工程问题，需要结构设计、材料、试验等相关部门共同解决。用分析方法确定热载荷，研究分析机理，在此基础上进行地面模拟试验。根据试验结果修正分析模型、改进设计，进行再试验，验证设计方案。

（3）电磁兼容性试验

随着运载火箭技术的发展，在有限的空间和平台上集成了大量的电子设备，电磁环境效应成为影响型号系统效能、安全性、可靠性的关键因素。电磁环境效应试验体系主要包括3个子体系：电磁兼容试验验证子体系、雷电试验验证子体系、电磁环境效应仿真验证子体系，如图5-4所示。

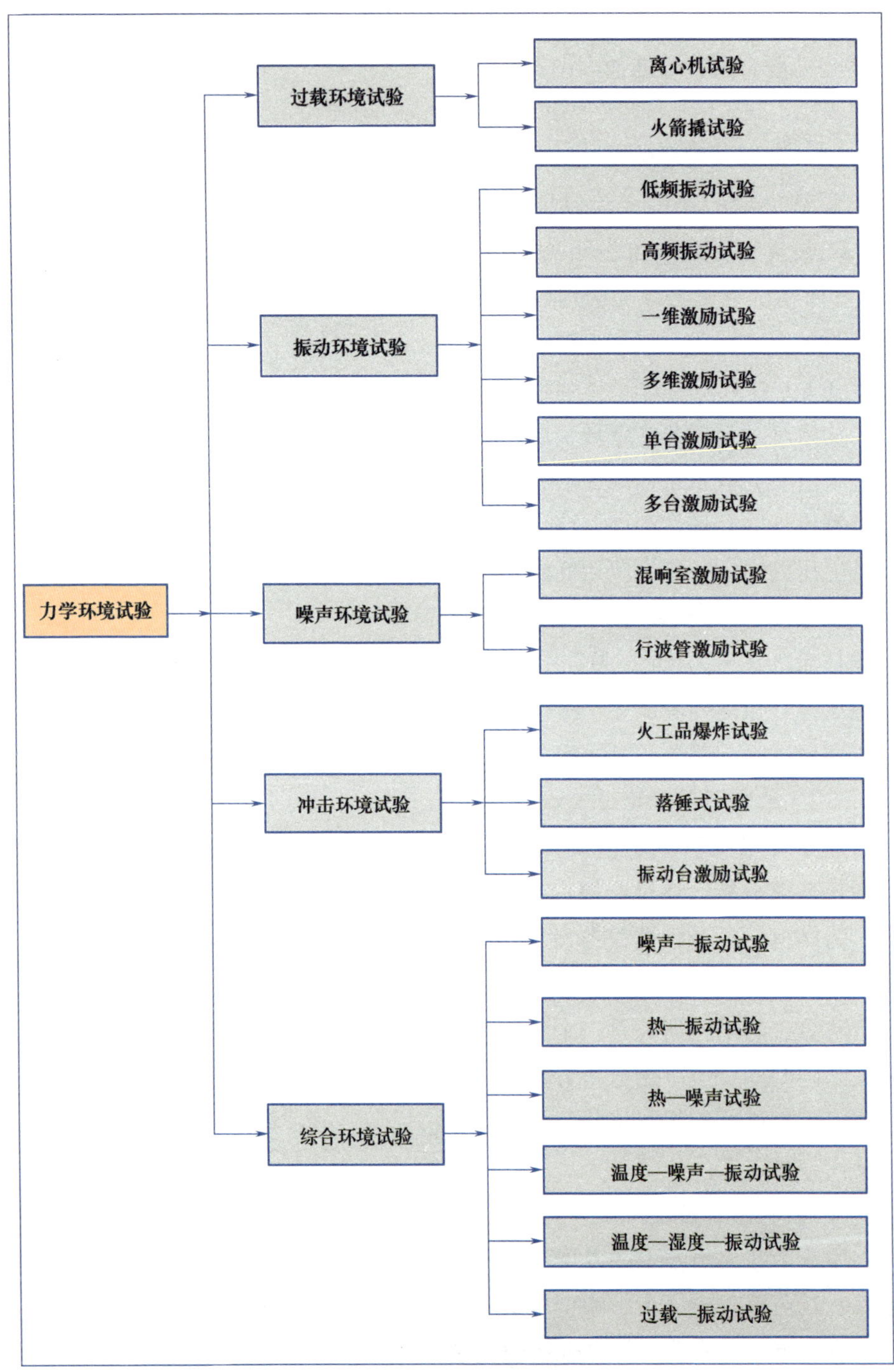

图5–3　力学环境试验体系

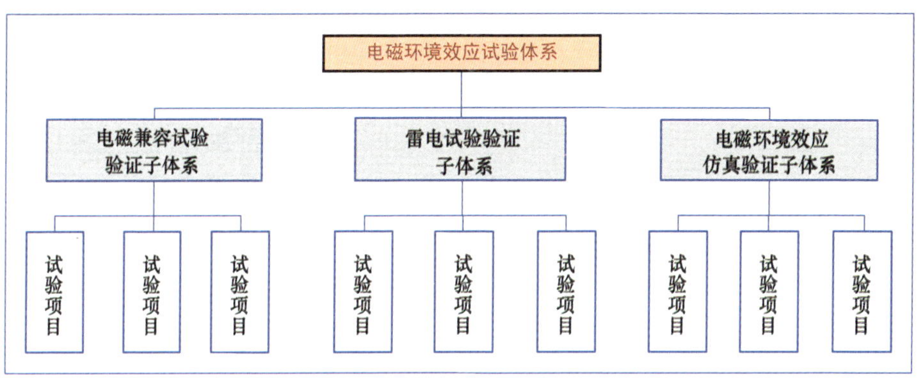

图5-4 电磁环境效应试验体系

电磁兼容试验验证子体系主要包括电磁发射试验、电磁敏感度试验和电磁兼容排故试验技术等，如图5-5所示。

雷电试验验证子体系由雷电防护技术、雷电试验技术构成，如图5-6所示。

目前，航天产品所遇到的电磁环境日益复杂，如雷电、静电、核电磁脉冲、电子对抗、高能电磁脉冲所产生的强电磁辐射，以及系统内、系统间产生的传导和辐射干扰等。相当一部分电磁环境很难通过试验验证方法进行模拟，这对型号电磁兼容性验证的覆盖性等方面的工作提出了新的要求，而日益发展成熟的仿真验证方法可以弥补试验验证的不足。电磁兼容仿真验证子体系由电磁仿真平台、电磁环境数据库、型号模型库构成，如图5-7所示。

（4）自然环境试验

自然环境试验主要考核运载火箭对温度、天气、高低气压等环境的适应性，包括运输、高温日照、低温、雨天、湿热、盐雾、霉菌等环境下的使用等试验。环境适应性试验包括试验室模拟环境试验和自然环境试验，主要安排在初样和试样阶段开展。

5.1.1.2 气动试验子体系

运载火箭气动试验体系如图5-8所示，通过亚、跨、超、高超声速系列风洞，满足运载火箭亚跨超声速条件下测力、测压、脉动压力等试验要求。

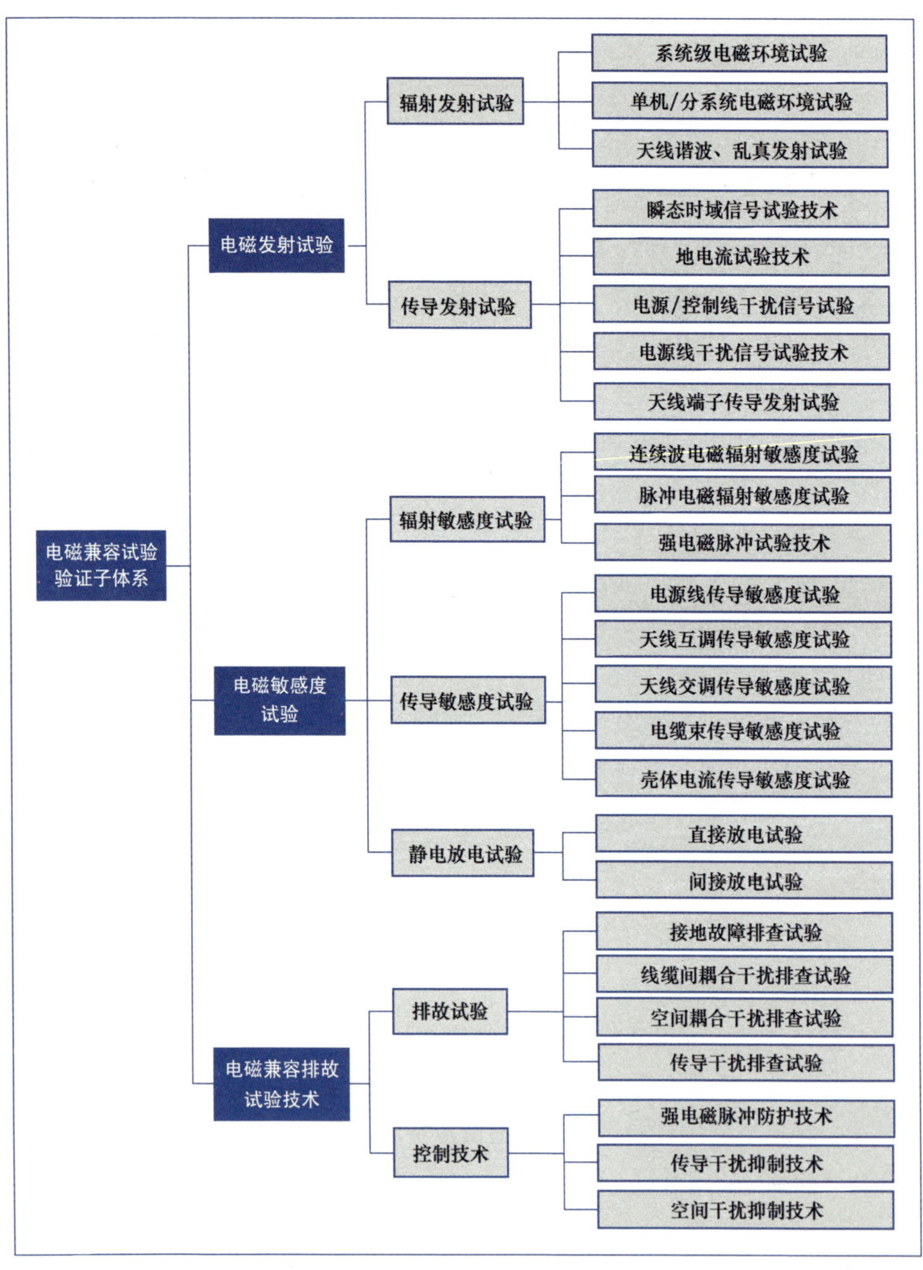

图5-5　电磁兼容试验验证子体系

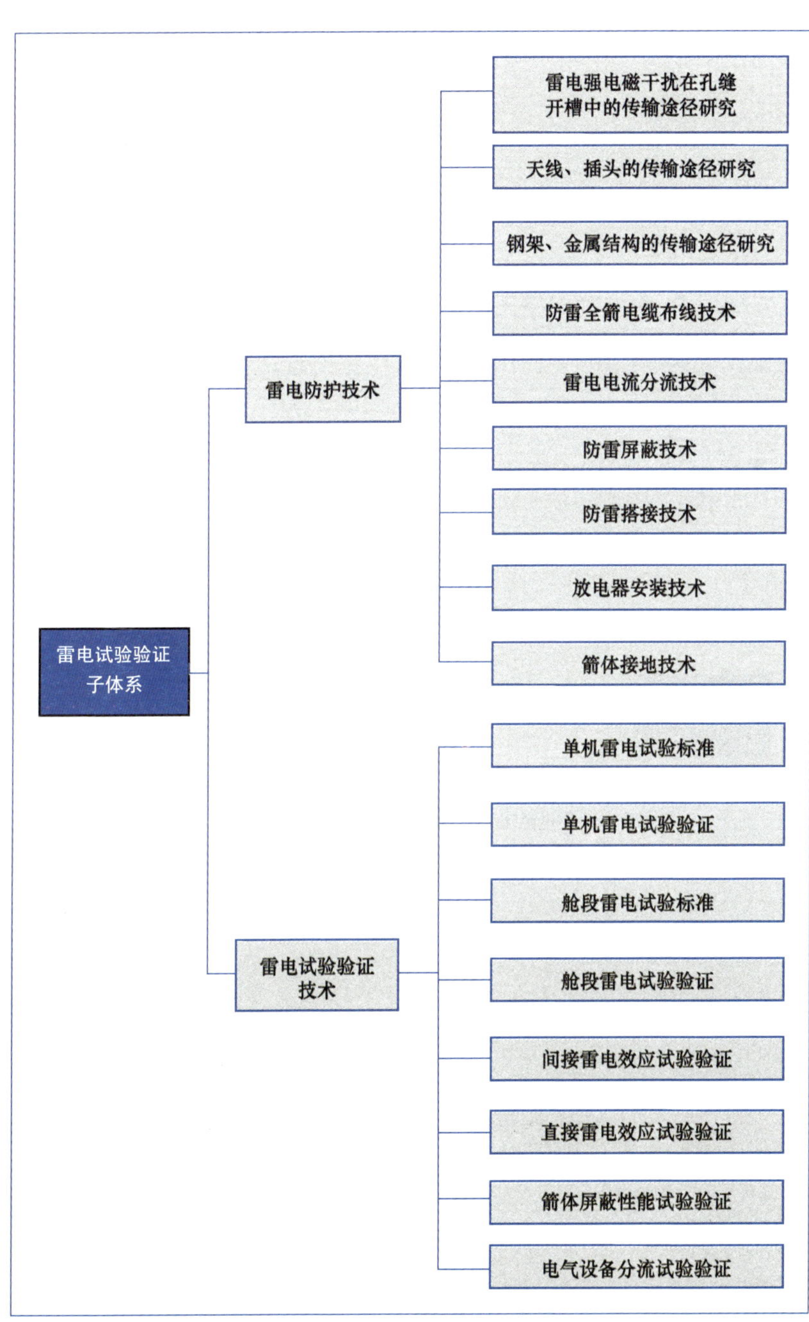

图5-6 雷电试验验证子体系

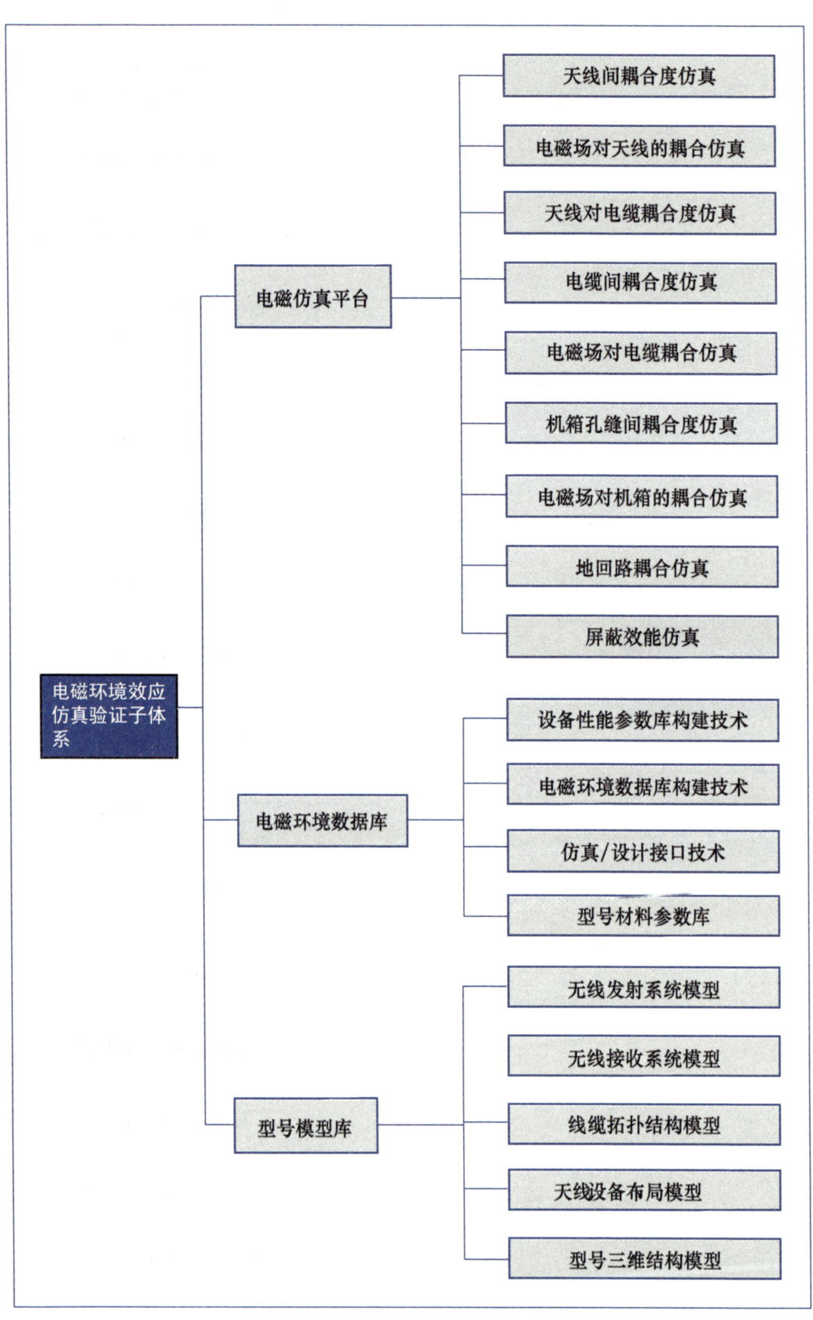

图5-7　电磁环境效应仿真验证子体系

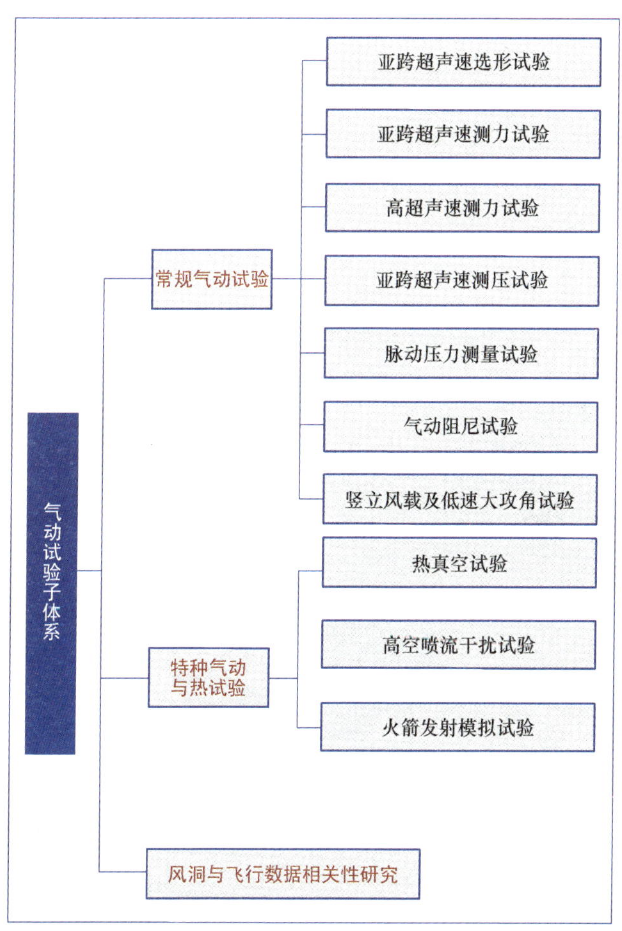

图5–8 气动试验体系

风洞是指在一个管道内，用动力设备驱动一种速度可控的气流，对模型进行空气动力试验的一种设备。风洞试验的基本原理是相对性原理和相似性原理。根据相对性原理，飞行器在静止空气中飞行所受到的空气动力，与飞行器静止不动、空气以同样的速度反方向吹来时的作用是一样的；根据相似性原理，可以将飞行器缩比做成几何相似的小尺度模型，气流速度在一定范围内也可以低于飞行速度，其试验结果可推算出真实飞行时作用于飞行器的空气动力。通过风洞试验可以测量作用于飞行器模型的空气动力，如升力、阻力等，从而确定其飞行性能；可以测量模型表面的压力分布，确定飞行器载荷和强度等；可以进行布局选型试验，选择最佳的布局和外形等。

5.1.1.3 分离试验子体系

分离是运载火箭上天飞行的动作，对于飞行试验成功至关重要，国际上运载火箭的失败，不少是由于分离故障引起的，因此地面分离试验十分重要。地面分离试验可以分为火箭分离仿真试验和地面分离试验。按类别包括星箭分离地面试验、整流罩分离地面试验、级间分离地面试验和助推器分离地面试验。图5–9是运载火箭分离试验体系。

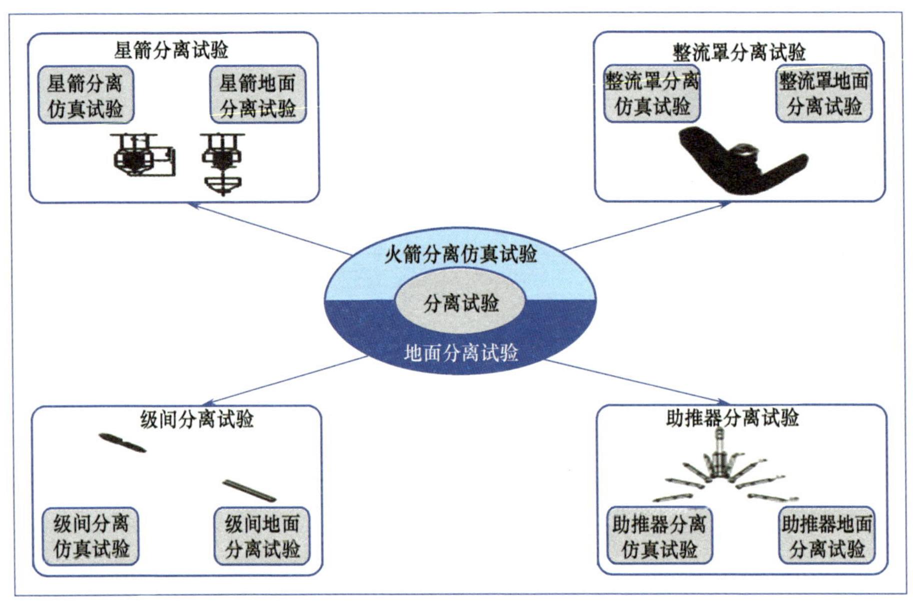

图5–9 分离试验体系

（1）星箭分离试验

星箭分离试验包括星箭分离仿真试验和星箭地面分离试验。

星箭分离仿真试验主要是使用动力学仿真软件对星箭分离过程进行软件仿真，对分离过程中可能出现的故障情况，进行仿真分析。该试验一方面可以验证在理想假定条件下星箭分离的可靠性；另一方面可以使用仿真软件测量卫星运动特性数据，并使用这些数据进行星箭分离地面试验方案设计。

星箭分离仿真试验根据星箭分离系统的结构数据建立模型，建模过程中准确地反映模型的边界包络、分离动力源和空间分离环境条件。仿真试验的主要输出结果为星箭分离的相对速度，卫星分离后的三轴角速度和线速度，星箭分离过程中的间隙等。仿真结果是对星箭分离可靠性的重要验证，也是进行实物地面试验的前提。

星箭地面分离试验主要是使用星箭模拟试验件，在地面试验条件下模拟卫星解锁及分离的过程，重点考核卫星和支架之间的运动包络是否满足星箭分离间隙要求。星箭地面分离试验记录了地面过载条件下，星箭分离后两者相对速度、卫星的角速度及运动方向偏差等，并和仿真试验数据进行对比分析。

（2）整流罩分离试验

整流罩分离试验包括整流罩分离仿真试验和整流罩地面分离试验。

整流罩分离仿真试验使用动力学仿真软件仿真模拟整流罩分离过程，对分离过程中可能出现的故障情况，进行仿真分析。分离仿真试验根据整流罩分离系统的结构数据建立模型，建模过程中准确反映模型的边界包络、分离动力源和空间分离环境条件。仿真试验的主要输出结果为整流罩分离的角速度、整流罩运动过顶时间（指旋转分离整流罩罩体质心运动到最高点的时刻）、整流罩分离过程中星罩之间的间隙等。仿真结果是对整流罩分离可靠性的重要验证，也是进行实物地面试验的前提。

整流罩地面分离试验是使用整流罩实物和有效载荷模拟试验件，在地面试验条件下模拟整流罩分离系统解锁及分离的过程，考核整流罩和有效载荷之间的运动包络是否满足分离无干涉要求、整流罩分离时序的正确性、整流罩分离系统结构的可靠性以及整流罩运动特性对总体条件要求的满足性。整流罩地面分离试验记录了在地面过载和空气阻力条件下，整流罩质心运动角速度、过顶角速度、脱钩时间以及整流罩弹性变形等；并将试验数据和仿真数据进行对比分析，以便相互验证。

（3）级间分离试验

级间分离试验包括级间分离仿真试验和级间地面分离试验。

级间分离仿真使用动力学仿真软件对级间分离过程进行软件仿真，对分离过程中可能出现的故障情况进行仿真分析。分离仿真试验根据级间分离系统的结构数据建立模型，建模过程中准确反映模型的边界包络、分离动力源和空间分离环境条件。仿真试验的主要输出结果为级间分离的速度、级间分离过程中的两部段之间的间隙以及级间热喷流对级间分离的干扰等。仿真结果是对级间分离可靠性的重要验证，也是进行实物地面试验的前提。

级间地面分离试验使用真实部段或其缩比模型，在地面试验条件下模拟级间分离系统解锁及分离的过程，考核分离部段之间的运动包络是否满足分离无干涉要求、分离时序的正确性、分离系统结构的可靠性以及分离后部段运动特性对总体要求的满足性。

（4）助推器分离试验

助推器分离试验包括助推器分离仿真试验和助推器地面分离试验。

助推器分离仿真试验主要是使用动力学仿真软件对助推器分离过程进行软件仿真，对分离过程中可能出现的故障情况进行仿真分析。分离仿真试验根据助推器分离系统的结构数据建立模型，建模过程中准确地反映模型的边界包络、分离动力源和空间分离环境条件。仿真试验的主要输出结果为助推器分离的角速度、相对分离线速度，助推器分离过程中助推器与芯级之间的间隙等。仿真结果是对助推器分离可靠性的重要验证，也是进行实物地面试验的前提。

助推器地面分离试验主要是使用助推器和芯级模拟试验件，在地面试验条件下模拟助推器分离系统解锁及分离的全过程，考核助推器和芯级之间的运动包络是否满足分离无干涉要求、助推器分离时序的正确性、助推器分离系统结构的可靠性以及运动特性对总体要求的满足性。助推器地面分离试验记录了在地面过载和空气阻力条件下助推器绕质心运动角速度、相对线速度和助推器与芯级之间的间隙等；并将试验数据和仿真数据进行对比分析，以便相互验证。

5.1.1.4 动力总体试验子体系

运载火箭动力系统从方案论证、初样设计以及试样飞行阶段均需要开展大量的试验研究。一般根据试验对象的不同可以划分为动力系统总体试验、增压输送系统试验以及液体火箭发动机相关试验；按照试验实施阶段的不同，又可以划分为预研阶段、方案阶段、初样阶段以及试样阶段开展的试验；根据试验性质，又可以归结为研究性试验或者验证性试验；按照试验对象的性质不同，还可分为实物试验和虚拟试验。

图5-10列出了液体火箭动力系统试验体系，主要包括10类实物类试验、

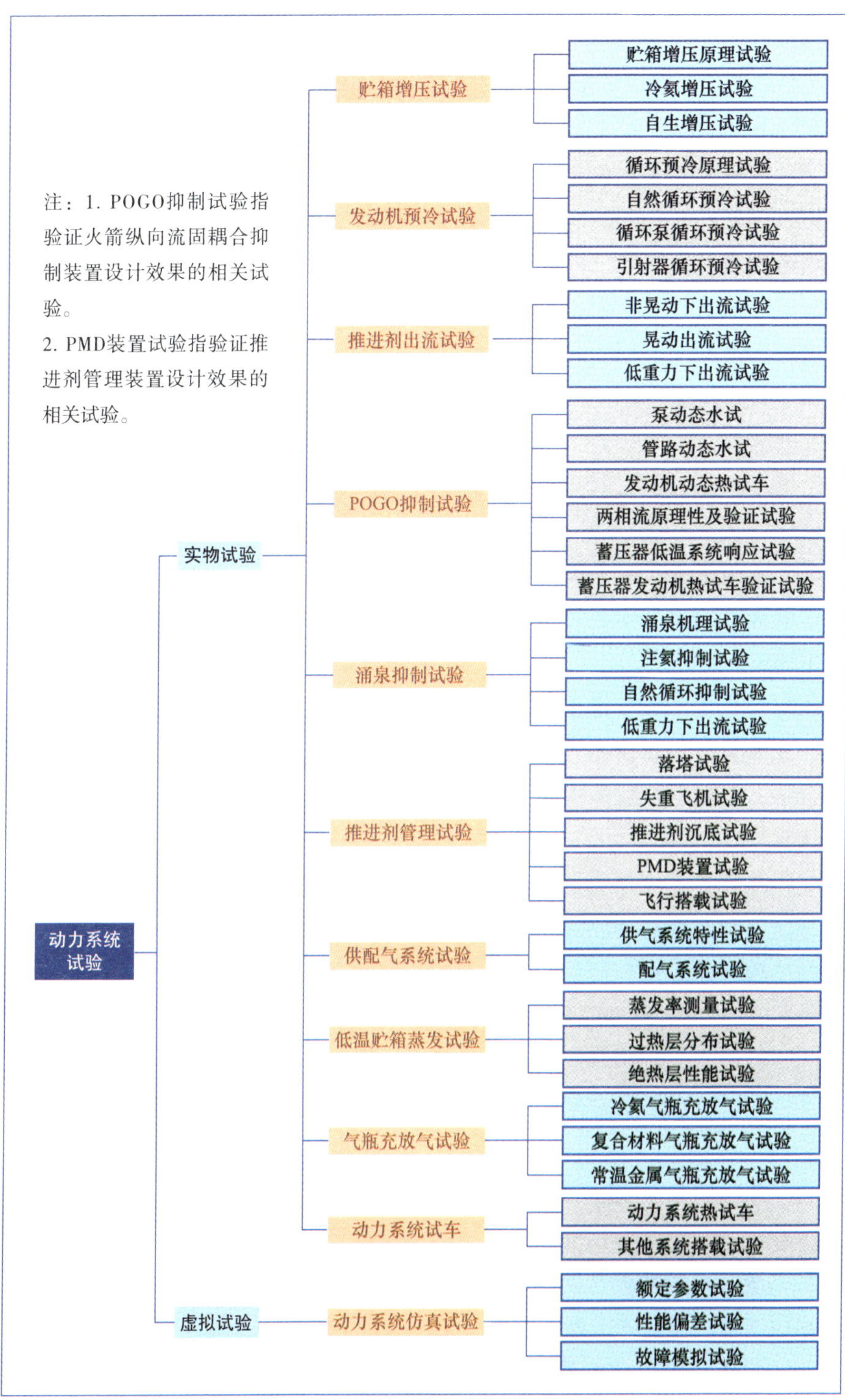

图5-10 液体火箭动力系统试验体系

1类虚拟研究试验，以及若干子类试验。由于分类方式的不同，图中列出的各子类试验主要为典型试验种类和状态，在实际中往往可以结合实施。

5.1.1.5 电气总体试验子体系

运载火箭电气总体的地面试验主要包括电气系统匹配试验、发火试验、系统级电磁兼容性试验、控制—故检半实物仿真试验以及全系统的闭环仿真试验、出厂测试及发射场测试等。

这些试验大部分为验证性试验，主要完成运载火箭各电气系统间接口的协调性和匹配性验证，确认系统是否电磁兼容等，暴露问题并改进设计。此外，通过发展虚拟仿真试验技术，大力推进火箭全系统的闭环仿真技术，实现全箭电气系统的功能性仿真，为电气系统总体方案的确定提供验证和支撑。

5.1.1.6 地面总体试验子体系

运载火箭地面总体试验子体系主要包括发射场合练以及各项试验的流程仿真工作。

发射场合练一般安排在火箭初样或试样研制阶段，也可安排在飞行试验之前，主要是针对新研制的火箭或地面测发控系统更新的火箭系统，通过发射场合练，全面考核运载火箭系统与发射场系统的接口匹配性，为飞行试验打下基础。

流程仿真技术则是通过合理规划流程、有效组织并行工程并进行仿真，提前暴露各种总装协调问题，提高火箭与地面支持系统、总体、分系统、单机之间的协调性，缩短研制周期、节约研制经费。流程仿真主要通过将对象或系统模型化，使模型作为实验装置用来分析已存在的或计划中的复杂系统，为设计师、工程师和决策者提供一个对操作流程或动态系统方案进行试验、评估，以及视觉化的有效工具。

5.1.1.7 总体跨专业试验子体系

运载火箭的跨专业试验一般在火箭的初样及试样研制阶段进行，以验证火箭各系统接口的协调、匹配程度和全系统设计的正确性，大多属于火箭的大型地面试验，需要各个系统和专业联合参与完成。

该试验体系包括动力系统联合试车、牵制释放与系留点火试验等大型试验。此外，还可通过总体跨专业的试验，帮助和指导总体小回路专业的设计和总体原始参数的确定，弹道制导姿控的联合仿真以及故障逃逸半实物仿真试验等。

5.1.2 总体飞行试验

总体飞行试验是在真实使用环境下或接近真实使用环境下考核验证关键产品、关键技术和关键功能的试验。总体飞行试验按性质分为研制飞行试验、演示验证飞行试验、飞行性能仿真试验。

5.1.2.1 研制飞行试验

由于运载火箭载荷的变化，火箭的技术状态会随着有效载荷的变化有一定的变化，因此运载火箭没有定型阶段，每次进行的飞行任务都可视为飞行试验，而为搭载某些特殊载荷所进行的试验则是为考核有效载荷在真实再入的恶劣飞行环境下所进行的试验。

5.1.2.2 演示验证飞行试验

随着现代技术的发展，现有的飞行试验模式已不能完全满足火箭及其他飞行器研制的需要，火箭的某些关键技术的验证在地面无法模拟，还需通过真实的飞行试验进行演示验证，并考核关键技术。演示验证飞行试验的开展可避免火箭全系统参与的复杂性，一方面提高了试验的效率，另一方面提高了试验的针对性和真实性。

5.1.2.3 飞行性能仿真试验

运载火箭飞行性能仿真试验对于火箭可靠性设计、飞行故障分析有重要的作用，已成为基本的工作手段。运载火箭系统复杂，这对性能仿真的支撑软件提出了很高的要求。为了将性能仿真作为运载火箭数字化设计手段之一，性能支撑软件需要满足平台化、集成化、系统化、专业化等要求。

5.2 运载火箭分系统试验体系

5.2.1 控制系统试验体系

控制系统试验主要包括控制系统虚拟仿真试验和综合专业试验。

5.2.1.1 控制系统虚拟仿真试验

控制系统仿真试验体系，主要包括仿真试验和精度试验等，如图5-11所示。

控制系统仿真试验主要进行姿态控制系统、制导系统、导航系统性能的仿真。利用仿真技术，对控制系统施加模拟干扰、分析闭合系统在一定输入下的动力学响应、分析各系统的性能指标，以评定控制系统的性能。因此仿真基础技术是仿真试验中不可缺少的部分。此外，控制系统仿真试验还包括半实物仿真试验、虚拟试验和评估鉴定试验。

火箭有效载荷的入轨精度是主要的技术指标，减小制导误差是提高火箭入轨精度的关键。提高制导精度的主要途径就是减小制导方法误差和提高制导器件精度。为了验证组合制导的制导精度需要开展精度试验，包括惯性/天文导航、惯性/卫星导航、惯性/光学制导等试验。

5.2.1.2 控制系统综合专业试验

控制系统综合专业试验体系主要包括实物试验、半实物试验、虚拟试验、通用性试验等，如图5-12所示。

实物试验指控制系统实物产品参加的试验，通过试验考核系统可靠性、环境适应性、电磁兼容性等，并进行控制系统功能指标考核，为控制系统验收交付提供依据，主要包括功能试验、可靠性试验、环境试验、综合环境试验。功能试验的目的是验证系统功能、性能及接口关系的正确性。可靠性试验主要是基于GJB450A的400系列可靠性试验与评价体系进行的试验。综合环境试验是控制系统在综合环境下的功能性能考核试验，综合环境条件主要包括振动应力、温度应力、湿度应力、低气压等。

半实物试验主要包括半实物原理试验和软件系统验证试验等，半实物原理试验用于控制系统关键技术攻关和控制原理验证，软件系统验证试验主要用于进行软件系统设计验证和系统级软件测试验证。

虚拟试验包括虚拟功能试验、虚拟环境试验、数字模装试验等。其中虚拟功能试验包括电气参数仿真试验、虚拟发火试验、供配电建模与仿真试验、潜电流通路虚拟仿真试验；虚拟环境试验包括力、热、电磁等虚拟试验；数字模装试验包括虚拟结构及数字模装试验等。

通用性验证试验主要包括总线网络仿真及验证试验等。

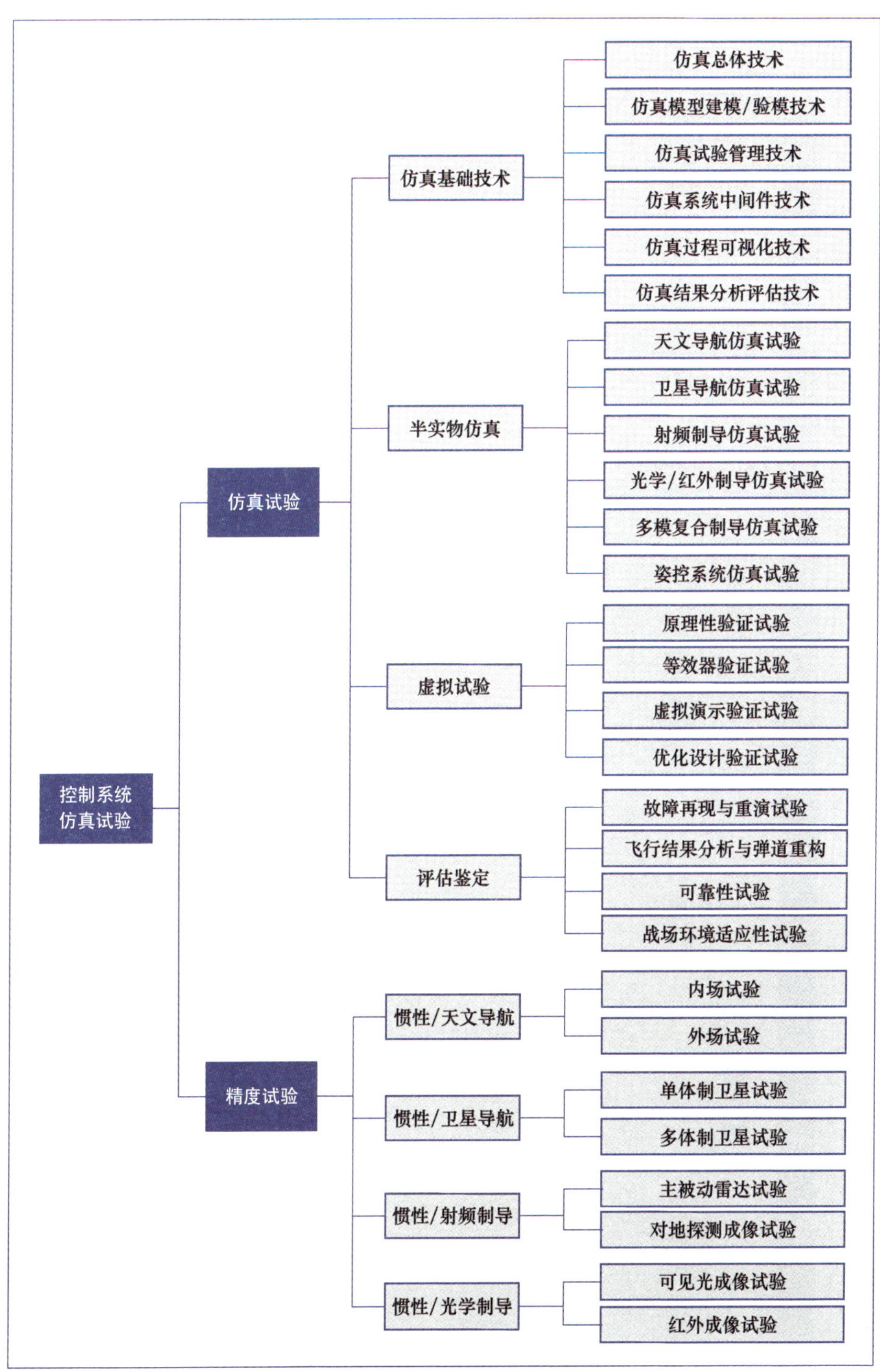

图5-11 控制系统仿真试验体系

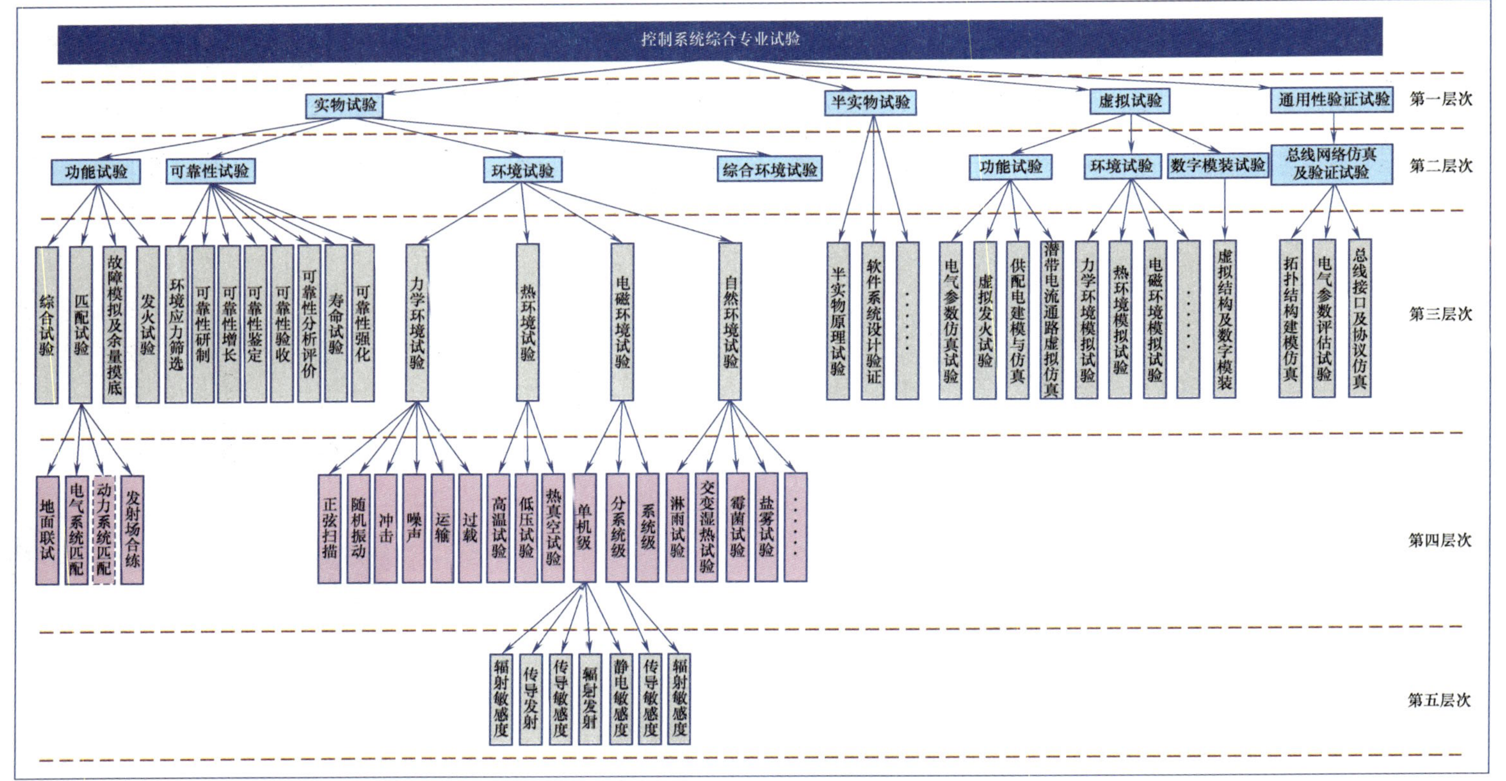

图5-12 控制系统综合专业试验体系

5.2.2 测量系统试验体系

测量系统试验的主要目的是考核全测量系统设计正确性、接口协调性；对产品环境适应性进行验证，评价产品是否满足飞行环境需求；对专业技术可行性进行验证，评估专业技术应用于型号中的技术风险。测量系统试验体系主要包括系统虚拟仿真试验、半实物仿真试验以及系统功能试验。其试验体系如图5-13所示。

5.2.2.1 虚拟仿真试验

测量系统虚拟仿真试验是通过计算机软件进行结构、电路及信号仿真，其主要内容是通过仿真软件对系统设计中涉及的关键技术进行验证仿真、对系统技术指标进行复核仿真、对系统的布局和规模进行结构仿真。其中验证仿真包括信号预处理技术仿真、卫星定位仿真、高精度数据采集技术仿真及嵌入式软件运行仿真等；复核仿真包括数据传输协议仿真、图像压缩机还原仿真、射频链路增益仿真和总线测控通信仿真等；结构仿真包括线束设计及实现仿真、设备结构仿真及数字化模装试验仿真等。

5.2.2.2 半实物仿真试验

测量系统半实物仿真试验是指利用软件和硬件相结合的方式对单机、系统功能和性能进行仿真验证。通过测量系统半实物仿真试验，可以提早发现单机和系统设计中潜在的故障模式，并对系统目标的实现方式及部分技术指标进行验证。

参与测量系统半实物仿真的设备一般包括箭上设备、外系统等效器、综合测试设备、单元测试台及地面测控设备。测量系统半实物仿真的项目有测控设备对接试验、系统原理性验证试验、供配电等效器验证试验、外弹道测量验证试验、系统综合基带传输试验、测控体制验证试验、系统故障再现与重演试验及天基测控半实物仿真试验等。

5.2.2.3 测量系统功能试验

测量系统功能试验是指对全系统箭上和地面设备分别在散装状态和装箭状态下，按照测试文件规定的流程进行设备工作的匹配性验证，并考核与相

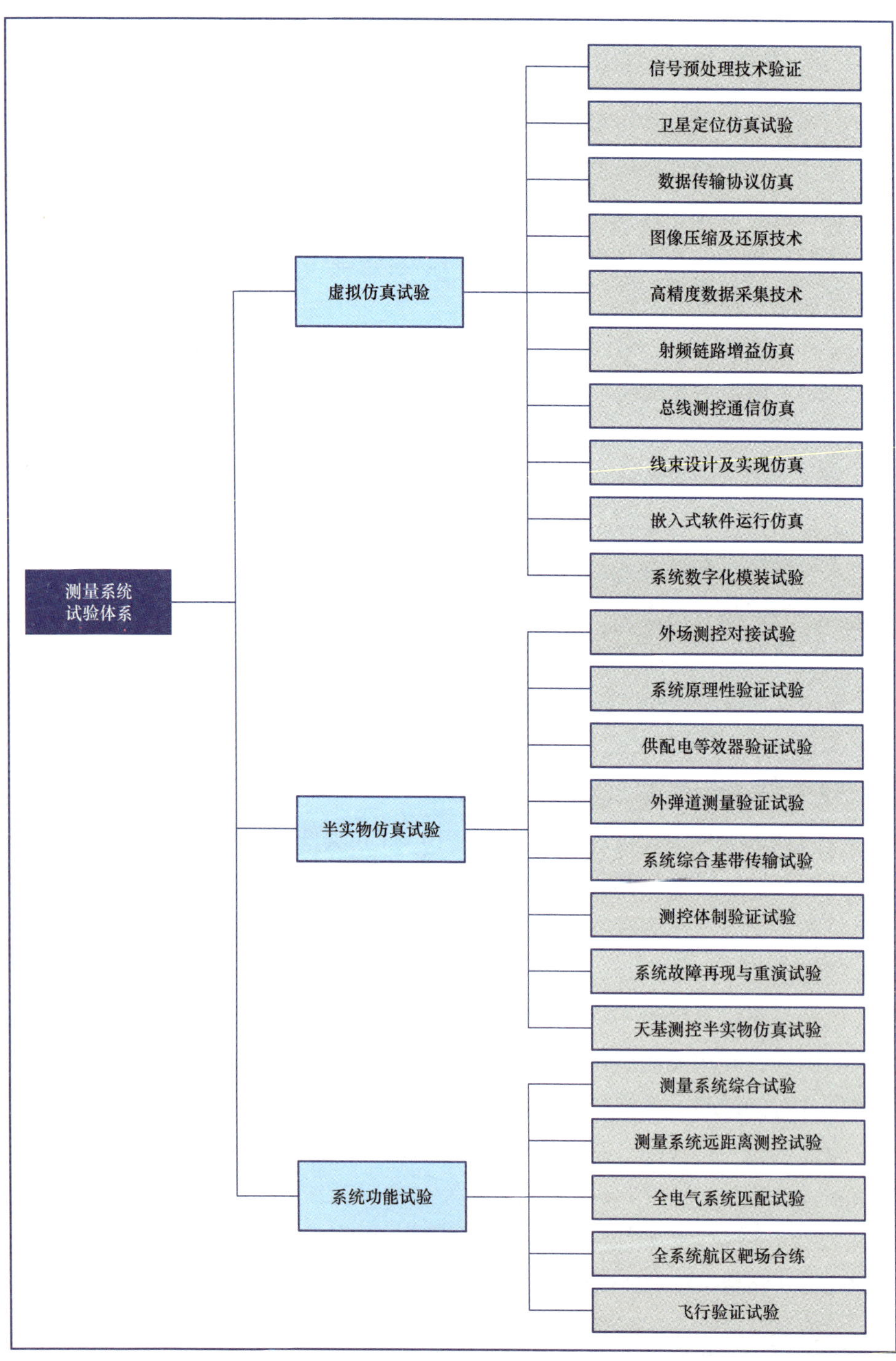

图5-13 测量系统通用试验验证体系

关系统的接口匹配性。

测量系统功能试验的项目包括测量系统综合试验、测量系统远距离测控试验、全电气系统匹配试验、全系统航区靶场合练及飞行验证试验。

5.2.3　总控网试验体系

总控网是指将运载火箭各系统前后端地面测试发射设备联成一体，用于完成各系统测试信息和指挥口令的传输、显示等功能的设备总称。总控网试验包括方案验证、功能测试、性能测试等试验验证，如图5–14所示。

图5–14　总控网试验技术流程

5.2.3.1　方案评估验证试验

总控网方案评估及验证试验主要是依照总体要求，分系统提出总控网初步设计方案，然后根据方案搭建具有不同拓扑结构的验证模型，对方案进行原理性验证。

5.2.3.2　功能和性能测试试验

总控网功能测试试验主要针对总控网各软件是否能够实现总体要求的功能和性能进行测试试验，主要包括以下几部分：①进程指挥功能和性能测试；②信息监视功能和性能测试；③实时转发功能和性能测试；④对时功能和性能测试；⑤与分系统信息交换功能和性能测试；⑥模飞报时功能和性能测试；⑦网络监控功能和性能测试。

5.2.4　动力测控系统试验

5.2.4.1　动力测控故障诊断系统测试试验

故障诊断技术是火箭地面测试发控的研究方向，故障诊断系统的试验和故障注入是整个实验环节的重点，为保证故障诊断系统的测试覆盖性，在实验室状态下进行各种故障的模拟和注入。

故障诊断系统测试试验主要验证故障模式、推理逻辑、故障知识库、诊断软件的功能及性能，验证故障诊断系统对模拟故障的诊断推理结果，为故障诊断系统的设计及优化提供闭环验证功能。

5.2.4.2 动力测控系统关键技术验证试验

在系统产品的小型化、产品化、发射场环境适应性、发射活动平台的可靠性设计、系统单机设备的加固、与测量系统的接口匹配性等需求的牵引下，为验证动力测控系统关键技术，需要根据系统方案进行适应性摸底试验，建立关键技术验证体系。

5.2.4.3 动力测控半实物验证试验

为提高动力测控产品测试覆盖性要求，需要搭建半实物仿真平台，建立一套半实物仿真系统，以改进动力测控系统的测试方法和实验手段。半实物验证试验是将某些动力测控产品实物直接接入仿真回路，再用适当的专用设备为产品实物提供仿真试验的工作环境，并把它们同仿真计算机系统连接起来进行的试验。半实物验证试验可以用来检验系统设计方案的正确性；检验系统参数选择的合理性；测试系统在种种干扰作用下的性能指标；检验各分系统之间的协调性；复现飞行试验故障，分析故障原因；作为验收系统设计的一种手段等。

5.2.5 箭体结构试验体系

按照试验性质，箭体结构试验可分为原理性试验、产品验证性试验和虚拟仿真试验3种，运载火箭结构系统试验体系如图5–15所示。原理性试验是提升结构专业能力建设的重要手段之一，是结构层级试验体系的主要内容，可提高大型试验前数值仿真试验预示的准确度，从而减少甚至可以取消大型试验数量、工况，也为型号精细化试验和精细化设计提供有力保障；产品验证性试验是对结构研制阶段产品设计方案可行度考核的最直接手段，此类试验周期长、成本高，是当前各研制阶段的主要试验内容；虚拟仿真试验的目的是获取基础数据、简化模型、进行虚拟演示验证，进而优化设计。

5.2.6 增压输送系统试验体系

增压输送系统在动力系统中承担的主要任务是为推进剂贮箱提供稳定的

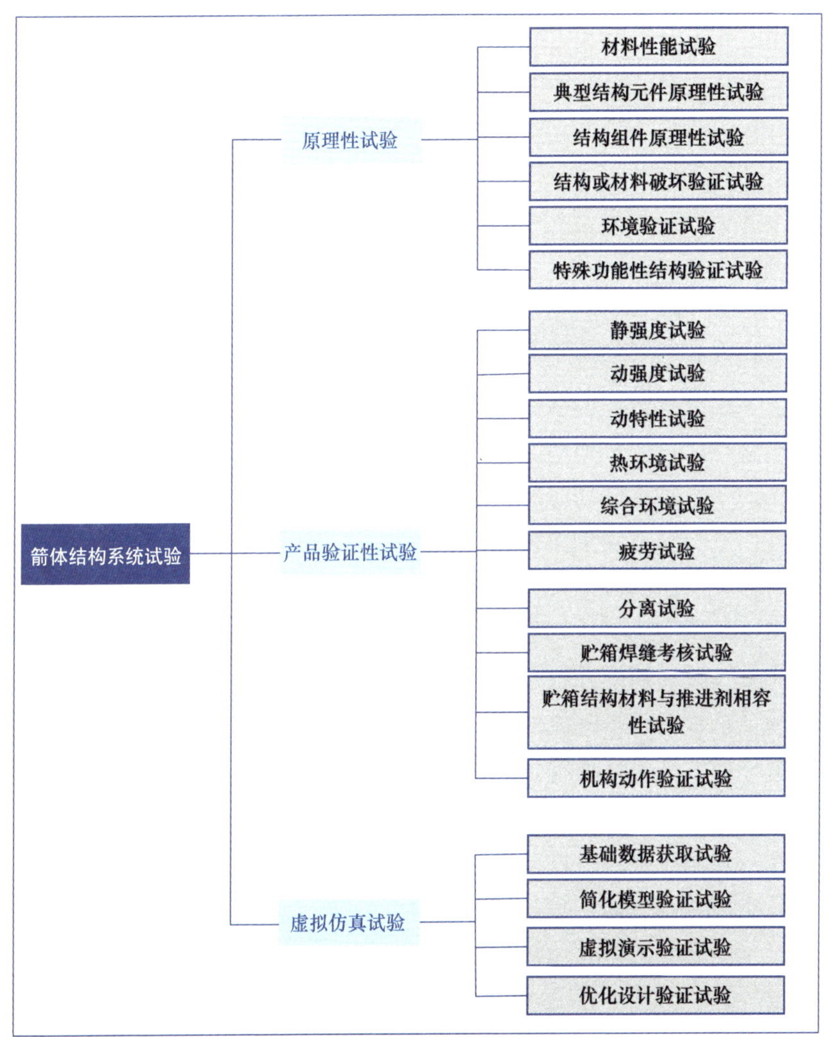

图5-15 箭体结构试验体系

压力。增压输送系统工作过程具有以下特点：

1）系统在非常严酷和复杂的环境条件下工作；

2）系统的单机产品复杂多样，单机间的匹配性能不容忽视；

3）产品多包含弹性元件和敏感元件，对力学环境敏感；

4）动作类阀门多为机械式结构，介质温度对其动作和密封性能影响较大；

5）系统工作过程包含流体与结构的耦合作用，动态性能和动态稳定性是重要评价指标。

根据增压输送系统工作特点，对试验体系进行规划，在现有试验能力的基础上，分析增压输送系统试验的可行发展方向，侧重考虑系统级试验、力学环境试验、高低温试验、动态性能试验等项目，形成增压输送系统试验体系，如图5-16所示。

增压输送系统试验体系包括试验设计平台、虚拟试验平台、试验指挥系统、试验平台、介质供应系统、环境模拟系统、测控平台、数据库等分系统。

增压输送系统试验从试验设计环节启动，在试验设计平台上可完成试验系统设计、管路布局、工装设计等工作。试验设计平台的建立能够有效提高试验方案可行性、试验结果可信度。方案设计过程中，需要通过仿真预示试验对试验系统方案进行验证，仿真预示试验可预示试验系统的动力学响应、流场分布、结构应力分布等特征。经试验设计完成并仿真预示试验验证通过的试验方案可以在试验平台上具体实施，试验平台需具备系统级、单机级、元件级的各类试验能力。试验平台的运行需要介质供应系统不同压力、温度的多种介质气源和辅助低温介质液氮的稳定供应。环境模拟用于试验平台上各种环境试验及相关试验的环境模拟，如高低温环境、振动环境、冲击环境、真空环境、综合环境等。试验过程的智能控制和试验数据的实时测量由测控平台的集成化的自动测控系统完成，测控系统包含自动测控软件平台及相关的控制和测试模块。试验平台与测控平台需同时工作并实时传递信息。设置试验指挥系统，用于试验过程的宏观监控。试验测试系统采集的数据和仿真预示试验结果需保存至数据库中，数据库具备大容量数据存储、分类检索、数据处理、数据分析及多维图像显示等功能，为后续型号试验设计、试验分析提供依据。

5.2.7 发射支持系统试验体系

5.2.7.1 发射平台系统试验

运载火箭发射平台试验包括总装试验、分系统试验、单机试验、部组件试验、原理样机试验、产品搭载试验、基地安装调试试验等。试验验证内容主要包括：

发射平台总装试验大纲及评价方法，主要包括发射平台性能试验、力学试验及运行试验的试验大纲，以及给出发射平台性能指标的评价方法。

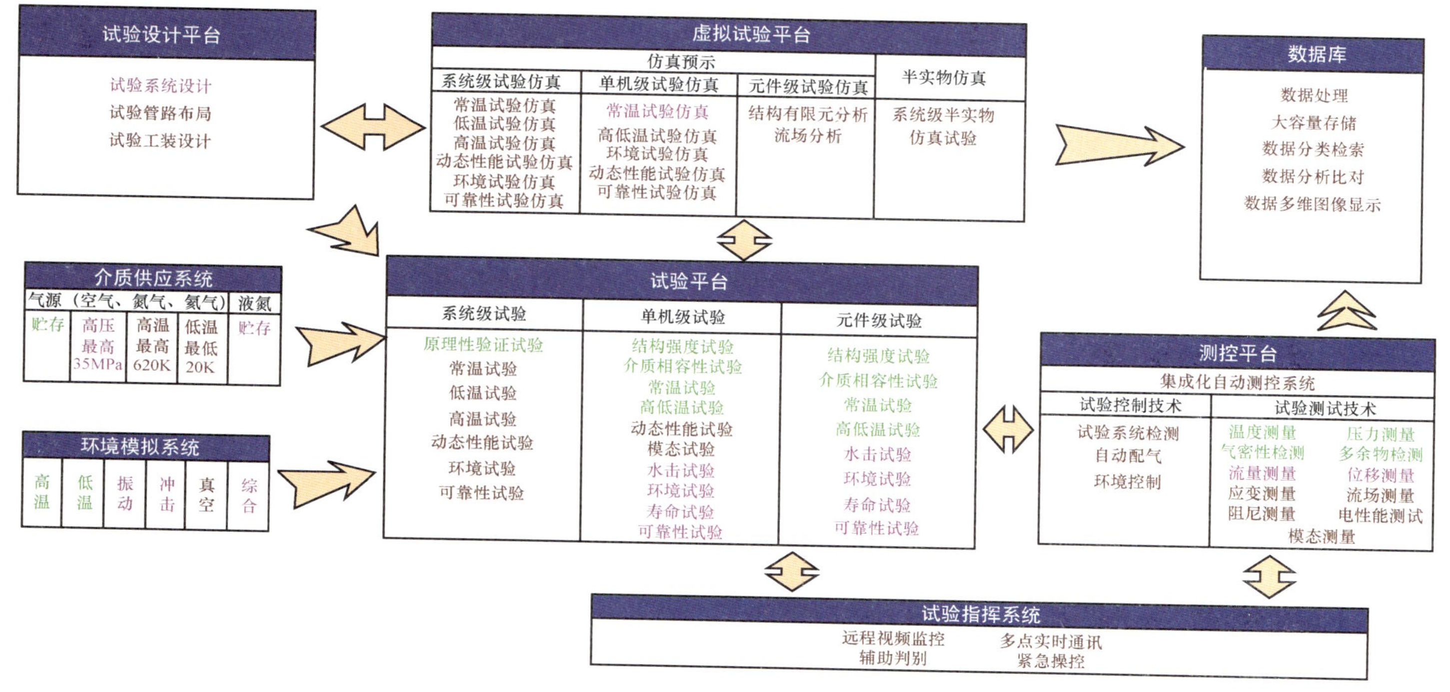

图5–16　增压输送系统试验体系

图中用不同颜色字体表示试验状态：■ 尚无；■ 需改进；■ 满足需求。

发射平台分系统试验大纲及评价方法，主要包括发射平台液压系统、电气系统、行走系统、供配电系统、空调系统等分系统及分系统之间的试验大纲，以及给出各分系统性能指标的评价方法。

发射平台单机试验大纲及评价方法，主要包括发射平台重要单机的试验大纲，如测力传感器、减速器、折倒臂等，以及给出这些单机性能指标的评价方法。

发射平台牵制释放系统试验大纲及评价方法，主要内容包括缓释销、爆炸螺母的试验及性能评价方法。

发射平台基地安装调试试验大纲，主要内容包括发射平台的运输方法、装车方案、基地安装流程、调试方法等。

5.2.7.2 加注系统试验

加注系统主要包括：低温容器、低温硬管、低温软管及低温泵、低温截止阀、低温调节阀、换热设备、安全阀、液路过滤器、气液连接器等。加注系统主要试验内容有：电气接口匹配试验、系统内设备匹配试验、系统与外系统匹配试验、低温介质试验、远控增压调压试验、加注流程测试。

低温容器试验包括强度试验、气密性试验、冷冲击试验和蒸发损失试验。

除低温容器外，其余设备应进行强度试验、气密性试验、高低温试验、振动试验和可靠性试验（或寿命试验）。装载或流通低温介质的设备应进行冷冲击试验、漏热试验（或蒸发损失试验），低温软管应进行弯曲试验和爆破试验，低温泵进行泵轴密封试验、转子动静平衡试验、水力性能试验、低温介质试验、变频特性试验，低温截止阀应进行阀瓣密封性试验、阀门开关动作性能试验和流阻试验，低温调节阀应进行调节性能试验和流阻试验。

安全阀应进行起跳试验和落座试验。液路过滤器进行起泡点试验、过滤器精度试验和压差试验。气液连接器进行锁紧试验、脱落试验和环境适应性试验。

5.2.7.3 供配气系统试验

供配气系统主要包括：供气系统、配气台、减压器、电磁阀、手动截止阀、节流阀、安全阀、过滤器等。

所有设备应进行强度试验、气密性试验、振动试验（或跑车试验）、高低温试验、可靠性试验（或寿命试验）、环境适应性试验。除此之外还应进行以下试验：

1）配气台电路的导通绝缘检查、手动截止阀开关性能检查、减压器调压性能检查、通电不通气检查、通电通气检查。

2）减压器的动静压差试验、高低温试验、压力特性试验、流量特性试验、稳定性试验。

3）电磁阀的电磁阀吸力试验、电磁阀温升试验、电磁阀动作试验、电磁阀响应特性试验。

4）安全阀的起跳和落座试验。

5）过滤器的起泡点试验、过滤器精度试验、压差试验。

6）系统级试验：主要包括电气接口匹配试验、模拟射前流程试验、远控调压试验、供气流量和压力精度试验。

5.2.7.4 测控系统试验

测控系统包括硬件和软件两大部分。其中硬件部分包括：控制微机、前端控制设备、后端控制设备、I/O站、电缆网、交换机、等效器、流量计、光电传感器、温度传感器变送器、压力传感器变送器、湿度传感器变送器、液位计、密度计、位移传感器等。

测控系统试验包括：老炼试验、电源拉偏试验、高低温试验、振动试验、电磁兼容试验、与其连接设备的匹配试验、数据交换的匹配试验、软件第三方测试。

5.2.7.5 温控系统试验

温控系统主要包括：空调机组、风道、风阀、温湿度传感器、温控管理单元。温控系统试验包括：温控性能试验、抗核试验、可靠性试验、高低温试验、淋雨试验、振动试验、电磁兼容试验、绝缘检查。

5.3 运载火箭单机试验体系

单机试验一般分为验收试验和鉴定试验两类。

验收试验是验证交付产品合格性的试验，其目的是为了检测产品在工艺、材料和质量方面的缺陷，排除产品的早期故障，保证通过试验的产品能在预期的使用环境下完成任务。对于电子产品，验收试验可作为质量控制手段，采用环境应力筛选条件筛选出不合格产品。产品必须100%进行验收试验。验收试验的试验项目一般包括环境应力筛选试验、整机老炼试验和整机温度梯度试验等。

鉴定试验是检查产品的设计和加工是否达到预定设计要求的试验。对于电子产品，初样及以后每个批次的产品交付时，均应抽样进行此项试验。参加鉴定试验的产品必须是经过验收试验合格的产品，对于弹上设备，经过鉴定试验后不能用于飞行；对于地面设备，经过鉴定试验后，如果经过检查维修证明其性能良好，则仍可继续使用。鉴定试验的试验项目一般包括振动试验、冲击试验、噪声试验、湿热试验、低气压试验和过载试验等。

5.3.1 环境应力筛选试验

进行环境应力筛选前，应按有关技术文件进行产品的外观、机械和电气性能检测，检测合格的产品方可参加筛选。

环境应力筛选包括随机振动筛选和温度循环筛选，筛选应力与产品的实际使用环境无关，而着眼于对产品作用效果最显著的环境因素。

对于单板级产品，可只进行温度循环应力筛选；对于整机，应进行随机振动筛选和温度循环筛选。

5.3.1.1 随机振动筛选试验

单机产品一般应在三个方向上进行振动，每个方向持续时间为5min；若在两个方向上进行振动，每个方向持续时间为7.5min；若只在一个方向上进行振动，应先进行振动摸底试验，测量产品关键部位的响应，找出筛选最有效方向（振动敏感方向），持续时间至少为10min。

振动控制点应选在夹具或振动台面上靠近产品刚度最大的部位，大型设备可采用多点平均控制。当设备内部的组件或印制板上的均方根加速度响应超过输入量级时，应将控制点放在组件或印制板上进行筛选。

监测点应选在受试产品的关键部位，使其均方根加速度响应不超过设计允许最大值。

5.3.1.2　温度循环试验

若对产品进行通电筛选，则筛选的温度限取产品的设计极限工作温度；若筛选时产品不通电，则其温度限应取产品的设计贮存温度限。通电测试时，受试产品在温度循环筛选的高、低温度限与产品的设计最高、最低工作温度限之间不要求工作，也不要求性能正常。

为提高筛选效率，筛选过程中受试产品应尽量通电并进行性能监测。升温及高温保持时通电，降温及低温保持时断电。

从可行性和经济性出发，一般在高组装级（组件或系统级）进行通电筛选，低组装级（印制板）不进行通电筛选。

5.3.2　整机老炼试验

整机老炼试验要求在常温下进行，特殊情况可在高温下进行。常温（25℃ ± 10℃）老炼的累计时间为300H，高温（55℃ ± 3℃）老炼的时间不小于72H。一次老炼工作周期时间不得小于2H。

每个老炼工作周期开始及结束时应对参试设备进行功能检查，监测主要参数。每隔10个工作周期（高温为3个工作周期），对设备主要性能指标进行一次检查。老炼实验结束后，断电恢复至常态，12H后再进行一次性能检测并应正常。

老炼试验中若前150H（高温36H）设备出现故障，修复后继续试验，老炼时间继续累计；后150H（高温36H）出现故障，修复后应补足150H方可认为试验通过。

5.3.3　整机温度梯度试验

整机温度梯度试验的温度范围为（−40 ± 2）℃ ~（+55 ± 2）℃，温度梯度试验应连续进行。单机设备在最高及最低温度点停留时间不小于1H，温度变化率为1.5℃/min。

试验前，设备应在最低温度点暴露至冷透。试验时设备应通电工作。在最高及最低温度点进行性能指标检测，检测结果应符合任务书要求。在升温段进行设备工作状态监测。

5.3.4 振动鉴定试验

单机振动鉴定试验按照产品技术条件要求进行，有减振装置的产品可以带减振装置进行振动试验。试验过程中，产品应处于加电工作状态，要求工作正常、结构可靠，各项性能指标均应满足产品技术条件要求。

5.3.5 冲击试验

单机冲击试验按照产品技术条件要求进行。试验中应模拟边界条件，产品处于加电工作状态，有减振装置的产品可以带减振装置进行振动试验。试验过程中要求产品工作正常、可靠，结构完好。

5.3.6 噪声试验

单机噪声试验按照产品技术条件要求进行。试验过程中，产品应处于加电工作状态，各项性能指标均应满足产品技术条件要求。

5.3.7 湿热试验

单机设备在要求的试验条件（温度40℃ ± 3℃，相对湿度95% ~ 98%）下放置48H后，外观不应出现锈斑和其他损坏现象。检查绝缘电阻和电性能参数应符合单机技术条件要求。

5.3.8 低气压试验

单机低气压试验按照产品技术条件要求进行。试验时，要求在3H内达到试验条件，达到试验条件30min后设备进行通电检查，性能应合格，保持低气压条件1H。

允许用巴申曲线法选择受试设备为危险的气压区进行试验。

5.3.9 过载试验

单机过载试验按照产品技术条件要求进行。试验过程中，产品应在规定的过载环境下处于加电工作状态，试验中和试验后工作正常、结构可靠，各项性能指标均应满足产品技术条件要求。

5.4　运载火箭“六性”试验体系

运载火箭“六性”试验体系指运载火箭总体、分系统单机在研制过程中进行的以广义可靠性为对象的试验，即可靠性、安全性、维修性、测试性、保障性、环境适应性试验，试验体系如图5–17所示。

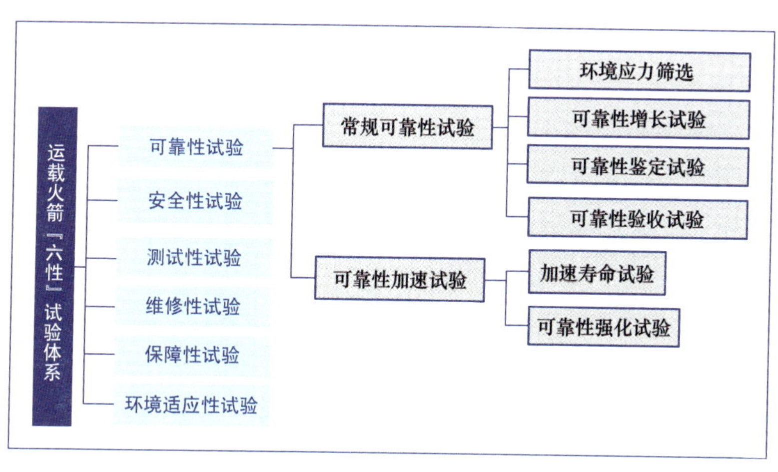

图5–17　运载火箭“六性”试验体系

新一代运载火箭的环境和条件与以往相比发生了很大的变化，对火箭的可靠性试验与验证提出了更高的要求。可靠性试验技术研究通过对运载火箭工作条件、失效机理、环境耦合等多因素的深入分析，结合电磁兼容设计、仿真技术成果，建立火箭可靠性模型，对复杂系统可靠性评估技术应用进行研究；建立合理的可靠性模型和试验方法体系，进行长时间工作设备可靠性试验，解决电气系统仪器设备长期工作的可靠性问题；开展加速寿命试验（可靠性强化试验）设计技术和评估方法研究，解决可靠性增长试验（例如评估长期加电设备可靠性）时间成本过高问题，并结合验前信息，对极小子样条件下的火箭控制系统定寿、延寿试验方法进行研究；建立可靠性设计平台和数据库，实现箭上电气系统和地面测发控系统的冗余容错和系统重构。

图5–18为可靠性、维修性、保障性综合集成管理平台。该平台是结合型

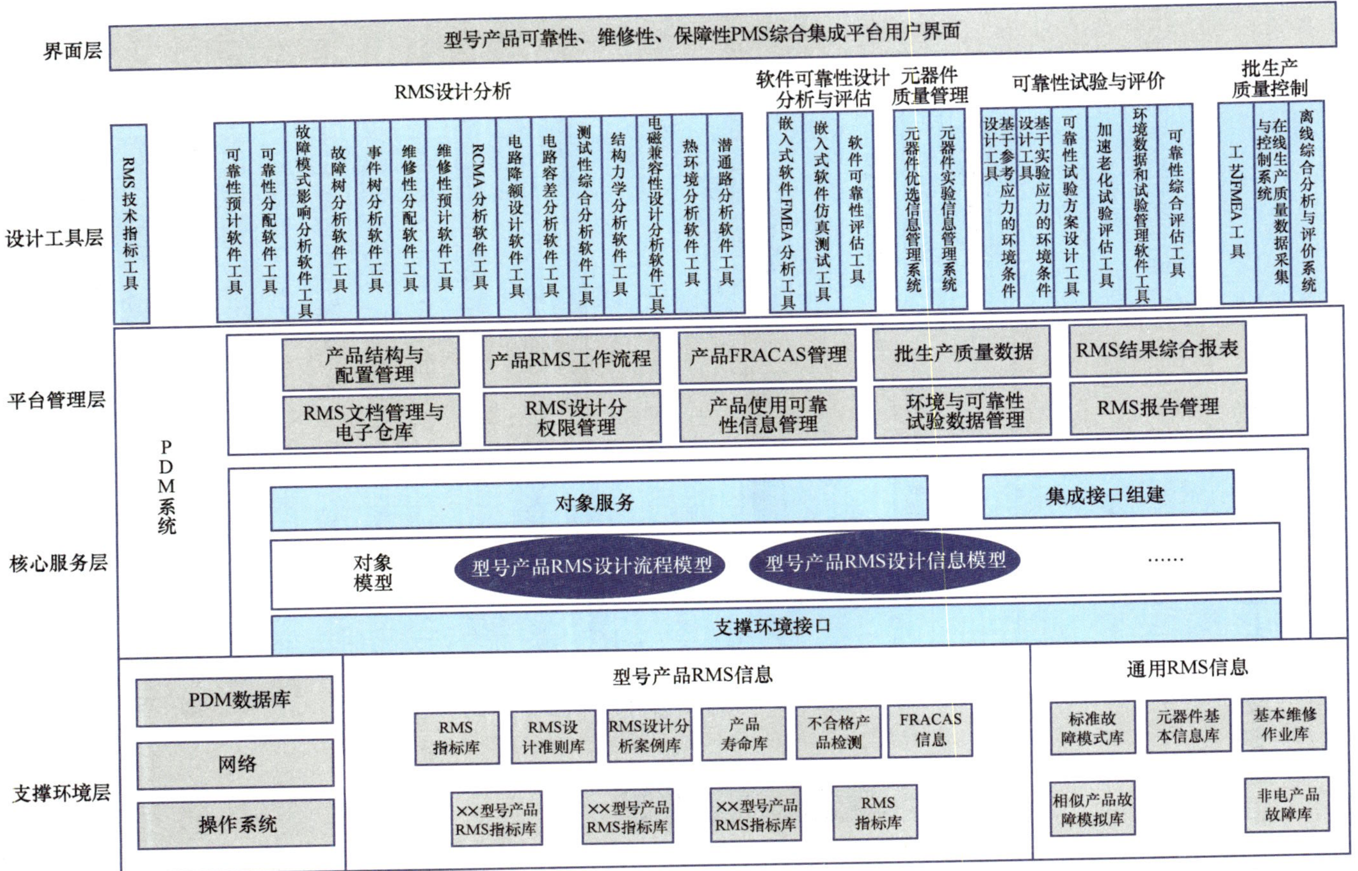

图5-18 可靠性、维修性、保障性综合集成平台结构

号产品研制的产品数据管理（Product Data Management，PDM）系统的5层体系结构建立的，描述了综合集成平台的组成部分以及它们之间的关系，其中需要扩展的是核心服务层、平台管理层和设计工具层。可靠性试验与评价是综合集成管理平台的一项重要组成部分。

1）支撑环境层，建立与型号产品研制基本一致的支撑环境，如PDM数据库选用ORACLE，操作系统选用Windows，网络环境使用以太网；构建支撑试验体系运行的数据环境，包括：通用可靠性、维修性、保障性信息和型号产品信息。

2）核心服务层，包括支撑环境接口与数据库、操作系统模型、对象服务和集成接口组件4部分。支撑环境接口管理与数据库、操作系统和网络的联系；对象模型主要管理的对象有产品模型、设计流程模型、人员组织模型和工具模型等，这4个模型是建立集成环境的基础。核心服务层以典型PDM系统的对象管理框架为基础，通过二次开发实现应用。

3）平台管理层，建立在核心服务层的基础之上提供给用户一组功能模块，用户通过界面使用这些模块实现对数据和过程的管理。

4）设计工具包括可靠性设计、分析、评估需要的所有软件包。通过PDM的接口获取各软件工具相关数据信息并通过数据库接口与基础数据之间建立联系。

5）平台界面提供应用组件和设计工具的用户界面，在设计过程中管理员需要使用应用组件模块对设计数据和设计活动进行管理。

5.5 运载火箭地面试验充分性及量化控制

火箭在贮存、运输、发射和飞行过程中，所遇到的实际环境因素不是单一的，各种环境因素往往同时存在并且随时间迅速变化，温度、湿度、气压、振动、冲击等诸环境因素对设备共同作用的效应，与每个因素单独作用的影响差别很大，如某些电子器件在低温下抗震能力强，在高温下抗震能力下降，某些结构或系统单独一种环境不出现故障而在多环境综合作用下故障现象频发。实践证明，同时出现的诸环境因素对产品的共同作用所造成的危害性，比各种环境单独作用产生的累积效应严重得多。此外，受条件限制，地面试验很难完全模拟高空环境，即存在天地差问题。因此，在进行飞行试验任务的同时还要开展飞行试验研究，通过遥测参数获取火箭飞行过程中的实际环境，以此为依据对地面试验条件加以修正，力求达到天地条件一致。

对于在飞型号，重点对已飞火箭上应用的新投产项目、新批次项目、火箭技术状态变化项目以及系统间接口协调项目的试验充分性进行分析。通常，火箭技术状态变化的比较原则是总体和系统级产品以同类型已飞火箭为基线，单机产品以经过飞行考核的产品为基线，地面设备以同一发射工位上一次发射任务为基线。一般按照总体试验、控制系统试验、动力系统试验、测量系统试验、箭体结构试验、火工品试验、推进剂利用及附加系统试验、地面远控设备试验、地面支持系统试验等试验项目分类，全面分析各项地面试验情况及其充分性。

试验充分性的基本定义是：产品的试验项目设置合理、全面，试验内容覆盖任务寿命剖面，试验边界条件、试验数据真实有效，试验结果能够有效验证产品的性能。就试验设计本身而言，试验的充分性是指试验能够充分实现试验任务书的要求，充分达到试验目的。试验充分性量化形式包括两部分：一是试验项目量化，根据型号研制特点、关键技术攻关需求，结合各研制阶段的试验安排及特点，确定试验项目，对试验项目进行量化。二是试验内容量化，根据试验目的、设计条件，确定试验条件，对试验内容进行量化。参见图5-19。

试验量化控制包括以下几方面要求：

1）试验项目及试验内容确定后，需经专家审定认可。

2）方案论证阶段：重点关注试验项目设置的合理性。

3）方案设计阶段：重点关注技术方案、关键技术攻关验证类试验的充分性。

4）初样研制阶段：关注试验项目的全面性，关注研制过程中与常规试验不同的试验项目试验内容的充分性。

5）试样研制阶段：关注系统级、多系统联合类试验，关注试验产品状态与正式产品状态的一致性、试验条件与设计条件的符合性。

6）试验充分性分析为型号出厂必须评审项目。

试验充分性量化主要控制流程如下：

1）在方案阶段，根据型号研制特点、关键技术攻关需求，设计师系统策划研制各阶段的试验项目。

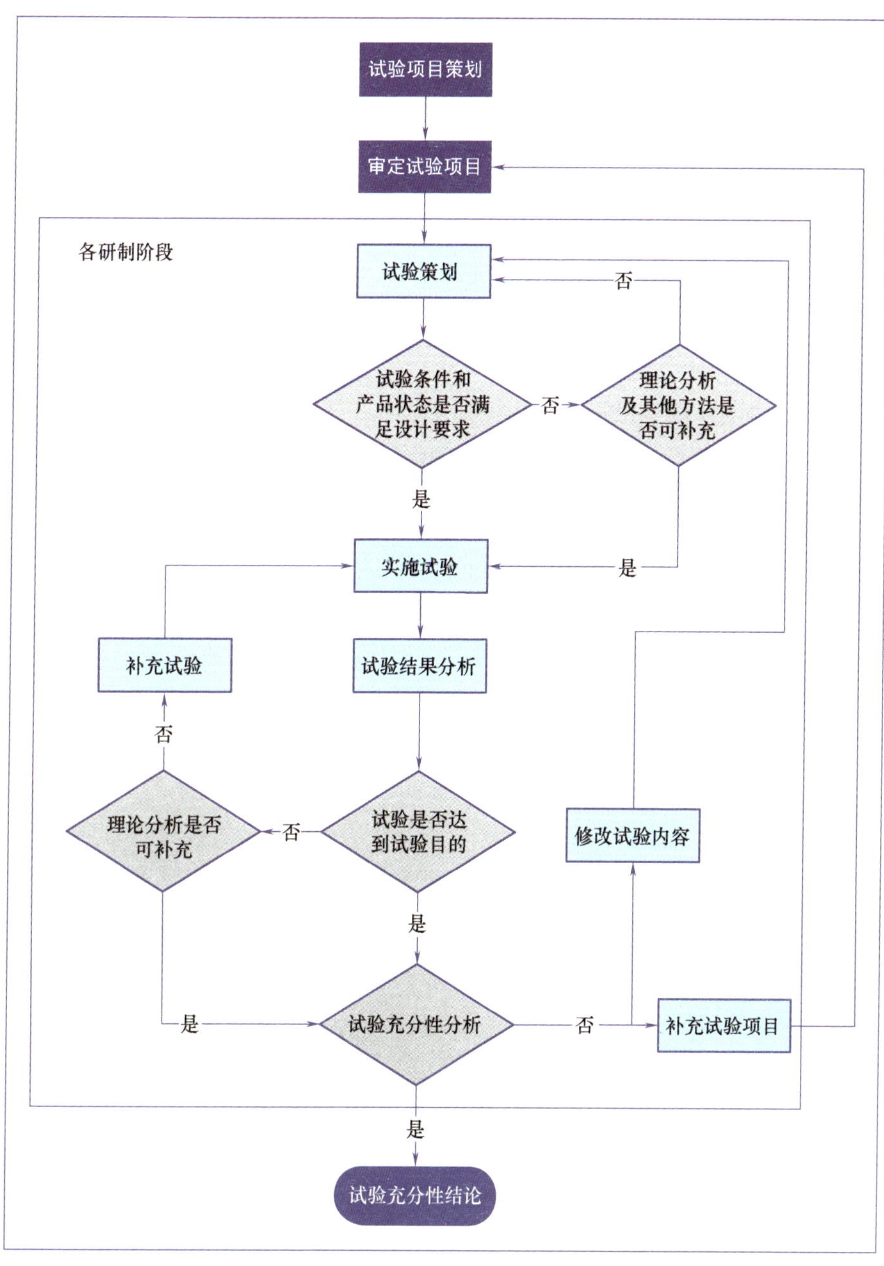

图5-19 试验充分性量化控制流程图

2）设计师系统提出试验项目后，经主任设计师、型号副总师确认，报型号两总审定，并随立项论证报告纳入评审程序。

3）在型号研制的不同阶段，设计师系统根据试验目的确定试验方案和试验内容。

4）对试验策划中试验条件对设计条件的覆盖性进行分析，对试验策划的正确性、可行性、合理性进行分析，形成报告。

5）按照试验方案、大纲组织实施试验，试验过程中对试验状态、试验数据、试验现象进行记录（含多媒体记录）。

6）试验后设计师系统对试验数据进行整理，对试验结果进行分析，形成试验结果分析报告。

7）设计师系统根据试验结果判定试验是否达到预期的试验目的。

8）如试验充分性不足，对试验策划和试验内容进行重新策划和确认。

9）设计师系统对所有试验项目的充分性、试验内容的充分性和试验条件的充分性进行分析，给出型号研制试验充分性结论，并经评审认可。

5.6 运载火箭试验质量控制

导弹、运载火箭产品质量的优劣，设计是关键，生产是保证，试验是检验，三者缺一不可。试验是检查和验证原理设计、工程设计、工艺与制造能否满足研制任务书或合同要求的一个重要手段，也是改进设计和制造质量的客观依据。试验质量的好坏，试验结论的正确与否，将对整个研制质量产生直接影响。特别是对一些技术要求高、接口部位多、参试设备多、参试单位多、耗资巨大的大型地面试验，更要加强试验质量管理。保证试验过程受控，是试验成功的基本保证。

5.6.1 以GJB9001B为基础的试验质量管理模式

通过多年来试验过程的管理实践，航天一院以贯彻国家军用标准为基础，以过程受控为根本目标，建立了具有专业特色的试验质量管理体系。航天一院的试验质量管理体系贯彻了“一次成功，系统管理，预防为主，实行法治”的思想，以顾客为关注焦点，采用过程方法，实施系统管理和持续改进。通过系统策划实现对型号试验过程的系统管理，确保试验任务达到试验目的，提高系统实现目标的整体有效性和效率。经过监视、测量和分析，把符合要求的试验报告交付给客户，客户将意见反馈给试验方，对发现的问题，通过分析、查找原因，采取改进措施，从而完成试验实现过程的闭环。

试验过程可分为试验准备、试验实施和试验结束3个过程，从传感器及检测设备的计量检查、特殊过程的确认、产品及人员的检查、试验状态的控制、试验件交接、质量问题识别及报告、试验过程质量控制点、对试验过程定期监督检查、试验报告交付、试验结果审查和试验撤收等方面量化要求。在试验过程中把握环节，做到任务依据清楚、岗位职责清楚、试验状态清楚、接口关系清楚、技术关键清楚、操作要点清楚、测试数据清楚和应急预案清楚。

5.6.2 试验质量的分层管理

在试验的准备阶段，根据试验任务的特点，做好策划，明确质量控制点、检查项目、实施要求，做到有布置、有落实、有监督、有检查，使试验各个阶段处于受控状态。

在试验实施前，落实岗位责任制，明确参试人员的岗位职责和接口关系，做到分工明确、各负其责。

试验现场的各项操作要做到“五定”：定岗位、定人员、定职责、定协同关系、定仪器设备。试验的关键岗位设“双岗”或“三岗”。

操作人员要做到“五不准”：任务不明不准操作、设备有故障不准操作、准备工作未完不准操作、协调不明不准操作、口令不清不准操作。

设置专门的质量人员对试验全过程进行监督。

5.6.3 专业的试验标准规范

航天一院十分重视试验标准化工作，建立了试验规范体系，并先后完成相关试验的国家军用标准、行业标准和企业标准的编制，进一步规范了试验方法、试验流程、记录及过程管理等。

5.6.4 严格的试验设计过程

试验设计过程包含试验设计策划、试验设计输入、试验设计输出、试验设计评审、试验设计验证、试验设计确认、试验设计更改的控制活动等。试验设计输出是试验部门根据试验设计任务书和相关技术文件的要求制定的试验方案，包括技术方案，试验工作程序，质量控制点，试验设备及测量设备的组成和要求，试验数据采集、整理、分析和评价的准则和方法，试验过程的质量、安全保证措施等，通过有效的方案评审和依靠充分的设计验证来确保方案的正确性。

试验设计验证的方法非常多样，可以采用模型试验、典型件试验、预备性试验、计算机仿真，与已进行过的类似试验比较，对试验设计输出文件进行评审等。当验证表明设计输出未能满足设计输入全部要求时，应与客户或其代表沟通并采取措施，必要时修改试验方案。

试验设计确认是对试验结果进行评审确认，在确认试验结果符合试验设计输入要求的情况下，交付试验报告。

5.6.5 有效的试验过程控制

基于GJB9001B标准建立的试验质量管理体系，旨在强化试验过程的管控。在试验过程中，抓住试验方案评审、试验前总检查、现场技术状态变化的确定、试验状态转换和试验结果评审等质量控制点，通过对试验技术、试验状态、试验设备、测试数据、应急预案、岗位人员设置等环节的控制，保证试验有效、数据正确、人员和设备安全。

5.7 运载火箭地面试验的新进展

航天一院建院以来的飞行试验实践，充分证明了地面试验的重要性。进入21世纪以来，各种有效载荷发射要求提高、种类增加，如新一代航天运载系统、多用途的卫星、载人飞船等。新一代运载火箭具有结构直径大、推力大、可靠性高、成本低等特点，对强度、刚度、稳定性、结构动特性、可靠性试验技术等均提出了新的要求。为了实现运载火箭高可靠的要求，需要对一些试验项目和方法进行再认识，以适应和支撑未来发展的需要。

5.7.1 数字试验技术的应用

随着计算机仿真技术、数据库技术以及人机交互理论的发展，虚拟试验技术开始应用于各领域。它建立在精准的数学模型和试验数据的基础上，策划虚拟试验方案，构建虚拟试验环境，预测系统在各种复杂条件下的性能，评估虚拟试验结果，利用可视化技术显示试验结果，实现大量数据和软件的集成。将虚拟试验技术应用于航天型号的地面仿真试验中，在一定程度上可以得到和真实实物试验相一致的数据，不仅可以提高对物理过程的认识，也可以增加试验数据样本，减少真实产品试验所带来的成本。

航天一院为推进数字化仿真技术的发展，构建了高性能计算平台，为数字化试验技术的进步、通过工程试验与理论计算相结合解决工程问题发挥了作用，例如，解决载人航天POGO问题（POGO现象是指火箭纵向结构的振动与缩进系统动力学之间的闭环相互作用导致的动力不稳定状态）。再如长征五号缩比火箭地面风载荷数字试验，按动力学相似准则设计了长征五号风载弹性缩比模型（见图5-20）。利用Catia设计与真实火箭有相同捆绑和支承形式的模型结构；利用MSC/Nastran计算其强度、刚度和动特性，保证模型具有足够的安全性和测量灵敏度，并根据计算结果修改设计。利用该模型进行地面吹风试验，得到了火箭竖立状态的非定常弯矩载荷，为火箭结构设计和发射条件的制定提供载荷依据。

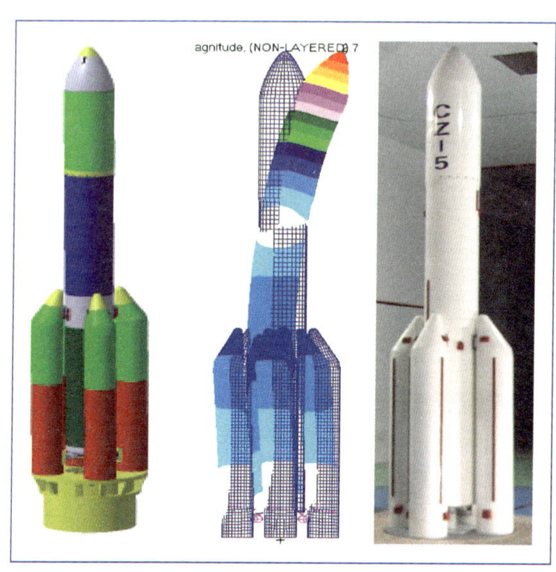

图5-20　缩比火箭地面风载荷数字试验模型

5.7.2 力限振动试验技术的应用

随着航天技术的发展，型号结构特别是卫星有效载荷及仪器舱内部结构越来越复杂，内部设备密集，按环境包络的加速度条件谱作为加速度控制谱进行振动台运动激励方式的振动试验，容易出现频繁的过试验，导致内部设备响应超过其所能承受的能力而产生破坏性。但在真实飞行环境中往往是不会出现这种过大响应的，为了抑制振动试验中的过试验，需要采用力限控制的方法来进行振动试验，即力限振动试验。该种试验主要难点是：根据环境条件包络谱如何来预示力限振动试验所需的力限谱，特别是三向多点力限谱的预示；如何在试验中加入三向测力平台，结合振动控制仪及力信号处理装置来进行可行的力限振动试验，即如何设计一套与其振动试验配套的三向多点测力系统。因此，针对未来运载型号有效载荷及仪器舱等复杂结构的振动试验项目，需要通过对三向测力力限振动试验的研究，逐步建设力限振动试验测力系统，完善振动试验技术；通过研究力限振动试验技术，开展大型复杂结构力限振动试验，有效抑制振动试验中的过试验现象，为型号研制试验提供参考依据，并为编制力限振动试验标准规范提供研究及试验基础。

目前，力限振动试验只能考虑单一振动方向上的测力，只需安装单向力传感器，但试验往往都是多点测力的，对于多点单一方向，目前也只能对其中一个力通道进行力限或对每个通道力信号统一力限，还不能将其若干个单方向合成整体力限。多点多方向更是需要考虑测力装置平台如何能合理地进行安装并准确地测力。在合成力的输出信号方面，缺少有效地将各个力信号分量进行加权组合的电信号处理装置及配套的压电式三向力传感器。随着技术能力的提升，三向测力力限振动试验技术将会在工程研制中得到广泛的应用。

5.7.3 接近真实的综合环境模拟

在单一环境模拟技术逐渐成熟的基础上，航天一院广泛开展了多环境综合试验技术的研究，在产品结构上，逐渐从单一产品向系统级方面转化，开展了系统级复合环境试验技术的研究，如系统级的声、振、温、湿综合环境试验以及系统级热振联合试验、多维振动试验、热分离试验等，并在工程实践中取得较好的效果。系统级综合环境试验与单机试验相比具有如下特点：边界条件更加真实；载荷施加更加真实；结构响应更加真实；系统连接、匹配、产品工作协调关系也更真实。因而，其故障模式也更加接近实际使用状态。例如，为提高火箭可靠性，将二级自生增压管路系统铝管改为钢管，完成单机各项试验项目考核后，进行了系统级的高温内压动强度综合试验考核，模拟了管路系统飞行所承受的真实复杂环境，检验了综合环境作用下管路系统的可靠性。

另外，火箭飞行中承受的各种力学环境中，振动和噪声是主要的两种激励。为考核仪器设备在振动和噪声综合环境下的适应能力，航天一院近年来进行了真实通电状态下仪器舱的各种环境试验，如整舱声振联合试验、冲击环境下的整舱性能考核试验以及声、振、温、湿等环境综合作用下的性能考核试验等，以检查仪器舱内仪器设备在工作状态下的环境适应性及存在的不足。

试验中，整舱环境试验（振动、爆炸冲击、噪声、综合环境）过程中的所有仪器均通电测试，采取多次施加实际力学环境的方法，测量仪器舱内电子设备的输出。实践证明，这种带环境开展的系统级性能测试试验，对及时发现设计不足具有积极的意义，尤其是体现在继电器、惯性器件、阀门等含有活动件的单机设备上。

5.7.4 第三方试验评价体系的建设

武器装备的试验与评价分为研制方（第一方）、用户（第二方）、独立评价方（第三方）。通常第三方评估是由第三方（或第二方）组织，按照相关标准、规范或产品设计准则，根据特定目的，遵循评估原则，依照相关程序，选择适当的模型，运用科学的方法，对设计结果进行分析、评价，并发表专业意见的行为和过程。

目前，国外军事强国已广泛采用第三方试验与评价的做法，作为装备研制质量管理的重要手段，形成了一套专业化、规范化的工作制度，有效地促进了装备研制的发展，图5-21为美国军用装备评价试验体系运行模式示意图，图5-22为俄罗斯军用装备评价试验体系运行模式示意图。

我国长期以来采用第一方认证的形式，实行以研制方为主导的试验与评价机制。随着国家装备研制管理的发展，20世纪80年代末，通过派驻军代表的形式，对装备研制质量进行第二方认证性质的管理。1998年总装备部成立后，装备研制和采购开始借鉴和推行采办制，实行里程碑管理，其中，试验与评价是采办制里程碑节点的主要内容，也是采办制的关键环节，武器装备的试验与评价迅速向第三方认证发展。航天一院近年来积极探索借鉴第三方的管理模式实施试验的管理，在部分型号中进行了探索，并建立了第三方试验的工作程序，将各种试验中心的工作纳入型号研制流程，独立开展工作，为型号研制提供技术支撑与把关作用。

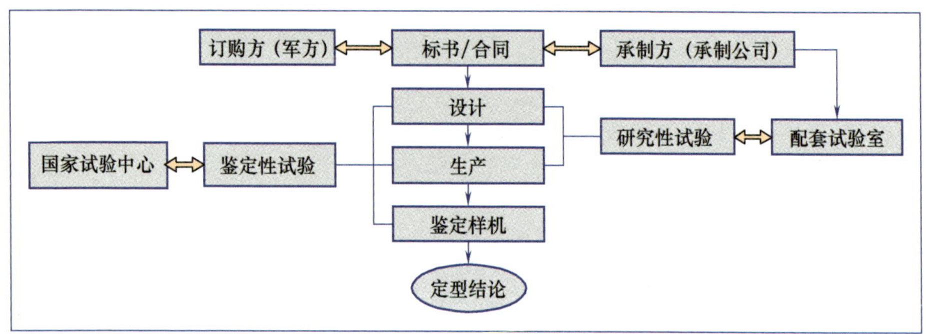

图5-21　美国军用装备评价试验体系运行模式

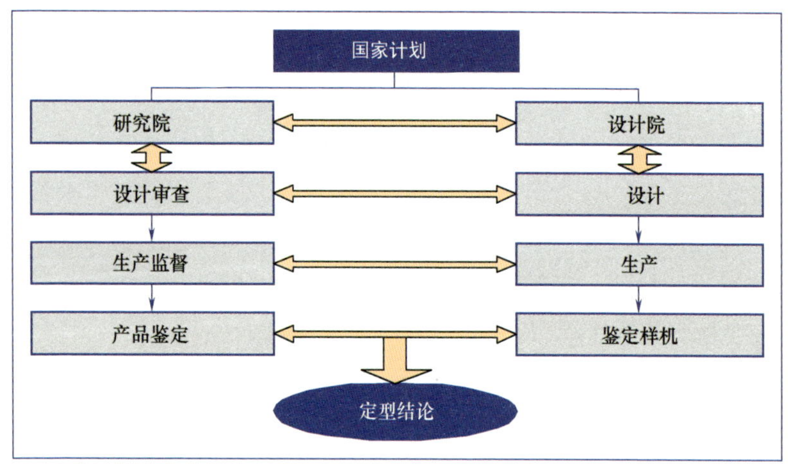

图5-22　俄罗斯军用装备评价试验体系运行模式

参考资料

[1] 朱广生. 大型地面试验的策划与管控 [J]. 质量与可靠性，2012（6）：24-28.

[2] 姜圣广，潘源，俞敏雯. 型号大型试验的质量控制实践 [J]. 质量与可靠性，2013（1）：44-47.

[3] 骞永博，朱元夫. 地面试验风险的准确识别与有效管控 [J]. 航天工业管理，2013 (8)：17–20.

[4] 张连仲，王小伟，薄云蛟. 军队靶场试验体系研究 [J]. 装备学院学报，2013，24 (2)：104–107.

[5] 王保顺，洛刚，康丽华等. 我军装备试验体系建设的思考 [J]. 装备学院学报，2012，23 (6)：106–110.

[6] 尹晓峰，尹兰，陈迪奎. 对建立贯穿型号研制全过程的热强度试验体系、试验标准的初步探讨 [J]. 强度与环境，2014，37 (4)：60–64.

[7] 周远方，俞云书. 航天器地面试验的策略 [J]. 环模技术，1995 (3)：41–43.

航天基础管理

中国航天事业的发展始终坚持“独立自主、自力更生”的方针。基础问题始终都是中国航天发展的瓶颈。航天一院在元器件、软件、计量、标准化等基础方面进行了有益的尝试与探索，不断打牢成功基础，这也是航天质量工作的着力点和重点。

6 航天元器件保证

- 航天型号研制对元器件发展的牵引
- 航天元器件使用方的系统管理
- 航天元器件质量验证
- 航天元器件使用可靠性保证

在电子设备中执行电子、电气或机电功能，由一个或多个单元组成的，在不破坏的情况下一般不能分解的部件，称为电子、电气和机电（Electrical、Electronic and Electromechanical，EEE）元器件，简称为元器件。航天型号用元器件具有多品种、小批量、高可靠性的特点，使用过程中可能遇到静电放电、电磁干扰、电浪涌、空间辐射、温度剧变、振动、冲击、盐雾、低气压等特殊环境，需要元器件具有防静电、抗干扰、防辐射、防浪涌、抗振动和冲击、耐盐雾和低气压等环境适应能力。

元器件保证是指在型号用元器件的研制、选择、采购、验证、使用等过程中开展的质量策划、控制、改进等一系列活动。对型号质量要求的分析与分解，是元器件保证工作的基础，通过元器件保证工作，实现元器件在型号的整个寿命周期内，满足型号产品的质量要求。

面对元器件可靠性与火箭可靠性要求存在的差距，元器件保证工作从两个方面进行：一是落实元器件生产方的过程控制，提高元器件的固有质量；二是使用方对元器件的选用、验证及使用过程控制，做到合理选择、正确使用。历史上，以航天元器件需求为牵引，先后开展了“七专”质量控制与反馈科学实验、航天元器件可靠性增长工程、载人航天元器件可靠性保证计划等可靠性工程，经过一系列科研攻关、技术改造和管理改进，军用元器件生产体系从以专批、专人、专料、专机、专检、专技、专卡为基础的“七专”控制，提升到全面贯彻国家军用标准平台的系统控制阶段，航天一院通过建立第一个航天工程的元器件宇航标准体系，通过选用控制、监制、验收、复验、筛选、破坏性物理分析（destructive physical analysis，DPA）、失效分析等过程控制，针对性地开展元器件应用验证与应用研究工作，不仅完成了载人火箭工程配套任务，也探索了结合国情、实事求是解决航天重点工程元器件可靠性保证的办法。

6.1 航天型号研制对元器件发展的牵引

6.1.1 “七专”质量控制与反馈科学实验

从20世纪50年代到70年代，航天一院型号研制经历了仿制、自行设计、快速发展，从单一型号研制向多型号研制的发展过程，选用的元器件从早期的电子管、电阻器、电容器、电连接器、继电器等为主，发展为各种元件、半导体分立器件和集成电路，元器件的复杂度不断提高，当时主要依靠“三定”（定品种、定技术协议、定供应厂点）管理和“大路货加筛选”的办法来保证航天型号装机元器件的质量和可靠性。但是，这种方法的有效性不高，元器件在型号整机使用中失效比例较大，某整机生产厂在20世纪70年代的两年间，针对一个任务项目，只能从25万只晶体管中筛选出6万只质量较好的，筛选淘汰率高达76%；为确保飞行成功，采用设备备份，在靶场设备出现故障就更换设备的办法，某型号在发射阵地曾28天更换28台设备，因为要求所有设备不出故障后进行发射，因此，不计工本、千里挑一，大批人员在靶场承担“保驾”工作。

为扭转少、慢、差、费、劳民损财的型号用元器件供应局面，保证国家专项任务的顺利完成，1978年4月28日，航天一院向国防科委上报了关于迅速解决远程导弹型号用元器件质量问题的紧急报告，反映了型号研制中存在的各种元器件问题，并提出了重视质量与可靠性、建立质量保证体系、提高元器件质量、合理使用元器件四条建议。张爱萍、钱学森等领导支持航天一院的建议并做了重要批示。在国防科工委组织领导下，由国防科工委、四机部、七机部和航天一院共同研究提出了“七专”质量控制与反馈的管理办法，组织元器件生产、供货和使用。

在国防科工委、七机部的支持下，在四机部领导、机关、生产厂的共同努力下，把质量控制贯穿于元器件生产的全过程，并使供需双方质量信息反馈闭环，形成了“七专”质量控制的管理模式。“七专”是指专批、专人、专料、专机、专检、专技、专卡七个专门的可靠性控制办法。

“七专”质量控制与反馈是一个科学的体系，包括七个专门的可靠性控制办法、品种与厂点的优选和控制、闭环的质量信息反馈体系和可行的电子元器件攻关计划四个方面的内容。国防科工委十分重视标准或要求的带动作用，例如，一开始就制定了7804“七专”技术协议，提出了“四禁用”和“四采用”的生产工艺要求（见表6-1），同时明确了“七专”元器件的质量管理要求。

表6-1 “四禁用”和“四采用”要求

序号	禁用	采用
1	禁止内涂料	采用各种有效的表面钝化技术
2	禁止用金丝与铝膜间热压键合	采用硅铝丝超声键合
3	禁止用银浆粘结	采用超声压焊或金锑烧结
4	禁止用酒精检漏	采用氟油加压法或加压充氦法检漏和氦质谱检漏

1984年4月召开了“8406”会议，会上总结了“七专”工作的经验，表彰先进，进一步修改了“七专”管理办法。形成了“七专”元器件目录和24个“七专”技术条件，“七专”生产单位增加到64个。会议期间，时任电子工业部部长的江泽民、军委秘书长张爱萍到会并做了重要讲话，张爱萍挥笔题词，指出“七专”工作是符合我国国情，提高元器件可靠性的有效方法。

“七专”质量控制与反馈科学实验初步解决了元器件质量的老大难问题，提高了元器件的可靠性，元器件在靶场测试过程中，现场故障率从40%左右降低到5%左右。同时形成了一套较严格的技术标准，提升了元器件生产单位的技术和管理水平，为第二代航天型号研制奠定了基础。通过科学管理、采用新工艺、新技术，逐步形成了拥有158条生产线、81个定点单位，以及有关高等院校和用户单位共同组成的闭环控制体系。“七专”元器件的质量保证是历史条件决定的，保证了国家专项任务的完成，是元器件高可靠工作的初始阶段，基本上满足了20世纪70～80年代航天一院型号研制和批生产配套的需要。

6.1.2 航天元器件可靠性增长工程

20世纪90年代末期，新型运载火箭采用新技术实现产品更新换代，一方面，大部分元器件需要重新选型，火箭电气系统的可靠性要求要达到0.997，关键系统的元器件可靠性指标要达到宇航级；另一方面，由于元器件质量不能满足日益增加的技术与可靠性同时增长的要求，对在研型号的研制已经产生了很大的影响。为此，2001年，由国防科工委、总装备部、信息产业部、航天科技集团公司联合发起，以航天一院研制的型号为背景实施了航天电子元器件可靠性增长工程。工程的总体目标是使型号配套关键设备未用的国产元器件，80%以上要达到国家军用标准要求，消除元器件“脏、断、漏、伤、掉”等常见失效，提高电参数一致性，元器件失效率降低0.5 ~ 1.5个数量级。

为保证工程顺利实施，建立了以多部门共同实施统一管理为核心的组织体系，以航天装备需求为牵引的目标体系，以规范和鉴定为基础的保证体系，科研攻关、技术改造和管理改进相结合的技术体系，综合统筹的计划体系，以职能机构和共性课题为依托的支撑体系，全面科学、及时准确的信息体系七大体系。

为了解决工程的有效性，并落实一次上机使用，满足要求的原则，2001年 4 月由航天一院物资部与信息产业部电子标准化研究所共同成立了军用元器件鉴定试验室，开展元器件标准的统一水平控制和用户参与的元器件鉴定工作，具体投入了航天一院元器件可靠性检测中心、电子标准化所技术基础发展中心等技术实体及标准化管理部门资源，改变了一院用户的内部元器件标准和鉴定管理流程，并作为航天元器件可靠性增长工程的联合鉴定机构，统一实施标准水平控制和产品鉴定工作。

同时，为提高管理效率，并积累知识，建立了增长工程管理信息平台，对元器件生产方数据、元器件使用方数据及工程管理数据进行了全面采集，形成了研、用一体的数据包，为增长产品的可靠性分析和评估提供支撑，如图6–1所示。

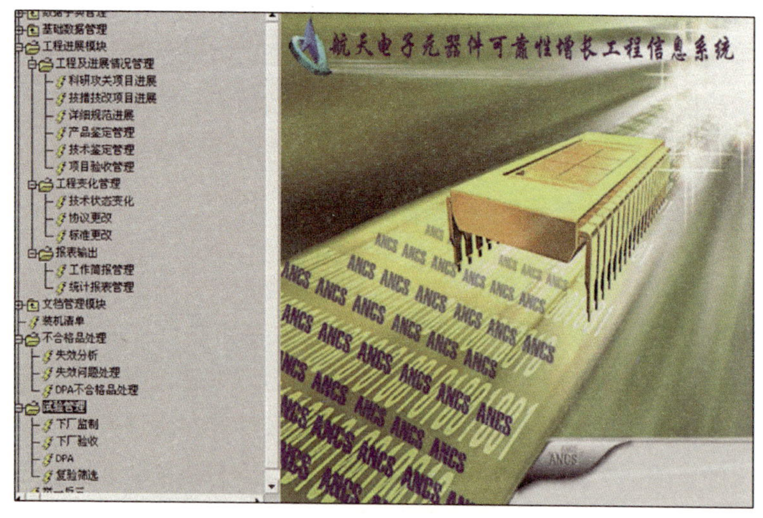

图6–1　增长工程信息系统界面

以课题的形式组织增长工程科研攻关。航天一院组织56个任务承担单位完成了134种、473项课题的攻关，其中，消除与控制现有失效模式35种课题，提高产品性能一致性29种课题，提高质量等级或降低失效率70种课题。

实施增长工程使元器件质量明显提高，创造了以基础改进保证重点工程研制的范例。增长工程为56个元器件生产单位投入大量资金，落实了重要基础设施，从硬件和软件方面使生产单位的生产条件得到了改善，管理水平及人员素质得到了提高，特别是通过攻关，消除了常见失效模式，使成品率有较大幅度提高（具体见表6–2），解决或部分解决了一些元器件的常见病、多发病，提高了型号电子设备的可靠性。依据GJB299B《电子设备可靠性预计手册》，单片集成电路的质量系数π_Q降低了44%，半导体器件的π_Q系数降低了60%，光电子器件的π_Q系数降低了47%。由于π_Q系数的降低，降低了元器件的工作失效率，从而提高了电子设备的平均无故障时间，降低了装备维修费用。从实际使用情况看，用户使用过程中的元器件本质失效数下降了约50%，元器件监制、验收合格率分别提高了23%和14%。

表6–2 实施增长工程后元器件技术指标改进情况

序号	技术指标	改进情况
1	半导体器件的稳态寿命LTPD平均值	下降了50%（标准要求值）
2	内部水汽含量	下降了85%
3	静电放电阀值平均值	上升了72%
4	破坏性物理分析（DPA）批不合格率	下降了85%
5	键合强度工序能力指数CPL	上升了50%
6	产品的实际批不合格率平均值	下降了63%
7	颗粒碰撞噪声检测（PIND）合格率平均值	上升了17%
8	剪切强度极差（最大最小值之比）	下降了30%

通过开展航天元器件可靠性增长工程，带动了整个航天型号和武器装备用电子元器件的可靠性工作，快速扭转了国产军用元器件质量的被动局面；不仅解决了航天型号元器件质量保证问题，也为保证中国载人航天工程的元器件可靠性打下了基础。

实施增长工程后的元器件，从技术要求及质量保证的全面性、系统性、合理性和适用性达到了前所未有的水平，产品的研制、生产、采购及使用由“七专”管理转化为国家军用标准体系管理。可靠性增长工程搭建了国内高水平且科学、实用的元器件质量平台，建立了重点工程的元器件标准体系，形成了包括用户权益和控制措施在内的一批元器件详细规范。通过增长工程的实施，航天一院率先在一个型号中推广了国家军用标准规范体系产品的普遍应用，率先实现重点工程全面使用国家军用标准元器件，是国产元器件由“七专”向国家军用标准全面过渡的里程碑，也是国产军用元器件质量等级向宇航级推进的中继站。

通过可靠性增长工程的实施，密切了供需双方及管理部门的关系，将国外先进技术与国内现实条件有机融合，促进了航天一院零缺陷文化和方法向供应商的辐射和落实，培养了企业自主提高产品质量的意识和能力，推动了军用元器件行业的质量与可靠性工作的开展。

6.1.3 载人航天元器件可靠性保证计划

载人运载火箭元器件可靠性控制构思始于载人航天工程论证之初，20世纪90年代初航天一院提出了详细的论证报告，报告涉及如何提高半导体器件互联可靠性等具体内容。载人航天工程实施后，在总体策划、系统管理的可靠性保证计划指导下，航天一院建立了运载火箭元器件供需双方参与的一体化质量保证体系，结合工程研制实际，强化了从元器件选择到使用的全过程质量控制，并率先建立了宇航工程元器件标准体系，在根本上为实现载人火箭元器件可靠性的有效控制与保证奠定了基础。在载人火箭第六次飞行试验之前，航天一院对以往的元器件质量保证工作进行了总结和分析，采取了改进措施，包括修订元器件质量保证大纲，完善了质量管理流程；根据元器件发展变化和后续火箭研制需要，修订元器件选用目录，提高了选用平台适用性；进一步总结技术条件落实情况，以及航天元器件可靠性增长工程的技术成果，修订了元器件技术条件，完成了“七专”元器件标准体系向国家军用标准元器件标准体系的转变。

6.1.3.1 加强选用控制，制定专用优选目录和技术条件

20世纪90年代初，“七专”条件实施的大环境发生了很大变化，“七专”产品质量出现滑坡，“断、短、漏、多、脏”等失效模式又上升为元器件的主要失效模式，下厂验收拒收率逐年增加，使用中批次性报废率也逐年

上升。在市场经济形势下，有些生产厂关、停、并、转，造成型号使用的元器件出现断档。同时，国家军用标准体系尚未完全建立，国家军用标准元器件（特别是半导体器件）在品种、进度等方面难以满足航天型号研制的需求。

经过两次全国性调研、技术协调及分析研究，航天一院于1996年提出了编制专用技术条件和优选目录、采用“国家军用标准单批考核”和“七专”加严技术条件的载人运载火箭元器件质量保证实施方案。对已有的“七专”线进行优选，在此基础上加严原有的“七专”技术条件，即“七专加严”。“七专加严”的含义是：在“七专”生产线上生产，产品质量保证计划经过用户认定，以QZJ8406技术条件为基础，纳入国家军用标准有关筛选和考核的要求，用户对生产过程进行检验及下厂验收。国家军用标准单批考核是在已建立的国家军用标准生产线上，针对连续批保证的不满足，实施单批符合标准、并补充必要的用户要求的供应。

“七专加严”的建议得到了总装备部的大力支持，解决了相关元器件生产单位的部分关键技术设备，并进行科研补贴，为元器件研制单位建立了多余物颗粒检测、半导体器件引线键合强度、芯片剪切强度测试、环境试验等手段，使得加严技术条件的落实有了基础。

1994年3月，航天一院策划制定了载人运载火箭电子元器件优选目录。参照国家军用标准型谱的分类方法，对元器件分类、元器件型号命名进行了统一和规范，形成了三大类、数百个品种系列的优选产品。为了便于可靠性设计工作，结合可靠性预计手册，列举了每个品种系列的具体质量等级。优选目录是设计师系统选择元器件的第一渠道，通过优选目录的实施和应用，规范了设计选用，减少了厂点和品种。同时，对于目录范围外选用的情况，采取加严控制手段，对所选目录外元器件进行必要的应用验证和风险分析，并采取必要的质量保证措施，经严格审批后才能正式使用。为了保证优选目录的适宜性和先进性，航天一院建立了优选目录动态管理机制，通过定期动态评价和修订，确保目录内产品可选、可获得、质量好。通过对目录的多次修订，优选目录内元器件所采用的标准体系从以“七专”为基础的技术条件体系改变为以国家军用标准体系为主的标准平台。

6.1.3.2 建立供方参与的一体化质量保证体系

为了提高载人运载火箭用元器件的可靠性，航天一院要求各元器件研制单位分析影响元器件固有可靠性的各主要因素，采取相应措施和对策，根据元器件生产和检验的特点，制订严格的载人运载火箭用元器件质量保证计划，并经用户认可。质量保证计划主要包括：①组织机构与质量保证体系；②人员培训与考核；③产品可靠性设计评审；④原材料和零部件的筛选与控制；⑤生产过程的专批质量控制；⑥仪器设备的管理；⑦器件管理；⑧合格标志与合格证的管理方法；⑨质量信息反馈管理等。

在给予元器件生产单位技术保障条件支持的同时，为实现闭环管理，每当元器件在使用方出现失效时，要求研制单位与使用单位一起进行失效分析及问题归零工作，通过供需双方的交流与沟通，提高了失效分析的效率，以及质量和技术改进的针对性和有效性。

6.2 航天元器件使用方的系统管理

6.2.1 “三个过程”的质量控制流程

产品保证是一组系统化、规范化的管理工作和不断进步的技术工作的集合，其目的是以最佳的效能和最低的研制风险，保证交付的产品能安全、可靠地完成规定任务。元器件可靠性保证是以可靠性保证体系为基础，并通过制定和实施产品保证大纲来实现的。从元器件特点和元器件及系统形成过程的实际出发，在研究质量体系建设规律的基础上，航天一院确定了航天元器件的特点及保证要求。针对航天一院的具体情况，按照系统控制、统一管理的基本方针，确定了元器件可靠性保证选用、检验、使用“三个过程”控制的基本内容。

实施“三个过程”控制的基本条件是完善型号元器件可靠性保证机构和体系，具体体现在以下四个方面：第一，建立和完善一套可靠性保证程序，即在元器件的选择、产品技术条件或规范的编制、供应单位的认定、采购、监制、验收、复验、筛选、合格证发放、应用、失效分析、归零、复查、报告、信息管理等环节采取严格的保证措施；第二，建立和完善维持可靠性保证程序运行的一套管理制度；第三，相对完善的支持可靠性保证程序有效运行的技术支撑，建立完善元器件的失效分析、检测等技术机构，以及成立元器件可靠性专家组；第四，从技术保证方面，建立以技术条件、采购规范为主的技术文件体系。

6.2.1.1 选用过程控制

元器件的选用控制以制定元器件质量保证大纲、确定选择方案与选用目录、确定标准平台、对目录外元器件进行控制、开展应用可靠性设计及其管理活动等为重点工作内容。图6–2是元器件选用控制的流程图。

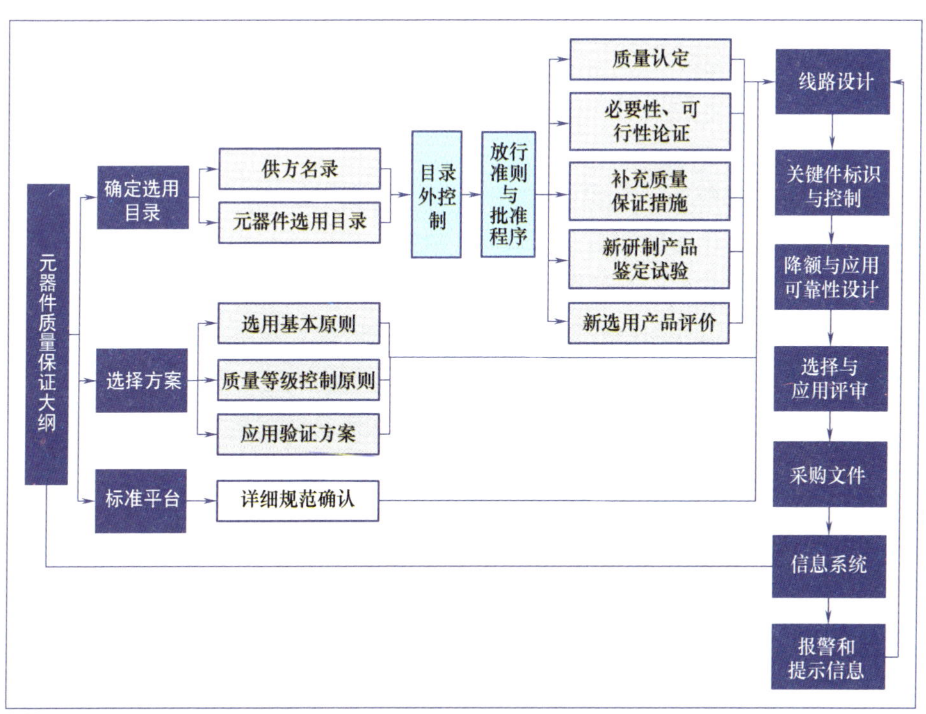

图6–2 元器件选用过程控制流程图

按规定的目录选择供方和元器件是控制元器件质量，提高电子设备可靠性的一项重要措施。航天一院通过编制供方名录和元器件选用目录，不断压缩和优化品种、厂家，建立了目录及超目录的管理方法或程序，以及动态的管理机制，为系统优化设计、可靠性设计等工作打下了基础。

质量等级是根据元器件总规范中质量保证规定的不同而划分的等级，同一电性能和封装的元器件可以有不同的质量等级。元器件的质量等级直接影响元器件的失效率，除按照GJB299《电子设备可靠性预计手册》进行可靠性预计，选择适宜的元器件质量等级外，航天一院还提出了《型号用电子元器件质量等级的选择原则和要求》，对一院型号研制初样、试样、定型阶段元器件质量等级控制要求做出详细的规定，使元器件质量等级的选择原则更加完善、合理。

从方案阶段开始，航天一院将元器件应用可靠性设计纳入型号研制计划，开展整机降额设计、容差设计、失效模式影响及危害性分析（Failure Mode,Effect and Criticality Analysis，FMECA）、最坏情况分析、热设计、抗干扰设计等可靠性设计工作，并在各研制阶段转段前（一般在单机研制初期，尽可能在方案阶段结束前），组织设计选用评审，确认设计选用的正确性、合理性。

元器件规范包括总规范、行业规范、详细规范。在军用元器件体系中详细规范一般以企业标准的方式出现，由生产单位编制。详细规范是控制元器件质量的重要依据，通过用户方确认详细规范，将航天型号元器件质量控制要求传递给元器件的制造单位，将操作要求转换成详细的技术语言，告诉元器件生产单位，我们需要的合格品是什么、如何判定、如何保证，通过清楚、全面地表达需求，明确质量保证目标，从而获得高质量的产品。因此控制详细规范的水平是元器件选用过程控制的重点内容。

6.2.1.2 检验过程控制

元器件检验控制是以航天一院元器件可靠性中心为主开展的元器件监制、验收、复验、筛选、破坏性物理分析工作，对失效元器件进行的失效分析、归零及评审确认工作。图6–3为元器件检验控制流程图。

下厂监制与验收是指元器件使用方或其委托方到元器件承制方，依据双方认可的技术条件和规范，对制造过程中的元器件进行质量检验、控制和对提交的合格品进行试验、对文件检查以及质量管理体系运行情况进行审查，并决定是否接收产品。下厂监制与验收是在“七专”元器件质量保证过程中首次提出和实施的。

复验是指使用方对采购的元器件进行的检验或验证，包括入库复验、装机前复验及超期复验。一般来说，经下厂验收的元器件，其复验内容包括质量文件检查、包装质量检查。由生产厂代验的元器件，要按照交收检验的内容进行全面检查。而质量背景不太清楚的进口元器件，除进行文件、包装、电性能测试外，还要抽样进行评价或全面进行补充筛选。

筛选是指为选择具有一定特性的产品或剔除早期失效产品而进行的试

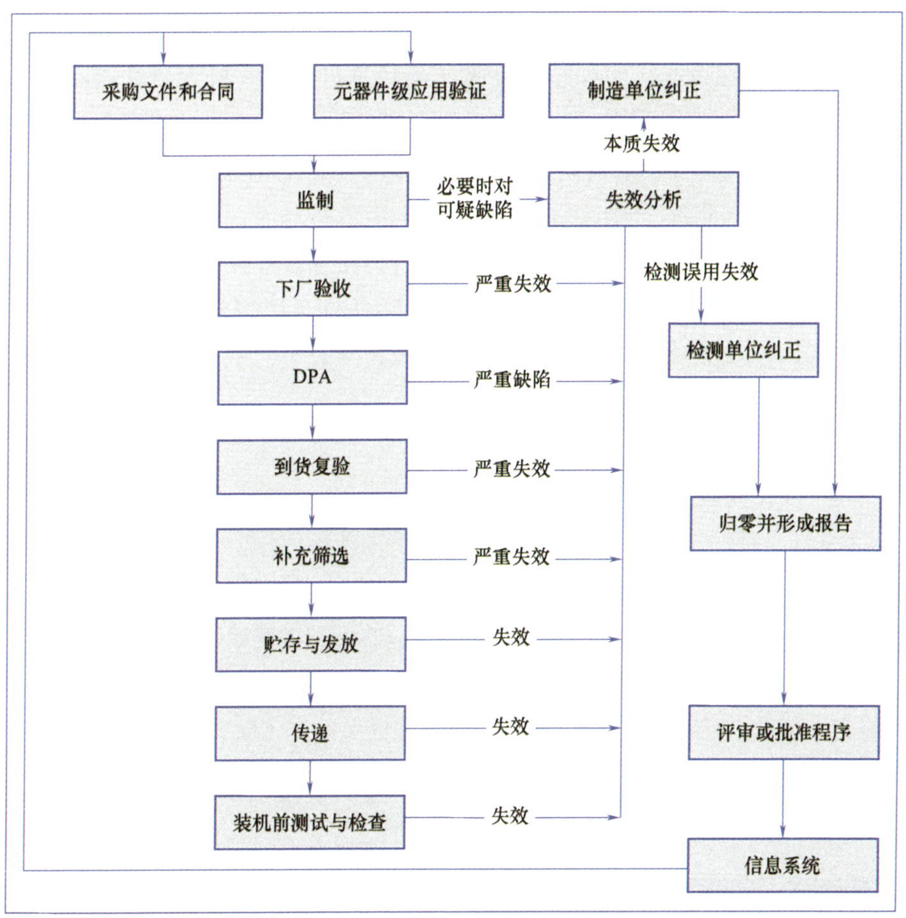

图6–3 元器件检验过程控制流程图

验，一般由元器件生产单位进行，在元器件的技术条件或标准规范中规定了筛选要求。使用方进行筛选是补充筛选，即当已采购的元器件在筛选试验中没有满足使用方规定的项目、应力、时间或有其他特殊要求时，由使用方或其委托方进行的筛选。由于存在国产元器件质量水平与型号要求有较大差距和进口元器件质量背景不十分清楚的情况，并考虑到型号对元器件的特殊要求及运输、传递、贮存等一系列环节对元器件可靠性的影响，对到货的元器件要进行复验和筛选。

破坏性物理分析（Destructive Physical Analysis，DPA）是为验证元器件的设计、结构、材料和制造质量是否满足预定用途或有关规范的要求，对元器件样品进行解剖，以及解剖前后进行一系列检验和分析的全过程。1996年，航天一院率先系统、全面推广DPA，经元器件专家反复研究确认，DPA不仅适用于元器件的到货检验和超期复验，而且也可用于装机元器件的质量验证。当时控制系统有相当一部分DPA样品是从整机上拆下来的，正是这批经过整机例试的元器件DPA数据，为合理处理DPA不合格品提供了重要支持。DPA的关键在于分析，当出现异常器件时，应分析原因，对DPA结果做出判断：查出或剔除那些具有相同缺陷的器件的再筛选或者补充筛选；审查是否有与其缺陷类似的筛选数据；审查实际使用条件，以判定使用条件是否临界；调查因发现的缺陷而引起的潜在失效模式的效应；审查具有相同缺陷而引起的潜在失效模式的效应。

6.2.1.3 使用过程控制

元器件使用控制是对元器件出库后到整机现场使用阶段的元器件质量进行的控制，这一时期以归零、信息管理、检查确认、评审为主要内容，是以各单位质量部门为主展开的质量控制活动。图6-4为元器件使用过程控制流程图。

航天一院以“三个过程”控制的理念为基础，对相关元器件质量管理文件修订、完善，形成了《型号电子元器件质量保证》（Q/Y 126）系统化的管理标准，见表6-3。

表6-3 元器件质量保证系列标准

序号	标准号	标准名称
1	Q/Y 126.1—2004	设计选用与评审要求
2	Q/Y 126.2—2004	目录外电子元器件选用控制要求
3	Q/Y 126.3—2004	供货单位质量保证能力的审查与认定要求
4	Q/Y 126.4—2004	详细规范审查程序与要求
5	Q/Y 126.5—2004	破坏性物理分析（DPA）要求
6	Q/Y 126.6—2004	监制验收要求
7	Q/Y 126.7—2004	复验筛选要求
8	Q/Y 126.8—2004	质量问题归零要求
9	Q/Y 126.9—2004	质量检查确认要求
10	Q/Y 126.10—2004	质量信息管理要求

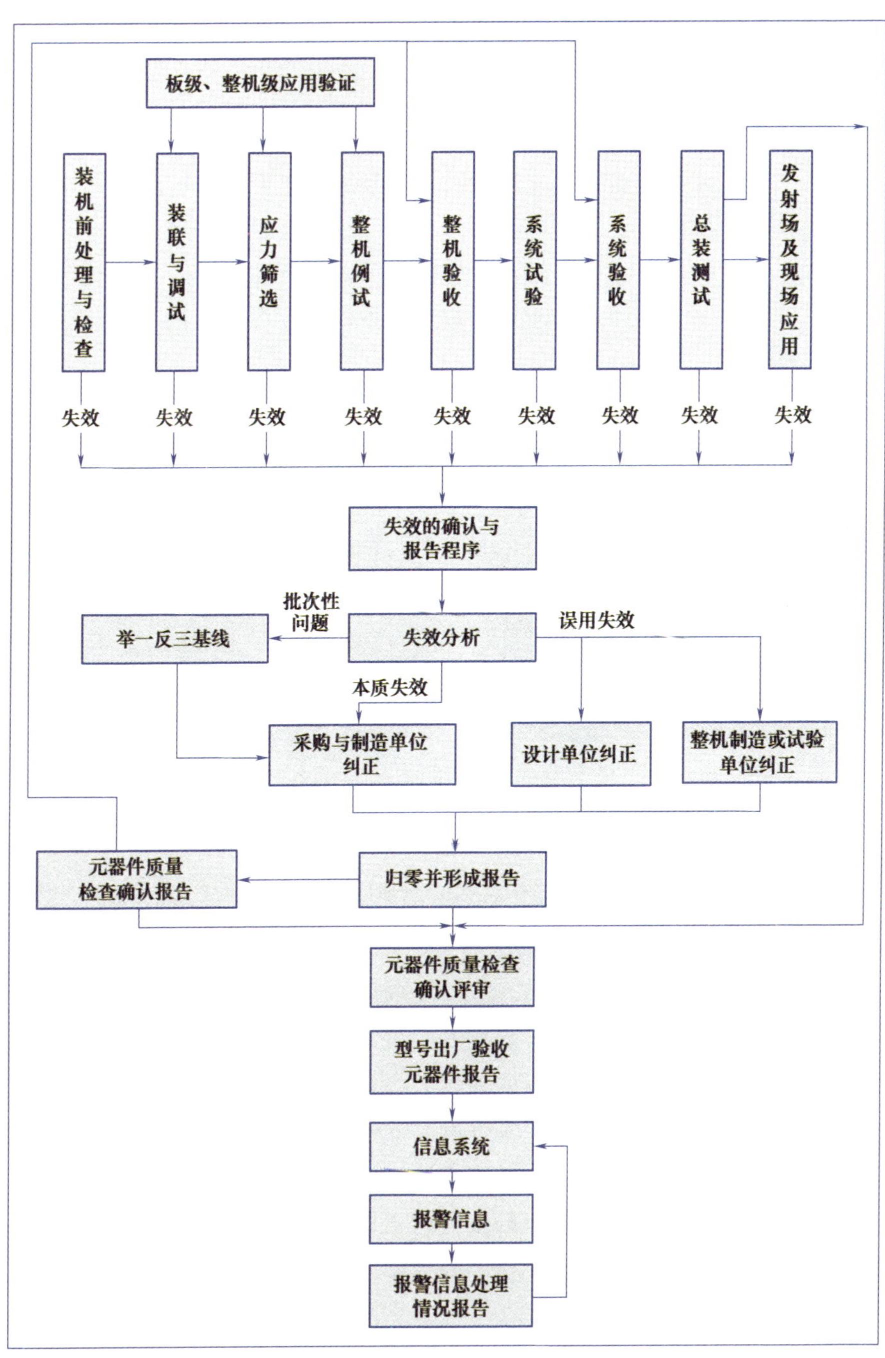

图6-4 元器件使用过程控制流程图

由型号两总、质量管理部门、元器件专家组和失效分析中心、元器件可靠性中心等技术支撑机构构成的电子元器件质量保证系统，为科学决策和开展元器件质量保证工作及提高元器件可靠性提供支持。

电子元器件行业的高速发展，为我国航天型号的持续发展奠定了基础，更强功能、更高速度和更好性能的元器件不断应用于型号，这也给元器件质量保证带来了新的挑战。为了确保型号元器件统一技术管理和有效专业技术支撑落到实处，1993年航天一院组建了电子元器件可靠性中心，以型号需求为基础，开展了大量的应用研究、质量与可靠性保证研究工作，其取得的资质如图6–5所示。

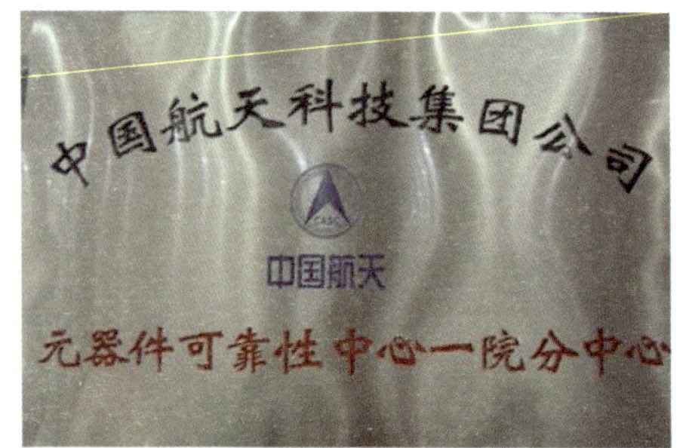

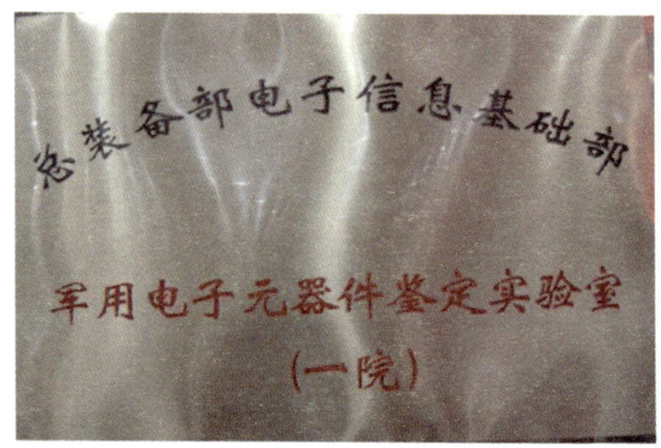

图6–5　元器件可靠性中心资质

同时，航天一院还在实践中不断完善相关质量保证要求。例如，在故障分析中发现，某整机故障与光电耦合器发出的误信号有关，在对同批次产品进行常规电测试时却未见异常，故障复现出现困难。针对此问题，在吉林工业大学戴慈庄教授的指导下，采用专用仪器对该批次产品进行低频噪声测试，结果发现本批次产品的噪声明显偏大，存在明显的爆裂噪声。噪声是器件内部载流子固有的随机扰动，其强度与器件内部缺陷密切相关，而爆裂噪声是器件内部的一种噪声形式，其噪声波形为连续出现的随机脉冲状波形，其脉冲幅度通常比其他类型噪声幅度大若干倍，是器件内部较集中的缺陷引起的。该批器件在工作中随机产生的较大幅度的爆裂噪声完全能够引发误信号。由于噪声与内部缺陷密切相关，此批产品噪声较大，说明其制造过程中工艺缺陷较多，产品可靠性较差。为避免以后此类可靠性较差的产品装机使用，航天一院研究制定了电噪声筛选的专项质量保证要求LMS 040《光电耦合器噪声筛选技术条件》，推广元器件的噪声测试筛选。

6.2.2 持续改进，建立第一个航天工程元器件宇航标准体系

标准、规范是产品质量的基石，是衡量产品质量的准绳，是检验工作的依据，因此建立载人运载火箭元器件规范体系是开展元器件质量保证工作的基础。

载人运载火箭元器件规范体系是中国第一个航天工程元器件宇航标准体系。它产生于载人航天工程的论证阶段，早在1991年航天一院就在载人航天元器件保证论证报告中提出了建立元器件标准体系的构想。1993年，提出“七专加严”QZJ8406技术条件和国家军用标准单批考核技术协议，并于当年11月对国内58个元器件研制单位进行了有针对性的调研。1995年12月至1996年3月，航天一院又组织对国内36个元器件研制生产单位就生产条件保障、加严技术条件的执行情况进行了调研、协调，经过研究向国家提出了保证建议，并得到支持。1998年，结合01批1组元器件验收，对元器件科研攻关和技术条件的执行情况进行了总结，于1999年3月颁布LMS—1999版电子元器件技术条件，有31个技术协议，经过合并、调整、补充，确定为32个分技术条件，加上从1996年以来的管理改进，初步形成载人航天工程火箭元器件标准体系。

2005年初，根据载人航天运载火箭总指挥的要求，航天一院总结了元器件质量保证经验，特别是充分借鉴航天电子元器件可靠性增长工程形成的标准体系基础和产品体系基础，修改了元器件标准体系，重点修订了元器件选用目录及技术条件，LMS—2005版电子元器件技术条件由原来的32个增加到41个，其中包括一个通用条件和原技术条件未涵盖的8个品种，即固体继电器、微波组件、闸流晶体管、电阻网络、电位器、铝电解电容器、电感器、微波元件。该技术条件体系将“七专”技术条件全部调整为国家军用标准总规范，并成功应用于第七发火箭和二期工程火箭，实现了全箭元器件采用国家军用标准总规范的转换，包括已有国家军用标准产品的应用及用国家军用标准总规范来控制详细规范的产品应用。这标志着载人航天工程火箭元器件采购规范体系的确立及成功应用。

载人火箭元器件采购规范体系为五层结构，如图6–6所示：第一层为载人

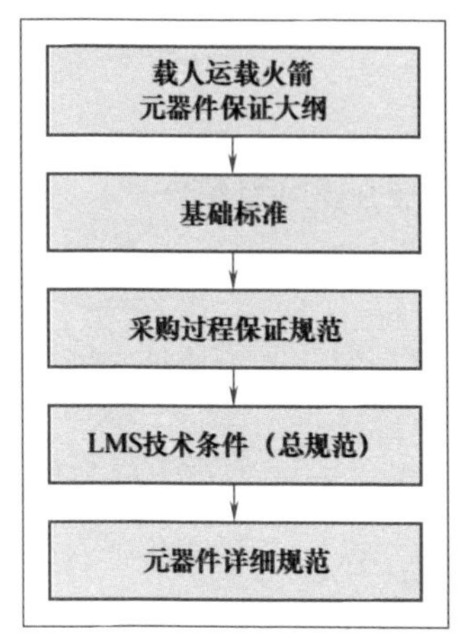

图6-6 载人运载火箭元器件采购规范体系结构

航天工程火箭元器件保证大纲；第二层为适用的方法类、术语类等基础性标准；第三层为采购过程的保证规范，包括设计选用指南、选用目录、到货验证规范等；第四层为LMS技术条件，包括选定的总规范及对总规范的补充和调整；第五层为元器件详细规范。

在载人航天工程火箭元器件体系表中，共包括元器件质量保证大纲1个，涉及术语、定义、分类、试验方法等基础标准31个；LMS元器件技术条件41个，涉及20个类别112个通用规范或总规范；采购过程保证规范32个，详细规范1 016个。

载人运载火箭元器件详细规范是在企业标准结构上进行改进而成的，纳入了载人航天型号的有关要求，并以附录的形式给出：

附录A：用户监制，从半导体器件内部目检发展起来的对于元器件制造过程监控的一般要求和具体要求。

附录B：用户验收，以“七专”交收检验的要求为基础发展起来的，明确验收的一般要求和具体要求（抽样及检验的方法、判据等）。

附录C：DPA，按照QJ1906A及GJB4027，将DPA的具体要求分解到详细规范所含的品种之中，并补充增加一些在失效分析和监制工作中积累的DPA标准以外的具体措施。

附录D：元器件评价与质量保证，对适用的外壳、基板、元器件、芯片等的具体要求，筛选、评价、考核、DPA等，即将有关的要求，逐级落实到每一个单元。

附录E：老化或测试电路及要求。

附录F：特殊环境要求。

经过改造后的详细规范是研制生产方的制造规范、认证部门的鉴定和认证规范、航天工业部门的采购规范的有机结合。

载人运载火箭元器件标准体系是以“三个过程”控制的系统管理为基础的，是全国大协作的结果。该体系的完善过程用了6年的时间，得益于国家和相关协作单位的支持，特别是航天电子元器件可靠性增长工程的发展，改善了元器件研制单位的条件，得益于航天一院与电子标准化研究所等专业机构的合作与群策群力，尤其是从事具体工作的专家和技术人员的艰苦付出和辛勤劳动。

6.3 航天元器件质量验证

为保证航天元器件的可靠性，在元器件生产方严格控制的基础上，用户还要开展验证等一系列工作，包括货源地验证、到货验证（复验筛选）、应用验证等工作。

6.3.1 货源地验证（监制验收）

货源地验证通常指传统意义的用户监制和用户验收，用户监制与我们目前使用的强制检验点的概念基本相同，是用户参与的对关键工序必须的检查和检验。航天一院建立了专业技术队伍，自1997年开始对关键元器件进行监制验收。货源地验证由专业技术人员到生产单位，对与产品质量有关的材料、设备、工艺流程、试验条件以及质量管理等进行监督、检查，确认元器件是在质量受控状态下设计、生产出来的。工作的具体要求包括：

1）使用方或其委托单位可以对与产品技术、质量及可靠性要求有关的任何试验和检验进行检查，但产品的最终质量由承制方负责。

2）对于密封半导体器件、晶体、继电器等元器件，承制方应在密封前至少2周，通知使用方，由使用方派人进行内部目检复检，剔除那些不符合标准要求的产品，如缺陷属于由工艺、材料、结构等造成的批次性问题，则产品应整批报废，重新投产。

3）检查生产线质量保证情况是否正常。

4）生产过程中曾经发生过的质量问题的分析与纠正措施的落实情况。

5）合同规定的规范等要求的履行情况。

从“七专”实施以来，航天一院一直对元器件实行货源地验收制度，由专业技术人员对已完成筛选、质量一致性检验，并允许出厂的产品按验收要求进行验收。货源地验收主要内容包括：①生产的质量保证情况；②曾经在用户使用过程中发生问题的纠正措施落实情况；③生产过程中失效分析与纠正情况；④合同及规范履行情况；⑤数据审查，内容包括：筛选报告、质量一致性检验报告（鉴定检验报告）、DPA报告、X射线检查照片、失效元器件清单及失效分析报告、合格证明；⑥交收试验。

“七专加严”技术条件对元器件货源地验收的项目、条件以及淘汰率等都做了规定，包括DPA试验。按规定，所有批次的半导体器件均应抽样进行DPA试验。集成电路DPA试验的项目和条件如表6–4所示。

表6–4　半导体集成电路（单片）验收DPA要求

序号	项　目	方法和条件	抽样方案
1	外部目检	GJB548A方法2009A	批次数量的10%，不少于1只，不多于5只，不足1只时按1只计
2	PIND	GJB548A方法2020A条件A	
3	检漏	GJB548A方法1014A	
4	内部目检	GJB548A方法2010A	
5	引线键合强度试验	GJB548A方法2011A	
6	芯片剪切强度试验	GJB548A方法2019A	

通过监制验收，发现和解决了工艺流程、制造过程、技术条件执行存在的各种质量问题和隐患，见表6–5，促进了元器件生产单位质量控制和工艺水平的提高。

表6–5　监制验收解决的问题

监制验收发现的问题	问题描述	典型示例
工艺流程	工艺流程顺序不当	混合电路的键合工序在涂胶之前进行，造成部分内引线被胶覆盖，从而使内引线在以后工序中有可能因胶的变形而受到应力损伤
工艺质量	沾污、焊接缺陷、损伤、芯片图形缺陷、多余物	✧ 内引线在压焊过程中受到严重损伤使键合力下降 ✧ 芯片加工过程中造成的铝条、氧化层、管芯区缺陷等 ✧ 工序清洗不彻底、加工环境恶劣产生的多余物等

续表

监制验收发现的问题	问题描述	典型示例
技术条件执行	质量保证要求不落实，试验项目、条件等不符合要求，现有技术条件不完善；典型失效模式需加严试验条件	✧ 微组装电路采用塑封器件，质量等级不满足要求 ✧ 固体继电器采用了内涂料 ✧ 某混合集成电路的温度循环的试验条件为-55℃～+125℃，而技术条件要求为-65℃～+150℃ ✧ 未按标准要求进行非破坏性键合拉力试验 ✧ DPA、水汽含量试验抽样数量不够 ✧ 电连接器内部线簧存在断丝现象，而现行的电连接器验收规范中未规定对内部线簧进行检查 ✧ 电磁继电器内部多余物用常规的PIND试验方法难以彻底剔除，将PIND的方向由一个增加到三个

对元器件实施监制验收，密切了使用方和承制方的关系，为及时协调解决问题提供了时机和条件，是对元器件质量进行预先控制和质量把关的有效形式，图6-7是航天一院元器件可靠性中心历年监制、验收元器件不合格比例的统计情况。由图可看出，监制验收不合格比例呈明显的下降趋势。

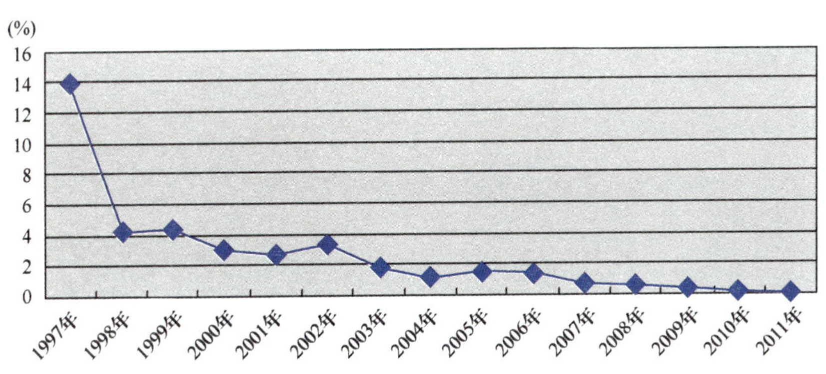

图6-7　监制验收元器件不合格比例统计

6.3.2　到货验证（复验筛选）

对元器件进行到货验证是确认元器件质量是否满足预定要求，并进一步剔除存在缺陷的元器件。复验，尤其是补充筛选是一项复杂工作，涉及整机技术要求，以及元器件的制造工艺、质量水平和成本。要针对元器件的失效模式，采取针对性的筛选措施，因此，对于复验，存在灵活运用和继续研究提高的问题。复验、筛选需要一定的技术保障手段和专门的技术人员去实施，强调统一管理，即统一到指定的检测机构进行，并由检测机构统一发放合格证。对于质量状况不确定或背景不清楚的元器件要进行可靠性评价和二次筛选，表6–6是载人运载火箭单片集成电路的筛选技术条件。

表6–6　单片集成电路筛选技术条件

序号	项目名称	试验条件（GJB548方法）
1	外观检查	2009
2	常温初测	+25℃按器件详细规范
3	温度循环	2010条件C
4	恒定加速度	2001条件E
5	PIND	2020条件B
6	老化前测试	+25℃按器件详细规范
7	高温老化	1015，+125℃，160小时
8	老化后测试	+25℃按器件详细规范
9	计算PDA	≤10%
10	高温测试	+125℃按器件详细规范
11	低温测试	–55℃按器件详细规范
12	密封性检查	1014，条件A、C
13	常温终测	+25℃按器件详细规范

通过复验和补充筛选，进一步剔除了不合格或存在内部缺陷的元器件，图6–8是航天一院元器件可靠性中心元器件复验、筛选淘汰情况统计。

下面通过具体案例加以说明。

【案例1】在对某电源模块进行二次筛选时发现恒定加速度试验后失效比

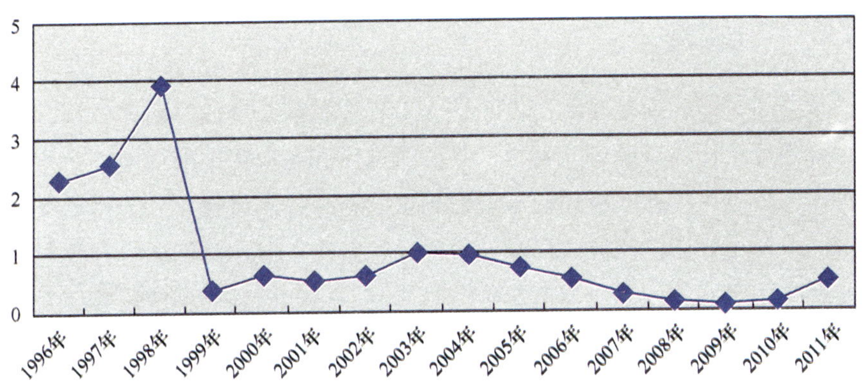

图6-8 复验、筛选淘汰率的年度统计

例过高。分析表明，该器件失效的原因是在其芯片的烧结工艺中，使用焊料的次序弄错，先使用了低温焊料，在后使用高温焊料的过程中，造成低温焊料的融化，导致其机械强度降低，不能通过恒定加速度试验。生产单位根据航天一院的分析结果，对芯片烧结工艺进行了改进。

【案例2】型号出厂测试时发现，某可编程门阵列电路工作不正常，问题原因定位于首次编程状态不稳定。航天一院修改了可编程器件的二次筛选方案，即编程前先进行漏电流等参数测试，以确认其基本质量，然后按系统设计要求对器件进行编程，对编程后的器件根据其具体功能，按元器件的技术条件进行全项筛选试验以及测试。

【案例3】某型号功率放大器进行DPA试验时，一只样品的一根内引线键合力为0.4gf（合格值为不小于1.5gf），其破坏模式为颈缩断裂，按规定该批次器件不允许装机。限于任务计划安排，重新生产难于保证，为评估该批次器件的可靠性，共进行了28只样品器件的DPA试验，获得725个试验数据，根据计算：725根引线键合力均值为7.05gf，标准差σ=1.24gf，不合格数据0.4gf点远在3σ之外（7.05gf-3σ=3.33gf）。此外，根据正态分布函数可以推得：筛选合格的51只器件中的1 326根引线再次出现小于0.4gf情况的概率约为10^{-6}。因此，从统计角度看，该批器件键合力的总体质量较好。另外，在对其余所有器件进行内部目检时，没有再次发现失效键合点的相同模式。经过全面分析和论证，认为风险可以接受，通过专家评审，最终该批器件装入整机使用。

6.3.3 应用验证

元器件应用验证是对元器件在航天工程应用前开展的一系列试验、评估和综合评价工作，以确定元器件产品的成熟度和在应用中的适用度，并综合分析评价得出可用度。应用验证应做到试验充分、测试覆盖，通过系统验证分析；发现不好用的问题，科学评价产品，解决不敢用的问题；有效指导应用，解决用不好的问题。目前结合型号研制、生产已开展了应用验证工作所涉及的流程、方法、平台、质量和项目等总体技术以及测试、结构分析、环境适应性和系统适应性等基础技术方面的研究工作。

应用验证包括元器件级验证、整机或系统级验证和飞行验证，元器件级验证指对元器件承制方调研分析、元器件信息调研、元器件电参数验证、结构分析和元器件极限评估试验；系统级验证指系统级元器件功能、电性能测试以及元器件适应性试验、元器件稳定性测试；飞行验证指搭载飞行验证和应用飞行验证。

例如，为解决多个型号、多个研制单位隔离放大器货源中断问题，航天一院经过充分调研和风险分析，确定了元器件研制单位以及边研制、边验证、边分析、边改进的研制思路。根据元器件生产单位技术特点，分别采用了混合电路结构、微电路模块两种结构，并由航天一院元器件可靠性中心编制了《隔离放大器详细规范》和《隔离放大器全参数测试方法》，为产品验证提供了依据。

隔离放大器器件级验证方案如下：引脚定义验证，验证器件各引脚定义；性能验证，以详细规范确定的常规参数以及关键非常规参数为对象开展电性能三温（常温、高温、低温）验证；结构分析，以航天一院型号元器件可靠性控制要求为基准，开展结构分析验证。验证工作按“验证→改进→再验证”的循环方式开展。经过几轮的器件验证工作，对全参数测试方法进行了修改，简化了部分难以实现测试的参数，如噪声电压的测试；增加了部分对工程应用有参考价值的参数，如输入的工作范围。在元器件级验证过程中还发现电源高温静态电流偏大，通过分析与试验，确定了激磁脉冲的宽度，在调整影响脉宽的电容器、降低脉宽后，使常温静态电流下降到14mA，高温测试静态电流小于18mA，问题得到解决。针对隔离电压偏低问题，更换了原材料，提高了隔离层厚度，重新划定覆盖区域，使隔离电压达到2 000伏以上，满足了要求。转入试样阶段前，确定了关键工艺隔离变压器绕制、固定、焊接工艺及芯片粘接和键合工序质量控制等要求，纳入到工艺文件中指导生产。

此外，由总体部牵头组织了系统级验证和飞行试验搭载验证，也发现和解决了一些问题。例如，在整机测试中出现的低温下双极性输入时功能失效的故障，确认该故障为器件设计缺陷，元器件生产单位在设计上进行了改进，满足了型号使用要求。

6.4 航天元器件使用可靠性保证

合理使用元器件是保证元器件正常工作的重要因素，针对航天元器件的使用环境及特点，航天一院重点从降额设计、防空间辐射与抗核加固、防浪涌、静电防护等方面进行可靠性保证工作，此外，现场可编程门列阵（Field-Programmable Gate arrey,FPGA）和系统级芯片（System On Chip，SOC）等复杂元器件应用的控制也提到议事日程。

6.4.1 元器件的降额设计

元器件的降额设计是可靠性工作的范畴之一，以提高元器件使用的可靠性和安全性，降低整机的失效率。我国在20世纪80年代初期开始这方面的系统研究，1988年1月航天系统首先颁布了QJ 1417《元器件可靠性降额准则》。降额设计的目的是通过限制元器件使用过程中所承受的应力，将元器件在低于其额定应力值下使用，达到降低元器件失效率的目的。例如，根据半导体器件的成熟理论，当器件工作温度每升高10℃，工作失效率提高一个数量级。因此，在工作过程中要控制半导体器件的温度。

元器件降额主要按照GJB/Z 35《元器件降额准则》设计。GJB/Z 35将降额等级划分为Ⅰ级、Ⅱ级、Ⅲ级三个等级，Ⅰ级最高、Ⅱ级次之、Ⅲ级最低。降额设计首先是确定设备元器件采用的降额等级、降额参数和降额因子，并开展应力分析、降额复核。首先，降额设计的等级由整机或分系统的可靠性要求和降额设计要求转化而来；其次，根据系统环境和元器件自身特点（失效模型参见GJB/Z 299A）选择降额参数和降额因子。降额设计的关键是针对元器件进行工作应力分析，主要包括电应力、温度应力和机械应力。借助EDA软件，通过电路图仿真和实测两种方式获得电应力工作数据；借助热分析软件如BETASoft或实测等，对电路布局进行热分析，获得温度工作应力数据。将获得的工作应力值与额定值进行比较，确定降额设计的要求是否达到，并输出元器件降额校验的结果清单。

元器件降额设计的依据依次是型号研制质量保证大纲、分系统可靠性保证大纲、GJB/Z 35《元器件降额准则》等。型号研制质量保证大纲规定本型号的总体研制质量要求和可靠性水平，并将可靠性指标分配到各分系统。分系统可靠性保证大纲根据型号总体研制质量要求和分系统可靠性指标，同时按照GJB/Z 35划分弹/箭上设备、地面设备、关键设备、设备设计状态，最终确定设备选用元器件的降额等级、降额参数和降额因子。

例如，某设备确定为箭上关键设备，根据分系统可靠性保证大纲要求和GJB/Z 35，该设备用精密金属膜电阻器RJK53-0.1-BN应进行Ⅰ级降额。按照GJB/Z 35规定薄膜型电阻器Ⅰ级降额准则，降额参数包括电压、功率和环境温度。通过EDA软件电路图仿真和实测获得电压实用值28V，功率53.4mW，实测环境温度值63℃，降额复核详见表6-7。

表6-7　某设备元器件降额复核示例

所属分系统：XX-XX					所属整机名称与代号：XX-XX				
元器件名称与型号	生产单位	质量等级	降额情况						
			降额参数	额定值	实用值	降额因子	降额等级	GJB/Z 35规定	一致否
精密金属膜电阻器RJK53-0.1-BN	718厂	M	电压	200V	28V	0.14	Ⅰ	Ⅰ级降额因子为0.75	是
			功率	120mW	53.4mW	0.445	Ⅰ（0.5）	功率指标按80℃列出	是
			环境温度	125℃	63℃	/	Ⅰ	按负荷特性曲线降额	是

降额设计时还要关注以下方面：

超过最佳范围的更大降额，元器件可靠性改善的相对效益下降，而设备重量、体积和成本却会有较快的增加。有时过度的降额会使元器件的正常特性发生变化，甚至有可能找不到满足设备或电路功能要求的元器件。过度的降额还可能引入元器件新的失效机理，或导致元器件数量有不必要的增加，结果反而会使设备的可靠性下降。

不应将降额量值绝对化。降额是多方面因素综合分析的结果，实际使用中由于条件的限制，允许降额值作一些变动，即某降额参数可与另一参数彼此综合调整，但不应轻易改变降额等级。不能用降额补偿的方法解决低质量元器件的使用问题。

例如，某型号产品研制单位在选用DC/DC电源变换器时，实际使用需求输出功率11.1W。为满足Ⅰ级降额要求，选用了2815规格（100W），功率降额因子11.1W/100W=0.111，结果由于负载过轻导致输出振荡。这是降额超过限度，引入了其他失效机理所致。同时盲目地在小负载处使用大功率的电源也是一种浪费，反倒增加其体积和成本。

6.4.2 空间辐射与抗辐射加固

当辐射作用于电子设备时，可对其性能产生不同程度的影响，甚至使其失效。其中电子设备的基本组成部分——元器件是辐射最敏感也是最薄弱的环节。因此开展抗辐射加固技术的研究，提高电子器件在各种辐射环境下的生存能力和可靠性，对航天工程意义重大。

辐射环境主要包括空间辐射环境、核爆炸辐射环境、核动力辐射环境及地面模拟源辐射装置等。就空间辐射环境而言，其主要来自宇宙射线，太阳耀斑辐射以及围绕地球的内、外范·艾伦辐射带，此外还有太阳风、极光辐射、太阳X射线以及频谱范围较宽的电磁辐射，它主要由大量的高能质子、高能电子、X射线、中子、γ射线等组成。

随着天地往返运输系统的发展，火箭上面级、空间轨道飞行器也受到空间辐射的影响。这些辐射会引发元器件的多种辐射效应，进而影响元器件及电子系统。由于上面级空间飞行时间短，位移效应及低剂量率条件下的总剂量效应对元器件的影响较轻，单粒子效应影响较为明显。

单粒子效应主要由空间辐射环境中的辐射带质子、银河宇宙射线、太阳宇宙射线等单个粒子与器件发生直接或间接电离作用而引起，包括单粒子翻转、单粒子锁定、单粒子功能中断、单粒子烧毁、单粒子扰动等数种现象。其中，单粒子翻转、单粒子锁定等对系统影响相对较大、发生频次相对较高。单粒子翻转是指粒子击中器件的敏感单元时，发生电离作用，使器件的某一位的逻辑发生从“0”至“1”或从“1”至“0”的变化。单粒子锁定现象是20世纪60年代伴随着CMOS技术的应用一同出现的，由于CMOS器件中固有的PNPN四层结构，构成了寄生的可控硅结构，在正常情况下，寄生的可控硅处于高阻关断状态。离子入射形成触发信号触发其导通，有电流流过，由于可控硅的正反馈特性，流过的电流不断增大，进入大电流再生状态，即发生单粒子锁定现象。

针对上述分析，抗空间辐射加固坚持以下原则：

第一，坚持三级加固。元器件、部（组）件、系统三级同时加固，元器件加固是基础。各级加固的重点不同，防护措施也不一样，只有三级同时加固，系统抗辐射水平才有保证。

第二，重点部位有效防护。单粒子事件是偶发性事件，在整个系统中存在对单粒子敏感的部位，应对确定影响任务的关键单元，明确关键部位，进行有效防护。

第三，坚持平衡加固。要求各关键部位的抗辐射水平比较接近，不出现短板。

第四，坚持元器件、生产工艺、系统设计、试验鉴定等各个环节一起开展抗辐射加固的研究工作，建立起一体化的抗辐射加固保障体制。

在元器件加固方面，要从材料做起，选用耐辐射材料，如砷化镓材料；采用耐辐射的工艺，如SOI工艺；采用合理的半导体结构设计，如采用介质隔离。选择元器件时，要选抗辐射水平高的元器件，并根据要求进行检验，选用高性能的器件，以利于提高线路抗辐射能力。

6.4.3 防浪涌

电源电网的波动、电路状态的变化、外来信号的馈入以及周边元器件的失效，都会在电路中产生峰值很高的电流或电压脉冲，此种瞬态脉冲电流或电压称为浪涌。

浪涌会使器件瞬间进入超最大额定值的工作状态，此种瞬态应力足以损伤元器件，甚至直接引起元器件失效，即便是功率较低的浪涌也可能会引起电路的自激或CMOS电路闩锁而导致失效，图6-9为集成电路电浪涌损伤的形貌。随着电子技术的高速发展，尤其是集成电路向深亚微米方向迈进，浪涌对元器件产生的危害更大。近年来统计结果表明，浪涌引起的失效占集成电路使用失效的50%以上。

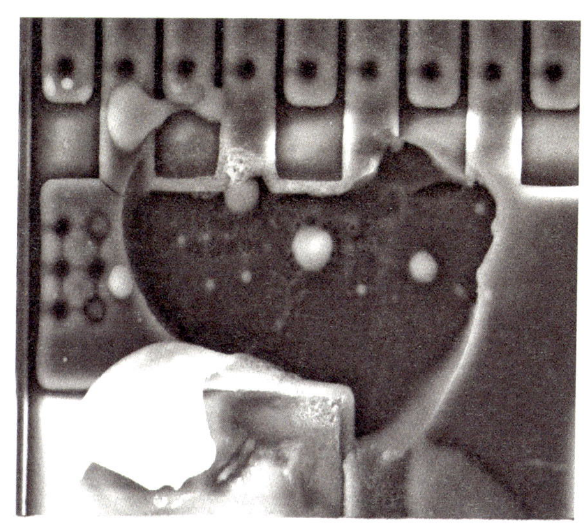

图6-9 浪涌引起的集成电路过流烧毁形貌

数字电路的翻转、电容性负载的接通、电感性负载的关断或者电网其他负载的进入和脱离等均可能导致电路内部浪涌的发生。因此，线路设计应尽可能避免浪涌现象的产生，或者通过适当措施来保证浪涌发生时不致元器件损伤。

对产生浪涌电流的电路，原则上是串入适当的电感器或电阻器来加以抑制。串联电感器的作用是当有浪涌电流产生时电感器会产生较大感抗，阻止浪涌电流的形成，当浪涌电流消失时感抗消失。串联电阻器的作用是限制浪涌电流的大小，当浪涌电流消失时，电阻器上的压降较小，对电路影响较小。对于产生浪涌电压的电路，原则上是并联一个电阻器，或一个二极管，由于电阻器或二极管导通电阻较小，它限制了产生浪涌电压的峰值。

为避免电网浪涌馈入电子设备，应在电子设备上使用具备隔离功能的DC/DC电源变换器、LDO电压调整器或安装滤波电路等。在线路设计方面，除了用电阻器、电容器、电感器以及二极管组成保护电路的方法，抑制使用中可能出现的浪涌等危及元器件安全的状态外，当前也有大量专用防护元器件。这些防护元器件响应时间快，短时间内可吸收较大的能量，在正常情况下消耗的能量少，对电路影响小，是开展防浪涌工作的较好选择。这些防护元器件包括瞬态电压抑制（TVS）二极管、压敏电阻器、铁氧体磁珠、正温度系数热敏电阻和负温度系数热敏电阻器等。

6.4.4 静电防护

在元器件运输、装配、调试和使用环境中，摩擦会导致各种物体（包括人体）积累静电电荷（人体静电积累可达到3万伏以上），这些物体与元器件接触时，电荷通过元器件流入大地，在元器件中形成瞬间的高压或大电流脉冲，此种现象称为静电放电。瞬间的高压或大电流脉冲会损伤元器件，称为静电损伤。

元器件由静电放电引发的损伤直至失效可分为突发性失效和潜在性失效两种模式。在使用环境中出现的静电放电失效大多数为潜在失效，占比达90%，而突发性失效仅占10%。而且，潜在性失效比突发性失效具有更大的危险性，这一方面是因为潜在性失效难以检测，在器件制造时受到的潜在静电损伤会影响器件使用寿命，而器件在装配过程中受到的潜在静电损伤会影响其装机使用寿命；另一方面，静电损伤具有积累性，即使一次静电放电未能使器件失效，多次静电损伤累计起来最终必然使之完全失效。图6-10为静电引起的集成电路芯片的损伤形貌。由于静电损伤是积累性的，对器件进行100%的抗静电筛选是不合适的，会引起器件使用可靠性的降低。

图6-10 静电放电引起集成电路过压击穿形貌

GJB 548B-2005《微电子器件试验方法和程序》方法3015“静电放电敏感度的分级”规定，按生效阈值，元器件的静电敏感度等级共分为7级，见表6-8。

表6–8 元器件静电放电敏感度（ESD$_S$）分级

级别	电压范围
0级	<250V
1A	250V~499V
1B	500V~999V
1C	1 000V~1 999V
2	2 000V~3 999V
3A	4 000V~7 999V
3B	≥8 000V

当前的元器件，尤其是半导体器件，大部分属于静电敏感产品，即ESDs等级多数较低，因此，从保证可靠性角度出发，我们应采取相应措施来避免静电放电的发生。总的防范原则是：在主动防护方面，一是避免产生静电，即设法消除一切可能出现的静电源；二是尽快消除静电，设法加速静电泄放，防止静电积累。在被动防护方面，一是使用静电敏感电压高的元器件，二是采用线路加固等方法消除静电放电对元器件的直接冲击。

在元器件选择上，优先选择静电敏感电压较高的元器件。原则上，选用的军用元器件的ESDs等级应达到2级或以上等级，或者对于静电敏感元器件，在提出元器件需求时，明确要求元器件承制方改进产品的抗静电防护性能，如《载人运载火箭电子元器件技术条件》等元器件技术标准均明确规定：元器件静电放电敏感度原则上应不低于2 000V，对于部分ESD敏感元器件强制要求使用保护网络等。这些电路保护网络对ESD提供了有限的保护，有些MOS器件经保护能达到4 000V以上。

当然，单靠使用高ESDs等级的元器件或者增加保护电路并不能解决所有问题，由于在无控制的环境下能产生数万伏静电势，当前所有保护网络的设计和使用难以消除如此高压的影响，防静电工作不能全部期望抗静电设计来实现，最有效的方法是避免静电的产生和积累。元器件的静电防护工作遵从木桶理论，任何一个环节防静电放电工作做得不到位，均会对元器件造成潜在的损伤直至失效，相关环节包括生产、试验、包装、运输、电装、调试、使用和贮存等。各环节均应相应采取措施，开展防静电管理。

相关静电防护工作的标准可参照相关国家军用标准，如GJB 1649《电子产品防静电放电控制大纲》、GJB 2747《防静电缓冲包装材料通用规范》、GJB 3007A《防静电工作区技术要求》、GJB/Z 86《防静电包装手册》、GJB/Z 105《电子产品防静电放电控制手册》等，同时，航天系统根据自身特点，在国家军用标准基础上细化或补充的相关航天行业标准，如QJ 2711《静电放电敏感器件安装工艺技术要求》、QJ 2846《防静电操作系统通用规范》等，作为完善静电防护环节的要求强制执行。

事实上，静电放电与浪涌对元器件的危害类似，都是瞬时的过流或过压脉冲导致元器件瞬时超额运行，导致损伤直至失效，在线路设计防护方面，静电放电防护也可以采用与浪涌防护类似的系统设计技术。如线路设计中增加防护线路，或者使用专用防护器件等，都是提高静电防护能力及可靠性的有效手段。

6.4.5 复杂电子器件的应用

现代航天电子系统的发展，使系统软件规模在换代产品间呈现出跨越数量级的增长，数据运算需求远超过了通用微处理器顺序所能提供的速率提升。为此，航天工程开始通过借助“可编程的”与“可设计的”集成电路来实现上述目标。前者使得用户可通过编程变更器件的内部逻辑，从而将特定的数据处理算法固化为特定的集成电路（典型的产品是CPLD、FPGA等）。后者则是由用户根据应用需求完成电路设计，再由制造方最终完成电路的制造，用户通常无法对产品的内部逻辑进行变更（典型的产品是ASIC和部分SOC）。在得益于此类产品的高效、灵活的同时，工程人员发现：借助基于硬件描述语言的设计工具，此类器件在功能及结构的复杂度上远超过传统线路设计的集成电路；应用设计阶段的模拟与仿真结果难以完全覆盖与制造工艺相关的硬件实际性能；开发工具相关错误及制造缺陷所导致的产品故障难以发现。鉴于上述原因，NASA在2004年发布的《NASA保证人员用复杂电子器件指南》中将此类集成电路统称为复杂电子器件（Complex Electronics）。复杂电子器件的出现使得传统工程意义上的硬件与软件分界线变得模糊。由于复杂器件的设计与应用以全面的软硬件知识为基础，从而导致复杂产品的验证与传统电子器件的验证相比发生了本质变化。

FPGA（Field—Programmable Gate Arrey），即现场可编程门阵列。它是在

PAL、GAL、CPLD等可编程逻辑器件的基础上进一步发展的产物。作为专用集成电路领域中一种半定制电路的出现，它既解决了定制电路的不足，又克服了原有可编程器件门电路原有的缺点。以硬件描述语言（Verilog或VHDL）所完成的电路设计，经过简单的综合与布局，快速烧录至FPGA上进行测试，是现代集成电路设计验证的技术主流。这些可编辑元件可以被用来实现一些基本的逻辑门电路或更复杂一些的功能。在大多数的FPGA里，这些逻辑元件里也包含了记忆元件，例如，触发器或者其他更加完整的记忆块。目前，集软硬件运算于一身，同时具备灵活性、优越性的FPGA越来越多地用于火箭电子设备的设计中。

SOC（System On Chip）即系统级芯片，是一种专门用来描述高集成度器件的术语，也称为SLI（System Level Integration）。SOC将系统的主要功能综合到一块芯片中，其本质是具备系统级功能的单片集成电路。SOC的优势包括可以实现更为复杂的系统，具有较低的设计成本，具有更高的可靠性，缩短产品设计时间，减少产品反复的次数，可以满足更小尺寸的设计要求以及可以达到低功耗的设计要求等。以上优点在航天工程和军事装备的应用中，均表现出良好的适应能力。电子装备向小型化、重量轻、高精度等方向发展。目前，SOC技术的研制和应用已经在部分航天型号取得了成效。

随着复杂器件质量问题处理经验的不断增加，航天一院逐步体会到此类器件软硬兼具的特殊性，并将其列为一个独立的门类加以管理。例如，针对硬件描述语言（HDL，应用于FPGA、CPLD等）类软件，航天一院制定了《可编程逻辑器件应用设计规范》，对复杂电子器件产品的设计质量实施控制，按照软件工程化要求对硬件描述语言软件实施管理，对设计依据、设计准则、设计程序、设计内容、设计方法及设计验证试验与要求均做了初步规定；印发了《一院型号产品配套FPGA选型与应用要求》，用于规范型号FPGA的选型与应用。同时，相关质量保证的措施也在不断向复杂电子器件的设计应用全过程渗透与细化。航天一院发布的《航天型号量化手册》，对可编程逻辑器件软件研制及SOC研制均提出了专门量化控制和确认要求。

采用SOC技术，板上芯片将大幅减少，除能降低设备重量和体积外，还降低了印制板复杂度，从而提高系统的可靠性及技术性能。随着SOC技术的进一步发展，型号中广泛采用SOC是必然的发展趋势，但也为元器件质量保证工作带来了许多困难，其中最主要的一个瓶颈在于芯片的集成度提高，功能更加复杂，可控性和可测性下降，如果沿用传统的试验来评价其可靠性，还存在一定不足。为保证SOC等技术的可靠性应用，要加强以下工作。

一是应用技术研究。SOC技术是新兴技术，要适应型号应用必然有一个成熟的过程，需要详细研究器件性能，逐步提高芯片的应用可靠性，在整机设备中充分发挥其先进性。

二是质量保证方法研究。例如，在生产过程中或封装前用测试结构样片进行可靠性评估，加强生产过程的控制，使影响器件可靠性的各种因素在生产过程中得到及时的排除；在研制设计阶段就开始针对产品可能存在的失效模式，进行线路设计、版图设计、工艺设计和封装结构设计等可靠性设计；在芯片设计的时候考虑加入自我测试的电路等。

三是软硬件平台建设。要完成SOC芯片的可靠性评价、测试，试验方法的研究是基础，高性能的设备是关键，软件是实现的必要途径。只有拥有适应元器件发展需要的软硬件手段才能保证器件全寿命周期的可靠性。

新一代火箭对高性能、高可靠元器件的需求更加迫切。如高效总线体制、快速响应制导技术、新型火工系统、高效用电体制等，均需大量新型元器件来支撑。例如，采用高集成、轻小型化元器件，需规模化使用系统级元器件（如SOC、SIP和MEMS等）。针对装备服役期长的要求，元器件需具备相应长期贮存性能。在实战生存考验中最敏感的组成单元——元器件还需具备抗核辐照能力等。

航天型号未来元器件质量保证工作的重点，必须与元器件发展趋势、型号需求、自身质量保证能力建设等紧密结合，对型号需求、元器件可获得性、元器件发展趋势等进行系统分析研究，加强选用控制，进一步完善采购规范体系，提供满足型号需求的元器件选用平台，不断完善质量保证技术手段，加强技术基础研究、系统策划、实施元器件应用验证工作，促进型号用元器件质量水平再上新台阶。

参考文献

[1] 黄春平. 大协作——中国载人航天工程运载火箭电子元器件发展纪实［M］. 北京：中国宇航出版社，2007.

7 航天软件工程化

- 航天软件研制模式及其变革
- 航天软件项目的管理、设计与开发
- 航天软件产品质量保证
- 航天软件技术的综合发展

随着计算机技术和设备数字化的发展，航天工程系统从早期以硬件设备为主导、软件实现硬件系统特定功能的年代，逐渐迈入以软件为神经中枢，软件主导硬件设计的时代。从20世纪五六十年代至90年代末，基本上是以硬件研发模式开发软件。21世纪以来，伴随着计算机技术、软件技术的发展及软件功能与规模的快速提升，系统设计的流程已经悄悄发生变化：从系统的需求分析入手，进入到系统仿真和分析阶段，进而才决定哪些用硬件来实现，哪些用软件来实现，甚至出现以软件开发模式为主的局面。

软件是航天工程系统的重要组成部分，主要用于飞行控制、测试、发射控制和任务管理等重要领域。以运载火箭为例，其软件组成如图7–1所示。

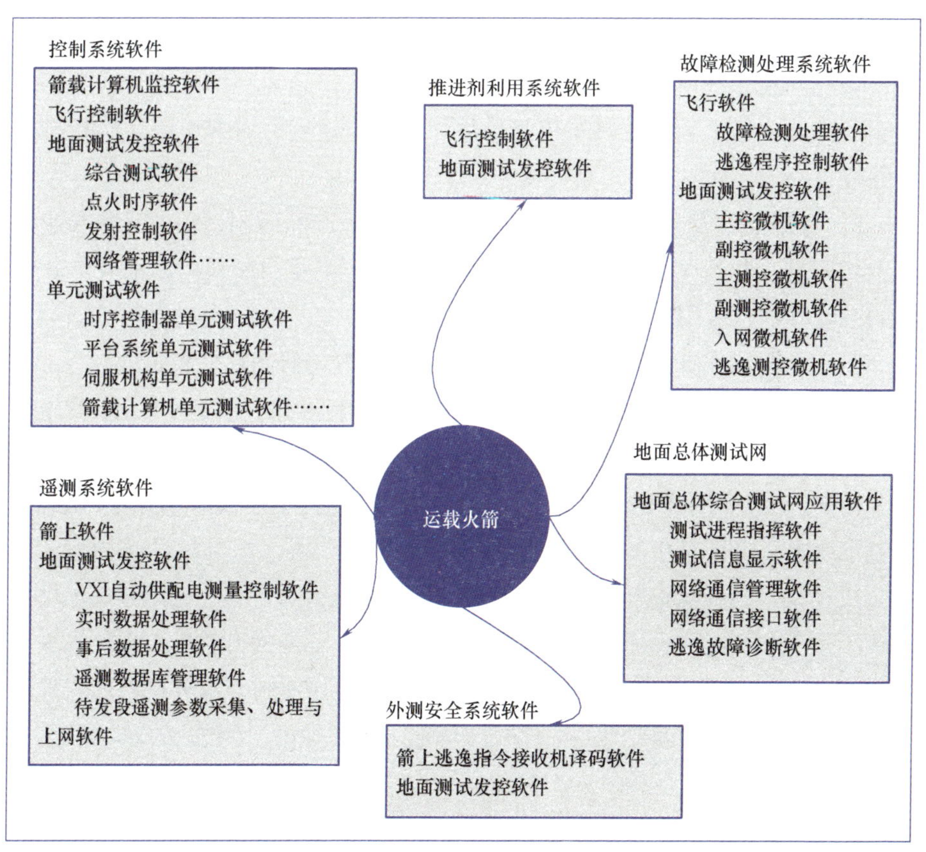

图7–1　运载火箭核心软件组成图

航天产品的特殊性为航天软件镌刻了专业气质，其特点主要体现在以下几个方面。

1）可靠性要求高。可靠性、安全性是航天产品软件基因组成的源代码，是航天软件的生命线。

2）规模大、功能复杂。工程系统的智能化、集成化、信息化，使得航天软件的主导地位更加突出，航天产品关键软件大多是嵌入式软件，与硬件关系极为密切，通过与计算机等硬件绑定的形式，共同完成既定功能。

3）强实时性运行。航天工程系统大部分属于强实时系统，具有严格的实现要求，软件须在特定的工作时间内完成相应的处理，系统处理结果要求时间、时序正确可靠。“守时、准时、即时、有序、正确”是对航天软件强实时性运行方式的客观描述。

4）硬件安置场地多样，运行环境复杂、恶劣。各种力学环境、电磁环境、辐照环境、气候环境以及一切可能出现的未知异常，都可能对软件产生影响。为此，航天软件要具备极强的故障定位与恢复、异常识别、诊断与处理等能力。

5）专用性。大部分工程软件都是为解决航天产品研制过程中某些专业技术领域问题、执行某些特殊任务而专门设计的，主要功能和用途都有十分明显的专业性，在应用上也相对呈现专用特点。

相对早期软件研制的作坊式状态，为了提升软件研制水平和质量水平，航天一院不断改进软件研发的工作机制，形成了技术标准化、过程透明化、实施规范化的软件研制模式，将系统化的、规范的、可度量的途径应用于软件开发、运行和维护，走上软件工程化的道路。在实施软件工程化的过程中，航天一院践行其基本原则，按照“用分阶段的生命周期计划严格管理”，“规范开发过程，坚持阶段评审”，“实施严格的产品控制，实行配置管理”，“选用先进软件技术和工具”和“组成少而精的开发小组”等要求，不断提升软件工程化水平。2003年，航天一院引入了软件能力成熟度模型，开始实施与世界接轨的软件质量管理模式，经过十多年的实践，软件研制已步入专业化、系统化的发展之路。

7.1 航天软件研制模式及其变革

7.1.1 “自编、自导、自演”的作坊式研制模式

航天软件专业经历了从无到有，逐步规范的过程。20世纪80年代中期，

航天一院自主研制的箭上计算机在火箭型号上实现应用，航天软件正式纳入我国火箭型号产品研制体系，我国航天控制系统实现了网络计算，大大提升了控制能力。

航天软件应用初期，受认识水平的局限，软件被视为硬件的附属品，开发软件的目的仅仅是为了实现硬件的特定功能。对于航天软件的设计、应用，没有建立相关的技术和管理标准，软件编码标准化程度很低。火箭控制系统专家，中国科学院院士梁思礼在他的文集中有过表述：“各软件开发单位没有相应的软件开发管理机制；组织上没有相应的机构或岗位；或者有相应岗位，人员缺乏软件工程知识；管理上缺少相应的办法和规章；不少型号管理人员仍然把软件看成硬件的附属物。”他还进一步总结了当时软件开发、管理、应用等方面存在的六个方面的问题：一是软件工程规范贯彻差；二是软件业务联系靠口头的“君子协定”；三是软件更改没有严格的控制与管理；四是软件开发者“自编、自导、自演”；五是缺乏严格的检验，测试与调试不分；六是对“维护”缺乏认识。这种状态一直持续到20世纪90年代初，即载人航天工程立项之前。

为了改变软件“自编、自导、自演”手工作坊式的研制模式，航天人做出了不懈努力。1993年，梁思礼院士在《容错技术在航天领域中的应用》一文中对软件在系统中的地位做了如下描述：“随着计算机在系统中的广泛应用，不应该再把软件看成是计算机硬件的附属品。飞船、火箭上的嵌入式软件应该作为一个单独的系统来考虑，起码应与船、箭上的硬件系统处于同等重要位置。另外，软件和硬件必须结合一起来考虑，不能分成两个分离的系统，因此提出以下的命题：计算机硬件可以比作是躯体，而嵌入式软件则是灵魂。躯体本身是一堆死机器，只有与灵魂结合，才能活起来。而软件作为灵魂必须与硬件躯体结合才能存在（发挥作用），否则就会变成‘魂不附体’了。不仅对嵌入式，就是对其他各种计算机应用软件，如计算机辅助应用软件CAX（即CAD/CAM/CAPP/CAT/CAE等的简称）或集散控制系统等，上述‘躯体与灵魂’命题也都适用。因此，在各类计算机应用中软件的重要性已提高到了主导地位。”

载人航天工程立项之初，梁思礼院士等专家就软件工程化向国家有关领导层进行了专题汇报，强调了载人航天工程必须实施软件工程化以及软件工程化的具体纲要框架，提出了“只有用‘软件工程’方法进行开发才可能成功”的论断。同时也总结了当时航天领域软件工程化的基本情况：虽然当时航天系统已经组织制定了约十余项软件工程规范，已颁布的国家标准达到8项，原国防科工委也组织制定了6项国家军用软件标准，但是广大科技和管理人员还不了解。尤其是在软件开发过程中普遍存在的没有管理、没有规范、没有文档、没有控制、没有独立测试，甚至许多管理人员仍然将软件作为硬件附属物的情况。专家们结合当时美国军用软件研制的情况，提出要用2～3年的时间，尽快在载人航天工程中建立软件工程化管理的规范，并在型号研制过程中强制实施的建议。

专家们的汇报拉开了载人航天工程乃至整个航天软件工程化的序幕。在原国防科工委的统一领导下，围绕航天软件管理开展了一系列的探索和实践。航天一院选派优秀的研制人员学习国外的软件研制及管理经验、总结软件管理方法。1992年，出台了《载人航天工程软件研制管理办法（试行）》。1997年，又相继出台《载人航天工程软件研制管理办法》和《载人航天工程软件工程化技术文件》等管理与技术规范，如图7–2所示；航天软件作为独立产品列入型号产品配套表，如图7–3所示。上述举措标志着航天软件工程化管理体系的初步建立，从根本上转变了软件质量管理的薄弱状况，使软件质量管理走上了系统、规范之路。

图7–2 载人航天工程软件标准相继出台

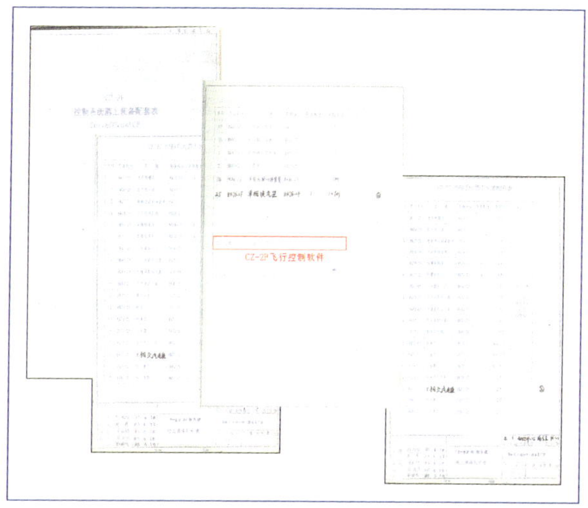

图7–3 CZ–2F运载火箭软件第一次纳入型号产品配套表

在软件工程化思想的指导下，航天一院针对航天软件的质量控制工作全面展开，规章制度不断丰富、完善，并得到有效落实。

7.1.2 航天软件的分级、分类管理

对软件进行分级、分类管理是航天软件质量管理的重要方法。按照安全关键性，将航天软件分为A、B、C、D四个等级，对不同安全等级的软件进行分类管理，如表7–1所示。

表7–1 航天型号软件安全关键等级

软件安全关键等级	软件失效的危险严重性等级	故障说明
A	Ⅴ（灾难的）	飞行任务失败，系统报废，人员死亡
B	Ⅳ（致命的）	飞行任务失败，造成重大的经济损失或系统严重损坏，人员严重伤害
C	Ⅲ（一般的）	影响到控制的精度，影响到客户对飞行任务的满意程度，对客户造成一定的经济损失，人员轻度伤害
D	Ⅱ（轻度的）	造成一定的经济损失或系统损坏的故障，造成状态分析的困难，不足以导致人员伤害

7.1.3 从单位和项目管理两个方面加强组织建设

1996年，根据载人航天工程的研制需求，本着“以测试促开发”的思路，航天工业总公司成立了一个评测中心和两个软件检测站，其中一个软件检测站设在航天一院，作为独立的第三方测评机构对载人航天软件进行确认测试，并将此项测试作为软件交付的条件，后续在各个型号中推广。同时，航天一院还在部分下属单位设立了专门的软件技术研究室，统筹资源，推进软件技术发展；在型号队伍中，设立和配备专职的软件正副主任设计师，建立专业管理队伍，充分调动软件人员的积极性，提升软件管理水平。

7.1.4 独立的软件测试

航天软件工程化同时促进了软件测试技术的发展。软件独立确认测试要求型号研制的软件要经过由授权的、独立于软件研制开发方、交办方的机构进行测评，所有关键系统软件都要进行独立确认测试。独立测评有明确的定量指标要求：A、B级软件中的语句，分支测试覆盖率要达到100%，功能、性能测试覆盖率要达到100%，关键路径测试覆盖率要达到100%。

7.1.5 全过程的质量管理

从载人航天工程开始，航天一院对型号软件按研制阶段实施全过程质量管理和技术状态控制。从软件任务书、软件需求说明、软件设计、软件实现到软件测试各阶段中的软件文档按照不同的级别进行逐项同行评审，并成立专门的代码走查小组对软件源代码实施代码走查。

2003年，神舟五号成功发射之后，梁思礼院士谈道：“……会间，总设计师王永志跑过来跟我握手，说‘你倡导的软件工程化起了大作用’。我认为这是对我为载人航天所做工作的肯定，软件工程化不仅对载人航天工程起了大作用，而且也已推广到其他航天型号。……载人航天工程七大系统的嵌入式软件已经有几十万条，也就是说直接与任务有关的，即飞船和火箭上用的、包括航天员生命保障系统等这些方面的应用软件有几十万条。若未按软件工程方式管理，仍然是按过去‘自编、自导、自演’方式研制软件，则根本无法实现控制，无法保证软件的质量和可靠性。”这不仅是对载人航天工程的认可，也是对软件工程化的肯定。

软件工程化的推广，使软件研制模式日益成熟，软件研制的标准化程度不断提高，这对软件管理提出了更高的要求。2003年，航天一院率先引入了软件能力成熟度模型，软件质量管理模式开始与世界接轨。2005年9月，中国人民解放军总装备部颁布《军用软件质量管理规定》，明确规定：“总装备部按照国家军用标准和有关规定对软件研制单位进行软件能力评价，并以合格名录形式予以发布。未达到规定的软件研制能力要求的单位，不能承担软件研制任务。”

2005年，航天一院十二所作为首批试点单位通过了GJB 5000《军用软件能力成熟度模型》二级软件研制能力评价（如图7–4所示），成为十大军工集团内首批通过评价的四个单位之一。在首批试点单位的引领下，航天一院许多单位逐步开展了软件过程改进工作。一院十二所及时总结载人航天工程和软件过程改进实施经验，参与了总装备部载人航天工程办公室组织编写的《921工程软件工程化技术标准》（简称白皮书，见图7–5）的起草和撰写工作。

军用软件研制能力等级证书

编号：05CMM2-002

中国航天科技集团公司第一研究院第十二研究所经评价达到GJB5000-2003《军用软件能力成熟度模型》二级的要求，特发此证。

研制的软件专业领域：火箭/导弹飞行控制软件、火箭/导弹地面测发控软件。

证书有效期至：2008年10月20日

二〇〇五年十二月十二日

图7–4　军用软件研制能力等级证书

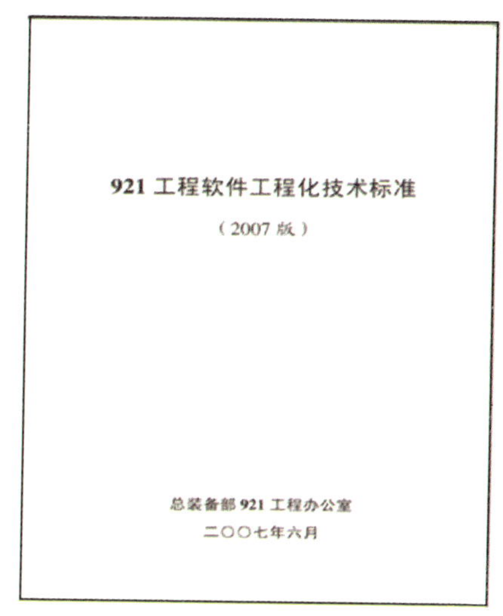

921工程软件工程化技术标准

（2007版）

总装备部921工程办公室

二〇〇七年六月

图7–5　921软件白皮书

软件工程化的实施促进了软件研制过程的有效管理，软件过程改进的实施促使软件研发人员进一步认识到过程管理和数据采集、度量的重要性。为更好地对软件研制的全过程实施监督与测量，航天一院设立了专职软件质量保证和软件检验队伍，监管软件研制过程和软件产品质量。软件工程化的实施与软件过程改进相辅相成，共同推动了航天软件的发展与进步，航天一院有许多院属单位已通过软件工程研究所（Software Engineering Institute，SEI）基于CMMI DEV V1.2的三级评价（如图7-6所示）或GJB5000A的认证，奠定了向高成熟度管理模式发展的基础。

图7-6　CMMI三级评价证书

7.2　航天软件项目的管理、设计与开发

航天一院在多年的航天软件研制实践中，一方面遵循GJB5000体系要求，另一方面，积极探索GJB9000质量管理体系在软件研制中的具体实施方法，逐步将两者进行有机融合，形成了一套以工程化研制为主线，以过程管理为辅助的两种体系紧密融合的软件质量管理标准体系。该标准体系成为航天一院软件研制的质量管控平台。

图7-7形象地揭示了航天一院型号软件质量管理的思路。其中，“项目开发活动”突出了型号软件研制过程中“工程化研制”为主线的主体思想，而在

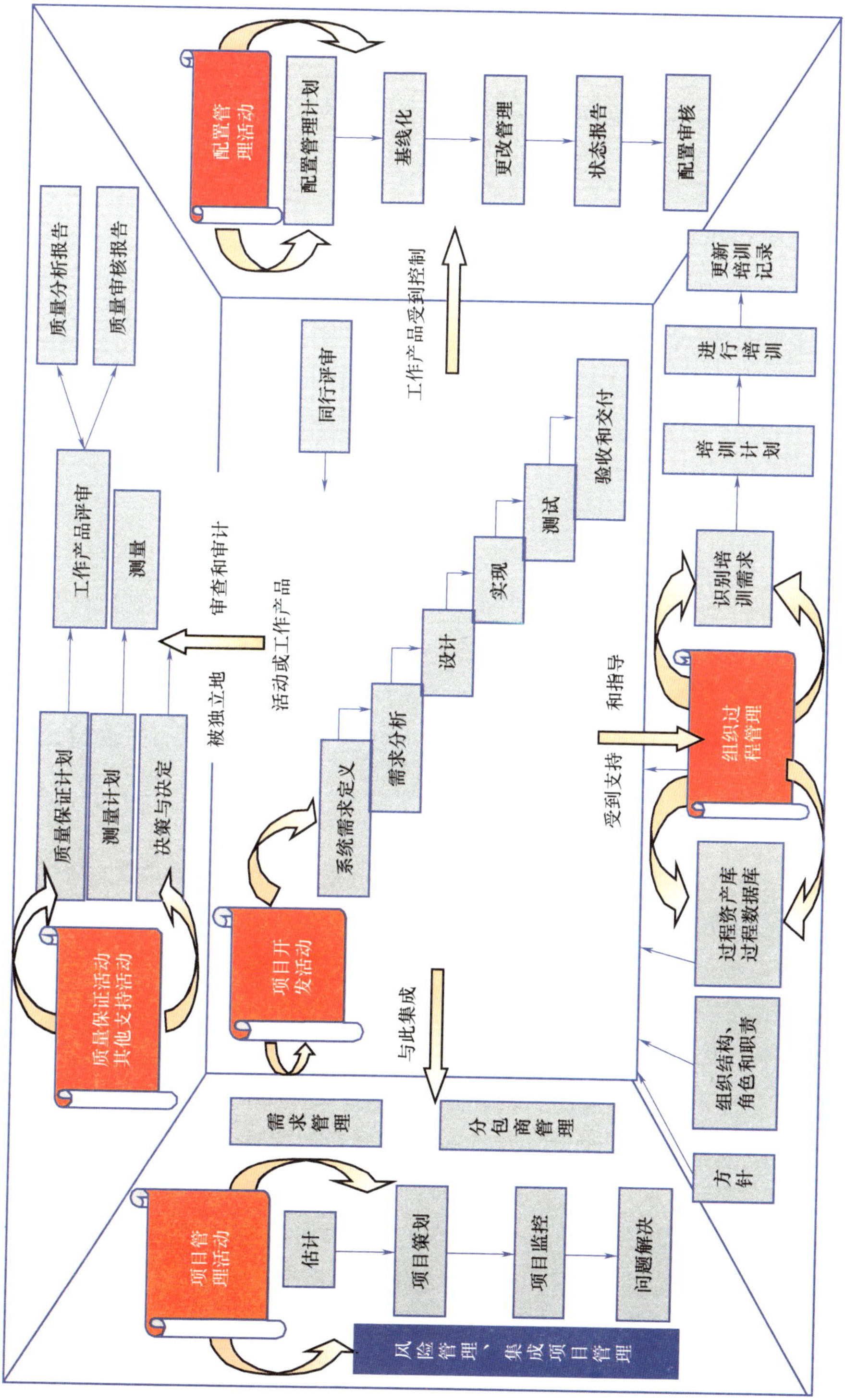

图7-7 软件研制流程及过程管理

工程化研制过程中分别从“组织过程管理”“项目管理活动”“质量保证活动”“配置管理活动”等方面开展相应的管理活动，加强组织层面对软件项目的支持与指导、软件项目的早期策划与风险管控、软件项目的监督与测量以及软件项目的技术状态控制。

7.2.1 软件项目策划、监督与测量

精心的策划是实现科学决策的重要保证，也是实现预期目标、提高工作效率的重要保证。航天一院在航天软件研制过程中一直注重项目的早期策划工作。在软件研制之初，策划人员根据不同项目的特点，对航天软件项目的规模、工作量、成本、资源、进度、风险等进行预估，制订合适的计划，并按照计划开展过程的监视与测量，以达到优化资源配置、控制研制风险的目的。图7–8是航天软件项目策划的流程图，展现了开发一个软件项目所要耗费的工作量、成本和资源需求。

航天软件项目的研制是否能够按照计划要求保质、保量的完成，关系到整个型号研制任务的完成，影响客户对航天研制能力的评价。为了避免计划执行的随意性，航天一院对软件项目实施“项目监督与控制”，实时收集研制过程中的测量数据，定期跟踪项目进展情况，当项目进展与计划存在偏差时，管理层能够及时采取有效措施，使项目研制有效推进，保证计划进度。

图7–9描述了航天软件项目的监督与控制过程。首先，项目负责人将经各方认可的项目开发计划分解给项目组成员，项目组成员按计划工作，同时，每天填写当日工作进展，每周上报一次。项目负责人每双周需要召集项目成员、质量保证和配置管理等相关人员召开例会，检查分析项目进展、问题、需要的资源保障、风险等，保证计划按期执行。当与计划出现较大偏差时，需立即分析原因、提出解决办法，并尽力在下双周将计划的偏差减少。项目组每月需要对项目进度、工作量、成本、质量问题等测量数据进行统计分析，形成度量分析报告，及时发现项目运行中的一些趋势并采取处理措施。根据度量分析情况，项目负责人需形成本月项目运行的月度分析报告，当计划出现较大偏差，超出项目内部可控范围时，需报上级领导，确定后续措施，并修订项目开发计划。在分阶段工作结束或里程碑工作结束时，需要对

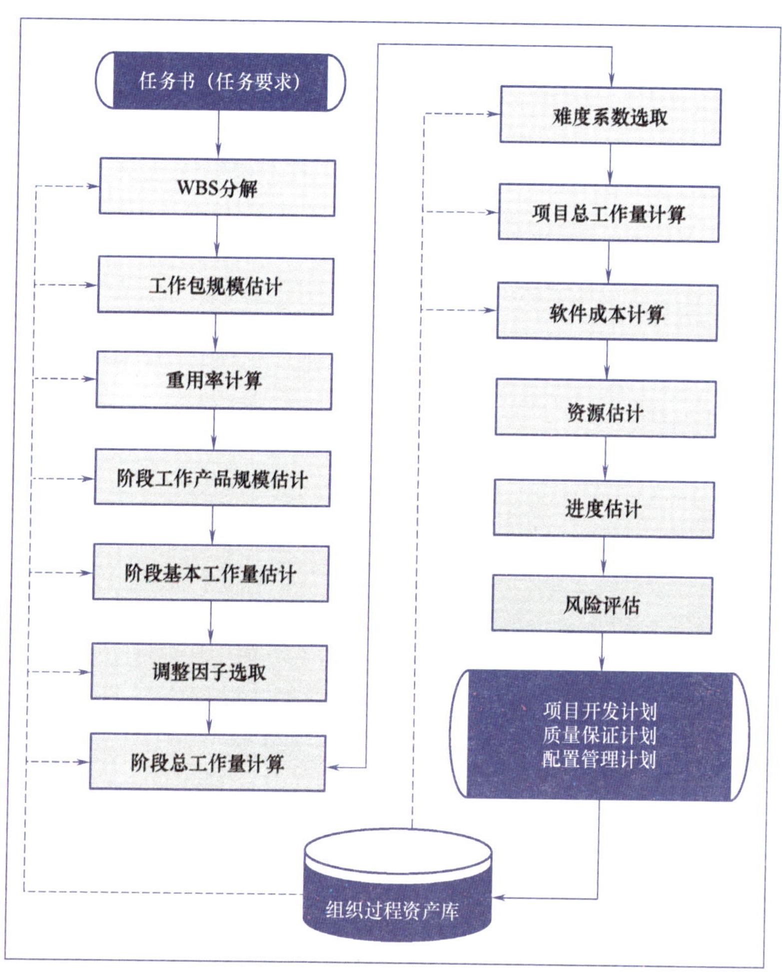

图7-8　航天软件项目策划流程图

本阶段项目进展情况进行跟踪、分析。

软件项目的过程监督与控制也就是按照上述日志、周报、双周例会、月度分析、阶段和里程碑控制等分层次控制的方式，将软件研制的进展透明、可视化，让各层管理者均能及时了解项目情况，并对项目出现的偏差及时调整，使研制工作按计划执行。

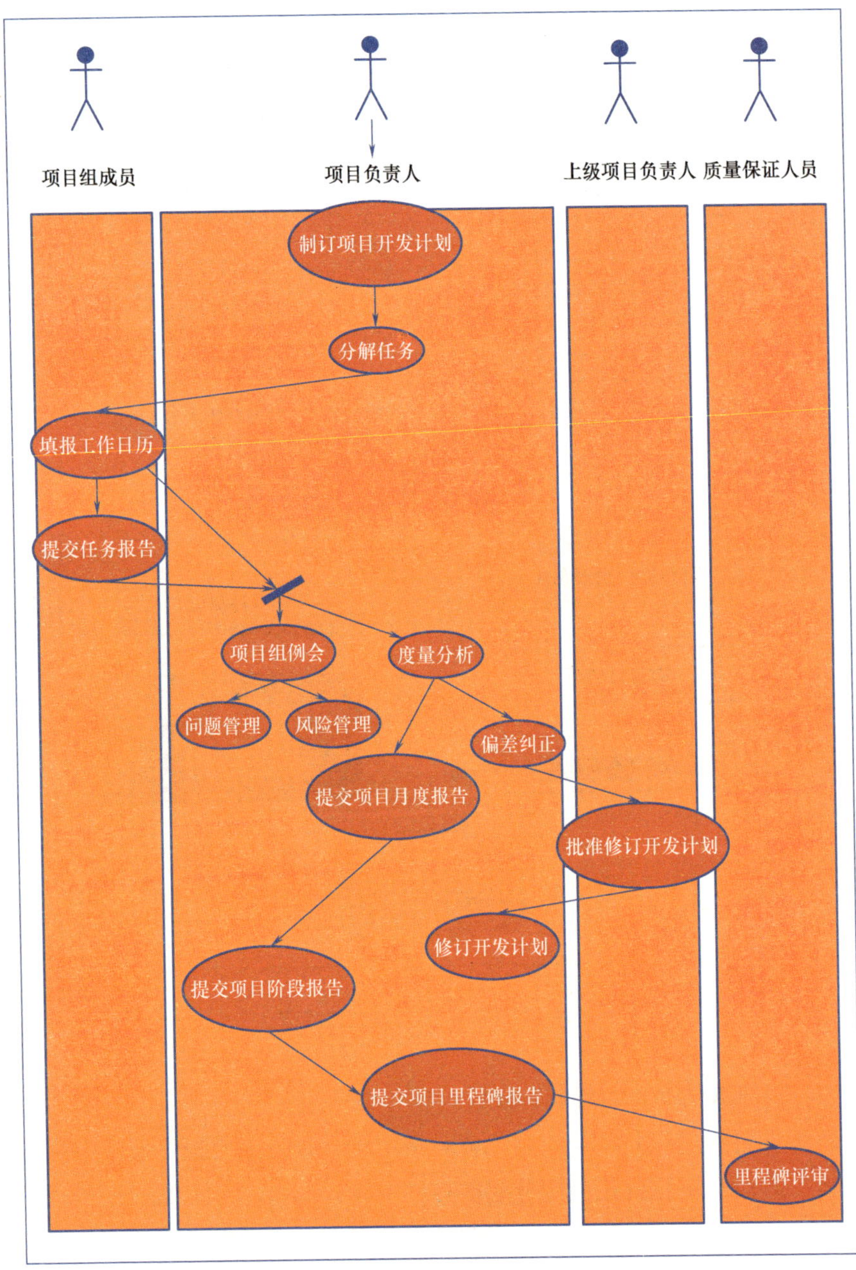

图7-9　航天软件项目监控活动流程图

7.2.2 复杂系统设计与开发

航天软件研制是一项复杂的系统工程，而软件系统设计又是确保各软件相互协调一致的关键环节。软件系统设计是依据一套系统构建准则，将一个复杂的系统划分为多个简单的子系统集合的过程。这些子系统之间应该保持相互独立，协调工作，共同完成型号系统功能。

航天一院在航天软件研制的历程中，经历了单个配置项研制到多个配置项组成的软件系统研制的过程，逐步建立了完善的软件系统设计标准体系，并具备了复杂异构系统开发能力。软件研制早期阶段，软件人员的主要工作是完成型号软件统一化，包括软件开发和测试标准统一化，处理器、编程语言、集成开发环境的统一化，从而使所有航天软件开发单位采用相同的标准和技术要求。进入软件研制阶段后，主要开展基于软件系统的软件接口设计、软件系统方案设计，并通过不断的论证、多轮的迭代过程，确保软件系统设计达到最优。软件实现后，通过对软件开展全面的系统验证，确保软件系统接口匹配、相互协调。最后，软件研制完成后，逐级完成软件系统的验收，通过贯穿软件全生命周期的软件系统设计工作，保证航天软件研制质量。

大量新技术在新一代航天产品中的应用，导致了软件规模和复杂程度大大增加，同时型号研制周期大幅度缩短。为了在短时间内提供高质量、高可靠、高安全的软件产品，航天一院提出了以软件重用促进软件产品化建设的思路（软件产品化建设路线如图7-10所示），逐步建立了较为完善的软件重用标准体系，并依此开展了一系列软件重用构件的研制工作。随着重用构件

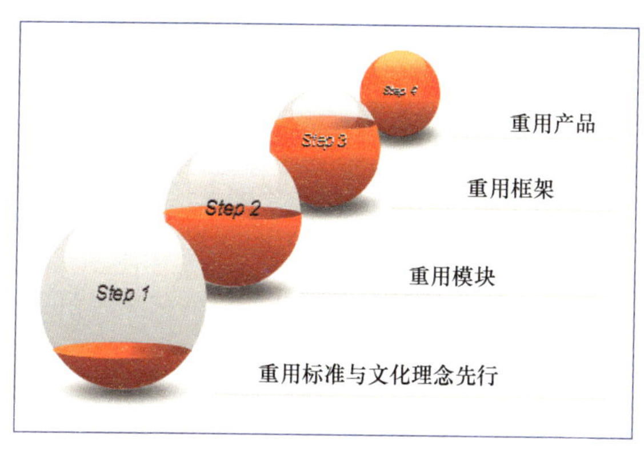

图7-10 航天软件产品化建设路线图

在型号研制中的逐步应用，工作航天软件产品的质量和开发效率不断提高。

近年来，随着软件技术的发展，各种各样的软件开发模式应用于航天软件的研制，其中模型驱动开发的方式能够通过图形化的形式表现软件的结构和层次关系，提供了比设计文档更强的描述能力。通过使用自动化的建模工具，模型的创建、修改、浏览及复用更加方便，能有效提高软件设计效率。同时，利用代码自动生成技术，能够将设计模型自动转化为软件源程序或目标程序，降低编码工作量，既维护了由设计到编码的顺序研制流程，同时保证了设计和实现的一致性。

在航天软件研制模式转变初期，航天一院以工具开发应用为起点，通过工具辅助开展需求分析工作，实现需求、设计的逐层细化。图7–11、图7–12所示为采用某辅助工具实现的软件需求、设计的工作图，工具将数据流、控制流及功能的并发关系通过图形化的形式进行了清晰的描述。

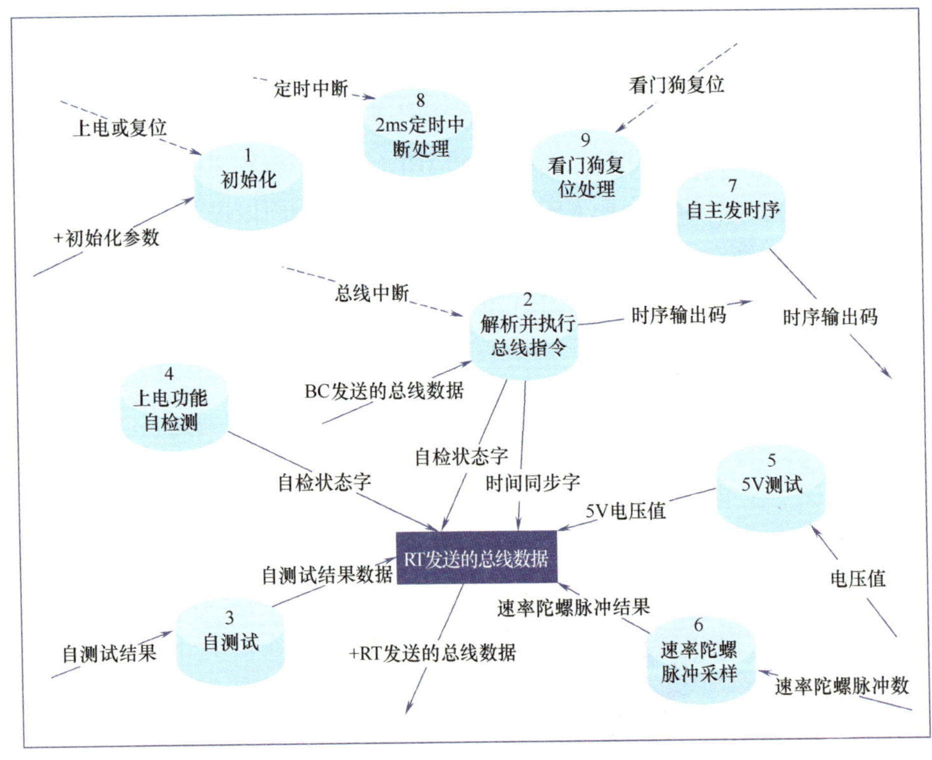

图7–11　数据流、控制流示意图

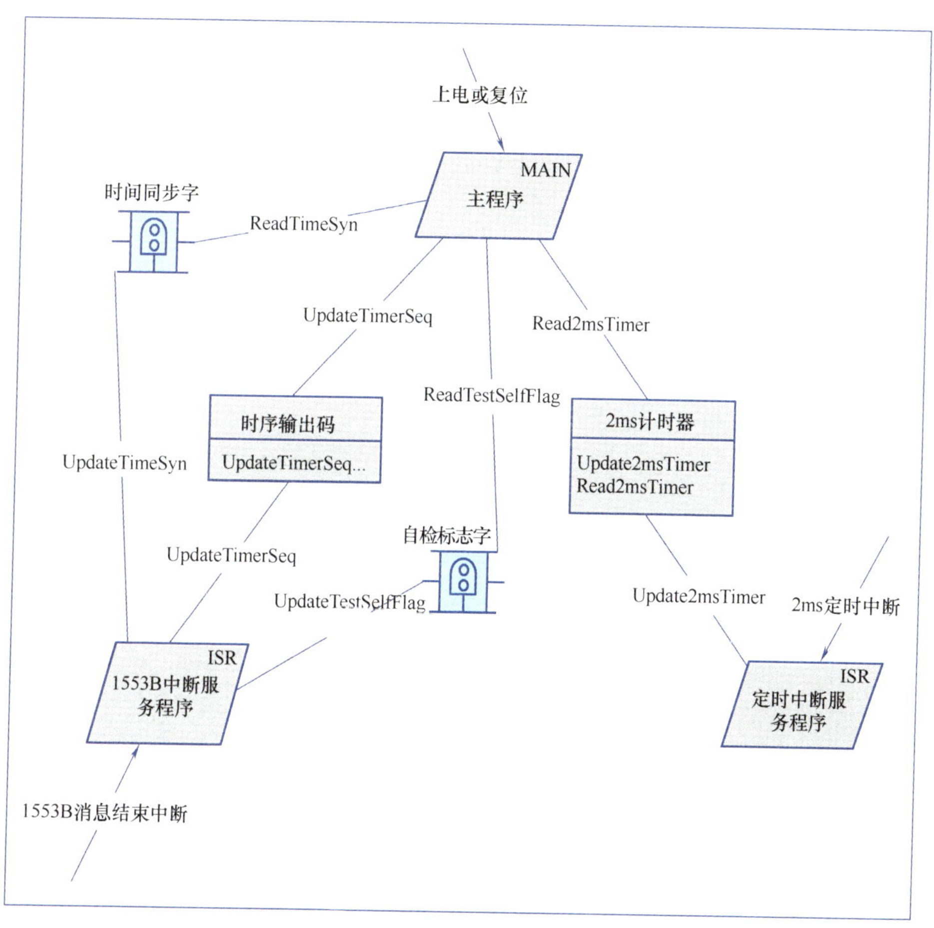

图7-12　航天软件功能并发图

随着对模型驱动开发方式的不断探索，在“核心电子器件、高端通用芯片及基础软件产品”（简称“核高基”）国家科技重大专项课题的支撑下，以软件重用研究为基础，航天一院开展了具有航天领域特征的组态建模的研究，并自行研制了基于重用构件的组态建模工具，支持系统、框架、任务、构件层次化应用软件建模（如图7-13所示），实现基于可重用构件的应用代码自动生成和文档自动生成，实现软件的调试、测试、验证一体化。

组态建模以“基于模型”的开发方法取代了传统的“基于代码”的开发方式，整个设计过程实现了标准化和自动化，节约了开发成本和开发时间。

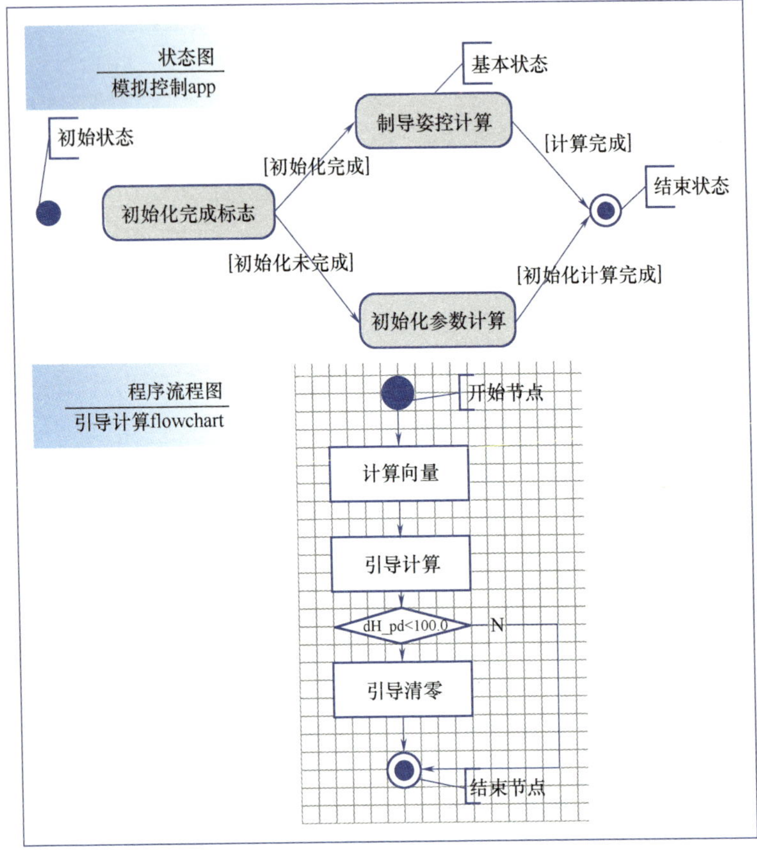

图7-13 基于重用构件的组态建模示意图

7.3 航天软件产品质量保证

7.3.1 软件产品的可靠性与安全性设计

根据IEEE给出的定义，软件可靠性、安全性是“软件产品在规定的条件下和规定的时间区间内完成规定功能、避免发生危险的能力或概率”。航天一院在软件研制的全过程中，使用了多种软件可靠性、安全性的分析与设计方法来提高软件产品的质量和安全性。在软件任务提出之初，对软件进行初步危险分析（Preliminary Hazard Analysis，PHA），并以此为依据确定软件的安全性关键等级；在进行初步危险事件分析的基础上，开展软件故障树分析（FTA），并针对每一类故障自顶向下分析可能的故障模式，提出有效的处理措施；同时对每一个子事件，进行软件失效模式及影响分析（FMEA），自底向上分析每类失效模式的影响，并提出解决方案；所有分析的结果用于指导软件设计，同时在后续的测试工作中对提出的可靠性、安全性措施进行验证。

为了指导软件设计人员开展可靠性、安全性分析与设计，航天一院以安全性和可靠性分析设计指南为基础，研制了“软件可靠性分析辅助系统”。该系统支持PHA、FTA、FMEA和软件失效模式库管理，辅助完成软件研制各阶段的可靠性、安全性分析和设计，其流程如图7-14所示。该系统为提高软件可靠性设计的效率与质量提供了支撑，逐步实现软件安全性、可靠性分析从定性向定量的过渡，既确保了分析和设计的充分性，又提高了设计的效率。如发射“神舟四号”的火箭开始采用主从冗余方案，接下来从发射“神舟八号”的火箭起，由于安全性要求的提高，通过安全性评价，确定采用三冗余方案，通过采用多版本程序设计方法，利用系统资源的冗余（如时间、控制信息等）来屏蔽故障的影响，提高系统的容错能力。

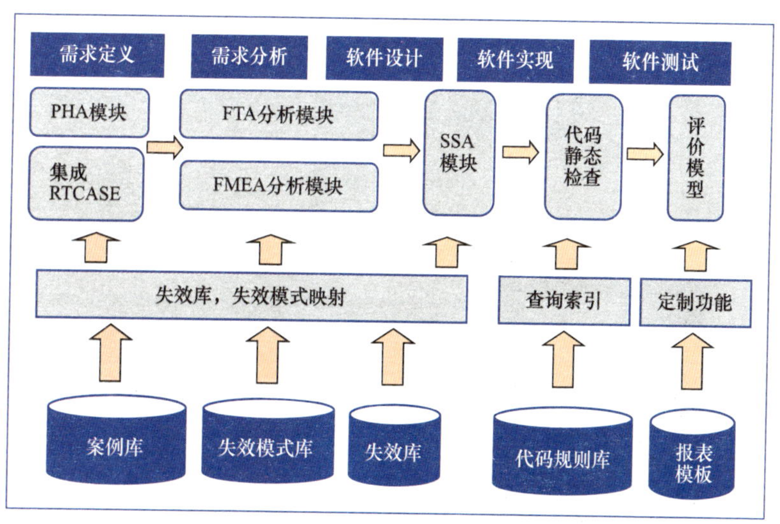

图7-14 航天软件可靠性分析辅助系统工作流程

SSA：系统安全性评价（System Safety Assessment）

RTCASE：实时系统结构化分析与设计工具（Real-time Computer Aided Software Engineering）

7.3.2 多元化的测试验证

软件测试是保证软件产品质量的重要手段。软件测试技术在测试的级别、测试的类型、测试的方法和手段等方面都取得很大的发展。从单元测试到系统测试；从嵌入式软件测试到非嵌入式软件测试；从单纯的半实物仿真测试到测试工具辅助下的测试，再到全数字仿真测试等，逐步实现了软件测试环境的一体化和通用化、测试的自动化和数字化，软件质量评估也从定性向定量发展。

图7–15～图7–17分别列出了航天一院部分自主研发或外购的软件测试环境以及测试工具。航天软件调试验证一体化平台支撑软件设计、开发、测试、验证的全过程，可以有效地缩短软件的开发、测试周期；静态分析及代码规则检查工具可以在不执行程序代码的情况下，快速找出软件的静态缺陷，评估软件的质量；自控化测试工具支持单元测试、集成测试、确认测试等多种测试类型，能够高效地进行动态测试及覆盖率分析，提高测试效率。

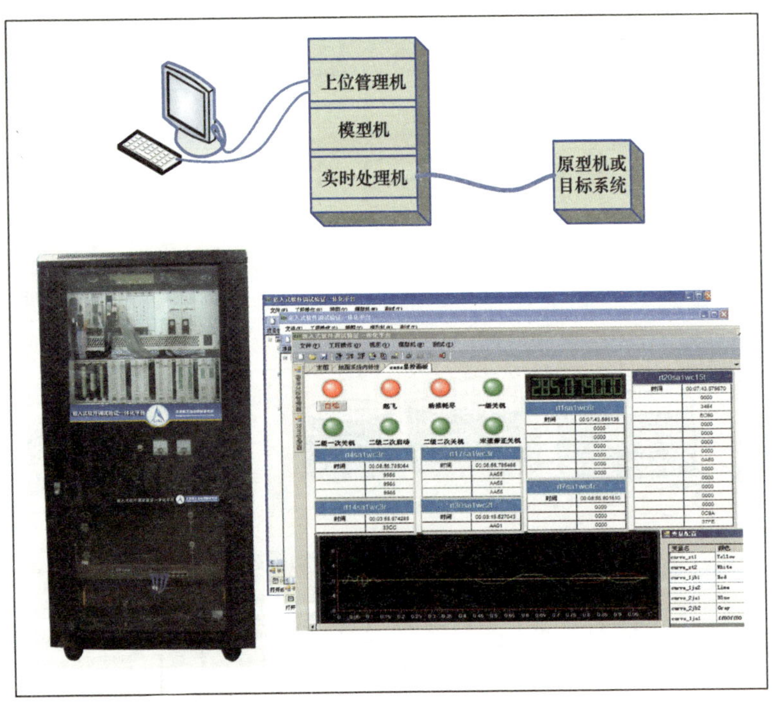

图7–15 航天软件调试验证一体化平台

Filter matched 21 of 21 issues. Grouped by Issue Type; sorted by Description,

Description	Taxonomy
ABR (18 issues)	
ABR: 缓冲区溢出，数組下标 'SDT' 可能会越界。Array 'SDT' of	C and C++
ABR: 缓冲区溢出，数組下标 'SDate' 可能会越界。Array 'SDate'	C and C++
ABR: 缓冲区溢出，数組下标 'STime' 可能会越界。Array 'STime'	C and C++
ABR: 缓冲区溢出，数組下标 'day' 可能会越界。Array 'day' of	C and C++
ABR: 缓冲区溢出，数組下标 'hour' 可能会越界。Array 'hour' c	C and C++
ABR: 缓冲区溢出，数組下标 'min' 可能会越界。Array 'min' of	C and C++
ABR: 缓冲区溢出，数組下标 'month' 可能会越界。Array 'month'	C and C++
ABR: 缓冲区溢出，数組下标 'sec' 可能会越界。Array 'sec' of	C and C++
ABR: 缓冲区溢出，数組下标 'yc1[0]' 可能会越界。Array 'yc1[C	C and C++

图7-16 代码规则检查结果示意图

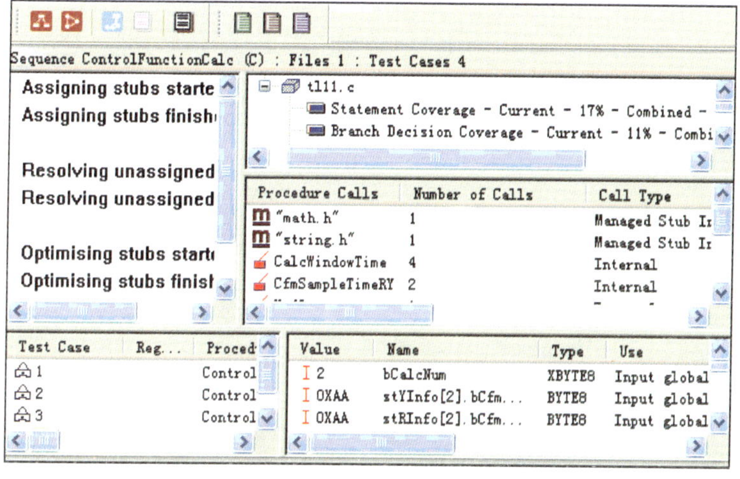

图7-17 自动化测试工具测试结果图

7.3.3 软件技术状态控制

多个系统协同工作是航天工程系统的特征，如何有效控制各个分系统的技术状态，使各个分系统协同工作，是系统工程中面临的难题。航天一院在实践中总结和探索，形成了以配置管理为主的软件技术状态控制办法。GB/T11457中明确定义，软件配置管理是识别和定义系统中配置项的过程，通过配置管理可以在生命周期中控制配置项的变更，记录并报告配置项及变更需求的状态，检验配置项的完整性和正确性。航天一院在软件配置管理的多年实践中，不但形成了完善的管理标准，而且还建立了相应的配置管理系统，与全院的其他管理平台协同工作，控制了软件的技术状态变化。航天软件的配置管理主要体现为三库的配置管理模式和软件变更控制管理。

7.3.3.1 三库的配置管理模式

三库的配置管理模式主要体现了对航天软件产品由弱到强的分层级管理的理念。在航天软件研制的初期，由于技术状态的不确定性，软件的变更比较频繁，此时的管理重点应该在开发库中，一般由主任设计师或技术负责人进行技术状态的控制；而当软件状态一旦稳定（如可以提供综合试验或第三方测评时），此时应该对软件产品进行相对严格的受控库管理（如由专门的人员管理，发生变更后由相应级别的人员审批等）；当软件产品经过了各种测试和验证，达到交付的条件后，应该进入产品库管理。图7–18是三库模式管理结构示意图。

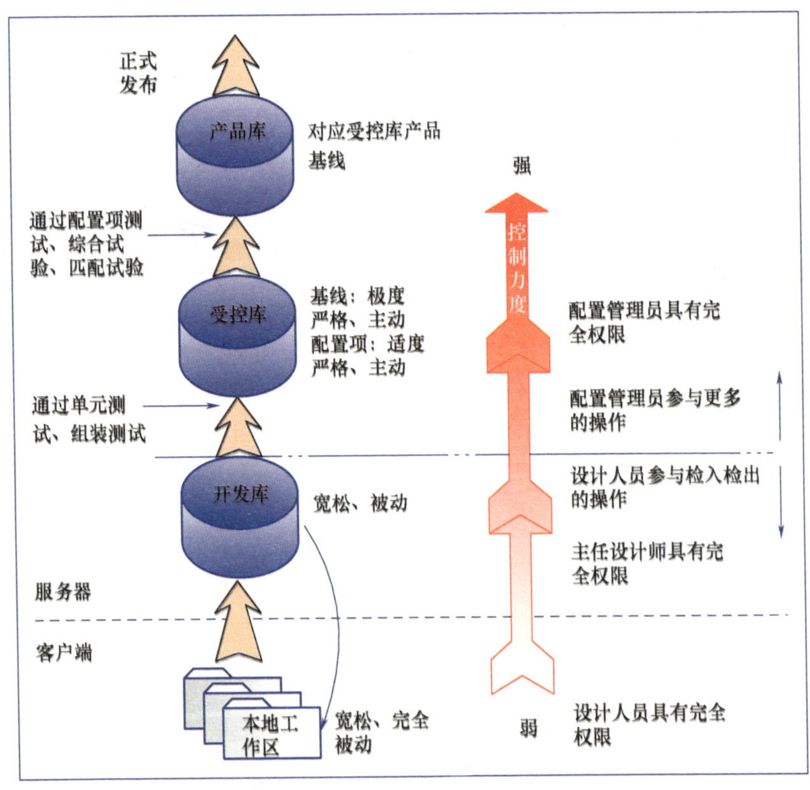

图7–18 三库模式管理结构示意图

多年的实践表明，方法（标准）、人员和工具是软件配置管理不可或缺的三个要素。方法（标准）科学，合适的人员在合适的工具辅助下，软件配置管理能够起到事半功倍的作用。航天一院相关单位各自建立了软件配置管理系统，辅助完成对软件产品的技术状态控制。图7-19是某单位软件配置管理系统部署图。

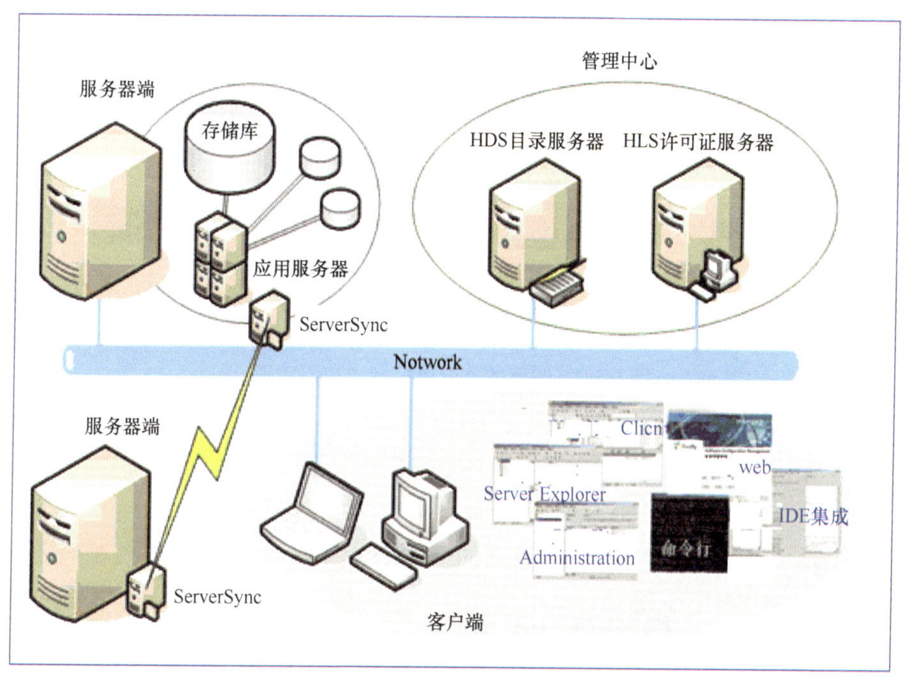

图7-19　某单位软件配置管理系统部署图

7.3.3.2　软件变更控制管理

航天软件变更控制管理包括跟踪变更请求、识别软件配置项、建立配置管理系统、建立配置管理记录、控制配置项、建立和发布基线、执行配置审计等过程。图7-20是航天软件变更控制过程示意图。通过对软件的变更实施严格控制和审计，有关人员能够及时发现技术状态变更过程中容易引发的错误，从而杜绝因技术状态控制不到位引起的软件产品质量问题。

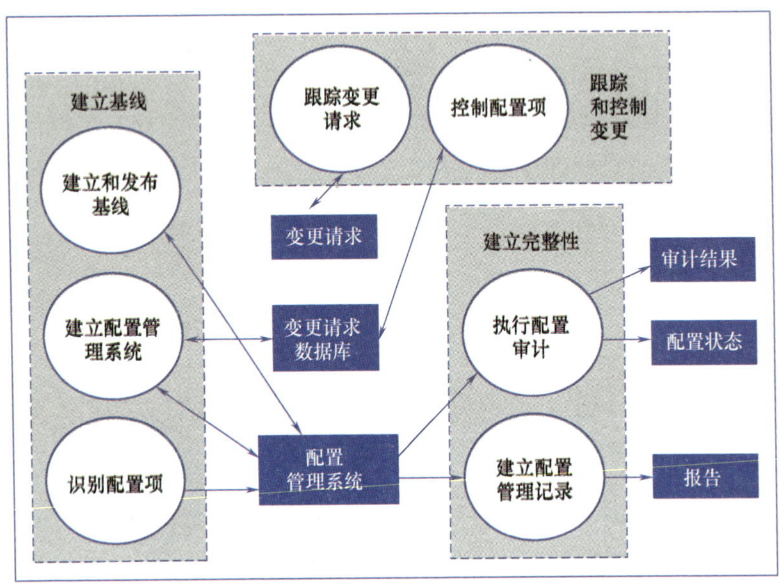

图7-20 航天软件变更控制过程示意图

7.3.4 软件产品缺陷排查

代码审查作为软件复核、复算的一种有效手段，首先在载人航天工程软件的研制过程中应用，并逐步形成了一套较为完善的标准规范。代码审查一般从两方面进行：一是由开发工程师、有经验的代码审查人员及质量保证人员一起依据代码审查单，阅读代码，共同讨论，找出代码存在的问题，审查代码的逻辑、思路；二是采用一些有效的工具（如Klocwork、QAC等）进行静态分析，检测源代码的潜在问题（如缓冲区溢出、内存泄漏、程序复杂等），从而有效地辅助开展代码审查。在审查过程中，及时记录发现的问题，并向软件开发人员进行反馈，跟踪代码审查中发现问题的解决情况，直至问题关闭。常见的代码审查流程如图7-21所示。

如今，代码审查已成为航天软件研制流程中必不可少的一个环节，表7-2为“某运载火箭软件代码审查问题汇总表”，根据代码审查意见，软件设计人员会对代码进行相应修改，从而在软件研制早期减少了软件缺陷数。

表7-2 某型号运载火箭软件代码审查问题汇总表

序号	问题描述	处置措施	进展	采纳情况		审查级别
				采纳	未采纳	
1	修改数据初始化异常处理，使之与任务书要求一致	修改软件	已落实	√	—	所级
2	增加软件中相关变量的注释	修改软件	已落实	√	—	所级
3	优化宏定义	修改软件	已落实	√	—	所级

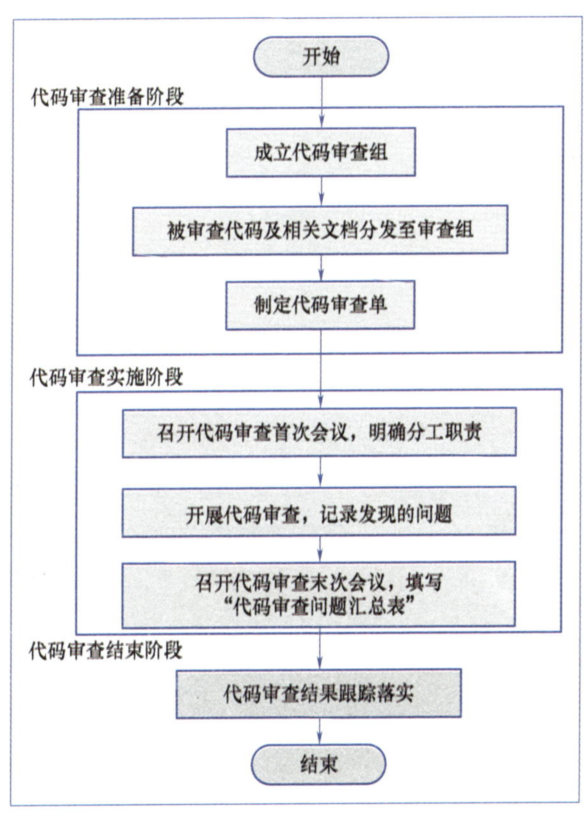

图7-21 航天软件代码审查流程

7.4 航天软件技术的综合发展

通过多年的积累，航天一院在软件研制过程中形成了技术方法、工具、管理模式、基础能力四位一体的全过程技术和管理模式。建立了航天软件全生命周期自动化支撑平台（图7-22为航天软件研制的全流程支撑图），实现了航天软件研制的全流程自动支持。软件任务书下达后，研制人员开展顶层策划，通过组态建模工具实现图形化的软件需求分析，在重用构件库的支撑下使用全数字应用支撑环境开展软件设计、编码工作，编写完成的程序通过调试验证一体化平台进行验证和测试。在整个航天软件研制过程中，软件安全性、可靠性分析工具为各个研制阶段提供全程支撑。在组织管理方面，获得了丰富的软件项目数据，并建立了组织资产库，对组织中大量有价值的方案、策划、成果、经验等知识进行分类存储和管理，促进组织资产的共享、再利用和创新，降低了组织运营成本。

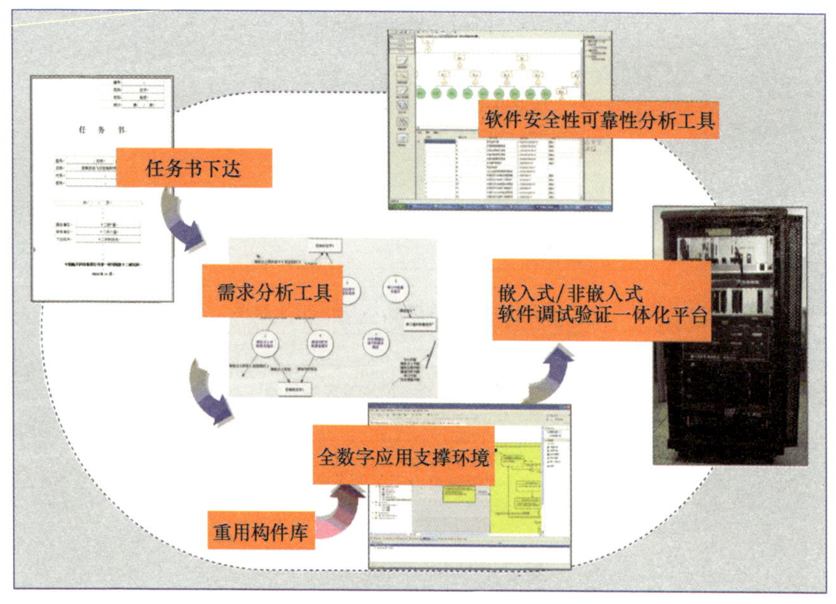

图7-22　航天软件研制全流程支撑图

目前，航天一院软件研制工作正在向产品化建设、全型号软件系统架构设计和全箭数字化方向发展。

7.4.1　软件产品化建设

航天软件规模的日益增大和复杂性的提高，对研制模式提出新的要求。

传统航天软件研制模式下，软件技术人员隶属型号研制队伍，承担某一个或几个型号研制任务的方式，已经不能满足进度和质量的要求；而硬件产品化研制的实施，也促进了软件产品化工作。

产品化在软件领域主要表现为以重用为目的的软件产品研制。航天软件面向特定的应用领域，具有很强的继承性，通过开展系统的软件产品化，能够很大程度减少重复性工作，从而提高软件的研制效率。通过建立并使用以重用为目的的软件资源库，能够有效减少重用过程中的更改、剪裁等，避免由于使用环境和任务要求的差异引起的适应性问题，降低重用的风险，是一种高效、可靠的重用方式。

重用构件的主体是实现了某种通用功能或业务逻辑的函数、类或包。构件具备一致的接口形式、良好的通用性，相关文档齐全，可以方便地集成，并经过严格的测试验证。重用框架一般只实现一组底层服务，通过在其支持的范围内进行功能扩展，实现完整的软件功能。在重用框架基础上开发的软件一般具有统一的结构和运行模式，根据扩展模块的差异表现出不同的功能特征，这种模式较重用产品具有更强的灵活性。

重用产品是软件产品化的高层目标。重用产品实现了某类软件的完整功能，仅通过配置便可形成不同的状态版本。由于可以不改变代码来适应变化的软件需求，重用产品是使用效率最高的一种重用资源，但能够适应的需求变化范围有限，应用具有局限性。航天一院未来将进一步推进软件产品化技术研究工作，进一步完善基于软件重用的标准规范体系和支撑环境建设，使软件产品化成为航天软件研制的核心内容和主要研制方式。

7.4.2 全型号软件系统架构设计

随着运载火箭系统的发展，系统不断小型化、智能化，全系统信息化程度不断提高。系统内，软件数量和规模不断增加，全系统软件已经逐渐形成一个日益复杂的庞大软件系统。软件系统内各软件配置项间的关系越来越复杂、数据交互愈发频繁，系统设计前期对全型号软件系统进行合理规划和分析的重要性逐步凸显。

目前，在各分系统软件统一架构设计的基础上，通过研究各型号的需求和定位，以及不同的处理器体系结构、通信总线及信息处理方法，开展软件系统分析与验证，可保障软件系统设计的合理性和正确性，减少软件后期修改及维护成本，缩短系统研制周期，并提高软件产品的可靠性。

7.4.3 全箭数字化支撑环境建设

由于软件在航天工程系统中的关键作用，建立一个满足全箭软件开发、调试、验证的全数字化应用支撑环境刻不容缓。航天一院基于航天软件特点，按照单机数字化、分系统数字化、全箭数字化的思路自下而上地开展数字化建设；同时，统筹全箭数字化发展思路，自上而下研究通用的发展模式、使用通用的数字化设备，建成统一全数字化应用支撑环境。

在不使用硬件设备的情况下，全箭数字化应用支撑环境可将硬件设备的功能和接口设置通过仿真工具进行模拟，软件在系统需求初期就可在数字化应用支撑环境下开展设计、调试，提前暴露、分析和解决软件可能存在的问题，为软件研制质量提供更好的保证。

参考资料

[1] 汤铭端. 航天型号软件研制过程 [M]. 北京：中国宇航出版社，1999：10-50.

[2] 梁思礼. 梁思礼文集 [M]. 北京：中国宇航出版社，2004：1-30.

[3] 吴荔明. 一个火箭设计师的故事 [M]. 北京：清华大学出版社，2006：5-25.

8 航天无损检测、失效分析与计量保证

- 航天无损检测技术
- 航天产品失效分析
- 航天计量保证

无损检测、失效分析与计量保证是航天产品研制的技术基础，是确保航天产品质量不可或缺的专业技术，也是航天产品可靠性工程的有机组成部分。无损检测是通过对材料、元器件、产品等进行非破坏性检测，从而评价其内部质量的技术方法的总称。失效分析主要通过对失效产品的技术分析，获得准确的失效原因和机理，从而有效预防失效的再次发生。计量的本质特征是测量，是利用科技、法制和管理的手段，实现单位统一、量值准确可靠的测量，是使被测量的单位量值在允许误差范围内或给定的测量不确定度内溯源到基本单位的测量。

航天一院在航天事业起步的早期阶段，就高度重视产品可靠性工程建设，其中，无损检测、失效分析与计量保证工作均起步较早，经过半个多世纪的发展，已形成先进的技术积累与应用能力。

8.1 航天无损检测技术

无损检测是一门综合性应用学科。它是在不损伤检测对象的条件下，利用材料内部结构异常或缺陷所引起的对热、声、光、电、磁等反应的变化，来探测各种工程材料、零部件、结构件等内部和表面缺陷，并对缺陷的类型、性质、数量、形状、位置、尺寸、分布及其变化做出判断和评价的一种专业技术。

无损检测具有以下特点：①不会对构件造成任何损伤；②方法简单有效；③能够对产品质量实现监控；④能够防止因产品失效引起的灾难性后果。鉴于以上特点，该技术具有广泛的应用前景。

对于航天产品，如机械零部件、装置或系统如果存在内部缺陷，在制造或者服役过程中丧失其特定功能而不能工作，或者不能继续完成其预定功能，需要提前预知才能避免灾祸。1993年，美国“哥伦比亚”号航天飞机由于隔热瓦脱落，在返回地球过程中发生了爆炸，7名宇航员全部遇难。究其原因是由于燃料箱泡沫隔离层的防热瓦粘结问题所致。如果能用无损检测技术提前检测出隔热瓦的失效部位存在的粘结缺陷，就可以预先采取防范措施，避免灾难事故的发生。

无损检测技术在航天产品研制过程中主要有以下几个方面的作用。

1）利用无损检测技术，对产品进行质量控制。无损检测技术能够对非连续加工（如多工序生产）或连续加工（如自动化生产线）的原材料或零部件进行实时的质量控制，保证产品性能指标受控。另外，根据产品验收标准，也可以利用无损检测技术把原材料或产品质量控制在设计要求的范围内，以免无限度地提高质量要求；甚至在不影响设计性能的前提下，有限制、有控制地使用某些有缺陷的材料，从而提高资源利用率，提高经济效益。

2）无损检测是型号产品装置或构件在役检测的重要技术手段。使用无损检测技术对装置或构件进行运行状态监测、维修期状态检测，能够掌握其整体性能、状态相关指标数据，为装置或构件维护保养、安全运行、隐患分析和故障排除提供依据。在役检测能够达到预防事故的效果，例如，火箭发射平台的检修过程就需要采用超声和渗透检测。

3）航天产品组装或使用前，须经过质量鉴定，检测其是否达到设计要求，能否安全使用。

4）无损检测可以为设计人员提供材料或产品的质量判定依据，设计人员可以参考制定设计文件，也可以为失效分析等提供失效判定依据，从而有助于失效分析的完成。

总之，航天材料、部件、设备受各种因素影响，都存在产生缺陷的可能，为确保航天产品质量、提高产品可靠性，我们需要了解航天产品是否有缺陷；若存在缺陷，还需要确定缺陷的位置、大小、诱因及其危害程度，并对其发展趋势进行分析和预测。这一切都可以通过对航天产品进行无损检测得到答案。

8.1.1 无损检测方法

无损检测技术主要包括超声、射线照相、渗透、涡流、磁粉检测，以及声发射、工业CT、激光全息/散斑、泄漏、微波和目视检测等，其中前五种技术在航天工程中的应用更为普及。

8.1.1.1 超声检测

超声检测是一门以物理声学、电子、机械及材料学为基础的通用无损检测技术。它是使超声波与被检工件相互作用，根据超声波的反射、透射和散射的行为，对被检工件进行缺陷检测、几何特性测量、组织结构和力学性能变化的检测、表征，进而对其应用性进行评价的一种无损检测技术。超声检测技术可检测的具体缺陷包括：锻件的裂纹、分层、夹杂，焊缝中的裂纹、气孔、夹渣、未熔合、未焊透，型材的裂纹、分层、夹杂、折叠，铸件中的缩孔、气泡、热裂、冷裂、疏松、夹渣等，以及对厚度进行测定。

超声检测的优点是对平面型缺陷十分敏感，易于识别和判定；设备便于携带，可在产品使用现场检测；穿透力强。其局限性表现在：为耦合传感器，要求被检表面光滑；难于探测出细小裂纹；要有参考标准；为解释信号，要求检测人员有较高的素质；不适用于形状复杂或表面粗糙的产品。

8.1.1.2 射线照相检测

射线照相检测是指射线源发出的射线透过被检物体，利用被检物体与其内部缺陷介质对射线能量衰减程度的不同传递被检物体内部信息，并用射线胶片记录下来，经显影、定影等处理，在胶片上形成透视投影影像，通过对影像的识别来评定被检物体内部是否存在不连续性缺陷的一种射线无损检测方法。可检测的具体缺陷包括：焊缝未焊透、气孔、夹渣，铸件中的缩孔、气孔、疏松、裂纹等，并能确定缺陷的位置、大小和种类。

射线照相检测的优点是对体积型和密度型缺陷十分敏感；照相质量高，缺陷通过透视投影影像显示，分析判定比较直观；可永久记录。其局限性表现在：射线设备一次性投资大，不易携带，有放射危险；要有素质高的操作和评片人员；较难发现与投影方向不平行的裂纹和平面型缺陷，不适用于锻材和型材。

8.1.1.3 渗透检测

渗透检测是一种以毛细作用原理为基础、用于检测非多孔性金属和非金属产品或零部件表面开口缺陷的无损检测技术，可以检测金属和非金属材料的裂纹、折叠、疏松、针孔等缺陷，并能确定缺陷的位置、大小和形状。

渗透检测的优点是适用材料范围广；设备轻便，投资相对较少；探伤简便，结果易解释。其局限性表现在：涂料、污垢及涂覆金属等表面涂覆层会掩盖缺陷，孔隙表面的漏洞也能引起假显示；需要试验证实渗透剂与产品材料以及使用环境中的介质不会发生化学反应（即相容性）；探伤前后必须清洁工件；难以确定缺陷的深度；不适用于疏松的多孔性材料。

8.1.1.4 涡流检测

涡流检测是建立在电磁感应原理基础上的一种无损检测技术，可以检测各种导电性材料表面和近表面的裂纹、夹杂、折叠、凹坑、疏松等缺陷，并能确定缺陷位置和相对尺寸。

涡流检测的优点是经济、简便；可自动对准工件探伤，不需耦合；探头不接触试件。其局限性表现在：仅限于导电材料、穿透浅，要有参考标准，难以判断缺陷种类。

8.1.1.5 磁粉检测

磁粉检测是利用磁现象来检测铁磁材料工件表面及近表面缺陷的一种无损检测方法，可检测铁磁性材料和工件表面或近表面的裂纹、折叠、夹层、夹渣等，并能确定缺陷的位置、大小和形状。

磁粉检测的优点是：简单、操作方便；速度快，灵敏度高。其局限性表现在：限于铁磁性材料，探伤前必须清洁工件，涂层太厚会引起假显示，某些应用要求探伤后给工件退磁，难以确定缺陷深度。

8.1.1.6 声发射检测

声发射检测是一种非常实用的动态无损检测技术，是在产品加载考核试验中配合进行的实时检测，可检测的具体缺陷主要是构件的动态缺陷（如裂纹）、缺陷萌生及生长等，并能够分析判定缺陷产生的位置、缺陷的危险程度，揭示缺陷的萌生、变化、运动与产品结构和应力之间的内在联系和变化趋势。

声发射检测的优点是：实时并连续监控探测，可以遥控，装置较轻便。其局限性表现在：要求传感器与试件耦合良好，要求试件处于应力状态；柔性材料产生低幅值声发射；噪声不得进入探测系统；设备贵，对检测人员素质要求高。

8.1.1.7 工业CT检测

工业CT是计算技术与放射学结合产生的一门成像技术，可以用来进行缺陷检测、尺寸测量、装配结构分析、密度分布表征等。

工业CT检测的优点是：能给出检测对象断层扫描图像和空间位置、尺寸、形状，成像直观；分辨率较高；不受产品或零部件几何结构限制。缺陷主要是：设备昂贵；检测周期长，检测成本高。

8.1.1.8 激光全息检测

激光全息检测是利用光的干涉原理，记录物体的光波信息（振幅、相位、波长），主要检测微小变形、夹层蜂窝结构的胶接质量、充气轮胎缺陷、材料裂纹等。

激光全息检测的优点是：检测灵敏度高、面积大；不受材料限制，结果便于保存。局限性是仅适用于易变形的柔性材料或刚性材料近表面缺陷。

8.1.1.9 微波检测

微波检测是根据微波的反射、透射、衍射、干涉等物理特性的改变，以及被检测材料的电磁特性—介电常数和损耗角正切的相对变化，通过测量微波基本参数的变化，实现对缺陷的检测，可以检测复合材料、非金属材料制品等，还可测量厚度、密度、湿度等物理参数。

微波检测的优点是：非接触检测，检测速度快，可实现自动化。其局限是：不能用来检测金属导体内部缺陷，一般不适用于检测小于1mm的缺陷；空间分辨率比较低。

8.1.1.10 目视检测

目视检测是利用内窥镜、便携式显微镜、光学比较仪及光源等，检测产品表面（内外表面）缺陷，包括材料原始表面缺陷、机加工损伤、多余物、腐蚀等。目视检测的产品主要有复合材料气瓶、高温合金管、钛合金管以及结构件中的盲孔、通孔等。

目视检测的优点是经济、方便、设备少；检测员只需稍加培训即可操作。局限性是只能检查表面可见的缺陷。

8.1.2 无损检测技术在航天工程中的应用

8.1.2.1 无损检测方法的选择

对材料或构件进行无损检测，明确检测对象是首要任务。在检测前需先分析被检工件的材质、成形方法、加工过程和使用经历等，对缺陷的可能类型、性质和位置进行预先分析，以便有针对性地选择恰当的检测方法。

在航天领域，除了射线照相检测、超声检测、渗透检测，还广泛应用涡流检测、磁粉检测等常规无损检测方法以及工业CT、激光全息、红外、声发射等无损检测新技术。每一种检测方法都有其适用范围，都不是万能的，互相之间往往不能完全相互替代，都有其优点和缺点。合理选择无损检测方法十分重要，选择不同的无损检测方法，主要基于经济和技术两方面的考虑，有时有必要使用两种或多种无损检测方法。

就缺陷类型来说，通常可分为体积型缺陷和面积型缺陷两种。对不同类型的缺陷，要采用相应的无损检测方法。表8-1为不同的体积型缺陷及可采用的无损检测方法，表8-2为不同的面积型缺陷及可采用的无损检测方法。而对于存在于产品表面和内部的缺陷，可以采用不同的一种或几种无损检测方法，具体可参见表8-3。

表8-1　不同的体积型缺陷及其可采用的检测方法

缺陷类型	可采用的检测方法
夹杂、夹渣、夹钨、疏松	目视检测（表面）、渗透检测（表面）、磁粉检测（表面及近表面）、涡流检测（表面及近表面）
缩孔、气孔、腐蚀坑	超声检测、射线检测、红外检测、微波检测、中子照相检测、激光全息检测
偏析（尺寸较大时）	超声检测、射线检测

表8-2　不同的面积型缺陷及其可采用的检测方法

缺陷类型	可采用的检测方法
分层、粘接不良、折叠	目视检测、超声检测、磁粉检测、涡流检测
冷隔、裂纹、未熔化	微波检测、红外检测、声发射检测

表8-3　表面缺陷和内部缺陷可采用的无损检测方法

表面缺陷可采用的方法	内部缺陷可采用的方法	表面缺陷可采用的方法	内部缺陷可采用的方法
目视检测	磁粉检测	声发射检测	泄漏检测
渗透检测	涡流检测	红外检测	CT检测
磁粉检测	超声检测	激光全息检测	红外检测
涡流检测	射线检测		声发射检测
超声检测	激光全息检测		微波检测

8.1.2.2 无损检测的具体应用

无损检测技术在航天行业的应用，是以型号产品的需求为牵引，以保证型号产品质量与可靠性要求为目标，跟踪国外先进技术，经过长期、系统的技术基础研究与应用技术研究发展起来的。特别是近十年来，随着载人航天等一系列重大工程的实施，航天工程中的无损检测技术水平得到了迅速提升，解决了航天型号中一些关键检测难题。

航天一院自20世纪60年代初期就开始无损检测工作。1997年，航天一院组建了“航天无损检测工艺技术中心”（简称航天无损检测中心），作为我国航天系统唯一的主任级无损检测部门，在国防科工局无损检测人员资格鉴定委员会成立之前一直承担航天无损检测人员资格鉴定和技能鉴定工作，并定期承办航天系统的无损检测技术交流会议。

目前航天无损检测中心已具备超声C扫描、工业CT、激光全息和散斑等检测技术装备的研制能力和包括各种无损检测技术专业在内的综合技术研究和开发能力，在许多型号与产品的质量控制中应用了多种无损检测方法，一些典型的应用实例参见表8-4。

表8-4 无损检测技术在航天领域中的应用实例

无损检测技术	应用实例
射线检测	复合材料及金属构件、焊接结构、返回舱低密度抗烧蚀材料
超声检测	蜂窝胶接结构，板板胶接结构，纤维增强复合材料制品，石英陶瓷材料制品，金属板、管、棒等原材料
渗透检测	铝合金贮箱焊缝、精密机加叶片
涡流检测	发动机零部件、管路系统、火箭承力件和结构件
磁粉检测	铁磁性随力件和结构件、钢焊接件、齿轮及框架
声发射检测	复合材料及金属构件，例如运载火箭助推器、双星支架等大型构件
工业CT检测	碳碳端头帽、前壳体防热套
激光全息检测	火箭电铸推力室、卫星支架蜂窝夹层结构
电子散斑检测	火箭整流罩软木粘接、火箭燃料贮箱泡沫粘接结构
红外检测	火箭烧蚀防热系统、蜂窝夹层结构、发动机喷管涂层及界面缺陷

在新材料、新结构产品的无损检测技术研究领域，航天一院突破了低密度烧蚀复合材料内部质量、粘接质量的超声、射线检测技术，采用了先进C/C复合材料内部质量工业CT检测技术、新型结构复合材料超声无损检测技术（参见图8-1和图8-2）、产品特殊部位超声无损检测技术等。

图8-1 空气耦合超声检测系统

图8-2 复合材料超声波自动检测系统

在无损检测新技术工程化应用研究领域，激光全息、电子散斑检测技术已应用于航天器蜂窝夹层结构件、运载火箭发动机电铸推力室内部质量、运载火箭燃料贮箱泡沫粘接结构检测；非接触超声耦合检测技术已应用于发动机喷管扩张段绝热层内部质量的无损检测；声发射动态无损检测技术扩展应用到复合材料结构件。此外，还掌握了大型固体火箭发动机高能加速器射线检测技术、火工装置装药质量的中子射线照相检测技术等。

在高灵敏度、高分辨力无损检测技术领域，采用超声波显微成像检测技术可以检测元器件、陶瓷零件、涂层内部微米量级的微小缺陷；采用微焦点X射线实时成像检测技术可以检测元器件、金属薄壁管焊缝、小型零件内部微米量级的微小缺陷；采用颗粒碰撞噪声检测技术可以检测元器件和电子产品内部活动多余物粒子。

在自动化无损检测技术领域，超声C扫描、工业CT、超声相控阵、涡流线阵列检测技术已开始应用。

根据航天无损检测技术研究与应用现状，其发展重点主要集中在以下方面。

（1）自动化、数字化无损检测技术的研究与应用

随着计算机技术、机械运动控制技术、信号处理技术、图像处理技术的发展，开展航天型号产品自动化、数字化无损检测技术的研究与应用是航天无损检测技术的重要发展方向，包括：多维超声自动检测技术、荧光渗透自动检测技术、数字射线检测技术（DR、CR）、射线CT检测技术、数字化超声检测技术、电子散斑检测技术等。

（2）新材料无损检测技术研究

随着新型树脂基复合材料、金属基复合材料、超混杂复合材料、陶瓷材料、粉末冶金材料、钛合金材料等新材料在航天型号研制、生产中的应用，对无损检测技术提出了新的需求。为配合新材料的研究与应用，航天一院将积极开展无损检测技术研究，减少检测盲区，扩大检测覆盖范围；提高检测精度，提升对缺陷的识别和判定能力。

（3）无损检测新技术的应用研究

无损检测新技术与常规无损检测技术相比，具有不同的技术特点和适用范围，能够解决一些常规无损检测技术无法解决的问题。因此，航天一院将积极开展无损检测新技术的应用研究，主要包括：红外热波检测技术、康普顿背散射检测技术、太赫兹波（THz）检测技术等。

8.2 航天产品失效分析

8.2.1 失效分析的作用

8.2.1.1 常见失效模式

失效是指产品（即失效分析的对象）丧失规定的功能或性能。失效分析就是当产品丧失规定的功能或性能，即发生失效时，围绕产品失效模式、失效原因、失效机理、失效性质等方面进行系统分析，揭示失效本质、得出失效规律的结论，为避免失效的发生提供借鉴。

失效分析对象按其复杂程度可分为全系统（如弹、箭、星、船）、分系统（如箭体结构、推进系统、控制系统等）、子系统、机械产品（燃料贮箱、有效载荷支架）和电子产品（电子整机）、部组件（如箱体共底、密封组件）和单板、零件和元器件六级。在失效分析领域，通常将失效分析的对象划分为机械产品（分解为零件）和电子产品（分解为元器件）两大类。机械产品中常见的失效模式包括断裂、腐蚀和磨损失效，如表8–5所示。

表8–5 机械产品常见失效模式

序号	Ⅰ级失效模式	Ⅱ级失效模式
1	变形	弹性变形
		塑性变形
		粘弹性变形
		蠕变
2	断裂	塑性断裂
		疲劳断裂
		脆性断裂
3	磨损	磨粒磨损
		粘着磨损
		疲劳磨损
		冲蚀磨损
		微动磨损
		变形磨损

续表

序号	Ⅰ级失效模式	Ⅱ级失效模式
4	腐蚀	化学腐蚀
		电化学腐蚀
		老化（非金属）
5	热损伤	熔化
		过烧
		过热
		蒸发
		迁移
		热冲击
		烧蚀
6	电损伤	电击穿
		静电
		放电
		雷击
		电侵蚀
		电腐蚀
		电磨损
7	污染	固态物质沾污
		液态物质沾污
		气态物质沾污
8	辐射	/
9	泄漏	裂纹
		密封失效
		多余物
		腐蚀
		材料工艺缺陷
10	功能丧失	弹性丧失
		磁性丧失
		不动作
		记忆丧失

通常，电子设备的失效模式与电子元器件具体相关。电子元器件常见的失效模式主要为功能失效（包括开路、短路等）和参数退化（包括绝缘下降、参数漂移等）。由于电子元器件种类繁多，失效模式也相对复杂，根据电子元器件的简单分类，其失效模式如表8–6所示。

表8–6　电子元器件常见失效模式

电子元器件		失效模式	
半导体器件		功能失效	短路
			开路
			机械缺陷（例如管壳锈蚀、封装材料开裂）等
		参数退化	耐压下降
			漏电流增大
			热阻增大
			绝缘下降等
元件	阻容感元件	功能失效	短路
			开路
			外引线断裂等
		参数退化	容值增大、下降
			阻值增大、下降等
元件	机电元件（电磁继电器、电连接器等）	功能失效	常闭点开路
			常开点短路
			不动作等
		参数退化	绝缘下降
			接触电阻增大等

8.2.1.2　失效原因及机理

失效原因是引起失效的主要条件、因素，失效原因的判断通常是失效分析的核心和关键，对于确定失效机理、提出预防措施有重要意义。失效原因的判断是建立在失效模式判断基础上的，然而失效原因的确定是相当复杂的，其复杂性表现在失效原因的必然性、多样性、相关性、可变性和偶然性等方面。

失效机理即引起失效的物理、化学变化本质，微观过程可以追溯到原子、分子尺度和结构的变化。分析失效机理是对失效的内在本质、必然性和规律性的研究，是对失效内在本质认识的理论提高和升华。

失效性质是引起失效的宏观原因，如：本质失效（即由于产品设计、工艺、材料选用不当等引起的失效）、误用失效（即由于使用不当引起的产品失效）、从属失效（即由于其他产品首先失效后，引起的失效）等。

8.2.1.3 失效分析在航天产品中的作用

1）查明失效原因和失效机理，为航天质量问题归零提供依据，为设计、工艺、管理人员采取针对性措施，实施改进提供根据，预防重复问题发生，提高航天产品的质量和可靠性。

2）查明影响航天产品可靠性的相关物理模式、缺陷模式，以及缺陷形成和扩展规律、影响因素和约束条件，提升对技术问题本质的认知程度。

3）查明航天产品在研制、生产中出现的质量问题的失效性质、影响程度，为技术、管理的科学决策提供依据。

4）查明航天产品在研制、生产中出现的质量问题的失效原因和主要影响因素的重要程度，为认定质量问题责任方和各责任方的责任权重提供依据，完善航天工程质量管理体系。

自20世纪60年代起，航天一院即开展机械产品失效分析工作，20世纪70年代起开展电子元器件失效分析工作，于1988年组建了“航天部材料工艺性能检测和失效分析中心”（简称失效分析中心）。至今，完成失效分析任务上万项，其中包括许多在靶场发生的紧急失效分析任务和飞行失败的重大失效分析任务。例如，对1992年长征二号E运载火箭发射澳星失利的分析。再如，1994年4月2日，风云二号卫星在西昌卫星基地起火爆炸，失效分析中心首次为主承接航天卫星产品全系统的失效分析，在总体没有证据进行失效定位的情况下，通过系统的残骸分析为整个事故分析指明了方向。

8.2.2 失效分析技术

失效分析技术包括失效分析管理和失效分析的专业技术。

“准”和“快”是对失效分析工作要求的高度概括。在失效分析工作中如果管理要求不明确、不规范、技术流程不科学以及分析人员的素质、能力等因素不满足要求，就容易出现失效现场的破坏、失效分析结论不够完整，甚至导致对失效机理、原因的误判，给后续工作带来不利影响。因此，为确保失效分析工作的效率、质量和水平，必须引入一套科学、系统、完善的管理体制，在基于知识、经验、敏锐观察力的基础上结合管理要求提高失效分析工作的准确度及效率，制定完整、明确的管理要求和科学、可行的管理程序。

8.2.2.1 航天失效分析工作流程

自1996年以来，航天一院先后制定了一系列有关失效分析工作的管理程序及标准，如：《失效分析管理办法》《理化测试、失效分析人员培训及资格鉴定管理办法》等，使失效分析工作管理走向流程化、规范化及标准化。

失效分析工作的基本流程包括技术流程和管理流程。具体到某一项失效分析任务，应根据失效产品的具体类型、失效模式、失效背景和失效分析要求，在通用程序的基础上，做适当补充或删减。失效分析程序的设定应遵循从系统到个体、从整体到局部、从表面到内部、从宏观到微观、从现象到本质、从普遍到特殊的原则。图8-3为航天失效分析的技术流程示意图。

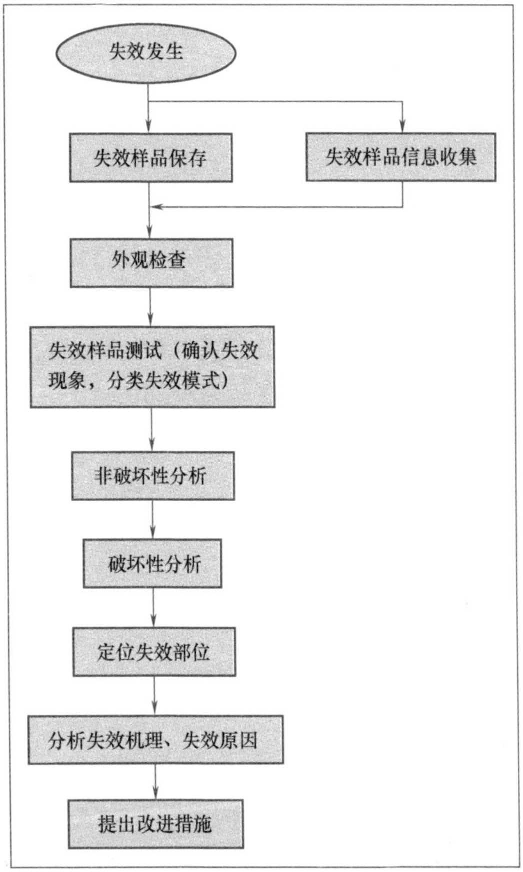

图8-3 航天失效分析技术流程示意图

8.2.2.2 失效分析技术类型

随着科技的发展，航天型号产品大量使用了新材料、新型元器件，失效分析技术也随之不断发展、进步。根据失效分析的要求，充分利用各种失效分析技术的特点和优势，既可以加快失效分析的进度，又能提高失效分析的成功率。航天工程中常用的失效分析技术可以概括为以下几类。

（1）失效现象的验证

针对失效的电子元器件，利用万用表、自动电桥、漏电流测试仪、晶体管图示仪以及集成电路的功能测试台等常规电子测试设备，通过对失效电子元器件功能、参数、引线间特性和结特性的测试，证实电子元器件的失效现象；通过失效样品与良品的测试差异确定电子元器件失效与自身物理性能的关系和失效部位、原因等的可能范围，并用来确定后续的失效分析方法。因此，失效现象的验证技术将直接影响失效分析结论的正确性。

（2）宏观观察（宏观痕迹分析）

宏观观察利用光学显微镜以失效件的形貌异常点作为分析对象，包括对电子元器件启封前的外观进行检查，对启封后的电子元器件内部形貌进行观察等，也包括对机械产品断口宏观形貌的观察、表面痕迹的分析等。用于宏观观察的光学显微镜的放大倍数虽然不高，往往从几倍到几十倍，但是由于这类显微镜的景深较大，同时利用光的照射，可以很直观地对失效件进行观察，容易发现失效件的异常形貌点。图8-4所示为利用体视显微镜观察到的继电器外表面银离子迁移形貌。

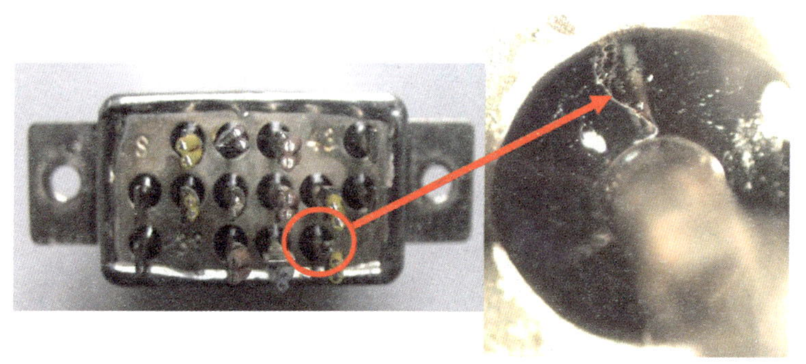

图8-4　利用体视显微镜观察的图片

（3）失效件解剖、启封

解剖、启封的目的是对元器件进行微观的内部检查和必要的内部测试，对机械产品的失效部位进一步观察。解剖的基本方法分为机械方法和化学方法两种，常用的解剖技术有封装（外壳）开封、表层剥离和剖面制取技术。

由于航天失效件十分珍贵，而在航天失效分析中，为了得到正确的失效分析结论，必须对其进行解剖或者启封，以对失效部位进行定位。在对航天失效件进行解剖、启封时，既不能破坏原有的失效现象，也不能引入新的失效模式。因此，失效件的解剖、启封技术对于航天失效分析来说尤为重要。图8-5为一只金属封装的三极管，利用机械方法启封后，观察发现其内引线在芯片表面存在严重的腐蚀现象。图8-6为一只塑封电路利用化学方法启封后的形貌。

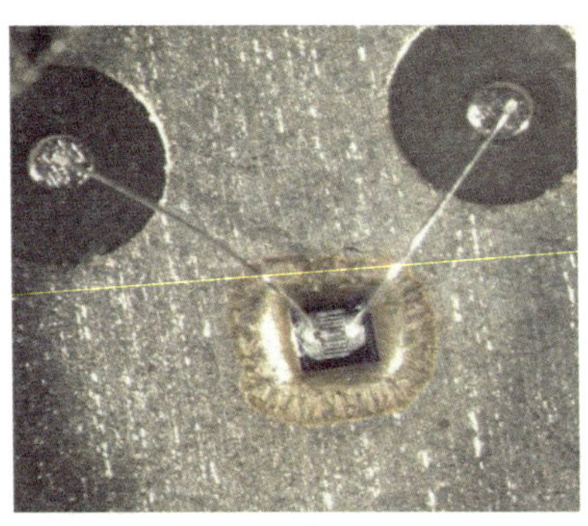

图8-5 三极管启封前后的形貌

图8-6 塑封电路启封后的形貌

（4）微观分析

常用的微观分析技术有：扫描电子显微镜显微分析技术，以形貌异常点作为分析对象，其形貌放大能力可从几倍到数十万倍，可以对失效件的界面和表面等进行观察，图8-7为利用扫描电子显微镜观察到的银离子迁移形貌；金相显微镜观察技术，可以对失效件的微观组织形貌进行观察，图8-8为利用金相显微镜观察到的芯片表面形貌。此外，还有用于对失效定位和失效验证的电子束测试分析技术、表面微区组分分析的俄歇电子能谱分析技术、样品组分（元素、分子等）离子微探针（二次离子质谱仪）分析技术、样品成分分析的X射线能谱分析技术、离子束（背散射、电离和离子感生X射线）分析技术等。

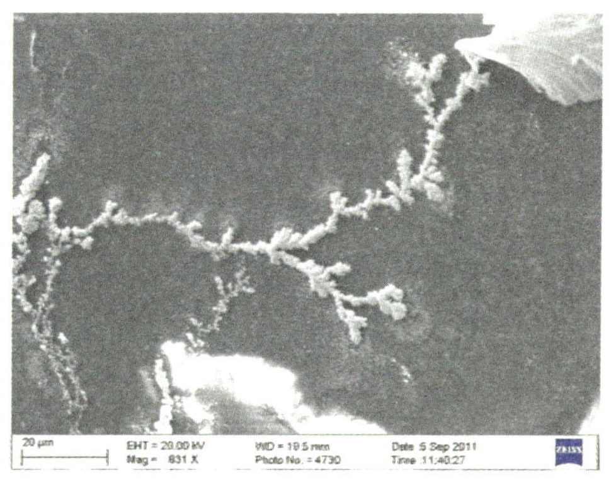

图8-7　利用扫描电子显微镜观察的图片

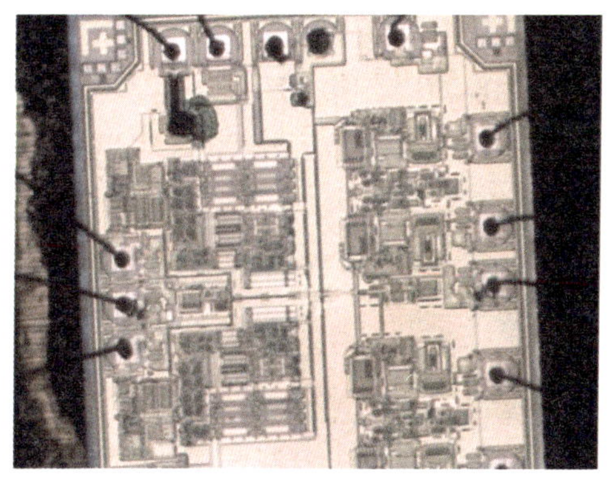
图8-8　利用金相显微镜观察的图片

（5）常规理化测试

常规理化测试主要是针对机械产品的失效分析。为了得到正确的失效结论，往往需要对失效件以及与失效件同批次的一些航天产品进行理化性能测试。例如，力学性能测试、化学成分分析，以获取失效件的常规性能数据，为航天失效分析结论提供佐证。

8.2.3　航天失效分析的发展

失效分析是一门技术难度大、涉及面广，综合性、时效性强的分析技术，思想方法的选择对失效分析结论具有重要影响。

8.2.3.1　失效分析的思想方法

（1）逻辑推理法

逻辑推理，就是从已有的信息推出未知的信息，也就是从一个或几个已知的判断，推出另一个新的判断的思维过程。常见的逻辑推理有三种：一是演绎推理，即前提与结论之间有必然性联系的推理；二是归纳推理，即前提与结论之间有或然性联系的推理；三是类比推理，即在失效分析中，观察到两个失效事件在许多特征上都相同，便推出它们在其他方面也相同。

逻辑推理法论据充分，推理严谨，是较为通用的方法。航天产品失效分析均要对各种现象、测试数据和试验结果，依据科学理论进行综合、系统的逻辑分析。

（2）排除法

排除法是在故障树分析的基础上，列出所有可能因素，根据观察和测试结果逐一排除。这种方法一般在多因素、历史背景复杂或不清楚，数据不充足的条件下使用。

分析航天产品失效时，根据失效现象、失效模式，尽可能找出与失效相关的全部原因，找出什么是引发失效的直接原因，什么是导致失效的间接原因。诱发因素是什么？是单一因素还是多种因素，列出可能导致失效发生的故障树。然后根据现场调查的原始数据、材料和有关的背景条件（如环境条件、运行工作应力和时间等），并与相关资料、历史经验和相关检查数据结合，逐一排除可能性很小的相关因素，变多因素为少因素、单因素来分析，最终确定导致航天产品失效发生的原因。

（3）试验求证法

对特殊现象或某种观点进行深入系统的试验和分析，使某种失效现象、机理或结论得到重复和验证。该法一般在出现意见分歧或对某种现象无法解释时使用。

在实际航天产品失效分析中，会出现下列两种情况：第一种情况是现场被破坏，失效件的完整性、真实性已丧失，失效分析对象失去了分析利用的价值；第二种情况是重大特殊案例，现象特殊、复杂，虽然经过深入细致的试验和分析，结论是可信的，但为了充分说服责任方，需要对失效现象进行模拟验证。当失效件已被解剖分析，需采用同品种、规格、等级的产品作为试验件，通过一系列的模拟试验，使失效现象再现。

（4）系统综合法

系统综合法是对上述几种方法的综合使用，一般在对航天重大失效和特殊案例分析时使用。

下面通过几个航天失效分析的实际案例，介绍具体的失效分析过程，说明航天产品失效分析的方法与作用。

【案例1】运用可靠性物理分析，确认失效模式

在某次试验的测试过程中，存储器的供电电流值超差，系统断电后再重新加电，故障现象消失，连续多次加电，故障始终没有复现。

院失效分析中心通过对失效现象的分析，将失效部位定位在输出端的两只滤波电容器失效或者是由于其内部CMOS电路产生可控硅效应所致。存储器外层为钢壳体，为取出内部印制板，通过机械切削将壳体去掉，之后发现存储器内部灌有环氧树脂。由于存储器内部的印制板完全被环氧树脂包裹，无法在不破坏内部印制板上元器件的情况下将其去除，且怀疑失效的CMOS电路无法暴露出来，因此决定将印制板上的两只滤波电容器暴露出来进行分析确认。

用研磨方法使两只滤波电容器露出后，用实体显微镜观察，两只电容器表面均未发现烧毁痕迹，瓷体表面均未发现裂纹等异常现象，端电极焊接状态也未发现异常。将滤波电容器从印制板上焊下后，用实体显微镜观察，电容器也未见异常。由此，确认两只滤波电容没有失效。

院失效分析中心运用可靠性物理分析，认为存储器失效是由于其内部CMOS电路产生可控硅效应，使CMOS电路的电源端与地端之间呈短路状态，导致存储器供电回路电流超差失效。产生可控硅效应的原因与CMOS电路的输入端或输出端引入超过电源电压或低于地端电压的电压有关。系统断电后再重新加电，可控硅效应消失，失效现象消失。

【案例2】通过试验验证，阐明失效机理

在某型号发射场现场装配中，爆炸螺栓与螺母组件发生了卡滞，造成整流罩合罩时存在1～2mm的间隙。失效件送到院失效分析中心，分析人员进行宏观观察、照相、取证，并确定分解方案，完成了微观观察、测试分析和金相分析、测量，但是在对失效分析结论进行讨论时，失效分析人员内部产生了分歧。

这种情况下，失效分析人员利用试验求证法，对多只未使用的爆炸螺栓和螺母组件进行安装试验，很快验证了其中的一种失效分析结论，即爆炸螺栓组件发生卡滞的原因是由于装配过程中匹配螺纹发生了粘着磨损，螺纹发生粘着磨损的原因应与装配时螺栓与螺母配合状态不良（不同轴）有关。

8.2.3.2 航天失效分析发展趋势

目前，航天失效分析的主要发展趋势表现在：一是航天失效分析的分析技术不断进步，包括红外显微镜分析技术、红外热像分析技术、液晶热点检测技术、扫描声学显微镜分析技术、X光检查分析技术、电性能测试分析技术和元器件的解剖技术等。此外，集成电路（Integrated Circuit，IC）技术的发展，能够适应IC技术发展需求的聚焦离子束（Focused Ion Beam，FIB）、反应离子腐蚀（Reaction Ion Etching，RIE）、电子束测试（Election Beam Technigue，EBT）、扫描探针显微（Scanning Probe Microscape，SPM）和荧光微热像（FMI）等新的失效分析技术在深亚微米器件的分析和微细加工等方面发挥了重要的作用。二是失效分析机理的研究不断深入。由于超大规模集成电路（Very Large Scale Integration，VLSI）集成度一直遵循“摩尔定律”，以每18个月翻1番的速度急剧增加，目前1个芯片上集成的电路元件数早已超过1个亿，使VLSI在电子设备中扮演的角色从器件芯片转变为系统芯片（SOC）；与此同时，深亚微米的VLSI工艺特征尺寸已达到0.18 μm以下，在特征尺寸不断缩小、集成度和芯片面积以及实际功耗不断增加的情况下，物理极限的逼近使影响VLSI可靠性的各种失效机理效应敏感度增强。因此，国际上针对深亚微米／超深亚微米VLSI主要失效机理的可靠性研究一直在不断深入，并且把针对VLSI主要失效机理的晶片级和封装级可靠性评价测试结构的开发和应用纳入其航天质量保证计划，可靠性模拟在可靠性设计与评估中的应用也日益增多。此外，在航天失效分析领域，逐渐开始重视故障模拟仿真再现工作。该方法在一些大型的航天事故调查过程中已经得到应用，并已经成为航天失效分析的一种重要辅助手段。

为充分发挥失效分析在航天产品质量可靠性中的作用，需要不断跟踪国内外航天失效分析技术的发展趋势，不断开展以下方面的研究。

1）强化电子元器件失效分析技术的创新，提高电子元器件失效分析机理的研究能力，突破大规模集成电路、塑封电路等失效分析的关键技术。

2）拓展专业技术领域，实现电子元器件失效分析技术和失效分析机理研究的大跨度发展，提高电子元器件失效分析所能覆盖的产品范围。

3）金属材料的失效分析逐渐从定性分析向定量分析迈进，并把预防失效和失效分析提到同等重要的地位。

4）重视失效分析数据库和专家智能分析库的建立和应用，并用来指导航天工程失效分析和航天材料、工艺改进研究。

通过失效分析技术和失效机理的深入研究，可提高航天失效机理的验证能力、航天失效过程的模拟再现能力，以及具备技术一流、反应迅速的航天失效分析能力和持续发展能力。

8.3　航天计量保证

计量是保证测量实现单位统一和量值准确可靠的一门科学，是航天企业基础能力和核心竞争力的重要体现，同时也是保证航天产品质量的重要技术基础工作。航天产品的特殊性，决定了航天计量具有以下特点。

1）保障对象的复杂性。航天计量服务的对象是航天型号产品及其配套设备，涵盖航天产品研制、生产、试验、使用等过程。由于航天型号产品的研制规模大、技术复杂、综合性强、集成度高，对计量的需求日趋呈现出参数多、量限宽、综合性强、环境复杂以及对测量准确度和可靠性要求高的特点。

2）测量技术的先进性。航天型号产品的发展，对测试设备提出了高准确度、高灵敏度、抗电磁干扰等多方面的要求，迫切要求建立具有参数多、频带宽、自动化程度高、综合机动性强的计量标准。航天型号产品的技术先进性决定了航天计量保障技术的先进性，如没有与之相应的计量保障手段，要满足现代化航天型号产品研制、生产、试验的需要，是不可想象的。

3）保障方式的多样性。型号计量保障对象的复杂性决定了航天计量保障方式的多样性，主要表现在实验室检定、校准与现场巡回检定、校准相结合；计量检定与科研开发相结合；计量检定与修理相结合等。

4）技术投入的长期性。航天计量保障具有连续的继承性，也具有保障资源的时效性。计量技术与高科技相互促进，共同提高，计量技术要不断地跟踪新技术，为航天产品的发展服务。型号发展的持续需求牵引，决定了航天计量技术发展没有终点。

8.3.1　航天计量保证及其体系

早在20世纪50年代，聂荣臻元帅就提出了“科技要发展，计量须先行”的著名论断，并明确了“计量”为搞国防尖端技术的“开门七件事”之一，阐明了计量在国防科技工业中的地位和发展方向。

伴随着国防科技工业和航天型号产品的发展，航天一院的计量工作走出了一条从无到有、从小到大、从单一参数量值传递到多专业技术综合计量保障的发展道路。半个多世纪以来，航天一院的计量工作已经初步形成了计量保证体系，建立了相应的计量机构、计量标准、计量法规、计量保障队伍、校准实验室、计量测试技术和计量监督与管理体制。一〇二所作为航天一院专业计量技术机构，是国防科技工业长热力一级计量站，国家运载火箭产业计量测试中心。它的建立可追溯到航天事业开创之初，前身为国防部第五研究院一分院第八研究室的一个工程组——机械物理标准组（1958年6月5日成立）。1964年8月13日，经总参谋部批准，一〇二所正式成立，成为厂、所级机构。随着国家机构的调整，从国防部第五研究院一分院计量站到中国航天科技集团公司第一研究院第一〇二研究所，一〇二所几经易名，但计量工作为航天产品的发展提供保证的宗旨没有变，并与国家计量技术发展相得益彰，有益互补。

计量保证是法制计量中用于保证测量结果可信性的所有法规、技术手段和必要的活动。就航天计量工作而言，其保证体系是为实现航天产品研制过程测量结果达到预期目的的所有管理机构、技术机构、法规、技术手段、人才队伍等的总和。

8.3.1.1 计量管理组织机构与法规

航天一院已形成两级计量管理部门和专业研究所、厂所计量技术部门，除专业计量技术机构外，各厂所还根据自身业务特点需要设立了计量技术部门，负责本单位的量值传递工作以及和型号有关的计量保证工作。图8-9为航天一院计量管理体系图。

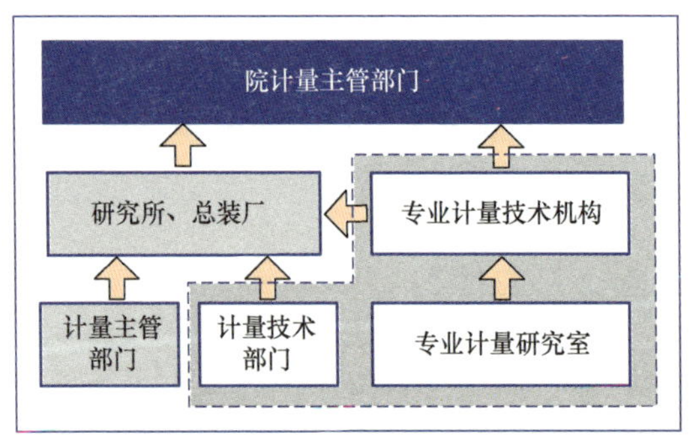

图8-9 航天一院计量管理体系图

航天计量管理工作具有系统、复杂的特点，据此，航天一院建立了系统、全面的计量管理工作标准和制度，其中以《专用测试设备计量管理规定》《靶场计量设备管理规定》等为代表的管理办法，对专用测试设备、大型现场试验等计量管理方面提出了详细而具体的管理要求，从根本上保证了航天计量管理工作有序、正常开展，保证了计量管理满足型号任务需求和航天计量工作自身发展需要。图8-10为航天一院专用测试设备管理流程，图8-11为靶场计量设备管理流程。

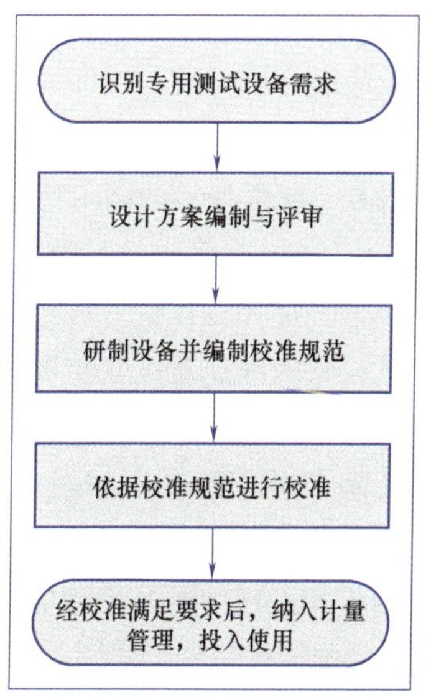

图8-10　航天一院专用测试设备管理流程

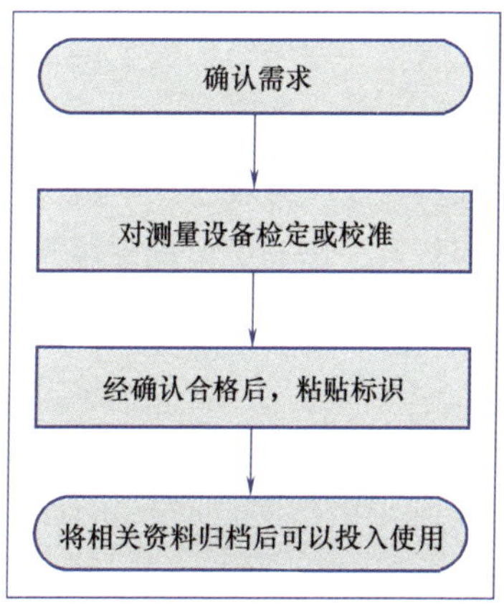

图8-11　靶场计量设备管理确认流程图

8.3.1.2　计量技术标准和规范

没有计量标准也就失去了评定产品质量的客观依据。就一定程度而言，没有航天计量也就没有航天质量。为满足型号需求，航天一院积极开展计量标准技术研究，突破了众多计量校准关键技术难关，先后开展了大力值校准、动态压力校准、热流量校准、高温校准等具有航天特色的计量校准技术的研究，研发了一批航天专用测试设备，为我国建立了一大批国防军工计量标准。目前，航天一院计量标准体系覆盖几何量、热学、力学、电磁学、无线电、时间频率、化学和声学8大专业，配套数百项计量标准装置（包括国防最高计量标准和国防区域最高计量标准），许多计量标准的技术指标达到国际先进水平，可提供高准确度的量值，其中动态压力标准装置、热流量标准装置等计量标准是专门服务于航天型号的国内特有计量标准。

按照国家、行业和企业三个层次建立计量技术规范体系，全面覆盖航天计量检定和校准工作。航天一院针对各型号对专用测试设备计量校准的需求，编制了一系列专用测试设备校准规范；在注重院标准、规范的制定和完善的同时，还积极组织参与国家检定规程、校准规范、国家军用标准和行业标准的编制，先后编制了《静态扭矩测量仪检定规程》《动态微小力矩标准装置校准规范》等一系列国家和军用规程、规范。计量技术规范体系的建立既满足了航天产品型号研制生产过程中对通用测量仪器量值溯源的要求，又确保了专用测试设备量值的准确可靠。

8.3.1.3　计量专业人才队伍建设

在计量队伍建设方面，航天一院已经形成了一支技术层次、队伍规模与型号任务需求相适应的计量测试队伍，拥有多名国家一、二级注册计量师、国家级计量标准考评员、国家级实验室认可技术评审员、国家级计量专业委员会委员。此外，根据航天产品的特点，培养了大批掌握现场综合性仪器自动校准技术的技术骨干，具备高水平、高效率的现场校准等一系列综合计量服务能力。

8.3.1.4　航天计量保证体系的作用

航天计量保证体系发挥的作用归结起来有以下三个方面。

（1）航天型号质量量化控制

实现量化控制是推行航天精细化管理和零缺陷管理的前提和基础。通过发挥计量测试的量化优势，为航天型号在可靠性、安全性、维修性、保障性、测试性和环境适应性等方面提供量化支撑手段，实现设计、工艺和试验等过程的量化控制，从而为航天质量量化控制和过程精细化管理提供技术支撑。

（2）保障航天型号产品质量

计量测试是航天型号产品质量量化控制的“眼睛”，是航天型号产品质量保证的重要环节，也是航天质量体系建设的关键要素之一。

（3）支撑航天型号新技术发展

随着航天型号产品性能指标等的不断提高，航天型号计量测试工作已经呈现出参数复合化、量限极值化、环境复杂化等特点，计量测试作为现代科学技术的重要组成部分，应与航天型号研制过程紧密结合，充实和完善航天一院型号研制技术体系，为航天型号研制及其配套设备计量特性、整体战术指标评价提供先进的计量测试技术，提升航天一院的整体计量测试与评价能力。

（4）全过程计量监督

航天一院在航天工程的管理实践中，充分发挥计量对型号产品的保障作用，实施了型号全过程的计量保证与监督。图8-12是航天型号研制全过程计量保证流程图。

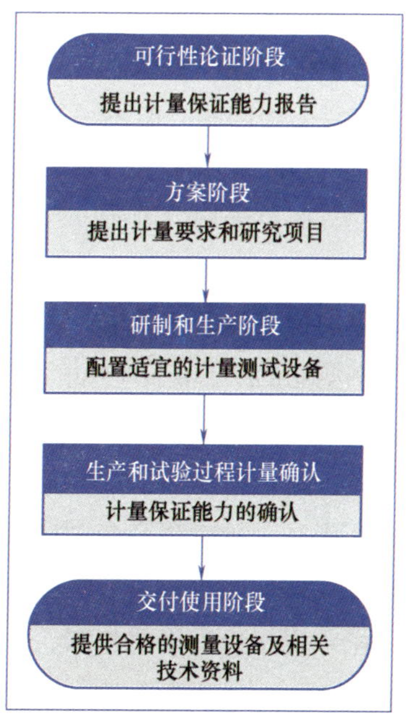

图8-12　航天型号研制全过程计量保证流程图

8.3.2 航天计量保证应用

五十多年来，航天计量工作始终伴随着型号的发展而发展，不断取得进步，航天一院研制了以热流标准装置等为代表的一大批具有航天特色的计量标准，保证了型号计量器具的量值准确可靠；突破了以微小推力测量校准技术等为代表的一批关键计量技术，解决了型号计量的难题；研制的专用计量测试设备及其校准方法直接应用于型号，保障了航天型号产品的质量。

【案例1】设计专用试验装置确保质量问题快速归零

某配套图像侦查装置的CCD镜头罩在试验过程中发生破碎，为查明原因，需对CCD镜头罩的承压性能进行检测试验。当时航天一院并不具备这样的试验装置，为此计量技术人员迅速制定试验方案，设计了专用试验装置，并按试验大纲的要求，进行了模拟试验，证明方案可行。试验结果表明，当镜头罩承受的压力与试验现场相同时，镜头罩破碎，CCD镜头罩的质量问题复现。结论为镜头罩实际承压能力小于设计要求。

【案例2】复合导航系统初始姿态一致性测量装置的研制

新型运载火箭制导系统采用高准确度冗余复合制导方式，各制导单元初始姿态的一致性直接影响导航系统的准确度及可靠性，采用机械限位的方法已不能满足型号需求。针对上述问题，航天一院计量人员发挥在光电精密测角领域的技术优势，在国内首先提出了采用自准直小角度测量方案测量复合导航系统初始姿态一致性，通过采用CCD光电自准直非接触测量技术，消除由于CCD像元的差异造成的系统误差，并在测量时CCD光电自准直仪通过自身的时统信号在同一时刻进行采样，克服了外界环境干扰对测量系统的影响，提高了测量装置的测量准确度和环境适应性。

【案例3】探索新方法，实现准确校准

天宫一号空间舱体积大，设计精度高，结构复杂，测试流程烦琐，而且国内没有相关校准经验。在天宫一号空间交会对接微波雷达测量系统地面校准工作中，采用将多套测量设备功能进行集成的方法，通过数据处理、坐标转换得到多个坐标系的关系，以提供准确的数据，从而实现了对微波雷达测量系统的准确校准，保障了天宫一号和神舟八号的顺利对接。

8.3.3 航天计量保证发展趋势

新一代运载火箭的研制和发展，对计量测试的依赖和要求日益提升，主要表现在计量测试保障的全程化、计量保障管理的规范化、量值传递需求的科学化、计量测试能力的综合化、航天型号研制与计量工作的一体化。

8.3.3.1 计量测试保障的全程化

为了适应航天工程的发展，航天计量测试基础工作要延伸到型号的预先研究、方案论证、型号研制、设备订购（验收）、使用维修、退役（报废）、成果鉴定等多个环节，达到有效的全程质量量化控制。要发挥计量在航天产品全寿命周期的技术监督、保障作用，今后的计量保障工作要更加全面地贯穿于航天型号产品研制的全过程，在设计定型、质量评定、成果鉴定、技术引进等方面，全方位、全过程地进行量值和数据的控制。

8.3.3.2 计量保障管理的规范化

各种计量测试设备必须逐渐纳入航天标准化、规范化的管理轨道，在研制测试设备校准系统、编制检定（校准）规程、制定严格合理的检定（校准）周期计划、考核计量标准、环境控制和人员考核、检定（校准）质量的检查、组织技术仲裁、规范新产品研制等方面都要强化规范化管理，从而建立完备的航天计量保障秩序。

8.3.3.3 量值传递需求的科学化

对量值传递过程中所获得数据的可靠性和可信性要求不断提高，众多参量由常规量程向高、低两个极端延伸，被测参数由单一参数发展为综合参数，参数的特点也由静态发展到动态、由成品检验发展到航天生产过程中的在线测控和现场校准，此外还表现在校准测试环境的极端化等，随之而来的量值传递方式也必然要求进一步发展和完善。传统的量值传递方式存在一定的局限性，它偏重于计量标准本身，而忽略了量值传递过程中其他因素的影响，如实验室环境条件、其他计量器具和配套设备的状态等。因此，如何保证量值的准确可靠，并能在传递过程中始终保持更准确的信息，是航天计量保障工作所面临的一个新课题。从量值传递方式的发展来看，就是要提高测量结果的置信水平，其核心思想就是把计量测试看成一个完整的过程。

8.3.3.4 计量测试能力需求的综合化

航天计量测试工作由小到大、从分散到集中、从单参数到多参数、从静态测试到动态测试、从手动测试到自动化测试、从部件测试到系统测试的不断发展，使得计量测试所具有的参数多、量值大、频段宽、精度高的特点更加突出，这也是航天型号产品发展对计量工作的新要求。

8.3.3.5 航天型号研制与计量工作的一体化

航天型号产品要实现质量的量化控制，这给计量参与型号研制全过程和管理流程带来了历史机遇。实现优质、有效的质量管理是型号管理追求的基本目标之一，现行质量管理的过程要注重产品的可靠性、测试性等，就要关注可计量性方面的要求。航天型号研制与计量工作的一体化体现在：一是把计量工作渗透到从原材料到型号研制、试验、生产、使用和服务的全过程；二是计量专业人员和型号研制、生产人员协同工作，共同实现型号研制中计量保证的任务和目标。

参考文献

[1] 刘贵民. 无损检测技术［M］. 北京：国防工业出版社，2006：2–3.

[2] 张玉妥，李依依．“哥伦比亚”号航天飞机空难原因及其材料分析．科技导报．2005，23（7）：34~37.

[3] 李家伟，陈积懋. 无损检测手册［M］. 北京：机械工业出版社，2006：47–749.

[4] Q/DqG 2635—2007.失效分析管理办法. 北京：703所企业标准：2–3.

[5] 张栋，钟培道，陶春虎，等. 失效分析［M］. 北京：国防工业出版社，2004.

[6] 费庆宇.国内外电子元器件失效分析新技术及其采用的仪器设备［J］. 电子产品可靠性与环境试验，1995（3）：57–59.

[7] 肖虹，田宇，蔡少英，刘涌.国外军用电子元器件可靠性技术研究进展［J］. 电子产品可靠性与环境试验，2005（12）：184–188.

[8] 董均海.电子元器件失效分析技术［J］.现代情报，2006（4）：207–208.

[9] 国防科工委科技与质量司. 计量技术基础［M］. 北京：原子能出版社，2002：3–55.

[10] 郭群芳. 国防计量 [M]. 北京: 国防工业出版社, 2003.

[11] 中华人民共和国国家计量规范. JJF 1001-2011 通用计量术语及定义. 北京: 国家质量监督检验检疫总局.

航天标准化与产品化

- 航天标准化与产品化的关系
- 航天企业标准化
- 航天产品化建设

标准是对重复性事物和概念所做的统一规定。它以科学、技术和实践经验的综合成果为基础，经有关方面协商一致，由主管机构批准，以特定形式发布，作为共同遵守的准则和依据。标准是一个组织的法规，是组织正常运行的基础和保障。标准对于运载火箭研制也是如此，经过实践，航天一院建立了航天标准体系，这个体系既是过去研制工作的经验，也是开展型号研制的技术平台。今天，航天企业研制一个新型号，首先关注的是采用什么标准，客户的要求又是什么标准。航天标准从某种意义上讲代表了航天的水平。

标准化是指在技术、经济、科学及管理等社会实践中，对重复性事物和概念通过制定、发布和实施标准，达到统一，以获得最佳秩序和社会效益。对组织而言，是组织内部为实现工作合理化的最佳条件而编制、修订、贯彻标准的活动。标准化已经成为一院航天型号研制的重要组成部分，通过开展航天标准化工作，可合理发展航天产品品种规格，提高产品通用化、系列化、组合化程度，起到保证航天产品质量、缩短研制周期、降低研制成本的作用。

9.1 航天标准化与产品化的关系

随着科学技术的进步和航天事业的发展，航天一院型号及产品种类不断增多、研制规模不断扩大、技术复杂程度不断提高，研制周期和质量保证难度不断增大。产品化工作已经成为航天一院新时期发展的一项重要举措。产品化是产品体系建设的简称，指将发明、创新、研究和开发取得的科技成果、试验品转化为质量可靠、可稳定重复生产的航天产品，实现航天产品的成熟化、货架化、市场化。这就需要采用航天一院早期提出的“三化”方法：通用化、系列化和组合化。上述形式从不同的角度体现了航天产品化和标准化的统一、简化、协调、选优的原理，属于航天产品化和标准化的工作范畴。其要点如下。

1）“三化”体现了产品化和标准化的目的。“三化”的目的是为充分利用现有成果，最大限度地减少不必要的重复劳动，以有限的品种、规格满足航天发展多样化的需求，简化航天维修和后勤保障等。

2）“三化”的理论是以标准化理论为基础的。“三化”建立在继承性原则和互换性原理之上。继承性是指对现有技术成果的再利用。航天新产品的研制都是在现有设计技术的基础上发展而来的，是可通过单元在新研制系统中的重复利用来实现的。互换性是通用化的前提，也是开展航天产品系列化和组合化的基础，是“三化”工作最基本的理论基础。

3）“三化”选择的对象属于航天产品化和标准化对象的范畴。“三化”的对象十分广泛，既有硬件，又有软件，从系统、分系统、单机直到零部件、结构要素都可以是航天“三化”的对象。

9.2 航天企业标准化

9.2.1 航天一院标准化发展历程

航天型号研制是复杂系统工程，需要约束和规范，而标准是开展各项研制工作所必须遵守的技术依据，标准化正是解决系统协调、统一的重要手段。标准化工作是型号研制工作的重要组成部分，以系统工程理论作为指导，采用系统工程的方法开展工作，是贯彻型号研制总路线的一项重要技术经济政策。

航天一院标准化工作的发展历程，基本上可划分为起步、受挫与整顿、快速发展和全面发展四个阶段。

9.2.1.1 起步阶段

1956—1965年，航天事业处于创业时期，航天型号研制从仿制逐渐发展为自行设计。航天标准化工作处于借鉴、摸索的起步与发展阶段，通过吸收、引进、学习，航天一院标准化工作为型号研制创业打下基础。

9.2.1.2 受挫与整顿阶段

1966—1983年，在自力更生研制火箭的道路上，航天工程标准化工作仍然处于探索之中。“文化大革命”时期，标准和标准化工作作为“条条”“框框”陷于几乎停顿的状态。但随着社会局势的转变、改革开放和航天型号研制的发展，航天工业大力贯彻国家“加强管理，切实整顿，打好基础，积极发展”的标准化工作方针，在挫折中开展整顿，在紧密围绕航天型号研制任务的状况下，恢复与建立了相关规章制度，制定或修订了若干标准，使航天型号研制工作基本上做到了有章可循。

9.2.1.3 快速发展阶段

1983—1999年，在科学性与政策性紧密结合的状况下，航天型号综合标准化的发展带动了航天一院标准化工作的进步，探索了一条以研制带标准、以标准打基础保水平，立足基本型研制解决新一代型号研制中标准化问题的道路。同时，某型号的标准化工作经验广泛地应用于航天一院各型号中，指导了型号标准化工作。这一时期新型号的立项研制，为航天一院标准化工作发展提供了机遇。

9.2.1.4 全面发展阶段

2000年以来，航天工程标准化工作进入全面发展阶段。航天一院大力推进型号标准化工作和标准化综合管理工作，基本建立了航天一院标准化体系，启动了产品化工作和标准化工程，发布了标准化战略，在服务型号、注重实效原则的指引下，航天标准化工作得到全面发展。

9.2.2 型号标准化体系

从航天标准化发展的历程看，在初始阶段，型号标准化就是航天一院企业标准化的全部，后随着航天一院的发展，企业标准化工作的范围和内容也在不断丰富完善，但型号标准化仍然是航天一院企业标准化工作的中心环节，它既是型号研制工作的重要组成部分，也是发挥标准化对型号研制的指导和保障作用的重要途径。

9.2.2.1 型号标准化体系的沿革

在航天一院初建阶段，航天产品标准和工艺标准主要采用苏联的标准。在借用苏联技术标准方面，除翻译、印制了大量的“1059”技术标准资料之外，还将苏联有关导弹工业的技术标准翻译、汇编成册，印刷分发。不久，在总结“1059”仿制经验的基础上，航天一院开始制定中国自己的航天型号技术标准。

“兵马未动，粮草先行”，航天标准化工作要走在型号研制的前面。在航天型号发展历程中，逐步形成了提前谋划航天标准化工作的特点。在第一代型号研制、定型与第二代型号新旧交替的情况下，确立了航天标准化工作的指导思想，就是首先要把标准化工作的立足点放在型号研制的服务上，在重点确保

“三抓”任务完成的同时，为第二代型号的研制做好准备。为此航天一院按型号分工设专人负责各型号的标准化工作；在完成第一代型号试验、定型和试制任务的同时，重点抓好第二代型号研制的标准化启动、策划和实施工作。

2000年以来，航天一院全面加强了型号研制前期的标准化工作策划，在总结以往型号研制经验的基础上，强化策划的系统性，做到全过程控制，同时要求突出重点、整体推进，在型号研制过程中不断丰富标准化工作内容，形成了较为规范的航天标准化工作流程。

9.2.2.2 型号标准化工作流程

航天型号研制工作是按照一定程序，分阶段循序渐进的。型号标准化工作是与型号研制各阶段的工作有机地、紧密地结合起来的，也是分阶段有步骤地进行的。

（1）型号论证阶段

在型号论证阶段，提出贯彻标准和保证新产品总体性能及可靠性、维修性、安全性、互换性、环境适应性等方面的标准化要求。

（2）方案阶段的初期

在方案阶段初期，进行型号标准化策划，提出型号标准化方案，建立标准化工作系统。

（3）方案阶段后期及初样阶段前期

在方案阶段后期、初样阶段前期，编制型号标准化大纲、型号标准化选用范围、型号标准体系表、统一化规定等标准化文件。

（4）研制过程中

在研制过程中，进行标准宣传和贯彻，开展标准化审查，组织制定和修订标准，协调处理标准化问题。

（5）初样转试阶段

在初样转试样阶段，组织进行型号标准化评审、监督检查。

（6）试样转定型阶段

在试样转定型阶段，除评审和检查外，要全面分析标准化大纲和标准的实施执行情况，编制定型标准化要求和标准化定型文件，进行标准化经济效果分析，对技术文件及标准化文件进行标审，收集归档型号标准化文件资料。

航天型号研制过程标准化工作流程如图9-1所示。

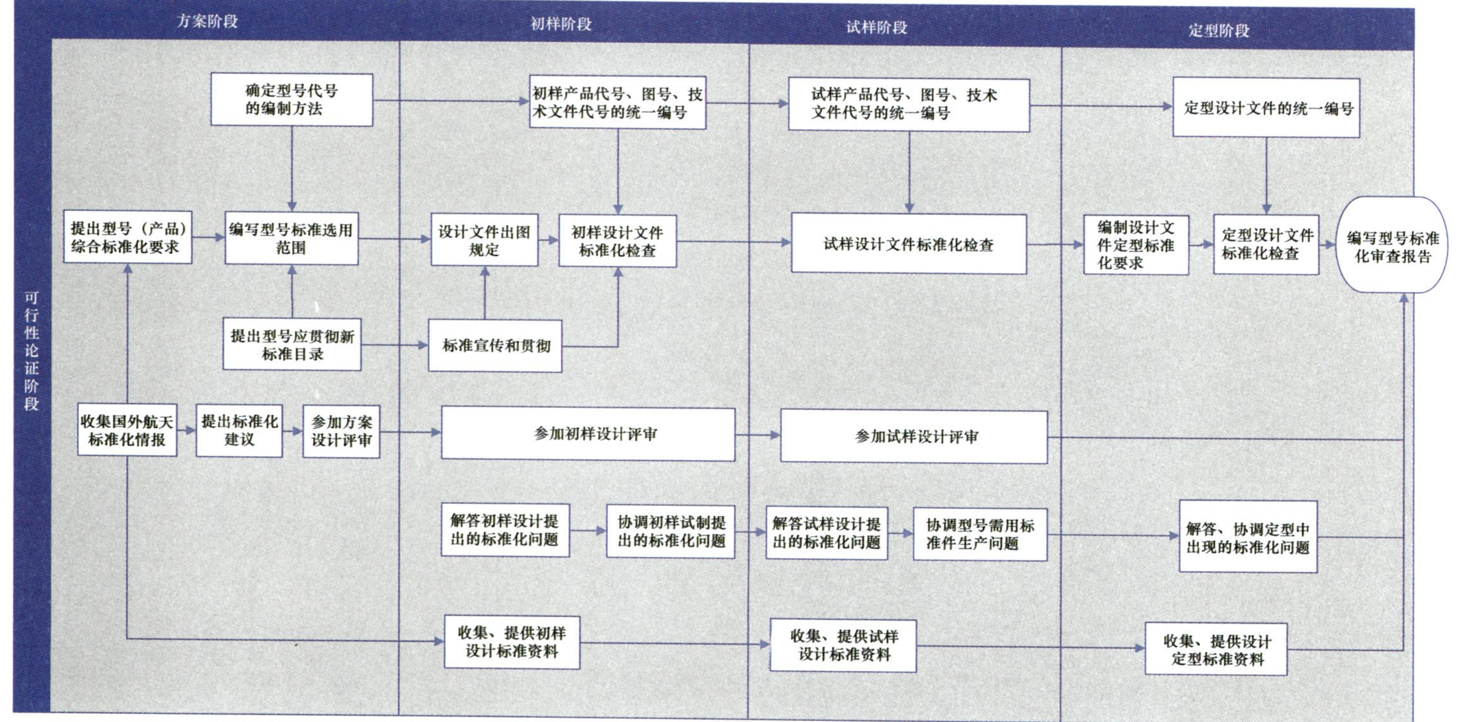

图9-1 航天型号研制过程标准化工作流程

9.2.3 航天企业标准化体系的建立

航天企业标准化是以型号标准化为核心，以提高航天企业经济效益为目的，以航天企业经营活动的全过程及要素为对象，以现行各级标准规范为依据，以标准化理论、技术成果或实践经验为基础，在航天企业内部谋求经营合理化的最佳条件，进行制定、修订和贯彻、执行标准的一项有组织的科学技术活动。企业标准体系通常由三部分组成，即工作标准体系、管理标准体系和技术标准体系。航天企业标准体系则是企业内的标准按其内在联系形成的科学的有机整体。

航天企业标准化工作根据航天企业的管理范围和任务确定，航天一院的标准化工作主要包括航天企业标准化管理制度的建立与健全、航天企业标准化体系表的编制、对标准的动态管理和“三化”工作的开展。

9.2.3.1 建立和健全航天企业标准化管理制度

航天一院建院之初，标准化工作主要是翻译苏联的标准资料，开展标准应用和标准化检查，同时，按照“借用苏联标准，制定自有标准”的方针，健全制度，建立岗位责任制，标准化工作由此起步。“标准一经形成，就是技术法规”的规定，形象地勾画出航天一院对待标准和标准化工作的鲜明态度。随着航天事业的发展，航天一院先后颁发了各项管理办法、规章制度及标准手册等，包括《标准化工作管理办法》，规范了标准化工作管理；标准化工作队伍也不断扩大，各单位都建立了专职标准化管理人员和专兼职的标准审查人员；岗位责任制明确形成，建立了《岗位实施标准目录》，使各岗位的工作有法可依、有标准可依；通过大力推广技术文件模板，形成了技术文件模板体系，强化了航天标准的实施。

9.2.3.2 编制航天企业标准体系表

“十五”期间，通过某工程研制过程标准的补充完善，航天一院基于第二代型号的标准体系已经形成，为某工程和型号的研制提供了基础。随着经验的推广，航天一院建立了型号标准体系，通过型号专用标准的制定，支撑型号研制。例如，围绕长征二号运载火箭的研制，启动了载人运载火箭标准体系的研制工作，完成163项标准的制定，初步建立了载人运载火箭标准体系。随着载人航天工程二期的建设，又开展了载人运载火箭标准体系二期的建设工作。

从20世纪80年代开始，航天的人才队伍出现“青黄不接”的现象。为了将老一辈航天人的经验固化下来，加快后续人才的培养，保持航天事业的可持续发展，中国航天在国防领域率先提出了“抢救工程”，通过标准规范的制定，总结经验、固化成果。经过“十五”“十一五”的建设，航天一院设计规范、工艺规范、试验规范（下简称“三大规范”）标准体系建设工作取得突破，建成了航天一院“三大规范”标准体系，如图9-2所示，并随着型号设计、试验、工艺技术的发展不断趋于完善。今天，“三大规范”的制定已经成为航天一院标准化工作的基本内容，同时也是航天一院质量管理的重要依据。

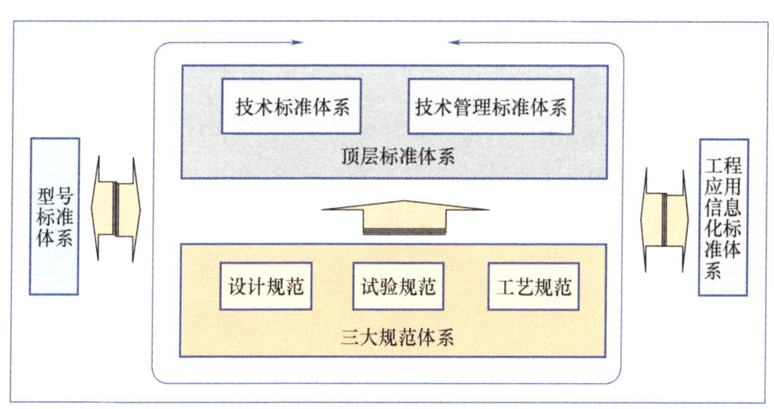

图9-2　三大标准体系、三大规范体系和型号标准体系关系图

为进一步规范标准建设，统筹考虑各级标准编制项目，为航天科研生产提供更有效的标准支撑，航天一院以已有型号标准体系和“三大规范”标准体系为基础，研究确定了技术、技术管理和工程应用信息化三个标准体系。编制完成并发布了以上三个标准体系表，以此为指导，系统地开展院级标准的制定、修订任务。技术标准体系是院各级标准建设的主要内容，以专业技术的应用与发展为主线，系统梳理各专业所需标准，作为各级标准编制的依据和计划。随着航天一院精细化管理的深入，标准作为管理的重要依据之一，也需要进一步的梳理，不断完善，因此制定了技术管理标准体系，并与技术标准体系互为补充，有效地支撑了航天科研生产。工程应用信息化标准

是技术和技术管理的重要组成部分，随着信息化建设步伐的加快，为了更好地支撑信息化建设，做到标准先行，航天一院单独编制了工程应用信息化标准体系，统筹管理信息化标准建设。

目前航天一院已形成以三大标准体系为纲，三大规范体系和型号标准体系为支撑的全面系统的标准体系，完成了三大规范体系中95%的项目编制工作，以及三大标准体系中85%以上的项目编制工作。同时，正着手研究航天标准体系的整体规划工作，系统谋划企业标准体系建设，开展航天产品标准体系、试验标准体系等建设，为后续进一步完善航天标准体系，规范航天质量管理打下基础。

9.2.3.3 以发展和任务为牵引，对航天标准进行动态管理

标准的制定和修订是航天一院标准化工作的基本任务，包括依据各级标准制定和修订计划，组织开展国家军用标准、航天行业标准、集团公司标准和院级标准的制定和修订工作。

在航天事业起步时期，“1059”仿制中存在许多在我国找不到与之对应的标准，特别是在我国材料等基础工业落后，品种、规格不全的情况下，航天材料及设备标准亟待完善。为此，航天一院除了配合有关部委制定了一批新材料的技术标准外，还组织制定了通用设备的技术标准，加强了设计文件的标准化管理等工作。为统一标准，航天一院于1960年开始组织人力对总装厂原有的非标准设备进行全面调研，编制出一批通用设备的技术标准，广受技术人员欢迎。1960年6月17日，航天一院颁发了第一个标准化管理制度《图样管理制度》。这个制度是参考苏联的炮兵标准（TYFAY）制定的。此后，航天一院还陆续颁发了《图样技术文件标准检查暂行规定》《一分院标准制定、审批、贯彻与修改暂行办法》等9项标准化管理文件。1961年10月，为使产品编号统一，又制定了《关于编制产品编号的规定》。1962年，航天一院提出标准化工作要面向航天科研生产，以型号为纲，深入实际，修改设计标准的要求，制定了航天一院标准化工作的初步规划，开展技术标准的统一化工作。1963年10月，航天一院制定并颁发了第一批紧固件标准148项。同时，制定了《第一批基础标准螺栓、螺钉、垫圈标准的规定》《基本产品图样管理制度》《基础产品图样管理制度》《辅助产品图样管理制度》等规章制度。

进入新时期，以各级标准体系为指导，全面开展标准制定工作在航天一院已达成共识。以QJ 1714A《设计文件管理制度》、Q/Y 1000.1～6《一院标准管理办法》为代表的标准管理制度，以会计控制标准（Accounting Control Standard，ACS）为代表的财务管理标准，以Q/Y 144《型号产品质量问题归零管理要求》为代表的质量管理标准，以载人航天系列标准为代表的技术类标准等各类标准的发布实施，支持了航天型号研制和组织管理技术的进步。

9.2.3.4 开展型号产品的"三化"工作

"三化"是通用化、系列化和组合化的简称，是标准化工作的一项基础性工作。标准化工作的最终目标就是进行"三化"，而"三化"的重要依据和手段就是进行标准化。为使 "三化"工作有法可依，航天一院首先发布了一院型号产品"三化"管理暂行办法，对"任务与要求"、"机构与职责"、"项目实施"和"经费管理"等方面做出规定。从2003年年底开始，航天一院逐年组织开展院级"三化"项目研究，共计36项，并应用于航天型号研制。

9.2.4 型号综合标准化的实施

20世纪80年代，对于我国航天新型号研制，航天一院在组织管理上按照通用化、系列化的思路，提出了基本型发展战略，在此基础上走移植、变形的道路。基本型、系列化发展思路的提出，标志着我国新型号研制指导思想的重大转变。基本型发展战略需要运用标准化手段实现第二代型号的"技术通用"，从而对航天标准化工作提出了新的要求，当时传统的标准化方法已不能适应这一需要。为此，在总结第一代型号研制中的标准化工作经验的基础上，航天一院酝酿并提出在新型号研制中推行综合标准化的设想。

1986年7月，时任国防科工委综合计划部部长怀国模同志指出，结合基本型研制开发综合标准化的方向是正确的，并决定在航天新型号研制中推行综合标准化的试点。1987年10月，受国防科工委委托，航空航天部召开了航天新型号综合标准化会议，标志着该型号综合标准化方法论证及总体规划阶段基本结束，转入全面实施阶段。

新型号综合标准化的主要技术内容是以系统工程理论为指导，以型号基本型为标准化对象，对影响其技术水平和质量的主要因素进行整体标准化。航天一院按型号基本型研制需要，全面系统地规划了各级标准化工作的任务，制定了航天型号第一个标准体系表和综合标准化规划，与型号研制同步，基本建成了航天型号标准体系，并按边制定、边贯彻的原则付诸实施。

型号综合标准化的实施，改变了以往以通用基础标准为主，分散组织标准制定的标准化管理模式，使航天一院标准化工作进入了快速发展阶段，迎来了继1963年之后的第二个高峰期。型号综合标准化工作自1986年开始，历经15年，航天一院首次编制了第一个型号综合标准体系表和综合标准化规划，开展了十多项通用化、统一化的工作，有组织、有计划、有目标地制定了协调、配套的各级专业标准1 382项，提高了型号“三化”程度和综合保障能力。

通过推行航天型号综合标准化，改变了以往适应航天型号研制需要的标准数量少、不配套的状况，为航天基本型及后继型号研制打下技术基础。

9.2.5 与国际标准逐步接轨

从20世纪90年代初开始，航天一院研制的长征系列运载火箭进入国际商业卫星发射市场，并占据了一定的份额。在国际商业合作中，航天一院充分认识到，国际航天标准是国际商业发射合作的依据，谁拥有国际标准，谁就掌握了主动权。因此，参与国际商业发射服务竞争，不仅要遵守国际标准和国际惯例，还应该主动参与国际航天标准的制定，将中国航天的成功经验和技术要求纳入到国际标准中，使之成为世界各国在国际商业发射市场共同遵守的准则。

21世纪以来，我国开始参加国际标准化组织航空航天技术委员会航天系统及其应用分技术委员会（ISO / TC20 / SCl4）的工作，并积极参与国际航天标准制定过程的讨论和表决。为了更好地开拓国际商业发射市场，作为中国航天参与国际航天标准制定的尝试，从2000年开始，航天一院承担了中国第一项国际航天标准《有效载荷飞行环境遥测数据处理要求》的制定，2009年，航天一院完成该标准全部5个阶段的工作。

之后，航天一院积极参与国际航天界同行专家间的研讨和交流，并承担了更多的国际标准编制工作。《空间系统—控制系统仿真要求》国际标准于2010年9月立项，进展顺利，《星箭分离—远场分析要素》国际标准于2012年3月立项。另外，2012年航天一院还承担了国际标准《机械产品数字样机通用要求　第2部分：构建要求》和《机械产品数字样机通用要求　第3部分：管理要求》的编制，推进了我国航天标准与国际标准的有效接轨。

9.3 航天产品化建设

9.3.1 航天一院产品化工作历史

航天一院产品化工作经历了“概念提出阶段”、“论证推进阶段”和“全面推进阶段”三个阶段。

9.3.1.1 概念提出阶段（2006—2009年）

航天一院产品化思想的正式提出始于2006年，时任运载型号主管副院长首次提出了开展运载火箭产品化研制的工作思想，并主持召开了“院2006年运载型号技术交流会”“2007年运载型号交流研讨会”等会议，着眼于提升院运载火箭竞争能力，要求统一思想、统筹规划、夯实基础，利用三型运载火箭新研制契机，集中精干力量，优化方案，推动运载火箭型号研制发展，为后续产品化工作奠定基础。在前期“三化”工作的基础上，在全院各单位、型号队伍的大力支持和配合下，对产品化工作进行了系统策划，按照“做好一本规划，开展一系列培训，构建一套制度，组建一支队伍，进行一批试点应用”的工作思路，以货架建设为中心，围绕系统与单机两条主线的整体思路，系统推进、试点先行、逐步完善。

9.3.1.2 论证规划阶段（2010—2011年）

2010年，航天一院组建了产品化工作专门机构。2011年4月，航天一院召开产品化工作“十二五”规划研讨会，对产品体系建设工作做出了总体策划，明确提出了四步走的产品化工作计划。2011年9月，印发《一院单机级货架产品目录（2011版）》。

9.3.1.3 全面推进阶段（2012—）

2012年12月，航天一院召开“产品化推进大会”，会议明确了一院未来产品体系和流程体系建设的指导思想、工作目标、工作内容、推进步骤和相关措施，标志着院产品体系和流程体系建设进入了全面推进阶段。2012年11月，印发《关于明确一院产品化推进工作组织模式的通知》，设立产品化推进领导小组及办公室、院产品化推进两总系统，以及厂所产品化推进组织机构，标志着院产品化组织队伍初步建立。2013年7月，印发《关于成立院产品化推进领导小组办公室专项工作组的通知》，在产品化推进领导小组办公室下成立五个专项工作组，进一步强化院产品化工作的组织推进力度。

目前，航天一院将产品化的理念与新体系建设及院科研生产实际有机结合，初步形成了以“一套体系和三个子体系”为面，以“五大专项”为线，线面结合的产品化工作框架。

9.3.2 航天产品化的意义

随着我国社会主义市场经济体制的逐步形成和完善，市场化运行机制在航天科技工业领域得到不断应用。航天一院为了在市场竞争环境下生存和发展，实现从“以航天型号为主的任务型向军民融合发展的任务能力型转型”，从“以国内市场为主向国内国际两个市场并重转型”，提出开展新体系建设，实现市场化转型的战略举措。航天产品体系建设是新体系建设的重要组成部分，也是市场化转型的战略举措之一，其作用体现在提高航天产品质量、优化资源配置和实现航天强国发展战略等方面。

9.3.2.1 提高航天产品质量

为从根本上确保成功，航天必须狠抓产品质量，促进产品成熟，改革管理机制，规范生产过程，确保成熟产品稳定生产。通过开展航天产品体系建设工作，将促进航天系统结构、接口的标准化，从而使航天系统产品组合性、互换性、可检测性、可维修性提升。航天产品成熟度的不断提升，可以促进航天系统的稳定性、可靠性、健壮性，从而降低航天系统试验风险。

9.3.2.2 优化航天资源配置

在当前和未来相当长的时间里，航天一院要完成繁重的科研生产任务，要在新领域取得突破，强化技术引领地位，实现经济增长，就必须合理配置和利用资源。通过深入推进航天产品体系建设工作，在合理的组织模式框架下，辅以有效的配套保障制度，转变科研生产组织管理模式，是提高航天资源利用率的有效手段，有助于解决资源配置不合理和资源浪费的问题。

9.3.2.3 实现航天强国发展战略

在航天一院中长期发展战略中，提出了“归核化、市场化、产业化、国际化”的发展方略，实现武器实战化、运载市场化、经营规模化、基础现代化、管理科学化的发展愿景目标。为实现上述目标，必须开展产品化设计、产品化生产和产业化经营，实现航天产品系列化、航天系统模块化、整箭组合化的目标，从而促进我国由航天大国迈入航天强国。

9.3.3 航天产品化建设目标

航天产品体系建设目标是建立包含三大子体系的院产品体系。三大子体系包括：产品子体系、保障子体系和标准规范子体系，其总体内容如图9-3所示。

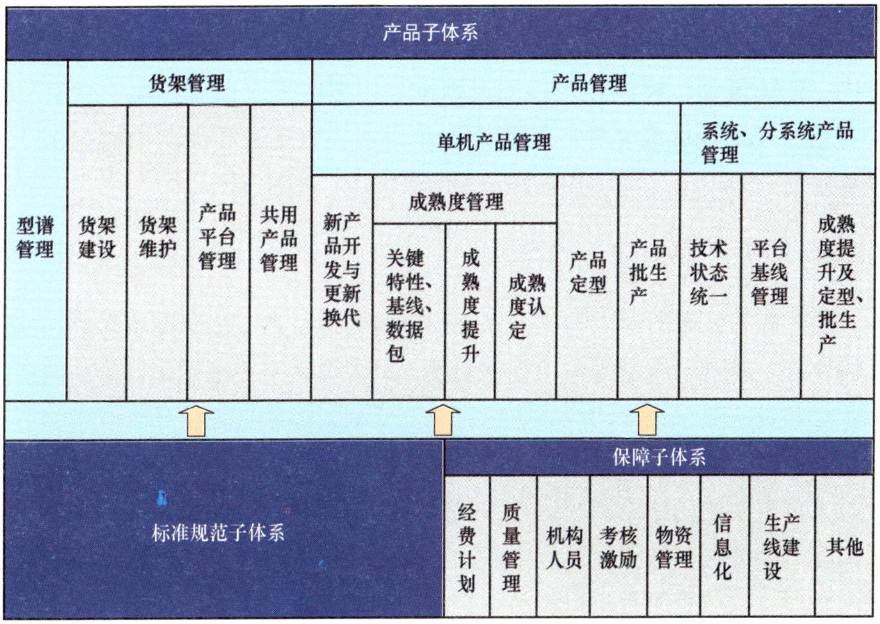

产品子体系
型谱管理
货架管理
货架建设
货架维护
产品平台管理
共用产品管理
产品管理
单机产品管理
新产品开发与更新换代
成熟度管理
关键特性、基线、数据包
成熟度提升
成熟度认定
产品定型
产品批生产
系统、分系统产品管理
技术状态统一
平台基线管理
成熟度提升及定型、批生产
标准规范子体系
保障子体系
经费计划
质量管理
机构人员
考核激励
物资管理
信息化
生产线建设
其他

图9-3 航天产品化三大子体系建设内容示意图

通过航天产品子体系建设中的型谱管理，系统规划产品，建立货架管理模式；通过产品管理，系统开展单机产品全生命周期管理，保证产品质量，实现产品成熟、产品稳定和可重复生产，并促进系统级产品（型号）研制过程中选用成熟产品、成熟技术；通过推动系统级产品（型号）成熟度提升及定型，牵引单机产品成熟度提升及定型，形成型号与产品共同发展的良性循环，促进院聚焦资源，快速发展；通过保障体系建设，保证航天产品体系建设健康发展；通过标准规范体系建设，支撑型谱管理、产品管理和配套保障条件的落实。

9.3.4 航天产品化建设思路

航天一院的产品化建设思路是：以完善系统级平台，建设分系统级平台，自主有序规划单机级产品，建设管理货架，货架产品推广应用等手段实现“三化”；以系统级、单机级产品成熟度提升、生产线建设等为手段实现成熟化；以总结梳理产品的手段，强制货架产品选用的手段实现货架化；以产品按规划自主有序发展、“采购—生产”管理模式等为基础建立内部市场，并调整体制机制、激励和推进产品走向外部市场为手段实现市场化。整体策划，标准先行，重点推进，持续改进，以成熟化、货架化、市场化的理念开展或完善产品的全生命周期、全要素管理，推进航天产品体系建设。

9.3.5 航天产品化建设内容

航天产品体系的建设和实施以流程重组为途径和方法，基本形成面向产品的计划、经费、质量等各项管理制度；以人员重组为基础，健全面向产品的队伍和责任体系；推动产品重组，建立货架，形成货架产品。其中，产品重组处于核心地位，通过产品重组，将产品从型号中剥离出来，它决定着流程与人员机制的构建原则与运行方式；流程重组是在产品重组的前提下，通过构建产品流程，在型号流程中嵌入航天产品体系建设要素，保证研制过程顺利开展；人员重组是根据产品重组的要求与特点，落实组织保障要求，实现航天产品体系建设的顺利运转。

9.3.5.1 开展产品重组，建立相对独立的航天产品体系

产品重组是指在产品梳理和规划的基础上，从型号中剥离出通用产品，纳入货架管理，变定制式航天产品研发模式为面向型谱的航天产品研发模式，建立型号牵引和自主发展相结合的航天的产品发展模式；将非通用型号配套产

品纳入型号管理，加强“三化”工作；规范外协、外购配套产品规划、标准、技术协议的制定，强化对供应商的认证，提升总体对配套产品的牵引与管控能力。

9.3.5.2 开展流程重组，建立完备配套的航天产品科研生产管理机制

流程重组的实质是围绕产品重组，建立型号与产品并重的航天科研生产流程（一级流程）、通用产品研制流程（二级流程）、元器件选用流程、货架产品型号应用流程等重点流程（三级流程），以及支撑相关流程的计划经费管理、质量管理、标准化管理、档案管理、物资管理、生产保障、信息化管理等规章制度。其核心是以试点产品检验流程，以流程支撑试点产品运行。

优化航天型号研制管理流程，要明确系统级产品平台管理和型号项目管理流程；建立产品平台的产品全生命周期管理流程；理顺型号与产品的关系，建立产品与型号的“供—需”流程和机制，实现航天产品研发与技术创新、型号研制协调匹配、良性互动。

9.3.5.3 开展人员重组，建立与型号研制并行的航天产品研发队伍

人员重组是指按照产品重组需要，建立与型号研制并行的航天产品研发队伍；对航天型号研制和产品研发队伍实施一体化管理，明确队伍间职责权限、业务关系和考核评价重点；分层级进行产品研发队伍岗位设置和人员配置，组建产品技术队伍和管理队伍；建立产品研发队伍的发展通道，激励和牵引技术创新和产品创新；系统规划技术队伍的分类分级及流动规则，提高人力资源开发利用效率，提升航天科研生产体系的运行效果。

9.3.6 航天产品化工作的成效

下面以三个典型事例说明航天一院产品化工作的成效。

9.3.6.1 贯彻型谱选用原则，长征二号丙火箭控制系统冗余改进效果显著

在长征二号丙火箭控制系统冗余改进研制中，充分继承长征三号甲火箭系列的成熟技术，贯彻型谱产品选用原则，采用产品化设计思想，激光惯组、速率陀螺、箭载计算机等关键单机均选用经长征三号甲火箭系列考核的

成熟产品，避免了单机新研制带来的时间周期长和研制成本高的问题。该型号改进研制用了1年10个月的时间，实现了控制系统的快速集成并成功首飞，实现了“研制周期显著缩短、研制成本大幅降低、系统可靠性有效提高、产品成熟度快速提升”的工作目标。

9.3.6.2 落实型谱压缩要求，火箭构型得到精简整合

对长征二号丙、长征二号F、长征三号甲系列火箭的技术状态进行了梳理，落实系统级型谱要求，对火箭构型进行了整合；在现有火箭构型中选取具备良好通用性和广阔应用前景的构型作为基础进行整合和分类，最终实现环境条件包络最大化、接口标准化和技术状态的精简。以长征三号甲火箭系列为例，成功地将构型从11种精简到6种，作为后续组批投产主力构型。火箭构型的精简，提高了火箭产业化能力，缩短了火箭生产周期。

9.3.6.3 落实研制流程优化要求，效率效益得到提升

以伺服系统设计生产优化为例，长征五号火箭和长征七号火箭伺服机构采取产品化的设计思路，元件、部件和组件的通用率达到90%以上，提升了研发和生产效率。某型号定型阶段，针对伺服系统产品合格率低、产品长期超差等问题，通过对研制阶段大量数据分析，对技术指标、工艺和验证试验项目进行优化，节省资金60万元/发。某型号在不降低可靠性的条件下，将伺服机构作动器中的3路传感器进行简化，节省资金4.8万元/发。

参考资料

[1] 袁家军. 航天产品工程［M］. 北京：中国宇航出版社，2011.

[2] 李洪. 一院第三次创新大会主报告——《大力弘扬钱学森精神 激发创新激情与活力 为铸造具有国际竞争力的航天企业集团而努力奋斗》.

后 记

《把成功作为信仰——航天工程质量管理》一书的编写工作启动于2010年年底，从策划到付梓，历时五年。

这本书以航天一院质量管理实践为基础，系统总结了航天一院57年来航天系统工程的质量管理思想、规律、理念和方法。对一个组织来讲，质量的根本在于文化，组织的发展首先依赖于质量的保证，航天一院的成功取决于一院人执着追求成功，把成功作为信仰，由此来驱动大家忘我、拼搏、创新、求真、坚持，这是我们成功的基础。

本书的编写分工和主要撰稿人分别是：第一章：李京苑、王立炜、周颖、董丽云、张华、余仿春、荆泉、张陶、张国锋、温中亮、王丽娟、常清、苏红、刘玉光、卢淑桂、刘智卿、朴忠杰、吕琳、吴茜、马力谦、刘珺；第二章：李京苑、王立炜、荆泉、许春来、戚峰、肖立明、高华宇、韩松、周颖、覃昌明、乔玉京、丁忠军、梁修奎；第三章：王飞、崔铁铮、严新根、刘卫平、许春来、徐洪平、王英浩、王小静、杨雪辉、李彩霞；第四章：陈金存、梁振坤、刘忠、王春玲、敖洪峰、张立、王庆、梁巨峰、周颖；第五章：马小亮、张曙辉、陈海鹏、王庆盛、洪洁、王建民、刘铭、许春来、卢卫建、吴新跃、张国栋、蒙小苏、何家声、郑卫杰、任跃进、南松、张钰、邓春、张国胜、赵卫军、姜哲；第六章：李京苑、林德健、袁赵祥、达猛、俞燕红、熊盛阳、林雄辉、武斌、高憬楠、李森、何治国、李丽；第七章：王晓玲、原坤、汪洋、郭晓慧、刘华、谢月江、孟卫辉；第八章：李廷元、逯军、裴雅鹏、宫丽萍、李铁鹏、李玉华、梁雅军、李小舟、马兆庆、韩露、杨宝刚、胡传威、苏益民，第九章：苗春林、孙育军、李国春、张佩锋、张巍、赵新国、蒋先旺、李京苑。本书由航天一院质量保证部负责组织，李洪、杨双进、李京苑负责统稿，并由李洪定稿。

十九所谢建玲、孙静波、孙雅平、柯晶、刘兰、芦笙、刘静、于卫中通力协作，以及质量保证部胡云博士在编辑、排版、资料查询等方面给予了大力支持，在此一并表达诚挚的感谢！

特别感谢康慨、赵和义、张国友、杨刚、徐福荣、富大欣等专家给予本书的编辑以及指导建议，感谢北京市新闻出版广电局、首都经济贸易大学出版社领导的大力支持及总编室、责任编辑的辛勤付出。虽然此书的编写时间较长，修改多次，但仍难免有疏漏、不妥之处，敬请谅察，恳请批评指正，并望以书面形式告知，以便日后订正，不胜感激！

2015年1月